カバールのトップ
Dark Families

ブッシュ家 暗黒の系譜

クリス・ミレガン/アントニー・サットン他　北田浩一 訳

ヒカルランド

カバールのトップ
ブッシュ家　暗黒の系譜——目次

本書は『闇の超世界権力スカル&ボーンズ』（２００４年、徳間書店）の新装版です。

第*0*章　〝国際謀略〟解明のためのイントロダクション

第*1*章　スカル&ボーンズを暴露する

第2章　ボーンズメンが連なるブッシュ一族

権力乱用から始まる秘密と嘘《うそ》の公言——197

スカル＆ボーンズは常に権力機構に根づく——207

第4章 〝秘密〟結社の最終目的「世界新秩序」への暗躍

秘密主義と米国憲法――〝彼ら〟はどちらに忠実なのか――260

体験したワシントンＤＣの情報統制とその実態――282

第6章 骸骨の集団

【解説】「秘密結社」を知ることで上がる米国と世界情勢の認識水準

石神 龍

第0章

〝国際謀略〟解明のためのイントロダクション

◉日本語版の刊行にあたって

編集部　記

❖――二〇〇四年度アメリカ大統領選挙は
スカル&ボーンズの〝儀式《イニシエート》〟にすぎない

今日、「唯一の超大国」となったアメリカ――。好むと好まざるとにかかわらず、ここでの思惑と行動が世界を揺り動かしている。間近に迫った二〇〇四年度アメリカ大統領選挙は、単にその政権の行方が問われるだけでなく、世界の行方をも左右する。

だが、真に重要なのは大統領選そのものよりも、この裏で暗躍する謎の組織の存在とそれがどう動くかのほうにある。なぜなら、この組織こそがアメリカを、そしてアメリカを通じて世界を牛耳《ぎゅうじ》ろうとする陰謀の巣窟《そうくつ》だからである。

謎の組織!?　いや、名称自体はアメリカの名門エール大学の〝フラタニティ〟（友愛会）として日本でもその〈スカル&ボーンズ〉の名を知る人が少なくないことだろう。しかし、この実体は〈イルミナティ〉と結びつく闇《やみ》の最強の秘密結社なのだ！

この組織名簿には、かつてのアメリカ大統領タフトから現在のブッシュ（ジュニア）という政界、またロックフェラーからグッドイヤーなどの財界、そして数えきれないほどの官界のメンバーに至るまで綺羅星《きらぼし》のごとくエスタブリッシュメントたちが並ぶ。つまり、スカル&ボーンズについては、単

ブッシュ大統領

ケリー上院議員

〈九・一一テロ〉で炎上する世界貿易センタービル

にエール大学内の毛色の変わったグロテスクな同窓会などという考えは決して持ってはならない。

それは、今回のアメリカ大統領選を争うブッシュも、その対抗馬の民主党ケリーもともに、スカル&ボーンズの一員であるということだけでも察せられるものだ（この事実は、ごく一部ではあるが日本の一般紙〔二〇〇四年四月九日付『読売新聞』〕にも報じられている）。そう、大統領選はまさに同組織の〝イニシエート〟なのである。

「九・一一同時多発テロ」によって米国人が受けた衝撃に乗じ、「テロとの戦争」を呼号して一時は九〇%もの高支持を得ていたブッシュは今、イラクの大量破壊兵器がアメリカ政府のでっち上げだと判明するや各国からの批判が噴出して、スペインやカザフスタンなどがイラクからの撤退を始めているように、政権地盤が足もとから崩れつつある。そんなときに突如、彗星《すいせい》のごとく次期大統領候補が現われた。それがジョン・F・ケリー上院議員である。

このケリーの檜舞台《ひのきぶたい》への登場の仕方は、スカル&ボーンズの地平から見れば、さほど驚くべきものではない。次期アメリカ大統領にブッシュとケリーのどちらが選ばれるのか、それは今後のイラク情勢で大きく変わってくるだろう。しかし、ケリー候補の出現によって、選挙がどうころんでもアメリカの影の権力機構=スカル&ボーンズにとって大勢に影響はないこととなった。

もともと、ブッシュ政権はある目的のために樹立された政権だった。実は、その目的の一つがあの〈九・一一テロ〉なのである。同事件はアメリカが仕組んだ罠《わな》であり、そこにオサマ・ビン・ラディンをはじめとするイスラム・テロ組織がまんまとはまってしまった、というのが実態なのだ。要はブッシュの〈九・一一〉直後の高い人気でさえも、実はスカル&ボーンズの行動の一環としてあったのである。

❖〝アメリカの宿痾《しゅくあ》〟の三つの要素——スパイ行為・麻薬密輸・秘密結社——に迫る

こうしたアメリカ社会機構のすべてを〝支配〟し、さらに世界を我がものにしようとするスカル&ボーンズの全貌《ぜんぼう》が、ついに今、ここに白日のもとにさらけ出される。

〝スパイ行為〟〝麻薬密輸〟〝秘密結社〟という「アメリカ社会の歴史に根づいた三つの要素」が一つに集まり、〝アメリカの宿痾《しゅくあ》〟として「一八三二年、エール大学に始まった」と本書はいう。

実際、この一八〇〇年代に始まるダーティーな部分——アヘン貿易時代から続く麻薬取引とそのコントロールのためのスパイ行為の数々は怖気《おぞけ》を震うものがある。だが、それは今なおなされているものであり、ベトナム戦争もこのために行なわれたという。同戦争以前から「黄金の三角地帯」(東南アジア世界の生アヘンの大部分を生産する地域）は、シシリアマフィアの助けを借りて、アメリカの諜報機関が支配してきたものだからだ。

そして、アヘン貿易時代にジャーディン－マセソン社を介して、さらにはイルミナティを通じてロスチャイルドともネットワークを形成することになっていく（かくして現在、スカル＆ボーンズはロックフェラーやロスチャイルドを超える最強の秘密結社となった）。

〝今日の「唯一の超大国」アメリカ〟が形作られた真の要因は、本当は隠蔽《いんぺい》された闇の中にこそあるのだ。

おそらくは「どちらにころんでも勝ち」だとして、スカル＆ボーンズは秋の大統領選挙を余裕を持って見守っている。しかし、なんとも恐ろしいことに、そこにはさらに深い意図があることに、我々日本人のほとんどは気づいていないのだ……！

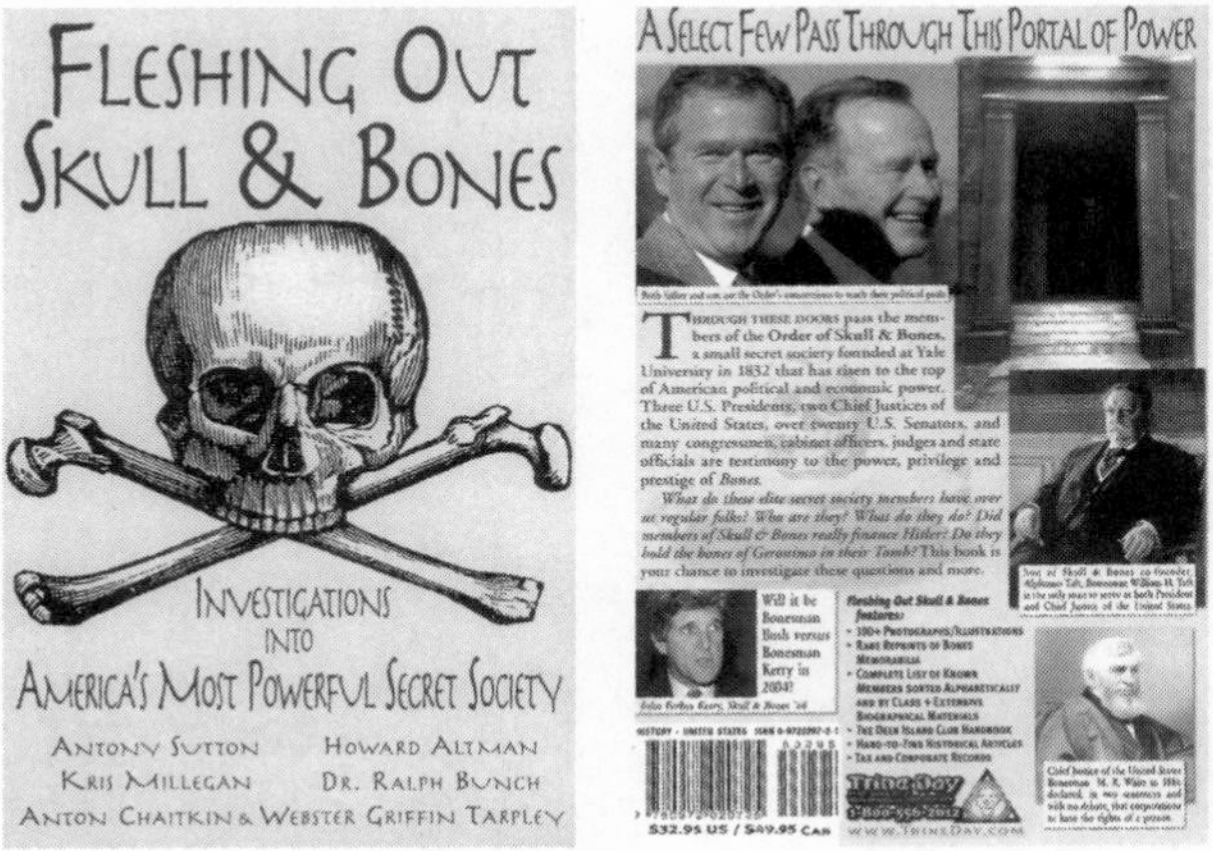

原書カバー（左・表／右・裏）

原書『FLESHING OUT SKULL & BONES——INVESTIGATIONS INTO AMERICA'S MOST POWERFUL SECRET SOCIETY（スカル＆ボーンズの正体暴露——アメリカ最大勢力秘密結社の調査研究）』は、スタンフォード大学フーヴァー研究所の教授だったアントニー・サットンの著書や論文、またスカル＆ボーンズへの警鐘を鳴らした絶筆などをもとに、幾多の記事を加えてクリス・ミレガンがまとめたものであるが、

《闇のアメリカの真実》を知り、《日本の行く末》を考えるうえで、またとない図書となっている。

だが、その一方において、多数の著者による執筆年度の違うさまざまな文書群という原書の構成は、日本の読者にとっては種々の混乱を招きやすいものともなっている。そこで、この日本語版では、北田浩一により翻訳された原書をベースにしつつ、複数著者によることの大きな重複を避けるなどをして再構成した。

他方では、さらに《日本人として知っておくべき世界の裏面の種々》をわかりやすく、かつ徹底的に掘り下げるべく、注釈等々を付加してもいる（これらは本文との区別のため、原則として《》で括《くく》った）。

それでは、次のミレガンによる「はじめに」から、いよいよその戦慄《せんりつ》すべき闇の世界を垣間《かいま》見ていこう。

◉はじめに

クリス・ミレガン 記

❖――「これらの秘密結社が背後にいる」の言葉からスタートした〝探索〟

本書が生まれるきっかけになったのは、かつて父が言ったひとことである。その言葉が心にひっかかっていた私は独自に調べてみることにしたのだが、執筆を始めた当初いくつかの出版社に連絡をとってみたところ、受付の者に「スカル&ボーンズにはタッチしたくないそうです」といずれも丁重に断られた。

私の調査結果は結局、www.parascope.com というインターネットのサイトに載ることになった。これが大きな反響を呼び、アントニー・サットンの協力を得られたことで、本書が誕生する運びとなったのである。

驚異的な成長を遂げながら、政治的・文化的な位置づけさえいまだはっきりしないインターネット――。今なお変革の原動力となり、行く末も定かでないこのメディアは、検閲に縛られることなく全国レベルで議論を行なうことを可能にし、さまざまな問題への理解を深める一助となっている。

インターネットによって強大な大衆の声に力が与えられた結果、不当な手段により水面下で私たちの共和国（republic）や経済に大きな打撃を与えている欺瞞《ぎまん》に対抗することも今や可能となった。しかし、多くの人々が今後も見せかけの理想を信じ続けるようであれば、私たちの子孫はテクノロジーという名の檻《おり》に国民を閉じ込めるファシスト国家の奴隷になり下がるかもしれない。大衆が有力者たちのプロパガンダを信じて水面下の腐敗を見逃し、秘密結社がこの社会に作り出した一見甘美な仮想現実（その実体はファシズム）の中で飼い殺しになっているという現状が続く可能性もある。

その一方で、インターネットなどの潮流が、我々が受け継いできた市民権と自由を取り戻すことを可能にするかもしれない。未来がどちらにころぶかは、いまだ未知数である。

サットンとミレガン――
2000年７月の撮影

《「はじめに」中の冒頭の二段落については、原書ではともに日本語版での

第1章・3節として置いたものに補足的な一文がある。そこで、より容易な理解のため当バージョンではここに付記しよう。

「『これらの秘密結社が背後にいる』。父が昔、私に言った言葉だ。一九五〇年代の初め、父はCIA支局長を務めており、東アジア情報分析室の室長であった。父は真面目《まじめ》な顔で言っていた。『ベトナム戦争は麻薬をめぐる戦争だ』。それから何年もの歳月がたってから、父が言っていたことを多少理解できるようになった。あのころ、もっといろいろなことを父に訊《き》いておけばよかったと思う。それはスカル&ボーンズのことなのかと尋ねることは、今はもうできない」

このように述懐するクリス・ミレガンだが、〝秘密結社の探索〟が「父のひとこと」からスタートしたにせよ、現在では十分に確信しえたことだろう。

というのも、ミレガンとサットンの出会いについて次のように記されるからである。

「一九九〇年代半ばから終わりにかけては、インターネットでジョージ・W・ブッシュについて触れた文章はほとんどなく、私のものが九九年まではグーグルでの検索で常にトップテンに上がってきた。そして、この文章は九八年にロバート・アントン・ウィルソン著『Everything is Under Control: Conspiracies, Cults and Cover-ups（すべてはコントロール下にある――陰謀、カルト、隠蔽）』のスカル&ボーンズ参照文献としてリストアップされたのだが、同書の内容に興味を持った私は、執筆した本人に接触することにした。それが、歴史家にして研究者であり、現在は我が友人でもあるアントニー・サットンであった」

なお、サットンの事歴などについては、第2章・3節などに詳しい》

❖――〝共和国(republic)としてのアメリカ〟の視点から未来へ

私が本書で何より読者に伝えたいことは、本書に出てくるような秘密組織が私たちの共和国《リパブリック》にとって有害だということだ。これらの秘密結社は外国（ドイツ）に起源を持っており、この国の国益を考えているわけではない。目的のためには手段を選ばない彼らの時代思潮を野放しにすれば、腐敗は増幅し、「制度的・社会的」な「エリートの倒錯《とうさく》」がいっそう進行していくことになろう。一部のエリートは、自分たちが法を超えた存在であり、不正な政治的・経済的な力を行使して傍若無人にふるまってかまわないと考えている。

問題は、かねて囁《ささや》かれてきた、いわゆる〝陰謀説〟に本当に根拠があるのかどうかということであるが、本書でもその点に光を当ててみるつもりだ。少数支配をもくろむ魔術的集団の系譜が何世代にもわたって続いているという話は、はたして本当なのだろうか。秘密結社が、我々の経済的・市民的・精神的な基盤を牛耳るための機構を作り上げているとか、〝一〇〇〇年主義《ミレニアリズム》〟の理想である「新世界秩序」を実現するためにコントロール可能な対立をマッチポンプ的に生み出しているといった噂《うわさ》は、本当に真実なのだろうか。

秘密結社には、〝兄弟《ブラザーフッド》の絆《きずな》〟が欠かせないが、魔術的側面を持ち、固い結束で結ばれている組織のメンバーのなかには、エリート指導層の隠れたもくろみを知らない者も多い。こうした秘密組織のメンバーが政治の中枢に食い込み、不当な裏の目的のために影響力を行使していることが明らかになった場合には、私たち市民がそれを察知して行動を起こさなければならない。

《アントニー・サットンは研究者として、またクリス・ミレガンはライターとしてスカル&ボーンズにアプローチしているという違いはあるが、アメリカをアメリカたらしめているものは〝「共和国」の精神〟だとする点では共通している。ちなみに、こうした主義を持つ人々は〝アメリカ建国以来のキリスト教に基づく愛国者《パトリオット》〟といった側面を多くが有し、国家として個々人の自由は保証されるべき

だとしている。そのために次のような言葉も発せられるわけである》

神秘主義や絆は、それ自体が悪いわけではない。問題は、そうした組織が何をするかである。これらの組織が社会に対して善をなすのか、不善をなすのかが問題なのだ。秘密主義と私たちの共和国は、相容《あいい》れないものである。

私たちは子供たちに何を残せるのかを本気で考えなければならない。それが、彼らの未来を決めるのだから。

スカル＆ボーンズの聖堂——ニューヘブンのハイ通り64に所在し「墓」とも通称される

第1章

スカル&ボーンズを暴露する

◉〈九・一一テロ〉から浮かび上がる秘密結社の存在

アントニー・サットン 記

❖――〈九・一一テロ〉の背後には〝何か〟が潜んでいる

二〇〇一年九月十一日の世界貿易センタービルの悲劇では、三千人余の米国人と多数の国の人々が死去した。これは、アメリカ本土に対する攻撃としては、最も大きな被害をもたらしたものである。にもかかわらず、捜査は進まず事件は未解決で、亡くなった方の遺族や友人以外にはほとんど忘れられているのが現状だ。

世界貿易センターの事件は、なぜこのように埋もれてしまっているのだろう。ひとことで言ってしまうと、ブッシュ大統領が、対テロ戦争への取り組みで忙しいスタッフがこの問題で煩《わずら》わされることを避けたいとの理由で、本腰を入れようとしないからである。

三十分ほどの記者会見で済む可能性もあるのに、「煩わされる」などとはよくも言えたものだ。世界貿易センターの事件は、対テロ戦争の始まりであると同時に、この戦争に関してアメリカ国内で起こった唯一の具体的で、深刻悲惨な現われである。そこにメスを入れるのを拒《こば》んでいるブッシュは、どう考えてもこの問題を避けたい個人的事情があるとしか思えない。いくら関心が急変する、それこそ、ころころ変わる国だとはいえ、アメリカ国民には世界貿易センターの事件に関する真実を知る権利があるだろう。対テロ戦争が呼号されて一年、我々国民にとってはただ一つの出来事と言えるのが、この世界貿易センタービルの破壊にほかならないからだ。

ブッシュは今、国民の関心をアフガニスタンやパキスタンにたくみに誘導している。しかし、そのアフガニスタンやパキスタンと世界貿易センターの事件との関連は説明できていない。

国民が知りたいのは、真実である。我々にとっては世界貿易センターの事件こそが対テロ戦争なのだ。それなのにブッシュは、この真実の解明に及び腰になっている。それどころか、ダシュル上院議員を説得して上院の調査を潰《つぶ》し、いっさいの公的な調査に冷淡な立場を取り続けているのである。

アフガニスタンなどからさらに誘導した「イラク戦争」

本来なら、このような機会をとらえて、国民に対し前向きな態度を示すべきなのだ。にもかかわらず、ブッシュとその政権は完全に腰が引けている。こうした態度を中立的な視点で見るなら、一つの疑問を抱かざるをえないことだろう。彼らはいったい、何を隠しているのか!?

二〇〇二年六月六日付『ニューヨーク・タイムズ』紙は、このように指摘する。「……ブッシュ政権には、あらゆる調査を避けたいという思惑があるようだ。しかし、ここまでくると政治的にとても受け入れられるものではない」

なお、この記事にはブッシュのコメントも載っている。「私の知る限り、攻撃を防げたことを示す証拠はまだない」と。だが、このコメントは事実に反している。

クリステン・ブライトワイザー記者は二〇〇二年五月十七日付の同紙で、次のような批判をしている。「国が攻撃を受けているときに、大統領が小学校二年生に混じって三十五分間も座っていたのはなぜか」

この『ニューヨーク・タイムズ』でさえ気づいた明らかな疑問に、なぜか大統領を取り巻く側近たちは気づいていないようだ。言うまでもないことだが、マイアミでの小学生との写真撮影は国民を欺《あざむ》くためのパフォーマンスであった可能性がある。

こうした疑問点が公《おおやけ》に論じられることはないまま、ブッシュは今でも七七%もの高い支持率を維持している。しかし、ひとたび状況が変われば、この支持率は急降下することにもなるだろう。

《二〇〇二年六月にアントニー・サットンが記したように、実際に二〇〇四年八月現在、ブッシュの支持率は四〇%台に下落した。当稿はサットンの絶筆となったものだが、彼の研究・分析はこれまでのすべてが的を射たものになっているといえよう》

❖――〝髑髏と肢骨《スカル&ボーンズ》〟とともに写っているブッシュ

〈九・一一テロ〉で何が隠されようとしているかはおくとしても、ここでまず最初に深奥に遮蔽《しゃへい》されているものを明らかにしておこう。

ジョージ・W・ブッシュと父親（そしてその父も）は、隠然たる悪魔的秘密結社のメンバーであり、その点についてはいっさい知られたくないと考えている。

二十一世紀にあるよりも、十八世紀に似つかわしいこの秘密結社は、その名を〈スカル&ボーンズ〉と言い、現代社会において、なぜか存続している時代錯誤《さくご》の存在だ。

ブッシュはこの秘密結社の一九六八年度の加盟者で、ほかの十四人のメンバーとともにシンボルの〝髑髏《どくろ》と肢骨《しこつ》〟（スカル&ボーンズ）の載ったテーブルを囲んでいる写真もある。ちなみに、スカル&ボーンズ本部があるコネティカット州の州法では、遺体を埋葬せずに所有するのは違法である。

髑髏と肢骨を前にしたプレスコット（中央）たち

あるいはブッシュは「スカル＆ボーンズは人畜無害な学生友愛会《フラタニティ》にすぎない」と主張するかもしれない。けれども同結社は、ディア島《アレクサンドリア湾から北へ二マイル（約三・二キロメートル）のセントローレンス川の中にある》にアジトを持ちＲＴＡ（非課税の財団で、またの名をラッセル信託協会という）を通じて社会に影響を与えているＯＢの集まりであるという一事をとっても、単なる毛色の変わったグロテスクな同窓会、といったとらえ方が決してできないことは、おわかりいただけるはずだ。

そして、ＲＴＡの行動原理の一つは、ヘーゲル主義に基づく対立を醸成し、それを利用して〝進歩〟（歴史の進展）を達成するというものだ。これは、同じくヘーゲル主義から派生した、全能哲学を謳《うた》うナチズムやマルクス主義にも共通する考え方である。

となれば気になるのは、いずれもＲＴＡに属しているブッシュ家の三人（祖父プレスコット・父ジョージ・息子ジョージ）が、ヘーゲル主義の手法で歴史を進めるために何をしてきたかであろう。

❖ 二〇〇一年九月十一日の〝そのとき〟を振り返ってみると
ヘーゲル主義の亡霊に取り憑《つ》かれたブッシュが見える!?

再び、その検証に〈九・一一テロ〉へと戻ろう。

ブッシュは二〇〇一年九月十一日の午前八時から九時十五分までの間、何をしていたのかを話すのがよほど嫌なようだ。しかし、これはアメリカ国民にとってはきわめて重要な問題である。ブッシュがフロリダ州で小学校二年生とともに過ごしていた三十五分間の間に、およそ三千人の米国人が亡くなったのだ。

さらに言えば『ニューヨーク・タイムズ』の記者によると、大統領の小学校訪問は〝最優先〟事項だったらしい。同紙の記者はこれを奇妙に感じたようだが、誰だってそう思うだろう。いかにブッシュが秘密主義だといっても、この点ははっきりされなければならない。彼はなぜ、緊急対策をとったり防衛に備えていたはずのF-16ジェット戦闘機によるハイジャック機迎撃の指示を出したりせずに、三十五分をムダに費やしたのか。しかるべき対応をしていれば、三千人余もの命が失われることはなく、もっと少ない犠牲で済んでいたかもしれないのだ。

そこで、入れ子のように先の秘密結社とその行動指針がかかわってくる。

アメリカ大統領職に対するブッシュ家の認識は、ほかの大統領とは明らかに異なっている。ブッシュ家は大統領という仕事を、まるで神聖なる王権のごとき力を付与された、何人《なんぴと》も疑問を差し挟むことのできない絶対全能の地位だと考えているようだ。

これは大いなる錯誤である。ほとんどのアメリカ国民は、大統領にそんな力が与えられているとは思っていない。〝パパ〟(父)ブッシュとイラン-コントラ関連文書を例に、このきな臭い問題を考えてみよう。

これらの極秘文書は非公開であり、決して公にされることはないと考える者も多い。この秘密にされているはずのことが表に出てきたのは、ことの違法性に気づいたDEA(麻薬取締局)やCIA(中央情報局)、NSA(国家安全保障局)の十名余りの関係者が、自らの関与や、知っている事実を新聞やインターネットで暴露したからである。

ジュニア当選時のブッシュ父子

我々はこうした個人の話を通じて、公には隠されていることを知ることができる。そして〝パパ〟ブッシュは、詳細は後述するがイラン‐コントラ作戦の責任者だった。

したがって、これらの話を聞けば〝パパ〟ブッシュや仲間の工作員が永遠に口をつぐんでおきたい理由も明白だ。イラン‐コントラ作戦を認めてしまうと、何十名もの人間が刑務所送りになるからなのだ。

事実としてイラン‐コントラ作戦では、連邦職員と〝パパ〟ブッシュが経営する民間会社が結託してコカインを密輸していた。その手口の一つは、スカル＆ボーンズとブッシュにつながっているザパタ・オフショア社のＣＩＡ、ＮＳＡがらみの社員が管理する深海掘削プラットフォームを、コカインの輸送拠点に利用していたというものだ。

コカインの一部は包装にダビデの星が貼《は》られていたこともわかっており、イスラエルとの共同作戦だったふしもある。

早い話が、この麻薬密輸作戦では民間と公共機関が手を携え、水面下で行動していたのである。一般の国民から隠しておく理由としては、まさに十分すぎるだろう。

さらには、〝パパ〟ブッシュの父のプレスコット・ブッシュもまた、同様なことを行なっていた。エイヴレル・ハリマンとともに、ユニオン・バンキング・コーポレーションを通じてヒトラーに融資をしていたのだった。同銀行はのちにアメリカ政府所有の外国資産として管理下に置かれたが、プレスコットは、ヘーゲル主義の弁証法的対立を生み出すためにかなり積極的に動いていたようである。

この一九三〇年代にヒトラーを支援したことは、現在もなおブッシュ一派にとっては触れられたくない傷のようだ。私たちはオランダ国営テレビがこの話題にスポットを当てたときに取材を受けたことがあるのだが、オランダの新聞社に対しては、ブッシュとハリマンの過去を取り上げないように、かなりの圧力がかかったようである。

実は、〝祖父〟ブッシュとエイヴレル・ハリマンは同じ秘密結社のメンバーである。政治的には対立しているとされる政党に属しているものの、二人は同じ会社の仲間として手を携えてきたのだ。

❖――真実から目を背け続ける米国歴史協会や大手出版社

私たちが知りたいのは、事実である。スカル&ボーンズという秘密結社に絡んで個人的な利害を持っている二人の結社員＝「ボーンズメン」は、ヘーゲル主義の弁証論を実践しようとしているのだろうか。〝息子〟ブッシュもまた同様のことを画策しているのではないかという点も、大いに気になるところだ。

これは、口をつぐんでいれば済むという問題ではない。このような画策がひとたびコントロールを失えば――ブッシュ自身はわかりすぎるほどわかっているはずであるが――まったく彼らの手には負えなくなる。

ブッシュがもし本当に三代にわたって対立を生み出す画策にかかわってきたのだとしたら、いかに能天気な有権者でも危機感を覚えるだろう。

こうした疑念は米国歴史協会や大手出版社には荷が重すぎ、公の歴史として語られることはない。そしてこの分野について書こうとする者は、同協会やニューヨークの大手出版社の主張する歴史に異を唱えるようなまねはしない。そういうことを許さない空気ができあがっているのだ。

それだけではない。真実から目を背け続けるこれらの出版社自身が、こうした神話の一部となってきた。そしてそのことがあだとなって、これらの大手出版社は縮小化の一途を辿《たど》っており、いずれは消滅する運命にある。

本書は、この対極にある。本書に記された情報や、まだ公に知らされていない同様の背信行為は、多くの者に衝撃を与えることだろう。ただし現在はまだ、国民一人ひとりの注意を喚起するには至っていない。

けれどもこの国には、権力を乱用する者を浄化する自浄作用がある。そうした浄化には時間がかかることもあるし、表面化しない場合もある。しかし、イラン-コントラ事件、またこれも詳細は後述することになるが、二〇〇〇年の選挙やエンロン（ブッシュに最も多額の献金を行なってきた企業）などの例を見ればわかるように、膿《うみ》はいずれ排出される運命にある。それがアメリカという国だ。この国には、悪事とそれを行なう者たちを駆逐する、たぐいまれな能力が備わっているのである。

石油採掘権をめぐる汚職の舞台となったティーポット・ドームや、一九二九年のウォール街の暴走、あるいはマッカーシーの赤狩りやかつての黒人の状況などは、ほとんど記憶のかなたに忘れ去られている。

《前記での「ティーポット・ドーム」は、一九二四年に摘発されたフォール前内務長官による海軍保有油田地にかかわる汚職事件である。「ウォール街の暴走」は二九年十月二十四日、ニューヨーク株式市場における瓦落とそこからの〝世界大恐慌《きょうこう》〟を指す。「赤狩り」は五〇年から、マッカーシー共和党上院議員を主に行なわれた共産・社会主義者に対する弾圧をいう。「かつての黒人の状況」は、〝公民権運動〟の流れのうち特に六〇年代を念頭にしており、これはケネディ政権下で法制化がなされた》

つまり、アメリカはこれらの問題をすべて解決してきたのだ。それゆえに、情報が広がるための十分な時間さえあれば、私たちの社会は自らを正すことができる。

スカル&ボーンズのような子供じみた暴走にしても、いずれは審判が下って排除されるだろう。それを可能にする力は、常に草の根から湧《わ》き起こってくる。そして、このための第一歩として、次にスカル&ボーンズ自体に焦点を絞ってみよう。

◉アメリカを動かしてきた闇《やみ》の権力機構〈スカル&ボーンズ〉

クリス・ミレガン 記

❖――スカル&ボーンズのエスタブリッシュメントの系譜

スカル&ボーンズ（髑髏と肢骨）は海賊や毒物のシンボルであるが、同じものがエール大学の〝学生友愛会〟のシンボルにも用いられている。では学生の洒落《しゃれ》かと思いきや、実はそうでもないようだ。

毎年五月の木曜日に、十五名の学生が会員に選ばれる。これまでにおよそ二千五百名が入会し、そのほとんどは北東部の裕福な家庭に生まれた白人男性である。名簿には先のブッシュのほか、フォード、グッドイヤー、ハリマン、ハインツ、ジェイ、ケロッグ、フェルプス、ピルズベリー、ピンショー、ロックフェラー、タフト、ヴァンダービルト、ウェアハウザー、ホイットニーなどが名を連ね、まさに綺羅星《きらぼし》のごとく、そのままアメリカ政・財・官界を形作っている一覧だ。

なお、一九五〇年代にはマイノリティも加わるようになり、九一年には女性が初の加盟を認められてもいる。しかし、エスタブリッシュメントの系譜につながるものであることには変わりはない。

スカル&ボーンズの会はウィリアム・ハンチントン・ラッセル（一八三三年度加盟）がエール大学に結成した秘密結社である。背景にある彼の従兄弟《いとこ》のサミュエル・ラッセルの家族経営企業ラッセル&カンパニーは、アメリカ最大のアヘン密輸組織で、世界最大のアヘン密輸企業ジャーディン－マセソン社（スコットランド）と手を組んでいた。

「アヘン貿易」にかかわっていたニューイングランドや南部の一族は、子息をエール大学に入学させており、その多くがスカル&ボーンズに選ばれていた。そしてエール大を出た〝ボーンズメン〟が、商業・通信・外交・教育・諜報《ちょうほう》・金融・法律・政治などの世界に入って影響力を行使していった。

スカル&ボーンズからは、現在までに三人の大統領と二人の最高裁判所長官、十数人の上院議員のほか、多数の下院議員や州知事が誕生している。また、これら以外の下級役職に任命された者はそれ以上に数多く、とくにＣＩＡには非常に多くのボーンズメンが採用されている。また、二〇〇〇年度の大統領選挙ではボーンズメンのブッシュ（一九六八年度会員）が最有力候補となったあと、そのまままざまな疑惑を残しつつ大統領となったことは記憶に新しいことであろう。

❖――〝ボーンズメン〟が連なるブッシュ家の三代

先にも一部触れたように、ジョージ・Ｗ・ブッシュは、国際政治の舞台に立ったブッシュ家のボーンズメンの三代目である。父親のジョージ・Ｈ・Ｗ・ブッシュは、一九四八年にスカル&ボーンズの一員となった。祖父のプレスコット・ブッシュは、同じく一九一七年度の加盟者である。

ちなみに、プレスコットは一九五二年から六二年までコネティカット州の上院議員を務めたほか、投資銀行ブラウン－ブラザーズ・ハリマンの共同経営者のほか、ＣＢＳ、パンナム、プルデンシャルの役員などを歴任。ドワイト・アイゼンハワー大統領お気に入りのゴルフパートナーの一人でもあり、ワシントンのエリートが集う「アリバイ・クラブ」の会員でもあった。

しかし、これらはプレスコットの表向きの経歴にすぎない。彼は第一次大戦中、アメリカ陸軍情報部の連絡将校を務めていた。上官のW・エイヴレル・ハリマン（一九一三年度加盟）は、やはりボーンズメンのロバート・ロヴェット国防長官（一九一八年度加盟）との緊密な協力のもとで、冷戦初期のアメリカの諜報活動を組織した。この国の秘密活動や心理戦の枠組みを作ったのは彼らである。

ヴィックスの咳止め《せき》ドロップやヴェポラッブ薬の開発で知られるH・S・リチャードソンが、一九五四年にプレスコット・ブッシュ上院議員に送った手紙には、こんなくだりがある。「折り入ってご相談がございます。実は兄弟と財団を設立することになっているのですが、そこからの収入をどういたしましょうか」

答えはこうだ。このH・スミス・リチャードソン財団を組織したのは、ブラウン＝ブラザーズ・ハリマンのアシスタントマネージャーであるユージーン・ステットソン（一九三四年度加盟）であった。そして、同財団はCIAが国内向けに行なった心理作戦MK－ULTRAに参加し、一九五〇年代にマサチューセッツ州ブリッジウォーター病院で実施された、LSDなどの向精神薬の試験への資金協力を行なった。

また、一九八〇年代には、リチャードソン財団は〝個人献金管理委員会〟として、国家安全保障会議との連携のもとで公共宣伝局の調整にあたった。同局の役目は、時のニカラグア反政府組織コントラへの資金供給、武器供与の隠蔽《いんぺい》、計画に反対する者へのマスコミを通じた攻撃などであった。

プレスコット自身は一九六二年、息子のプレスコット・ブッシュ・Jr、CIAの前身であるOSS（戦略事務局）に務めた経験を持つ投資銀行家ウィリアム・ケイシー（のちのCIA長官）らとともにに国家戦略情報センターを設立した。同センターは三百ほどの新聞に「ニュース」をリークするＣＩＡ活動のために資金洗浄を行なっていた。

やはりプレスコットのゴルフ仲間であったゴードン・グレイは、アイゼンハワー大統領の国家安全保障担当顧問で、一九五〇年代初期に心理戦略委員会の初代委員長を務めた人物である。グレイはエイヴレル・ハリマンらとともに、五三年のイラン左翼政権転覆、翌五四年のグァテマラでの同様の作戦などの秘密活動の責任逃れのために〝否認権〟という防壁を作り出した。

さらに、彼の息子のＣ・ボウデン・グレイは、ジョージ・ブッシュ（シニア）政権の顧問を務めている。「万難から大統領を守る」ことを自らの使命と心得ていたボウデンは、ジョージ・ブッシュがイラン-コントラ・スキャンダルに巻き込まれそうになったときに、彼を「部外者」にとどめておくために尽力した。このイラン-コントラ事件やウォーターゲート事件をはじめとするスキャンダルでは、どういうわけか毎回同じ名前が上がってくる。フィデル・カストロに対する「陰の戦争」にかかわったキューバ人たちだ。

❖――陰の戦争における〝パパ〟ブッシュの役割

ドレッサー・インダストリーズの取締役会長で、エール大学でプレスコットの同級生であったヘンリー・ニール・マロン（一九一七年度加盟）は、一九五三年四月十日、アレン・ダレスＣＩＡ長官に送った書簡の中で、カールトンホテルでの会合の提案に関する話をしている。この会合でマロンとプレスコット・ブッシュとダレスは、カリブ海の掘削プラットフォームの利用について話し合った。ドレッサー・インダストリーズとは「ＣＩＡの工作員の隠れ蓑《みの》として従業員の肩書きをしばしば提供してきた」存在である。

一九五九年にキューバ革命が起こると、時の副大統領リチャード・ニクソンと国家安全保障会議は「五一四二委員会」を設置、「説得力のある否認権の行使」や、キューバの指導者たちの暗殺の可能性などを話し合い、結局〝ダミー〟の人間を使うことにした。

オペレーション40という暗号名を与えられてダミーに選ばれたサントス・トラフィカンテというギャングには、カストロに消えてもらいたいと考える動機が山ほどあり、いつでも責任を押し付けることができた。第二次大戦下のギャング裁判における裏取引や、その後のイタリアのブラックマーケットでの取引などで、すでに下地ができていたこともあって、情報機関とギャング、殺し屋の間には武器や麻薬取引、金が絡んだ水面下の関係が生まれていった。

こうした状況を背景に、隠蔽に好都合な場所を提供したのが、ジョージ・ブッシュ（シニア）がトップを務める洋上石油掘削専門会社ザパタ・オフショア社である。一九六〇年代の対カストロ秘密任務にかかわったCIAのOBたちは、ザパタ社が「フロント企業」《フロント front＝正面・前戦に対応するものとして用いられ、ここでは〝表向きの企業〟を意味する》として利用され、「同社と子会社の洋上掘削プラットフォームが作戦に使われた」と主張している。また、CIAの作戦管理部の元幹部たちは、こうした「サービス契約」に関する財布の紐《ひも》を握っていたのがブッシュ（シニア）であったと話している。

一九六一年のキューバ・ピッグズ湾侵攻において、CIAとペンタゴンの連絡役を務め、物資補給の指揮をとっていたフレッチャー・プラウティは、次のように述べている。「CIAは侵攻のことを〝ザパタ〟という暗号名で呼んでいた。キューバの海岸に上陸した二隻の船はヒューストンとバーバラで、海軍の艦船の名前を新たに塗り替えていた」

当時の〝パパ〟ブッシュは、妻のバーバラとともにヒューストンに住んでおり、この暗合は驚くことではない。

❖――スカル＆ボーンズはケネディ暗殺の疑惑にもかかわる

一九八八年七月、『ネイション』誌はJ・エドガー・フーヴァーFBI長官のメモを公表した。そのメモには、「CIAのジョージ・ブッシュ氏」の情報によると、暴走した「反カストロ」のキューバ人たちがジョン・F・ケネディの暗殺に対してどのような動きに出るかを国務省は懸念しているようだ、と書かれていた。

テレビ画面が伝える狙撃された瞬間のケネディ

ニクソン大統領の辞任後、側近たちは、大統領がジョン・ケネディの暗殺を「ピッグズ湾の件」と呼んでいたことを明らかにした。暗殺の最も重要な証拠の一つであるエイブラハム・ザプルーダーのフィルムは、タイム社が購入して倉庫に厳重に保管されていた。タイム社の創設者はヘンリー・ルースというボーンズメン（一九二〇年度加盟）である。

ザプルーダーのフィルムは、CIAの関与を疑っていたジム・ギャリソン判事の召喚状の発行後に初めて一般公開された。現在『コベート・アクション』誌を発行しているエレン・レイは、ニューオリンズでギャリソン判事に関するドキュメンタリーを制作しようとしたが、たび重なる脅迫のために断念せざるをえなかった。しかしニューオリンズを離れる前、彼女は『ニューヨーカー』誌の記者のお膳立てでプレスコット・ブッシュとディナーをともにしている。

このときプレスコットは、彼女からギャリソン判事の情報を引き出そうとしたという。

「ブッシュの後継者となったリチャード・ガウ（一九五五年度加盟）のもとでも、アメリカやほかの国々の政府が、武器や麻薬取引における支援・輸送などの秘密活動の隠れ蓑に、ザパタ・オフショア社と子会社のローワン・インターナショナル社を利用していた」――こう証言する政府やCIAの職員も多い。

一九八六年にはフロリダ州の麻薬担当検察官が「今日マイアミで活動している麻薬密輸業者の多くは、ピッグズ湾出身だ」と述べている。「しぶといのはそのためだ。彼らは情報機関の訓練を受けている」

一九九八年、元グリーンベレーのベレット・ウィリアム・タイリーがブッシュ、CIAなどを相手取って六三〇〇万ドルの連邦訴訟を起こした。訴えの内容は、アメリカの軍人が武器や麻薬の輸送支援に利用されたというものだ。タイリーはこの「公式」任務に疑いを抱くようになり、陸軍犯罪調査部で働いていた妻のエレーンも日記を付けるようになった。だが、その妻は狩猟用ナイフで頭部を切断された死体で発見され、タイリーは殺人容疑で起訴された。

マサチューセッツ州のジェームズ・キリアム判事はタイリーを不起訴処分とした。最近放映されたA&Eテレビジョンの特別番組で、同判事は「検察側の最重要証人の証言はまったく信用していなかった」と述べている。その後、ミドルセックス郡検事局が再びタイリーを起訴したが、検事補のジョン・ケリーはボーンズメンであった（一九六六年度加盟）。ケリーは八〇年代の終わりに、麻薬・法執行・外交政策に関する上院特別委員会の委員長となっている。この委員会は政府が麻薬密輸を支援していた事実を厳しく追及したが、結局なんの行動も起こさなかった。このときの調査ファイルの大半は、依然として〝機密〟扱いになっている。

《周知されるように、このケリー上院議員は民主党大会で大統領候補に選出され、二〇〇四年度選挙をブッシュと戦うこととなった》

しかも、タイリーやこれらの活動とかかわりのあった人間のうち、陸軍の情報部員一名と特殊部隊の大佐五名が現在までに亡くなっており、そのうちの何名かは謎の死を遂げている。また、数名が、政府の人間が「国家安全保障」の名のもとに習慣性麻薬の大規模な取引をしていたという驚くべき宣誓供述を残している。そのうちの一人で「マネー係」と呼ばれていた男のアドレス帳には、ウィリアム・ケイシーとガンビーノ・ファミリーのボスの電話番号が記されていた。

この重要な訴訟は遅々としたペースで進行しているが、これまでのところメディアから批判のたぐいはいっさい出ていない。

❖――過去にもあったナチス・ドイツ形成への寄与という同様事例

日本の真珠湾攻撃の十ヵ月後の一九四二年十月二十日、アメリカ政府は外国人財産管理人にニューヨークのユニオン・バンキング・コーポレーションの株を「すべて」差し押さえることを命じた。この命令では「すべての株はテュッセン家の利益に資するものであり、敵国指定された国民の財産とみなされる」と断じられている。

エイヴレル・ハリマンとプレスコット・ブッシュ、CIAとOSS（戦略事務局）のスパイを統括していた企業弁護士のジョン・フォスター・ダレスおよび弟のアレン・ダレスやその他の人物が、第三帝国への資本・金融支援を通じて、ナチス・ドイツの形成に寄与していたようだ。この動きは公にされず、数年後（一九四四年の十二月十六日）になって『ニューヨーク・タイムズ』にこんな短い記事が載った。「ユニオン・バンキング・コーポレーション（ニューヨーク、ブロードウェイ三九番地）

が、事業拠点をブロードウェイ一二〇番地に移す認可を受けた」
この記事は、ユニオン・バンキング・コーポレーションが敵国との貿易で差し押さえられたという事実にはまったく触れておらず、ブロードウェイ一二〇番地が外国人財産管理人の住所であることも説明していない。

❖――「結社」の起源は〈イルミナティ〉につながっている!?

スカル&ボーンズは一八三三年にウィリアム・ハンチントン・ラッセルとアルフォンソ・タフトによって創設された。多くの歴史家はこの背景に、アメリカで最も歴史の古いギリシャ文字系学生友愛会であるファイ・ベータ・カッパが秘密主義と決別したことがあったと指摘している。ファイ・ベータ・カッパは一七七六年十二月五日に、ヴァージニア州ウィリアムズバーグのウィリアム・アンド・メアリー大学において「厳粛な儀式と崇高な空気の中」創設された。ウィリアム・アンド・メアリー大学の本部は一七八一年に解散、その結果一七八〇年にエール大学に作られた支部が最も古い歴史を持つことになる。しかし、同会は一八三二年に「公開名誉組織」となった。おそらくこれに不満を持ったのだろう、エール大学の卒業生総代を務めたラッセルは、一八三三年にタフトと十三名の学生に声をかけて「現在アメリカで最も有名だと思われる秘密結社」を結成した。

スカル&ボーンズは誕生した当初から、ほかの学生たちの反感を買っていた。教授たちも初期の結社員たちの親に警告の手紙を送っている。だがスカル&ボーンズが潰れることはなく、むしろ勢いを増し、一八八四年までにエール大学にはさらに二つの最上級生の結社（スクロール&キー《巻物と鍵》〔Scroll&Key〕、ウルフス・ヘッド《狼の頭》〔Wolf's Head〕）が誕生した。加えてファイ・ベータ・カッパも、一八七一年に復活している。

一八七六年九月二十九日、「やすりと釘抜きの会」というグループが「墓」に潜入した。「墓」とは、スカル＆ボーンズが造った窓のない本部のことである。同会によると、壁には「一八三三年に、ここにスカル＆ボーンズが誕生した際の創設者たちやドイツの結社のメンバーたちの肖像画が飾られていた」という。

地下室には小さな部屋があり、そこでは「常に火がともされているランプ」と「朽ちかけた人間の頭蓋骨《ずがいこつ》」が安置されていた。階上には三つの部屋があり、黒いビロードで覆われた部屋にはテーブルが置かれ、その上に人の頭蓋骨と交差させた肢骨が載っていた。また〝至聖所〟らしき部屋のほうは、赤いビロードで覆われていた。非合法化されたバヴァリアのイルミナティの摂政《せっしょう》の位階を示していると思われる、装飾の施された古い彫刻もあったという。

❖――スカル＆ボーンズの権力の源泉〝力の絆《きずな》〟

スカル＆ボーンズの結社員どうしの複雑なつながりを理解するには、ボーンズメンとして最初に大統領になったウィリアム・ハワード・タフト（一八七八年度加盟）の例がわかりやすい。タフトは大統領と最高裁長官を歴任した唯一の人物である。父親でスカル＆ボーンズ創設者のアルフォンソ・タフトは、ユリシーズ・グラント大統領の時代に戦争長官《かつての〝国防〟長官で、一九四七年に現在の形となるまでは、非常設の特別ポストとしてあった》に任命され、のちに司法長官となった。

ウィリアム・ハワード・タフトはウィリアム・マッキンレー大統領時代、それまでフィリピンの軍政総督であったアーサー・マッカーサー将軍（父はダグラス・マッカーサー将軍）の首をすげ替える形で、フィリピンの初代民政総督に就任した。マッキンレー大統領が暗殺されたあとに大統領となったセオドア・ルーズヴェルトは、タフトを戦争長官に任命した（一九〇四～〇八年）。タフトは同長

W・H・タフト

スティムソン

官職に加え、パナマ運河の「総監督兼調停者」、キューバの臨時総督などを兼任、外交政策においても中心的な役割を果たした。

一九〇八年に大統領となったタフトは、二一年にはウォーレン・ハーディング大統領により最高裁長官に抜擢《ばってき》され、三〇年に死去するまでこの職を務めている。

タフト大統領は、ヘンリー・L・スティムソン（一八八八年度加盟）を戦争長官に任命した（一九一一～一三年）。スティムソンは七人の大統領から政府の要職に任命されている。一九二六年から二八年までフィリピン総督を務め、ハーバート・フーヴァー政権（一九二九～三三年）において国務長官、フランクリン・デラノ・ルーズヴェルト政権（一九四〇～四六年）で戦争長官を歴任した。彼は世界第二次大戦時の日系アメリカ人の強制収容における「最終的な責任者」であり、マンハッタン計画の監督として、広島・長崎に使用された原爆の開発にもかかわっていた。トルーマンを説得して原爆投下に意思を傾けさせたのも彼である。

スティムソンは、「冷戦の闘士たち」も育成した。いわゆる「スティムソン幼稚園」から生まれた彼の弟子たちのなかには、ジョージ・C・マーシャル将軍、ジョン・J・マクロイ、ディーン・アチソンのほか、ボーンズメンのロバート・ロヴェット、ウィリアム・バンディ（一九三九年度加盟）と弟のマクジョージ・バンディ（一九四〇年度加盟）などがいる。

ケネディ大統領の顧問を務めた歴史家アーサー・シュレジンガー・Jrは、これらの人物について次のように述べている。「彼らはウォール街とワシントン、有力財団およびクラブを結ぶネットワークの形成に寄与した。アメリカの体制の中心はニューヨークと法曹界であった。そこに王として君臨していたのがヘンリー・スティムソンとエリフ・ルートであり、現在はロバート・A・ロヴェットとジョン・J・マクロイがこのポストにいる。また、彼らのフロント組織となっているのが、ロックフェラー、フォード、カーネギーなどの財団や、外交問題評議会だ」

《外交問題評議会（略称CFR）は一九二一年、ヤコブ・シッフ（ロスチャイルド家のアメリカでの代理企業とされるクーン・レーブ&カンパニー代表）、ジョン・D・ロックフェラー、J・P・モルガンなどを当初メンバーとし、「新しい国際秩序を打ち立てる」ことを目的に設立。FRB（連邦準備銀行）や国連の創設にかかわった。この一員のボーンズメンにはジョージ・ブッシュ（シニア）、マクジョージ・バンディ等々がおり、ほかにはH・キッシンジャーなどが知られる》

ハリマンとバンディ兄弟は、国務省、国防省、CIAなどの組織およびケネディ、ジョンソン両大統領の顧問としての地位を利用して、ベトナム戦争中の情報や諜報に大きな影響力を行使してきた。ハリマンはビジネスと政治の両方において活発に動き、一九六八年には北ベトナムとの和平交渉を指揮した。ウィリアム・バンディは外交問題評議会の有力季刊誌『Foreign Affairs《フォーリン・アフェアーズ》（外交問題）』の編集長になり、マクジョージ・バンディはフォード財団の会長となっている。

❖──「麻薬戦争」で作り出す〝狐と鶏小屋〟の状況

一九七一年、ニクソン大統領は国際統制に関するホワイトハウス閣僚委員会をジョージ・ブッシュ（シニア）に任せた。のちに副大統領となったブッシュは麻薬戦争における最上級官僚となり、レーガン政権下で閣僚級作業委員会の委員長および国境麻薬取締機構の責任者を務めた。

しかし、元DEA（麻薬取締局）長官フランシス・ミュレン・Jrはブッシュの取組みについて「知的な詐欺《さぎ》」であり「役に立っているどころか障害になっている」と批判している。だが、この批判を述べた直後にミュレンは辞任し、会計検査院の報告は闇に葬られた。

一九八五年七月、この報告が「ジョージ・ブッシュの国境麻薬取締機構はなんの成果も生み出しておらず、むしろ全体として密輸を助長している」という内容であったことが明らかになっている。ボーンズメンは規制を生み出すことで、工場とその副産物がブラックマーケットで高値で取引されるような状況を作り、その流通とプロパガンダに腐敗した〝陰の政府〟を利用してきた。彼らは憲法違反の「麻薬戦争」を、政治的・経済的・社会的なコントロールのために利用してきたのである。

それらはどのような利用なのだろうか、麻薬戦争の実態はどのようなものなのか……。いや、急《せ》いてはいけない。それらを見ていくためにも、さらに深くスカル&ボーンズそのものを追っていくことにしよう。

なお、以下では記述の関係から多少の重複が生じることをあらかじめご了解いただきたいと思う。

◉アメリカ国民が目を背けてきた疑問を明かす

クリス・ミレガン 記

❖――スパイ行為と麻薬密輸を統合する秘密結社スカル&ボーンズの誕生

それはエール大学で始まった。ここにはアメリカ社会の歴史に根づいてきた三つの要素である〝スパイ行為〟〝麻薬密輸〟〝秘密結社〟が一つに集まっていた――。

エール大学の誕生は一七一八年、エリフ・エールの名前からとって成立した。彼はアメリカ・ボストン近郊に生まれてロンドンに学び、イギリス東インド会社での勤務ののち、一六八七年にインド・マドラスのフォート・セント・ジョージで総督となった。後年、貿易で巨万の富を得たエリフ・エールは九九年にイギリスに戻り、慈善家として知られるようになる。そして、コネティカット州の大学の要請に応じての資金援助と書籍の寄贈、また死後の財産遺贈の功績に対し、時の同大学の代表者コットン・メイザーにより彼の名を冠することが提案されて、エール大学となったものである。

　そのエール大学の旧構内にはネイサン・ヘイルの銅像があるが、ヴァージニア州ラングレーにあるCIA本部の正面にもこれを模刻した銅像があり、マサチューセッツ州アンドーヴァーのフィリップス・アカデミーの正面にも同じものがある。この学校はジョージ・H・W・ブッシュの母校であり、彼は早くもここで、十二歳のときに初めて秘密結社に接触している。

N・ヘイル

S・ラッセル

　ネイサン・ヘイルは三人のエール大学OBとともに、アメリカ最初の諜報組織の一つであるカルパー・リングに所属していた。カルパー・リングはジョージ・ワシントンによって設立され、独立戦争を通じて活躍した組織であるが、この諜報員のなかで唯一イギリスにその素性を暴かれたネイサン・ヘイルは、一七七六年に有名な改悛《かいしゅん》の言葉《死を前にし「祖国に対して捧《ささ》げる命を一つしか持っていないことのみ私は悔やむ」と言ったとされる》を残して絞首刑に処せられた。エール大学と諜報コミュニティは、この国が誕生して以来ユニークな関係を保ち続けているのだ。

　一方、一八二三年にサミュエル・ラッセルがトルコのアヘンを中国に密輸するために設立したラッセル&カンパニーは、三〇年にボストンのパーキンス・シンジケートと合体してアメリカ最大のアヘン密売組織となった。この「アヘン貿易」によって、欧米には莫大《ばくだい》な富がもたらされた。

広東《カントン》におけるラッセル&カンパニーのトップのなかには、フランクリン・D・ルーズヴェルトの祖父にあたるウォーレン・デラノ・Jrもいた。その他のパートナーとしては、ジョン・クリーヴ・グリーン（プリンストン大学の後援者）、アビール・ロウ（コロンビア大学創設の資金援助を行なう）、ジョセフ・クーリッジのほか、パーキンス、スタージス、フォーブス一族などがいる（クーリッジの息子はユナイテッド・フルーツ社の創始者で、孫のアーチボルド・C・クーリッジは外交問題評議会の創設者の一人）。

サミュエル・ラッセルの従兄弟で一八三三年度にスカル&ボーンズの結社員となったウィリアム・ハンチントン・ラッセルは、三一年から三二年にかけてドイツに学んでいる。当時のドイツには新しい考え方があふれ、人間の活動のあらゆる分野に「科学的手法」の適用が試みられていた。

これには次のような背景がある。一八〇六年にナポレオン軍との戦いに敗れたドイツ（プロシア）は、戦争という極限状況のもとで兵士が利己的に行動したことが敗因だと考え、イギリスの経験主義哲学者ジョン・ロックとフランスの啓蒙《けいもう》思想家ジャン・ルソーの考えを取り入れて、新たな教育制度を作った。ベルリン大学の学長ヨハン・ゴッドリーブ・フィヒテは著書『ドイツ国民に告ぐ』の中で、子供は国が育て、何をどのように考えるかを教え込むべきだと唱えている。

フィヒテの死後、イマヌエル・カントのドイツ理想主義哲学の学派に連なる大家ゲオルグ・ヴィルヘルム・フリードリヒ・ヘーゲルが同大学に招かれ、一八一七年から三一年に死亡するまで教授を務めた。我々の世界を理性の世界ととらえていたヘーゲルは、国家は「絶対理性」であり、国民は国家を崇拝し服従することによってのみ自由を得られるとした。ヘーゲルはまた、国家は「神が地を闊歩《かっぽ》

W・H・ラッセル

ヘーゲル

している」のであり「最終目的」であると述べ、「個人に対して究極の権限を持ち、国家の一員となるのが個人の究極の義務である」と主張した。ウィリアム・ラッセルの時代にドイツで隆盛を極めたこのヘーゲル哲学は、のちに共産主義やファシズムを生み出してもいる。

かくして、ラッセルは一八三二年にエール大学に戻ると、アルフォンソ・タフト（一八三三年度ボーンズメン）とともに最上級生の会を結成した。七六年に「墓」と呼ばれるスカル＆ボーンズの本部に潜入した人物によると、「ボーンズはドイツの大学の組織の支部で……創設者のラッセル将軍は最終学年の前にドイツに留学しており、学生結社の主要メンバーの一人と親交があった。ラッセルはこの結社の了解を得て、帰国後エール大学に支部を作った」という。こうして、卒業生総代のウィリアム・H・ラッセルと十四名による「The Order of Skull and Bones（スカル＆ボーンズ結社）」が結成された。

スカル＆ボーンズはエール大学のみにある秘密結社で、上級生の審査選別を受けた三年生十五名が毎年加盟を認められる。その際に一万五〇〇〇ドルと振り子式の大型箱時計を渡されるともいわれている。それは、スカル＆ボーンズの目的は、キャンパスライフをエンジョイすることではなく、結社員のそれぞれが卒業後の社会において成功することにあるからだ。

その結果が、スカル＆ボーンズの結社員リストは前記したように、エリートの家名のオンパレードとなったともいえる。

ウィリアム・ラッセル自身はのちに将軍となり、コネティカット州の議員に選出された。同じくアルフォンソ・タフトは司法長官、戦争長官（多くのボーンズメンが就任しているポストである）、駐オーストリア大使、駐ロシア大使（こちらも多くのボーンズメンが就任）などを歴任している。また、息子のウィリアム・ハワード・タフト（一八七八年度加盟）は、合衆国大統領と最高裁判所長官を歴任した唯一の人物となった。

❖暴かれた「墓」の秘密が物語るもの

スカル&ボーンズは結成当初から成功を収めていたが、論議の的になることもあった。教授の一部から秘密主義や排他主義に対する批判があったほか、学生もスカル&ボーンズが大学の財政に影響を与えメンバーが優遇されていると反発している。

こうした流れのなかでの一八七三年十月、スカル&ボーンズに関して公に出版された数少ない書物の一つ『The Iconoclast（偶像破壊者）』の第一巻（続巻は出ていない）がニューヘヴンで発刊された。以下に少々抜粋してみよう。

> 我々が新たに書物を出版することにしたのは、大学出版局が〝スカル&ボーンズ〟のことを公に語ろうとする者を門前払いにしているからである。（中略）
>
> スカル&ボーンズは毎年新たな会員を加えており、それらの会員の多くは社会に出たあとに指導的地位に就《つ》いている。エール大学も支配下にあり、経営実体は〝スカル&ボーンズ〟だ。大学の後援金は彼らの手に渡り、彼らによって使途が決められている。彼らが有能であることは間違いない。だが、彼らが在学中に見下していた多くの者たちは、そのような資金の流れがあったことを忘れてはいない。そしてウォール街は、大学がOBにではなく自分たちに直接援助を求めてくると不快感を示している。その理由については、エール大学とアメリカの初期の人物の一人が次のように説明

している。「スカル&ボーンズ会員《ボーンズメン》」以外に寄付をする者はほとんどいない。ところが彼らにとって重要なのは、大学よりも結社のほうなのだ。（中略）
この危険な集団の魔の手は年々拡大し続け、今では大学を暗い影で覆っている。そしてこの怪しげな空気こそが、会員以外の者に財布の紐を緩めるのを思いとどまらせているのだ。スカル&ボーンズは今では優越主義の妄想もあからさまに傲慢《ごうまん》なふるまいを見せ、大学出版局を押さえて大学そのものを支配しようとしている。しかもそのことを表沙汰《おもてざた》にせず、陰で力を掌握しているのである。
エール大学が社会にどれだけの貢献をしてきたのかを測るのはほとんど不可能だし、それは今後についても言えることだ。問題は要するに、社会に計り知れない貢献をする可能性のある組織（エール大学）と、重大かつ広範な犯罪に手を染めている秘密結社（スカル&ボーンズ）が共存しているということに集約される。はたしてどちらが存続するべきなのか。

スカル&ボーンズは当初、部屋を借りて集会を開いていたが、一八五六年に窓のない茶色の石造りの「墓」が建設され、以来今日に至るまで、〝ボーンズメン〟はこの場所で「秘密めいた怪しい」加盟儀式を執り行ない、毎週木曜と日曜に集会を開いている。

そうした一八七六年九月二十九日、「やすりと釘抜きの会」と名乗るグループがスカル&ボーンズの最も神聖なる場所への潜入を果たした。彼らが「墓」の中に見つけた３２３という番号の部屋は、「壁も含めて全体が黒いビロードに覆われて」いたという。隣りには３２２という番号の部屋があり、そこは「ボーンズの聖堂の至聖所で、……赤いビロードで覆われ」壁には五芒星《ごぼうせい》（ペンタグラム）が飾られていた。談話室である先の３２３の部屋には、一八三三年にエール大学にスカル&ボーンズが結成された当時の創始者たちや、彼らが学んだドイツの結社のメンバーの肖像画もあった。そして、さらに興味深いものが見つかった。

西の壁には何枚かの絵が飾られ、その中に、納骨壇の古い彫刻がある。石板の上に四つの頭蓋骨が安置され、それとともに道化師の鈴付き帽、開いた本、数学に用いる道具、物乞いのずだ袋、王冠などが載っているというものだ。アーチ型になった上部の壁の部分にはローマン体で「Wer war der Thor, wer Weiser, Wer Bettler oder, Kaiser?」という文章があり、下の部分にはドイツ文字で「Ob Arm, Ob Reich im, Tode gleich」と刻まれている。

以上は『The Fall of Skull and Bones（スカル&ボーンズの失墜）』によるが、この絵には「ドイツ支部、D50－長老D・C・ギルマン寄贈」というプレートが付いている。なお、前記の文章の意味については後述することにしよう。

寄贈者のダニエル・コイト・ギルマン（一八五二年度加盟）と二人のボーンズメンは、今日もなおアメリカ社会に影響を与えている人物たちだ。ダニエル・ギルマンとティモシー・ドワイト（一八四九年度加盟）、アンドルー・ディキンソン・ホワイト（一八五三度加盟）は、スカル&ボーンズの一員となってすぐにヨーロッパに渡り、ベルリン大学で哲学を学んでいる。ギルマンは帰国すると、スカル&ボーンズの法人組織としてラッセル信託会社を設立、自身が経理を担当してウィリアム・H・ラッセルを社長に据えた。ギルマンは以後十四年にわたり、ニューヘヴンにスカル&ボーンズの権力基盤を作ることに腐心している。

ギルマンは一八五八年にエール大学図書館の司書に任じられた。手練手管を用いて理系学部（シェフィールド理学部）の資金を集めたほか、モーリル・ランド法案を連邦議会に提出している。同法案

絵の寄贈者——
D・C・ギルマン

「墓」の西の壁に飾られた絵

は可決後に、ブキャナン大統領が拒否権を行使したため当初は成立しなかったが、のちにリンカーン大統領によって承認されている。

この法律は「州立大学の農学部と理学部のために公有地を与える」ことを認めるもので、現在は「大学土地助成法」と呼ばれている。この連邦助成を国内で初めて受けたのがエール大学で、短期間のうちにコネティカット州の助成分をすべて手にしている。エール大学はこの功績を評価し、ギルマンを自然地理学の教授にした。

その後ギルマンはカリフォルニア大学の初代学長に就任、ジョンズ・ホプキンズ大学の設立にも携わってやはり初代学長となっている。

また、カーネギー協会初代会長にも就任し、ピーボディ財団、スレイター財団、ラッセル・セイジ財団の設立にかかわった。

ギルマンの友人であったアンドルー・D・ホワイトは、コーネル大学の初代学長（同大学も大学土地助成法のニューヨーク州の助成分を独占している）、駐ロシア公使、駐ドイツ大使、米国歴史協会初代会長などを歴任しているほか、国際司法に関する取決めを行なった一八九九年のハーグ平和会議ではアメリカ代表団の団長を務めている。

エール神学校の教授であったティモシー・ドワイトは、一八八六年にエール大学の学長に就任した。以後、同大の学長はすべてボーンズメンか、スカル&ボーンズやその利益と直接結びついた人物ばかりが就任している。

ギルマン、ホワイト、ドワイトのスカル&ボーンズ三人衆は、米国経済協会、米国化学会、米国心理学会の設立にも携わり、プラグマティズムの哲学者ジョン・デューイや教育学者のホーラス・マンなど息のかかった者を通じて、今日のアメリカの教育の姿に大きな影響を与えた。

❖――スカル&ボーンズの〝権力のネットワーク〟

アントニー・サットンの著書『America's Secret Establishment（アメリカの秘密体制）』は、こうしたスカル&ボーンズがさまざまな陰謀を達成するために、縦横の〝影響の鎖〟を作り上げてきたことを喝破《かっぱ》したものである。

そのうち縦の鎖を形成しているのが、ホイットニー、スティムソン、バンディのつながりだ。

W・C・ホイットニー（一八六三年度加盟）は海軍長官を務めた人物で、妻はフローラ・ペイン（スタンダードオイルのペイン一族）。法学部を出たヘンリー・スティムソン（一八八八年度加盟）は、彼の弁護士のエリフ・ルートに雇われている。スティムソンは一九一一年にルートから戦争長官のポストを引き継いでいるが、これを任命したのが同じボーンズメンのウィリアム・ハワード・タフトであった。スティムソンはクーリッジ時代にフィリピン総督、フーヴァー時代に国務長官、ルーズヴェルト、トルーマン時代にも戦争長官を務めている。

このスティムソンの特別補佐官を務め、マンハッタン計画において国防総省とのパイプ役を果たしたのが、ホリスター・バンディ（一九〇九年度加盟）である。バンディの二人の息子、ウィリアム・バンディとマクジョージ・バンディもボーンズメンで（それぞれ一九三九年度、一九四〇年度加盟）、ともに政府や財団のために積極的な活動を行なっている。

ウィリアムとマクジョージは、CIA、国防総省、国務省、ケネディ大統領およびジョンソン大統領の特別補佐官などの役職を通じて、ベトナム戦争における情報の流れに重大な影響力をふるった。ウィリアム・バンディは外交問題評議会（CFR）が発行する有力な季刊誌『フォーリン・アフェアーズ』の編集長を務め、マクジョージはフォード財団の会長となっている。

ほかの興味深いボーンズメンのつながりとしては、ハリマンとブッシュを中心としたグループがある。エイヴレル・ハリマン（一九一三年度加盟）は民主党の〝長老〟で、弟のローランド・ハリマン（一九一七年度加盟）とともに、きわめて活動的なメンバーであった。ローランドと同期（一九一七年卒業）のボーンズメンのうち、ジョージ・H・W・ブッシュの父親のプレスコット・ブッシュを含む四人がブラウン-ブラザーズ・ハリマンの役員に就任している。

二十世紀が始まって以降、ギャランティ・トラストとブラウン-ブラザーズ・ハリマンの二つの投資銀行は、スカル&ボーンズのメンバーによって支配されてきた。この二社は、共産主義政権やヒトラー政権への融資に深くかかわっている。

ボーンズメンが信奉しているのは、コントロールされた対立（テーゼとアンチテーゼ）によって目指すべき統合に至るという、ヘーゲル主義の歴史的弁証論である。そして彼らが目指す統合とは、国家を絶対とし、その絶対的存在に服従することによってのみ個人が自由を保証されるような世界（いわゆる新世界秩序）にほかならない。

ロシアでボルシェビキ革命が成功したのも、ボーンズメンとその協力者の資金提供や政治活動の結果だ。スカル&ボーンズは連邦法を無視して、新生ソ連の産業支援や銀行設立、油田・鉱山開発支援などを行なってきた。

のちに駐イギリス公使に就任して、イギリスとロシアへの武器貸与の責任者となったエイヴレル・ハリマンは、ロシアに工場を丸ごと輸出する事業を取り仕切った。研究者のなかには、ハリマンが核技術やプルトニウム、ドル紙幣原版のロシアへの輸出を監督していたという者たちもいる。

一九三二年には、一九一七年度ボーンズメンの四人の投資銀行役員と、一九二三年以降ヒトラーへの融資を行なっていたフリッツ・テュッセンとつながりのある二人のナチス銀行員が、ニューヨーク市にユニオン・バンキング・コーポレーションを設立した。『George Bush : The Unauthorized Biography（非公認ジョージ・ブッシュ伝）』によると次のとおりだ。

フランクリン・ルーズヴェルト政権の外国人財産管理人レオ・T・クロウリーは、敵国通商法に基づいてプレスコット・ブッシュの財産を差し押さえる財産帰属令二四八号（一九四二年十一月十七日付）に署名した。不明瞭《ふめいりょう》な政府記録文書に記され、公に報じられることはなかったこの命令には、ナチスの関与については何の記載もなく、ユニオン・バンキング・コーポレーションが……敵国指定されたドイツやハンガリーの国籍を持つテュッセン家の企業であるとのみ説明されている。

この措置の背景には、プレスコット・ブッシュをはじめとするユニオン・バンキング・コーポレーションの役員たちがナチスの合法的な協力者であると名指しすることで、より重要な歴史的疑念から衆目をそらすという政府の思惑があった。その疑念とは、ヒトラーのナチス政権自体が、プレスコット・ブッシュが管理していたニューヨークとロンドンの組織によって雇われ、武装され、指示を与えられていたのではないかというものである。

なお、〝公に報じられなかった〟とするのは、先にも記したように同行の〝移転許可を得た〟という記述のみであったことを指す（一九四四年十二月十六日付の『ニューヨーク・タイムズ』紙が、ニューヨーク州政府銀行課の措置に関する記事を五段落にわたって掲載したが、ナチスの銀行に触れているのは最後の一文のみだったのだ）。

第二次大戦が終結すると、プレスコットはコネティカット州選出上院議員となり、アイゼンハワー大統領お気に入りのゴルフ仲間になった。彼はリチャード・ニクソンの政界引き入れに関与したと自ら示唆《しさ》しており、一九五二年の大統領選でアイゼンハワーと組む副大統領候補にニクソンを立てたのも自分だと話している。

❖──OSSからCIAへ──秘密体制の関係者名簿

OSS（戦略事務局）には、数多くのエール大学OBが入局していた。そのことは、エール大学の酒飲み歌「ホイッフェンプーフ・ソング」が、OSSの〝非公式〟の歌となっていたことにも表われている。OSSメンバーの多くが、ボーンズメンやほかの最上級生の結社の出身であった。

ハリマンの幼馴染《おさななじ》みで、プレスコット・ブッシュの同期である一九一七年度の結社員らによってスカル&ボーンズに引き入れられたロバート・ロヴェット（一九一八年度加盟）も、ブラウン-ブラザーズ・ハリマンの役員となっている。再び『George Bush ; The Unauthorized Biography』より、彼についての記述を抜粋してみよう。

一九四五年十月二十二日、国防長官ロバート・パターソンが、第二次大戦後のアメリカの諜報活動の組織化に関する政府の諮問機関としてロヴェット委員会を創設した。……この新機関は軍との〝協議〟は行なうが、外国の諜報・対諜活動に関しては単独で情報収集にあたることになっていた。また、独立した予算を持ち、その予算は公聴会を経ずに議会で承認されるとされた。四五年十一月十四日、ロヴェットは国務長官、戦争長官、海軍長官の前で……大戦下のOSS（戦略事務局）の実質的な復活を訴えた。……四七年、フロリダ州ジュピターアイランドの関係者の一人ロバート・ロヴェットの提案に基づき、CIAが誕生した。

これについて、エール大学のガディス・スミス教授（歴史学）は、次のように指摘する。「エール大学ほどCIAに対して大きな影響を与えてきた大学はない。CIAには同大の同窓会のような雰囲気が漂っている」。この伏魔殿《ふくまでん》に潜む妖怪《ようかい》たちの中心になっているのが、ボーンズメンにほかならない。

CIA関連のボーンズメンとしては、初期の人事を担当していたF・トルビー・ダヴィソン（一九一八年度加盟）のほか、次ページの表1に掲げたような人物がいる。

同表中では、

◆スローン・コッフィン・Jr（一九四九年度加盟）
◆ジェームズ・バックリー（一九四四年度加盟）
◆ロバート・D・フレンチ（一九一〇年度加盟）
◆ディノ・ピオンツィオ（一九五〇年度加盟）
◆ジョン・F・ケリー（一九六六年度加盟）

表1　CIA関連のボーンズメン

- F・トルビー・ダヴィソン（1918年度加盟）――初期の人事を担当
- スローン・コッフィン・Jr.(1949年度加盟)
- V・ヴァン・ダイン（1949年度加盟）
- ジェームズ・バックリー（1944年度加盟）
- ビル・バックリー（1950年度加盟）
- ヒュー・カニンガム（1934年度加盟）
- ヒュー・ウィルソン（1909年度加盟）
- リューベン・ホールデン（1940年度加盟）
- チャールズ・R・ウォーカー（1916年度加盟）
- ロバート・D・フレンチ（1910年度加盟）――エール大学の“陰の”戦争長官
- アーチボルド・マクリーシュ（1915年度加盟）
- ディノ・ピオンツィオ（1950年度加盟）――アジェンデ政権転覆時のCIA副支部長
- ウィリアム・バンディ（1939年度加盟）――外交問題評議会
- マクジョージ・バンディ（1940年度加盟）――フォード財団会長
- リチャード・A・ムーア（1936年度加盟）
- デヴィッド・ボーレン上院議員（1963年度加盟）
- ジョン・F・ケリー上院議員（1966年度加盟）
- ジョージ・H・W・ブッシュ（1948年度加盟）――大統領、副大統領、CIA長官

＊2000年時点での現存会員より抽出

などに注目しておくべきだろう。最初の二人は、ジョージ・H・W・ブッシュ（先記したとおり自らもCIA〝関連〟ボーンズメンである）がコッフィンを引き入れ、コッフィンがバックリーを引き入れたという人脈の流れがポイントだ。

　また、三人目のフレンチは「エール大学の〝陰の戦争長官〟」としての、四人目のピオンツィオはアジェンデ政権転覆時のCIA副支部長という点にポイントがある。

《一九七〇年、サルバドール・アジェンデを大統領としたチリは、中南米で初の選挙による社会主義国となったが、七三年九月十一日、ピノチェト将軍がクーデターを起こして軍事独裁体制を築く。これには、アメリカ資本の国有化などを行なったアジェンデ政権に対するCIAの関与が濃厚に疑われている。なお、ピノチェト軍政は九四年に倒れ民主化され

た》

そして、最後のケリーは上院議員として民主党の輿望《よぼう》を担っていることがポイントとなる点である。なお、〝関連〟ボーンズメンという意味では、繰り返し記してきたウィリアム・バンディならびにマクジョージ・バンディも当然あげておく必要があるだろう。

《当稿は一九九六年七月、www.parascope.com に初掲載（現在は www.boodleboys.com に掲載）されたものだが、この時点でのケリーはさほど権力構造に近接した存在ではなかったにもかかわらず、筆者（ミレガン）らが注目したことは重要だ。その後ケリー上院議員は着実に地歩を築き、来る二〇〇四年度の大統領選挙ではブッシュ（ジュニア）の対抗馬としてその椅子《いす》を争うことになった》

❖――米中関係の真の機軸はアヘン戦争以来の麻薬取引にある

その他の著名なボーンズメンについては次ページの表2にまとめているが、なかでもまず、

◆ウィンストン・ロード（一九五九年度加盟）

を記憶しておく必要がある。というのは、彼は外交問題評議会会長、駐中国大使、クリントン政権国務次官補を歴任しているが、ニクソンが中国との国交を回復させて以降、ボーンズメンが同国担当の大使になるケースが多くなったからだ。ジョージ・H・W・ブッシュもその一人で、在北京《ペキン》連絡事務所の初代所長となっている。

当時このように中国が重視されていた背景には、同国が最も多くのアヘンを製造・消費していた国の一つであったという事情がある。

この中国とアヘンとの関係は、多くの方がご存じのように同国が「清《シン》」と呼ばれていた時代にまで遡《さかのぼ》る。

表2　その他の著名なボーンズメン

- ジョージ・W・ブッシュ（1968年度加盟）――大統領
- ヘンリー・ルース（1920年度加盟）――『タイムライフ』
- ジョン・T・ダニエルズ（1914年度加盟）――アーチャー-ダニエルズ・ミッドランド創業者
- ギフォード・ピンショー（1889年度加盟）――セオドア・ルーズベルト政権での林野長官
- フレデリック・E・ウェアハウザー（1896年度加盟）
- ハロルド・スタンレー（1908年度加盟）――モルガン・スタンレー創業者、投資銀行家
- アルフレッド・カウルズ（1913年度加盟）――カウルズ・コミュニケーションズ
- ヘンリー・P・ダヴィソン（1920年度加盟）――モルガン・ギャランティ・トラスト上級社員
- トーマス・コクラン（1904年度加盟）――モルガン共同経営者
- ヨハン・ハインツ（1931年度加盟）――上院議員
- ピエール・ジェイ（1892年度加盟）――ニューヨーク州連邦準備銀行初代会長
- ジョージ・H・ウォーカー・Jr.(1927年度加盟）――ニューヨーク・メッツ財務役・共同設立者
- フレッド・スミス（1966年度加盟）――フェデラル・エキスプレス創業者・CEO兼社長
- アーテマス・ゲイツ（1918年度加盟）――ニューヨーク・トラスト・カンパニー社長、ユニオン・パシフィック、タイム、ボーイング
- ウィリアム・ドレイパー3世（1950年度加盟）――国防省、国連、輸出入銀行
- ディーン・ウィッター・Jr.(1944年度加盟）――投資銀行家
- ジョナサン・ビンガム（1936年度加盟）――上院議員
- ポッター・スチュワート（1936年度加盟）――最高裁判事
- ジョン・チャッフェ（1947年度加盟）――上院議員
- ハリー・P・ホイットニー（1894年度加盟）――妻はガートルード・ヴァンダービルト、投資銀行家
- ラッセル・W・ダヴェンポート（1923年度加盟）――『フォーチュン』編集者、「フォーチュン500社」を考案
- エヴァン・G・ガルブレイス（1950年度加盟）――駐フランス大使、モルガン・スタンレー常務取締役
- リチャード・ガウ（1955年度加盟）――ザパタ・オイル社長
- エイモリー・H・ブラッドフォード（1934年度加盟）――妻はキャロル・W・ロスチャイルド、『ニューヨークタイムズ』GM
- C・E・ロード（1949年度加盟）――通貨監査長官
- ウィンストン・ロード（1959年度加盟）――外交問題評議会会長、駐中国大使、クリントン政権下での国務次官補

＊2000年時点での現存会員より抽出

十九世紀、コネティカット州とマサチューセッツ州の快速帆船《クリッパー》が、外洋船として世界最速を誇っていた一時期があった。アヘン貿易はスピードが命であり、トルコ―インドとマカオ―香港《ホンコン》―上海《シャンハイ》の間をより速く往復できるものがより多くの利益を得ていた。

イギリスと清のアヘン戦争（一八四〇～四二年）が始まると、条約でおこぼれに与《あずか》れることを見越していたアメリカは、傍観者として背後から高みの見物を決め込んだ。その一方でアヘン戦争との関係などから、広東で活動している唯一の貿易会社となることもたびたびあったラッセル&カンパニーは、この機会を最大限に生かして強固な取引ネットワークを作り、莫大な利益を得ている。

麻薬貿易の背景には、列強国の〝よんどころない事情〟があった。たとえばアメリカの貿易商は、それまで中国に売っていたオットセイや薬用ニンジンの需要が減ってきたために、代わりに売れる交易品を鵜《う》の目鷹《たか》の目で探していた。結果としてアヘンを売り込むことができなければ、絹や磁器、茶などの代金を当時不足していた希少銀貨で払わなければならないからだ。

今日の視点からは、これはまったく不当なものといえるだろう。だいたい、アヘン戦争そのものが、イギリスの恥ずべき策謀によるものである。先の列強国のよんどころない事情のために、清朝政府が国内に中毒患者が蔓延《まんえん》したことからの麻薬取締りとしてアヘン禁輸措置をとったの対し、そのことを理由に宣戦したのだった。

しかし、このような状況を背景に、清が敗北し南京《ナンキン》条約により一八四三年に上海港が開港されると、ラッセル&カンパニーは最初に取引を始めた貿易会社の一つとなった。

さらに一九〇三年、エール神学校は中国に学校と病院を建設する計画をスタートさせた。この計画にはマオ・ツゥー・トン（毛沢東）もかかわっている。アメリカが国益のために中国との結びつきを深めていた一九三〇年代と四〇年代、米国の諜報部は「中国のエール」の人間や、ジョージ・ブッシュの従兄弟でやはりボーンズメンのリューベン・ホールデンなどを情報収集に利用していた。

そして、国連大使のあと、後述するウォーターゲート事件などで四面楚歌《しめんそか》のリチャード・ニクソン政権下に共和党全国委員長を務めたジョージ・H・W・ブッシュは、やがて〝アヘン貿易〟を担当することになった。ブッシュ家は現在もなお〝共産〟中国の経済活動に深くかかわり続けている。

研究者のなかには、ジョージ・ブッシュが一九五〇年代前半からCIAとかかわりを持ち、任務の一環として世界の最大の産業である麻薬産業の国際的な統合・調整を図っていたと見る向きも少なくない。アメリカがベトナムで〝警察行為〟を気取ったのも、〝黄金の三角地帯〟の統合から目をそらすためのものだったという見方さえある。

❖――麻薬戦争――奸智《かんち》に満ちた詐欺行為の数々を暴く

ベトナム〝戦争〟が開始される前、黄金の三角地帯を牛耳《ぎゅうじ》っていたのはフランスの諜報員やコルシカマフィアであった。しかしフランスが手を引いたのちは、アメリカの諜報部がそのあとを継ぎ、シシリアマフィアの協力のもとでコントロールしてきた。こうした麻薬ネットワークについては、アルフレッド・マッコイ著『The Politics of Heroin in S.E. Asia（東南アジアのヘロイン政策）』や、ヘンリック・クルーガー著『The Great Heroin Coup（ヘロインの大功）』、サム・ジアンカーナとチャック・ジアンカーナの共著『Double-Cross』（邦題『アメリカを葬った男――ケネディ兄弟、モンローの死の真相　マフィア激白！』落合信彦訳　光文社刊）などに詳しい。

ジョージ・H・W・ブッシュは、レーガン政権では副大統領となって閣僚級作業部会の委員長や国境麻薬遮断システムの責任者を務め、ベトナム戦争＝〝麻薬戦争〟における政府最高責任者となった。

DEA（麻薬取締局）のフランセス・ムレン・Jr局長は、ブッシュの活動を「奸智《かんち》に満ちた詐欺行為」であり「益よりも害のほうが大きかった」と批判している。しかしムレンはこれらの発言の直後に辞任、会計検査院の報告書は闇に葬られることになった。

ところが一九八五年七月、封印されていた会計検査院の報告書が暴かれることになる。そこには、「ジョージ・ブッシュが中心となっていた国境麻薬遮断システムは実際には機能せず、総合的に見ればむしろ供給を促進する役目を果たしていた」と書かれていた。

CBSの報道番組『60ミニッツ』プロデューサーのモニカ・ジェンセン-スティーブンソンは、麻薬の裏取引を暴いた番組を作っている。しかしこの番組は結局、放送の許可が下りず、彼女はプロデューサーを辞職した。その後に著わした『Kiss The Boys Goodbye（関係の清算）』などの暴露本には、アメリカの諜報コミュニティが戦争捕虜・行方不明兵士に関する政府機関を隠れ蓑にして、黄金の三角地帯からのアヘンの密輸にかかわってきた実態が描かれている。

また、レーガン時代には次のようなことも起こった。レーガン大統領が、改革党を創始したテキサスの億万長者ロス・ペローを自身の選挙へ巻き込もうとして、外国諜報に関する大統領諮問委に抜擢。ペローを大統領特別調査官に任命して、ベトナム戦争における戦争捕虜および行方不明兵士の調査にあたらせた際のことである。

『Kiss The Boys Goodbye（子供たちにさよならのキス）』によると、この任務に時間と資金を惜しみなく費やしたことで機密情報に接する特別許可を与えられたペローは、あらゆる人物に接触を試みて情報収集にあたったという。だが、その結果は不可解な形で終わったのだった。

ブッシュ副大統領から、戦争捕虜および行方不明兵士の調査の進捗状況について尋ねられると、ペローは次のように答えた。

「捕虜の捜索はもちろん私の仕事ですが、政府が国際的な麻薬取引や違法な武器取引に関与してきたという事実がぼろぼろ出てくるのです。……身内に腐敗が広がっているせいで、捜索がまるではかどりません」

この発言のあと、ブッシュとの関係は冷え込み、ペローは大統領特別調査官として個人的に極秘ファイルを閲覧する権限を失った。一九八七年の初めに、ペローはある行方不明兵士の家族に次のように話している。「調査をやめるように言われてしまいました」

イラン-コントラ・ゲートが存在していた時期に、アメリカが大量にコカインを輸入していたことも、さまざまな文書より明らかになっている。この件にはジョージ・H・W・ブッシュをはじめ、彼のオフィスに直接連絡をとっていた多くの人物がかかわっていた。

ザパタ・オフショア社が所有する油田掘削プラットフォームやパイプラインその他の資産が、麻薬の輸送に利用されたとの指摘もある。

コカインやヘロインなどの麻薬を製造するには、まず前駆物質が必要となる。これらの前駆物質を製造している最大手の一つが、インディアナポリスのエリ・リリー社だ。のちにブッシュ（シニア）政権での副大統領J・D・クエールを出す、クエール家は同社の株を所有しており、ジョージ・ブッシュは同社の役員であった。エリ・リリー社はCIAのために最初にLSDを合成した企業でもある。

❖──ジョージ・ブッシュとスカル&ボーンズによる「ケネディ暗殺計画」

ロドニー・スティッチ著『Defrauding America（搾取されるアメリカ）』には、対諜部隊に配属されたペガサスという暗号名のCIAの秘密エージェントのことが書かれている。この部隊はJ・エドガー・フーヴァーの電話を盗聴し、「ケネディ暗殺計画」に関する会話を録音していた。その会話では（ネルソン・）ロックフェラー、アレン・ダレス、テキサスの（リンドン・）ジョンソン、ジョージ（Ｈ・Ｗ）・ブッシュ、エドガー・フーヴァーなどの名前が出ていた。

はたしてジョージ・ブッシュは、ＪＦＫの暗殺にかかわっていたのであろうか。

ジョージ・ブッシュは一九六三年にはヒューストンに住んでおり、ザパタ・オフショア石油会社の社長として仕事に追われていた。ＦＢＩのＪ・エドガー・フーヴァーから「ＣＩＡのジョージ・ブッシュ」に宛てたメモがあるとの疑惑について、彼はそのようなものは存在しないと否定している。

さまざまに策動するCIA（本部ビル）

また、このメモのことが報じられた際、ＣＩＡは初め、ジョージ・ブッシュが職員であったかどうかについては無言を決め込んだ。しかしその後、確かにメモには「ジョージ・ブッシュ」の名前があるが、たまたま同姓同名というだけで、一九八八年にホワイトハウス入りした人物とは別人であると発表した。

しかし、一部の果敢な記者たちが調べたところ、ＣＩＡの言う〝同姓同名〟のジョージ・ブッシュとは、六ヵ月ばかりＣＩＡで書類整理をしていた下級職員であることが判明した。この人物はＦＢＩからの局間文書を受け取ったことはなく、もちろんＪ・エドガー・フーヴァーからメモを受け取ったこともない。

興味深いことに、ＣＩＡはピッグズ湾の作戦のことを〝オペレーション・ザパタ〟と呼んでいた。また、補給船のうち二隻に〝バーバラ〟と〝ヒューストン〟という名がつけられていたことも前述したとおりだ。
当時ジョージ・ブッシュがCIAの上層部で一定の指揮権を持ち、秘密企業を運営していたとか、〝仕事〟に使われたキューバ人の多くを雇い入れたのが彼だと見る者も少なくない。また、CIAのためにチェ・ゲヴァラを捕まえて殺害したフェリックス・ロドリゲスが、イラン-コントラ事件全体を通じてブッシュのオフィスに最初に連絡をとっていたらしい形跡も見られる。以下は一九九一年の夏に『The Realist』に掲載された記事である。

ブッシュは今や時の人となりつつあるCIAエージェント、フェリックス・ロドリゲスと連携をとり、キューバの右翼亡命者を雇ってキューバ侵攻に利用した。マイアミのキューバ人コミュニティを組織して侵攻に協力させたのは、ブッシュのCIAが行なったことである。……しかも新たに発見されたFBI文書によると、ジョージ・ブッシュは一九六三年のジョン・ケネディ大統領の暗殺に直接かかわっていた。この文書は複数のCIA狙撃《そげき》要員のことに触れている。当時ブッシュはテキサス州に住んでおり、毎週ヒューストンからマイアミに飛んでいた。また、一九六〇年と六一年にはキューバ侵攻のためにキューバ人を雇っている。(中略)
ジョージ・ブッシュは、自分がCIA入りしたのはウォーレン委員会の委員長から指名を受けたときと、一九七六年にジェリー・フォード大統領から抜擢されたときだけで、それ以前にCIAのために働いたことはないと主張している。もちろん、仮にブッシュがCIAのために働いていたとしても、内部規定があるのでそれを公にすることはできない。CIAは秘密機関であり、職員は身分を明かしてはいけないことになっている。いずれにしてもブッシュは一九六一年のキューバ侵攻以前からCIAの上層部に所属しており、フェリックス・ロドリゲスとともに任務を遂行していた。

たとえ本人が一九五九年にＣＩＡで行なっていたことを認めなくても、キューバのピッグズ湾侵攻におけるブッシュの役割を示す記録は存在する。（後略）

また、一九七二年六月二十三日のウォーターゲート事件の録音テープには、ニクソンとホールドマン首席補佐官が、ウォーターゲートビル侵入事件に関するＦＢＩの調査をやめさせようと画策しているようす（メディアがいわゆる〝決定的証拠〟としたもの）が記録されていた。彼らは自分たちと〝ピッグズ湾の件〟とのかかわりが暴かれるのを恐れていた。ホールドマンは著書『The Ends of Power（権力の終焉《しゅうえん》）』で、ニクソンが一九六三年のＪＦＫ暗殺について話すときに常に暗号を使っていた事実を明かしている。ホールドマンによると、ニクソンはこの事件のことをいつも「ピッグズ湾」と呼んでいた。

このテープを文字に起こした資料には、ニクソンが、テキサスの後援者の一人でジョージ・ブッシュのパートナーでもあるロバート・モスバッカーについて語った部分がある。ニクソンは繰り返し〝キューバ人たち〟や〝テキサス人たち〟という言葉を口にしているが、このテキサス人たちというのはブッシュとモスバッカー、ベイカーのことを指している。これもまた、ブッシュとニクソンがケネディ暗殺にかかわっていたことを示す証拠の一つである。

❖――麻薬密輸とＪＦＫ暗殺という陰謀の動機を探る

問題は、諜報機関と秘密結社がなぜ麻薬の密輸に手を染めたり、ＪＦＫを暗殺したりしたのかという点だ。

その理由の一つは、金になるということ、また有益な情報を得られるということである。また、すさんだ世界を統《す》べるにはその実態を知るべきであり、そのためには自分自身がそこにかかわってみるのが手っ取り早いという論理もあるようだ。そのほか、アメリカの社会や家族を不安定化させるために、水面下で麻薬取引を行なっているのだという説もある。その目的は、ヘーゲルの弁証法に基づく政治的錬金術と心理戦によって国家を混乱・分裂させ、国民を意のままに操ることだ。

アンダーグラウンド論文の古典とされるジェームズ・シェルビー・ダウナードの『Sorcery, Sex, Assassination and the Science of Symbolism（魔術、セックス、暗殺およびシンボリズムの科学）』は、アメリカの歴史的事件の背景に数霊術に基づく巨大なオカルト計画が存在し、その目的は「我々をサイバネティック・ミステリーのゾンビにすること」だと断じている。ダウナードによると、JFKの暗殺は「王の殺害」と呼ばれるオカルトの公開儀式で、集団トラウマやマインドコントロールを利用した、アメリカの政治体制への攻撃なのだという。

第二次世界大戦後、サンライズ作戦やブローバック作戦、ペーパークリップ作戦などにより何千名ものナチの科学者や研究者、役人がアメリカに渡ってきた。その多くはハリー・S・トルーマン大統領が直接発行した命令書を無視して密かに入国させられている。

マリオネット・プログラミングというナチス・ドイツの計画を焼き直した、モナーク計画と呼ばれるマインドコントロール・プロジェクトもある。この計画は簡単に言うなら、強烈なトラウマを与えて多重人格障害を引き起こし、高度な心理操作を行なうというものだ。

ダウナードは、JFKの殺害が、人心を分裂させるために、あえて国のアイデンティティや団結を揺さぶるような形で行なわれたと考えている。わざわざ衆目の前で殺害したのも、彼らの優位性を知らしめて国民に無力感を与えるためだったという。

実際、一部の研究では、JFKの暗殺と、アメリカ社会に暴力が増えて政府への不信やその他の社会悪が広まり始めたこととの間に関連があるという指摘もなされている。

❖――スカル&ボーンズの根にあるイルミナティの政治体制転覆の野望

彼らはなぜ、政治体制を攻撃するのだろう。

一七八五年、フランクフルト・アム・マインからパリに向かっていた一人の密使が道中で死亡した。彼はイルミナティの創始者アダム・ヴァイスハウプトが執筆した小論を携えていた。死体から回収されたこの小論には『Original Shift in Days of Illuminations（光明の時代における初源的変移）』という題が付けられ、そこには「世界革命による新世界秩序の確立」という、秘密結社イルミナティの遠大な計画が記されていた。

バヴァリア政府はこの結社を非合法化し、一七八七年にはイルミナティの陰謀を詳述した『The Original Writings of the Order and Sect of the Illuminati（イルミナティ結社とその宗派自身の原著作集）』を出版した。

「この計画により、我々は全人類を目指す方向に向かわせる。この最も単純な方法により、我々はすべてを発動させて炎に包むのだ。そのためには、すべての政治的活動に密かに影響を及ぼすことができるように任務を考え、振り分けていかねばならない」とは、前掲書から引用したアダム・ヴァイスハウプト自身が記した言葉である。

非合法化されたイルミナティがその後も存続したかどうかについては、研究者の間で意見が分かれている。だが、グループは以後もメンバーを集め、フリーメーソンの広範なネットワークと協力関係を結んでいる。

イルミナティは一七七六年五月一日、インゴルシュタット大学において、教会法の教授ヴァイスハ

ヴァイスハウプト

ウプトにより公式に創設された。ヴァイスハウプトは、きわめて「教養に満ちた」この結社に自分の教え子たちを引き入れ、初期のメンバーとした。

一七七六年十二月五日、ウィリアム・アンド・メアリー大学の学生たちが、ファイ・ベータ・カッパ優等学生友愛会という秘密結社を立ち上げ、一七八〇年にはエール大学に第二の組織が誕生した。しかし一八二〇年代になると、アメリカでは反フリーメーソンの機運が盛り上がり、ファイ・ベータ・カッパ友愛会などが問題視されるようになる。その結果、同友愛会は世間の圧力に屈する形で、公の組織になる道を選んだ。一部の研究者は、こうした流れがエール大学のスカル＆ボーンズ誕生の直接の要因になったと指摘する。

『The Cyclopedia of Fraternities（友愛会百科）』には、アメリカのギリシャ文字系学生友愛会の系図が掲載されており、同書はファイ・ベータ・カッパ友愛会を「（アメリカの）高等教育における友愛会制度の起源」と位置づけている。その流れから一つだけ〝傍系〟が生まれていて、それが一七八〇年にエール大学に誕生した支部である。この支部から続く流れはやがて、一八三三年にスカル＆ボーンズを生み出し、エール大学のみに存在する、ほかの最上級生の結社「スクロール＆キー（巻物と鍵）」や「ウルフス・ヘッド（狼の頭）」も生み出した。

ファイ・ベータ・カッパは「Philosophia Biou Kubernetes（知の愛、人生の舵《かじ》取り）」というギリシャ語の頭文字を取ったもので、ここでの〝舵取り〟から〝scull〟という競漕用ボートが連想され、さらに同音の〝skull（頭蓋骨）〟に転化していったとされる。実際、初めは〝The Order of Scull and Bones〟としており、のちに〝Skull and Bones〟と改称されたのである。

ところで、エジンバラ大学の自然科学教授にジョン・ロビンソンという人物がいる。彼はフリーメーソンの支部《ロッジ》の会員でもあるが、あるときイルミナティに加盟しないかと誘われたことから独自の調査を行なった。その結果、一七九八年に『Proofs of a Conspiracy（陰謀の証明）』を著わし、次のように記している。

あらゆる宗教体制を根絶やしにし、すべての現存政府を転覆することを明確な目的とする結社が作られている。……指導者たちは絶対的な力で世界を支配し、彼ら以外のすべての者は、陰の支配者たちの野望のための道具にされる。

同書をある人物から送られたジョージ・ワシントン大統領は、返信で、イルミナティがアメリカに存在していることには気づいていると述べ、この団体が〝悪魔的な教義〟を持ち、国民と政府を引き離すのが目的だと考えていることを明らかにしている。

また『Proofs of a Conspiracy』には、イルミナティの「摂政の位階」の就任式のようすがこのように記されている。「その者（就任する者）に、骸骨が指し示される。その足元には、王冠と剣が置かれている。『あれは王の骨か、貴族の骨か、乞食の骨か』という質問が投げかけられ、答えに窮しているところに、参会者の長がこう言う。『重要なのはただ一つ、その者の人格だ』」

そして、一部前述したようにスカル＆ボーンズの聖堂にも、ほぼ同じことが書かれている。「Wer war der Thor, wer Weiser, Wer Bettler oder, Kaiser?」「Ob Arm, ob Reich, im Tode gleich」

意味はこうだ。「乞食と王、いずれが愚者でいずれが賢者か。富める者も貧しき者も、死すれば同じなり」

❖――スカル＆ボーンズとイルミナティの関係の検証

スカル&ボーンズは、はたしてイルミナティの一派なのだろうか。

スカル&ボーンズに加盟した者には新しい名前が与えられるが、イルミナティにも同様の慣習がある。また記録に残っているイルミナティ・メンバーのなかには、ベルリンでボーンズメンに教えていた教授たちとつながりがあったり、彼らに強い影響を与えていた者も多い。

秘密結社が王権に対する陰謀を企てる際には、人を組織して資金を集め、計画の段取りを整えたうえで実行に移す必要がある。

アメリカには、「国家安全保障」を隠れ蓑にして、こうした陰謀を企てている秘密結社があるのだろうか。

再び『George Bush : The Unauthorized Biography』より引用してみる。

同年（一九五一年）九月、ロバート・ロヴェットはマーシャルを新しい国防長官に据えた。また、ハリマンが相互安全保障局の長官に指名され、英米軍事同盟のアメリカ側の長となった。このころには「ブラウン-ブラザーズ・ハリマン」は最高司令の権限を手にしていたのである。

ワシントンでハリマンが安全保障の要となっていた一九五〇年から五三年に、最大の眼目とされていたのは、極秘活動と〝心理戦〟を組織することであった。ハリマンと弁護士およびビジネスパートナー、アレン・ダレスならびにジョン・フォスター・ダレスは、政府の秘密情報機関が米国内で広範なプロパガンダ作戦や集団心理実験を行なうことを、また国外でも準軍事的作戦を展開することを望んでいた。（中略）

ハリマンの安全保障体制は、一九五一年にPSB（心理戦略局）を創設、その長官にゴードン・グレイを据えた。……ゴードンの兄弟でR・J・レノルズ社の会長を務めていたボウマン・グレイ・Jrも海軍の諜報員で、ワシントンでは作戦課報の父と呼ばれている。ゴードン・グレイはプレスコット・ブッシュの親友となり、政治的にも盟友となった。グレイの息子は、プレスコットの息子ジョージの弁護士となり、陰の政策の守護者となっている。

ホイットニー、スティムソン、バンディのグループと、ハリマン、ブッシュ一族は、アメリカと世界の政治・経済・社会に大きな影響を与えてきた。一方、行動派の副大統領リチャード・ニクソンも、プレスコット・ブッシュと親しい関係にあった。そして、あの全米を震撼《しんかん》させた大統領暗殺事件が起こる。ケネディのあとをL・B・ジョンソン大統領とバンディらが引き継ぎ、その後にボーンズメンの補佐官たち(一九五一年度加盟のレイ・プライスと、リチャード・A・ムーア)を従えて大統領に就任したのがニクソンであった。

次いで、ボーンズメンそのものではないが、デルタ・カッパ・イプシロン(DKE)学生友愛会に属しエール大学の法学部を卒業したジェラルド・フォードが大統領になった。フォードのあとは一時的に西ヨーロッパ・北米・日本の相互協力を目指す、三者相互協力主義のカーター大統領が就任したが、その次のレーガン政権ではプレスコットの行動派の息子(ジョージ・H・W・ブッシュ)が副大統領になっている。彼はボーンズメンとして次の大統領になると、〝新世界秩序〟の構築を宣言し、湾岸戦争を主導した。

十二年間続いた共和党政権の最後の任期を務めたブッシュからバトンを渡されたのは、アーカンソー出身でブッシュの麻薬密輸の片棒を担いだビル・クリントンである。彼もエール大学の法学部出身であり、一部の研究者によると、ローズ奨学生としてオックスフォード大学に留学中にCIAにエージェントとして雇われたという。こうした流れもまた、ヘーゲル主義の歴史的弁証論に基づく交代劇なのであろうか。

❖――世界の歴史は偶然か、それとも仕組まれたものか

民主党政権は再び失敗するのだろうか。ニクソンが失脚したように、不名誉なスキャンダルで幕を閉じるのだろうか。ロバート・P・ジョンソン（ウィリアム・バー）は、アーカンソーのゴルフコースのバンカーで雑談中に、クリントンにこんなことを言っている。「君を買ってはいるが、君の望んでいる仕事にはライバルもいるよ。我々は卵を全部一つの籠《かご》に入れるようなまねはしないのでね。君と君の州は我々にとって最大の財産だった。……これはケイシー氏からの伝言だが、何かしくじったり、バカなことでもしない限り、君はずっと望んできた仕事のひと握りの候補のトップにいる」

ＣＩＡ長官で、ジョージ・ブッシュの選挙対策本部長を務めたマルタ騎士団員ウィリアム・ケイシーも、ジョージ・Ｈ・Ｗ・ブッシュ政権の最後の司法長官の代理人を通じて、一九九二年の連邦選挙でジョージのライバルとなった男にメッセージを伝えていたことになる。結局、我々民衆は欺かれているのだろうか。

その可能性はある。メイ・ブラッセルの証言や、ジム・コリアとケン・コリア共著の発禁本『VoteScam（票のペテン）』を信じるとするなら、選挙は陰でコントロールされているのだ。以下、同書から少々抜粋してみよう。

あなたの票も私の票も、事前にプログラムされたコンピュータのせいで意味を失っている可能性がある。このプログラムを使うと特定の候補の出来レースが可能で、しかも文書や指紋などの改竄《かいざん》の痕跡はいっさい残らない。

早い話が、コンピュータによってあなたの票が密かに盗まれているのである。過去三十年近くにわたり、アメリカの投票に対する電子的窃盗《せっとう》が行なわれ、その背後には政府がいるということになる。

選挙の票は、CIAの上層部や政党指導者、連邦議員を含む連邦の国家安全保障官僚グループによって改竄されている。彼らに魂を売ったジャーナリストや、保守系の大手マスコミの所有主および幹部もこの陰謀に加担し、票の集計やチェック、発表などを（ある人物の言葉を借りれば）「調査に向かない」と主張してきた。

保守系報道機関はNES（ニュース選挙サービス）と呼ばれる非公式の民間会社を利用することで、集計を物理的にコントロールし、その仕組みを大衆に知らせることを拒んできた。

アメリカの有権者は周期的なプロパガンダや、出来レースの候補者・当選者に踊らされ、憲法によって国民のために尽くすことを規定された機関との間に溝を作るような心理戦をしかけられているのであろうか。民主党と共和党は、ヘーゲル主義に基づくコントロールされた対立の実験に利用されているのだろうか。

エイヴレルの妻パメラ・チャーチル・ハリマンは、民主党最大の資金調達役の一人である。一九八〇年にアーカンソー州知事選でビル・クリントンが敗退した際、彼女は自らの政治活動組織PAMPACの理事にクリントンを迎えている。クリントンはこの礼として、のちに彼女を駐フランス大使に任命した。

やはりハリマン、ブッシュと親交のあるユージーン・ステットソン（一九三四年度加盟）は、ブラウン－ブラザーズ・ハリマンのニューヨーク支店でプレスコット・ブッシュのアシスタントマネージャーを務めていた。H・スミス・リチャードソン財団を組織したのもステットソンで、同財団は一九五〇年代後半にCIAが国内で進めていた極秘心理戦プロジェクトMK-ULTRAにかかわり、マサチューセッツ州ブリッジウォーター病院におけるLSDなどの向精神薬の実験の資金作りに関与した（この病院ではプロジェクトで最も残酷《ざんこく》な実験のいくつかが実施されている）。

H・スミス・リチャードソン財団は、イラン-コントラ作戦でも「民間支援者を意のままにする窓口」となり、国家安全保障会議と協力してOPD（外交広報局）を組織した。同局の目的は、イラン-コントラ作戦の好情報をリークしてイメージアップを図ることと、新聞などを通じて作戦に反対する者を攻撃することであった。

同財団は、「CIAの指導者を訓練する」目的でヴァージニア州に作られたクリエイティブ・リーダーシップ・センターや、CIAとシークレットサービスのエージェントの訓練施設であるノースカロライナ州グリーンズボロのセンター（軍の将軍級将校もほぼ例外なくここで訓練を受ける）の経営母体でもある。

しかも、これらは氷山の一角でしかない。優生学的コントロールに人口抑制、圧殺された歴史や技術、毎年のように繰り返される軍事的撤退に、利益を優先した横暴な独裁者との結託、〝テロリスト〟との取引、マルタ騎士団の存在、戦争を炊きつけてそこから利益を得る戦争屋、マインドコントロール、青少年秘密結社、魔術的儀式等々さまざまなものによって織り成された陰謀というどす黒いクモの巣に、我々の住む青い星は絡め取られようとしているのだ。

そして今、ジョージ・H・W・ブッシュの息子でテキサス州知事のジョージ・W・ブッシュ（一九六八年度加盟）を含む新たなボーンズメンのグループが世に立ち現われようとしている。

《再々述べているように、当稿は一九九六年記されたものであるが、ブッシュ（ジュニア）が当選した二〇〇〇年度の大統領選挙を確かに見通している。同年度の選挙戦において、ブッシュ（ジュニア）の弟が州知事を務めているフロリダでの開票の疑惑や、その後の票をめぐる泥仕合はまだ記憶に新しいことだろう》

オリンピック金メダリストで、現在知られている唯一のオレゴン州ポートランド在住ボーンズメンであるドン・ショランダー（一九六八年度加盟）は、地元誌『ウィラメット・ウィーク』のジョン・シュラング記者からスカル＆ボーンズとのかかわりについて尋ねられた際に、次のように答えている。

「それについては本当にお答えできません」

答えるつもりがないのではなく、〝答えられない〟というのだ。

アントニー・サットンが初めてスカル＆ボーンズのことを暴露したとき、エール大学のスターリング図書館ではラッセル信託会社関連文書の一部が閲覧禁止措置となった。

ダニエル・ギルマンも、大半のボーンズメンと同様に、回顧録や伝記の中ではスカル＆ボーンズやラッセル信託会社のことに触れていない。

我々は、単一の世界政府を築いて自らがその頂《いただき》に君臨しようとしている秘密結社の道具にされているのであろうか。それとも、スカル＆ボーンズはエール大学の友愛会の一つにすぎないのであろうか。

アメリカ国民のみなさんに、いや全世界の人々にこう喚起したい。――みなさんは、こうした可能性に今、未来をゆだねようとしているのである。

第2章

ボーンズメンが連なるブッシュ一族

◉ブッシュ家の興り——囁《ささや》かれる金融と従軍の疑惑

W・G・タープレー
A・チェイトキン　記

❖——〝ある存在〟に奉仕した結果としての〝大統領職〟

秘密結社への直接的な追求からすこし離れ、第2章ではスカル&ボーンズを縦糸とした際の横糸——特定のボーンズメンを取り上げる形でそれを追っていきたい。

ジョージ・H・W・ブッシュとは誰か。どのようにして第四十一代アメリカ大統領になったのか。——こうした部分から核心にまで迫っていったのが、ウェブスター・グリフィン・タープレーとアントン・チェイトキンが一九九二年に著わした『George Bush : The Unauthorized Biography（非公認ジョージ・ブッシュ伝）』である。ここでは同書中の一章からその一家の〝興り〟を見ていこう。

ブッシュ（シニア）については、一九九一年八月十六日付『ワシントン・ポスト』紙の表現を借りれば、「旧体制の人間」といった異名とともに、「石油界で独立して富を築く道を選んだ男」と称されている。

しかしながら、彼は「独立」とは無縁の道を歩んできた人物だ。ブッシュのキャリアにおけるすべてのステップは、一族の協力なコネに支えられてきた。一方でブッシュ家は、比較的新しく〝東方体制〟に加わったメンバーで、使われる駒としての立場にとどまっている。彼らはより有力なほかの一族に忠誠を誓いつつ、がむしゃらにのし上がる努力を続けてきた結果、現在の富や影響力を手にしたのである。

《より正しくは「自由東方体制」と称されるようで、表面的には金融業を中心とした〝自由な国際経済体制〟を標榜するものだが、実際にはイギリス東インド会社（一六〇〇年創立）、オランダ東インド会社（同一六〇二年）、デンマーク東インド会社（同一六一二年）などの流れを汲む〝連合した「東方結社」（会社）＝Levant Compny体制〟とされる。麻薬を主とした巨額の利益を生む国際貿易の寡頭《かとう》独占体制ととらえることができよう。なお、本書（原書）では直接的にこの体制を扱った章としての記述はない》

ブッシュの先代たちがなしてきたことを考えると、本来彼らは良い意味でも悪い意味でも有名になっていなければならない。にもかかわらず、彼らの実像は曖昧模糊《あいまいもこ》としている。そして、陰で隠然たる影響力を振るう彼らの動きは、銀行家としてアドルフ・ヒトラーを支援した父親の行動も含めて、世界に深刻な影響を与えてきた。

実は、そのような自らの一族に恩恵をもたらしてくれる者たちへの奉仕の結果として、ジョージ・ブッシュは頂点にまで上り詰めたのである。

❖──一族の基盤を作ったブッシュ(シニア)の父プレスコット

ジョージ・ハーバート・ウォーカー・ブッシュは一九二四年、プレスコット・S・ブッシュとドロシー・ウォーカーの間に生まれた。ジョージ・ブッシュの生涯を知るには、誕生の十年前、第一次世界大戦の前夜に遡《さかのぼ》って、父親のプレスコット・ブッシュの経歴──ドロシー・ウォーカーとの結婚や、富、栄光、力へ至った経緯を知っておく必要があるだろう。

オハイオ州コロンバス出身のプレスコットは、ロードアイランド州ニューポートの聖ジョージ監督教会プレパラトリースクールで五年間学んだあと、一九一三年にエール大学に入学した。プレスコットが同大に入った一九一三年には、E・ローランド・ハリマン（愛称バニー）も入学しており、その兄の（ウィリアム・）エイヴレル・ハリマンが卒業したばかりという状況であった。エイヴレルは第二次大戦においてソ連大使として名を馳《は》せたほか、ニューヨーク州知事にも就任、また大統領顧問としてベトナム戦争の開始において重要な役目を果たしている。

ハリマン家はのちにブッシュの支援者となり、世界の舞台に上がるのを後押しした。一九一六年春、プレスコット・ブッシュと〝バニー〟・ハリマンは、エール大学優等最上級生の秘密結社スカル&ボーンズの結社員に選ばれている。死を賛美する、なんとも病的なこのグループは、ウォール街の金融業者たちがイギリスの貴族階級のようなものをアメリカに確立する目的で、覇気《はき》に満ちた「血筋の良い」若者を探す道具になっていた。

当時ヨーロッパでは第一次世界大戦の嵐が吹き荒れていた。アメリカの参戦も避けられないという雲行きのなか、二人のスカル&ボーンズの〝長老〟エイヴレル・ハリマン（一九一三年度卒業生）とパーシー・A・ロックフェラー（一九〇〇年度卒業生）が、プレスコットら一九一七年度卒業組に特別な注意を払っていた。彼らは「壮大なゲーム」をプレーするための信頼できる幹部たちを探しており、ロンドンとニューヨークの勝ち組たちに、さらなる富を約束してくれる戦後の新たな時代を、彼らに担わせようとしていたのである。

事実、そのころ〝バニー〟・ハリマンとかなり親しくなっていたプレスコット・ブッシュと、ほかの一九一七年卒業組のメンバーたちが、のちに世界最大の民間投資銀行ブラウン＝ブラザーズ・ハリマンの主要経営者となっている。

第一次大戦は投機家やイギリスの銀行家に巨利をもたらし、彼らがアメリカの事業を買収すること

プレスコット

W・A・ハリマン

を可能にしていた。ハリマン家は、そんなイギリス系米国人のエリートの代表であった。

株式仲買人であるエイヴレルの父Ｅ・Ｈ・ハリマンは、一八九八年に信用貸しでユニオン・パシフィック鉄道の経営権を手中にしているが、その際にパーシー・ロックフェラーの父親ウィリアム・ロックフェラー、イギリス系投資会社クーン・レーブ&カンパニーのオットー・カーン、ジェイコブ・シッフ、フィリックス・ウォーバーグらの助けを借りている。

スタンダードオイルの財務役であったウィリアム・ロックフェラーは、同社の創業者ジョン・Ｄ・ロックフェラーの弟にあたり、テキサスのジェームズ・スティルマンとともにナショナル・シティ銀行（のちにシティバンクと改名）を所有していた。Ｅ・Ｈ・ハリマンは自分への支援の見返りとして、鉄道の莫大《ばくだい》な売上をシティ銀行に預けている。数千億ドルの不当な〝水増し〟株を発行した際にも、ハリマンは持ち株の大半をクーン・レーブ社を通じて売却した。

かくして、プレスコット・ブッシュと父親のサミュエル・Ｐ・ブッシュは、第一次大戦によって東方体制の下級メンバーに加わることになる。

❖第一次世界大戦――J・P・モルガン以下、金融業者たちは世界戦争を待望していた

戦争の影が忍び寄り始めた一九一四年、ナショナル・シティ銀行はアメリカの軍需産業の再編成を始めた。パーシー・Ａ・ロックフェラーはレミントン兵器社のＣＥＯとしてサミュエル・Ｆ・プライ

ヤーを送り込み、直接管理するようになった。

そして、アメリカは一九一七年に参戦した。翌一八年の春にはプレスコットの父サミュエル・P・ブッシュが戦時産業局の武器・小火器・弾薬部門の責任者に任命され、レミントン社や他の兵器会社への政府の支援などを統括するようになった。これはヒュー・S・ジョンソン将軍からJ・H・K・デービス少佐への一八年六月六日付文書（アメリカ国立公文書館メリーランド州スートランド分館「ファイル番号334.8／168」もしくは「334.8／451」）により知ることができる。

この人事は異例であった。というのも、プレスコットの父のそれまでの経歴は、兵器とは無縁だったからである。サミュエル・ブッシュは列車の部品を製造するバックアイ鉄鋼鋳造社（オハイオ州コロンバス）の社長として、ウォール街が所有する鉄道網を支えてきた。

戦時産業局の長官バーナード・M・バルークはウォール街の投機家で、プライベートと仕事の両方でE・H・ハリマンと親密な関係にあった（バルークの投資会社はハリマンのすべての投機株を扱っていた）。一九一八年、サミュエル・ブッシュは戦時産業局設備部門の責任者となり、長官のバルークや補佐のクラレンス・ディロン（ウォール街の民間銀行家）のもとで働くようになる。

このころのことについてバーナード・バルークは、その著書『My Own Story（我が自伝）』で自ら次のように述べている。「我々の会社はハリマン氏のために大きなビジネスを行なっていた。……一九〇六年、ニューヨーク知事選においてウィリアム・ランドルフ・ハーストの対抗馬のチャールズ・エヴァンズ・ヒューズに大きく賭けるよう、ハリマン氏から指示があった。数十万ドルの賭け金が積まれたところで、我々の会社はストップした。これを知ったハリマン氏は電話をかけてきた。『賭けろと言ったはずだ。今がチャンスだぞ』という指示だった」

そうしたE・H・ハリマンの筆頭顧問として、彼の意を体現してきたのがユニオン・パシフィック鉄道の社長ロバート・S・ロヴェットで、バルークの戦時産業局のもとで生産管理や購入「優先度」の判断などの役目を担っていた。

戦時産業局の監督下で徴用が進められた結果、軍需産業関係者や、特定の原料や特許の所有者たちには、アメリカの消費者と納税者から未曾有《みぞう》の金が流れ込むことになった。一九三四年の公聴会では、レミントン兵器社やイギリスのヴィッカーズ社など、戦争で利益を得たいわゆる「死の商人」たちが、多くの国を戦争に巻き込んであらゆる陣営に武器を売り込んだとして、ジェラルド・ナイ上院議員に糾弾《きゅうだん》されている。

パーシー・ロックフェラーとサミュエル・プライヤーのレミントン兵器社は機銃やコルト自動拳銃などを生産、無数の小銃を帝政ロシアに売りつけていた。第一次大戦で米英連合が消費した小火器弾薬の半分以上、アメリカが使用した小銃の六九%が、同社によって作られたものである（オルデン・ハッチ著『Remington Arms：An American History（レミントン兵器社——アメリカ小史）』）

サミュエル・ブッシュが大戦で築いたこれらの人脈は戦後も続き、プレスコットがハリマンに仕えるうえでも大いに役立つことになった。

政府の武器関連の業務におけるサミュエル・ブッシュの記録（通信文を含む）の大半は、国立公文書館の「スペースを空けるため」という理由で焼却処分されている。これらの破棄《はき》された（あるいはどこかに紛れ込んでいる）記録は、立憲共和国の市民が目を通しておくべきものであるが、ジョージ・ブッシュのことを調べようとすると常にこのような壁にぶち当たるのである。彼はアメリカの最高責任者のなかで最も〝秘密〟に満ちた男と言っていいだろう。

現在、有事の兵器生産に関する情報を入手することは、安全保障上の理由できわめて困難になっている。たしかに政府や産業界の幹部の私生活の細かい部分は、一般市民が知る必要はないし、政府と民間の幅広い人脈についてもごく当たり前のことで国益にかなったものである。

しかし、第一次大戦前の時期、またアメリカがまだ参戦していなかった一九一四年から一七年に、ウォール街の金融業者たちがイギリスの手先としてアメリカ政府や警察組織への強力なロビー活動を行ない、その働きを歪《ゆが》めていたという事実を見過ごすことはできない。アメリカにおけるイギリスの購買窓口であるJ・P・モルガンの影響下にあったこれらの金融業者たちは、世界戦争を待望しており、アメリカがイギリスの同盟国となることを望んでいた。これらの国際金融業者が所有する米英の兵器会社の目的は、国内の有権者の監視を逃れて外国に大量の兵器を売却することであった。詳しくは後述するが、のちにヒトラーのナチ政権に武器や資金を供給したのもこれらの者たちである。

こうした問題は現在も続いている。その原因の一つは、武器取引業者たちの過去や関連文書などが「コントロール」されていることにある。

❖――でっち上げられたプレスコットの従軍での華々しすぎる英雄譚《たん》

第一次大戦は、文明国の市民に甚大《じんだい》なる被害をもたらした。空前の死傷者を生み、欧米の道徳観にも致命的な後遺症を残している。

しかし、プレスコット・ブッシュにとってこの戦争は（少なくとも一時的には）華々しい舞台であった。

一九一八年六月、父親が民間兵器業者との関係を統括する任に就《つ》いたのと時を同じくして、プレスコットは米軍兵士としてヨーロッパに従軍した。彼の部隊は九月まで敵と戦火を交えることはなかったが、一八年八月八日に転機が訪れた。この日、ブッシュの故郷の町の新聞『オハイオ・ステート・ジャーナル』の一面に、次のような記事が掲載されたのである。

「ブッシュ隊長に三つの栄誉。勇敢なる行動で連合司令部の危険を救った我が町の出身者に、フランス、イギリス、アメリカが十字章を授与」

コロンバスのＳ・Ｐ・ブッシュ夫妻の子息のプレスコット・シェルドン・ブッシュが、アメリカの兵士としてはおそらく初と思われる国際的な叙勲を受けた。（中略）

授与されたのは、レジョン・ドヌール十字勲章……、ヴィクトリア十字章……、殊勲十字章。

（中略）

一時に三つの勲章が与えられるのは、たぐいまれなる勇敢な行動であることに加え、その活躍が軍事的にも大きな意味を持っている場合である。

ここ数日の間にコロンバスに届いた情報を総合すると、ブッシュ隊長の功績はそうした基準に十分に当てはまるものであったようだ。

七月十五日、ドイツが大攻勢をかけてきたときに西部戦線にいたブッシュ隊長……の迅速かつ勇敢なる行動がなければ、その後の連合軍の大勝利はなかったかもしれない。（中略）

連合軍の三人の司令官（フェルディナンド・）フォッシュ元帥、サー・ダグラス・ヘイグ、（ジョン・Ｊ・）パーシング将軍は……アメリカ軍の陣地を視察していた。パーシング将軍の命で、あるエリアを案内していたブッシュ隊長は……砲弾が飛んでくるのを発見、叫んで危険を知らせると同時に大型ナイフを抜くと、野球のバッターのように受け流して右に軌道をそらせた。（中略）

それから二十四時間を経ずして、ブッシュ隊長には……連合軍の三司令官により、事実上彼らの権限内の最高の勲章に推挙されたことが伝えられた。……ブッシュ隊長は二十三歳で、一九一七年にエール大学を卒業している。同大学の花形スポーツ選手の一人で、……グリー・クラブの部長を務めていた。……四年生のときには有名なスカル＆ボーンズの会にも選ばれている。（後略）

この信じられないような報道があった翌日、同紙の社説ページに大きなひとコマ漫画が載った。その漫画では、まだ少年のプレスコットが、軍隊で活躍する英雄のお話を読みながら「ホントに僕にもこんなことができるのかな」と言っており、下の説明文には、バッターさながらに砲弾を受け流した武勇伝が物語風に書かれていた。

しかし、このニュースが新聞をにぎわせたのは四週間で、兵士版「ベーブルース」の物語は一九一八年九月六日付『オハイオ・ステート・ジャーナル』の一面に掲載されたこんな囲み記事とともに立ち消えになった。

「ステート・ジャーナル編集部よりお知らせ」

このたび息子のプレスコット・S・ブッシュから、ひと月前の記事は大げさに書かれているという電報が届きました。冗談のつもりで書いた手紙が勘違いされてしまって困惑しているそうです。自分は英雄ではないし、きちんと説明しておいてほしいとのことでした。息子の真意をお伝えする機会をいただきましたことに感謝しております。

九月五日、コロンバスにて　フローラ・シェルドン・ブッシュ

のちにプレスコット・ブッシュは、自分がフランスの戦闘地域にいたのは十週間から十一週間であったと述べている。「私たちはあの国での戦闘に参加していた。……興奮したし、もちろんすばらしい経験だった」

これはコロンビア大学が一九六六年に証言採取による歴史調査『Eisenhower Administration Part II（アイゼンハワー政権　第二部）』を行なった際のプレスコット・ブッシュの言葉だ。ちなみに、取材

はオフレコで活字にされないことになっていたが、後年にコロンビア大学は証言を記録したマイクロフィルムをアリゾナ州立大などのいくつかの図書館に売っている。

ともあれ、プレスコット・ブッシュは一九一九年半ばに除隊になり、オハイオ州コロンバスに帰還した。けれどもあまりに気まずい状況だったため、すぐに町を出ている（以後、「武勲」の話は彼の前では禁句となったが、数十年後に彼が富裕層出身の上院議員となった際にこの話が囁《ささや》かれ始め、議員の間には真偽をいぶかる空気が広がった）。

故郷の町を逃げ出したブッシュ隊長は、コネティカット州ニューヘヴンで一九一九年のエール大学同窓会に出席する。このとき、スカル&ボーンズの長老で武器業界と密接なかかわりを持っていたウォレス・シモンズが、自ら所有するミズーリ州セントルイスの鉄道設備会社に就職しないかと誘った。ブッシュはこれを受け、セントルイスに越した。そしてこれが彼の運命を決することとなった。

❖――ブッシュの名の由来ジョージ・ハーバート・ウォーカーの登場

プレスコット・ブッシュがセントルイスで人生の巻き直しを図ろうとしていた同じ年、エイヴレル・ハリマンがあるプロジェクトのために同地を訪れ、プレスコットの進路に大きな影響を与えている。それまで遊び人に近い生活を送っていた当時二十八歳のハリマンがセントルイスを訪れたのは、相続した金やコネで世界に打って出るためであった。

だが、時の大統領セオドア・ルーズヴェルトは、ハリマンの父を「皮肉屋でどっぷり不正に染まっている」「市民の風上にもおけない」などと批判していた。これはセオドア・ルーズヴェルトがジェームズ・S・シャーマンに宛てた一九〇六年八月六日付文書により、〇七年四月二日の大統領記者会見で公表したもので、三一年刊のヘンリー・F・プリングル著『Theodore Roosevelt（セオドア・ルーズヴェルト)』にも掲載されている。なお、ルーズヴェルトはのちに、ハリマンの弁護士ロバート・S・ロヴェットに対して、自らのハリマンに対する心証がJ・P・モルガンから聞いた話に基づいたものだと打ち明けている。

そのような逆風のなかで父の地位を継がなければならなかったエイヴレルは、金と情報を集める独自の組織を必要としていた。そのための人材として彼が白羽の矢を立てたのが、ミズーリ州の株式仲買人で辣腕《らつわん》企業家でもあるバート・ウォーカーだった。

しかし、ジョージ・H・W・ブッシュが名前をもらったジョージ・バート(正式名ハーバート)・ウォーカーは、ハリマンの申し出をすぐには受けていない。セントルイスの〝小さな帝国〟をあとにしてニューヨークやヨーロッパで勝負するには、それなりの覚悟が必要だった。

バートは、イギリスからの輸入で財をなした繊維関係の卸売り業者の子供として生まれた。ウォーカー家が、カリフォルニア州サンタバーバラやメーン州ケネバンクポートの「ウォーカーズ・ポイント」などに避暑用の別荘を持つことができたのは、イギリスとの取引のおかげである。バート自身も、イギリスに留学して同国の私立中等学校と大学で学んでいる。

そして、結果的にハリマンに従ったバート・ウォーカーは、一九一九年にはニューヨークのギャランティ信託会社やイギリス系銀行J・P・モルガン&カンパニーとの強固な関係を築き上げていた。ウォール街を拠点とするこの二社は、アメリカの鉄道のおもなオーナー——モルガンの共同経営者や関係者、婚姻関係でつながったロックフェラー、ホイットニー、ハリマン、ヴァンダービルト家の金を扱っていた。

バート・ウォーカーは中西部のやり手の契約調整役としてコネのある投資銀行を動かし、自分やセントルイスの友人たちが役員や幹部を務める多数の鉄道会社や公益事業、その他の中西部の産業への投資を行なわせている。

国内はもちろん国際的な場でもウォーカーの動きは目立たないもので、常に謎のベールに包まれていた。セントルイスの民主党においても、旧知の友人で元ミズーリ州知事のデヴィッド・R・フランシスとともに〝隠然たる影響力〟を行使し続け、二人の力で自由に党候補を選ぶことができた。

このことは一九〇五年三月二十日にウォーカーがD・R・フランシスに送った手紙により確かめられ、手紙はミズーリ歴史協会（ミズーリ州セントルイス）フランシス・コレクションに収蔵されている。この手紙には市長選を実施する民主党と共和党の機関についての記述があり、ある民主党員が有力者たちの支持を得られると書かれている。手紙を書いた翌日、ウォーカーは民主党のその機関「1000委員会」の経理担当となり、フランシスは会長となった。なお、一九五三年六月二十五日付『セントルイス・グローブ・デモクラット』のジョージ・H・ウォーカーの死亡記事にもこの関連情報が載っている。

❖――良き血筋の交配を示す「人間動物園」展示とプレスコットの結婚

これに遡る一九〇四年、バート・ウォーカー、デヴィッド・フランシス、ワシントン大学学長ロバート・ブルッキングズの三人は、セントルイスで他の銀行家や株式仲買人仲間らとともにルイジアナ博覧会という国際フェアを開催している。協賛者の多くが旧南部連合の家系の出であったことを反映してか、この博覧会では「人間動物園」と題する展示が行なわれた。同展示はウィリアム・J・マギーという人類学者の監修のもと、密林地域の原住民を特別な檻《おり》に入れて鑑賞するというものであった。

エイヴレル・ハリマンは、バート・ウォーカーのスポンサーを務めていたわけであるが、エイヴレルと同じように馬の繁殖や競馬に強い関心を持っていたバートは、ハリマン家の社会哲学もすんなりと受け入れることができたようだ。彼らの哲学とは、自分たちが所有する馬や厩舎《きゅうしゃ》が、人間の質を向上させるうえでの縮図になっているというものである。つまり、良い血筋だけを選んで交配させ、劣るものは排除するべきだというわけだ。

そしてこのセントルイスの〝小さな帝国〟は、第一次大戦によって南部連合の奴隷使役者の末裔《まつえい》たちによる政権へと拡大することになる。その政権を担っていたのが、ウッドロウ・ウィルソン大統領と、その顧問のエドワード・ハウス大佐およびバーナード・バルークであった。

ウォーカーの友人であったロバート・ブルッキングズは、バーナード・バルークの戦時産業局の統制経済下に全国価格固定担当者となり、デヴィッド・R・フランシスは一九一六年に駐ソ連大使となっている。ボルシェビキ革命が勃発《ぼっぱつ》すると、バート・ウォーカーはコネのある人間を盛んにフランシスのいるペトログラードにスタッフとして送り込んだ。

一九一七年十月十五日にペリー・フランシスが父親のデヴィッド・R・フランシス大使に送った手紙には「火曜日の夜にジョー・ミラーがサンフランシスコに発《た》ちました。ここでペトログラード行きの辞令を受け取ることになっています。ミルドレッド・コタニー（ウォーカーの義姉）から、バート・ウォーカーがブレック・ロングを通じて任を伝えられたと聞きましたが、ジョーもかかわっているとは知りませんでした。知っていれば力になったのですが。そちらについたらジョーは父上の期待にたがわない活躍をしてくれるでしょう」とある（同書簡はミズーリ歴史協会フランシス・コレクションに収蔵）。

ハリマンとともに活動家として動いていたウォーカーが、ソ連に関して最初に何をしたかという点は、歴史家にとってはかなり興味深いものであろう。しかしながらウォーカーの生涯も、ブッシュ家同様に謎に包まれている部分が多く、残っている公式の記録はごくわずかである。

いずれにしろ、一九一九年のヴェルサイユ講和会議では、戦後の国際的な枠組みが大英帝国の戦略家とアメリカの友人たちによって定められた。そしてハリマンもまた、世界における野望をかなえるため、アメリカの政治・金融支配のためにイギリスが仕立てた人間の多くと陰でつながっていた手練《てだれ》の策略家――バート・ウォーカーを必要としていた。

ハリマンが説得のため二度目にウォーカーのもとを訪れたとき、ウォーカーはついにニューヨークに移ることを承諾した（それでも彼は、メーン州ケネバンクポートにある父親の避暑用別荘は手放していない）。

プレスコットの結婚式に集合した〝一族〟

バート・ウォーカーは一九一九年十一月に民間銀行W・A・ハリマン&カンパニーを正式に立ち上げ、ウォーカー自身が社長兼最高責任者となった。エイヴレル・ハリマンは会長となり、エール大学時代からのプレスコット・ブッシュの親友である弟のローランド（バニー）・ハリマンとともに共同所有者として経営権を握っている。また、開業資金を融資したのはパーシー・ロックフェラーで、彼も役員に就任した。

一九一九年秋、プレスコット・ブッシュはバート・ウォーカーの娘のドロシーと知り合い、翌年婚約して二一年八月に結婚している。その豪奢《ごうしゃ》な結婚式で新郎の付添い人を務めた人間のなかには、エラリー・S・ジェームズ、ナイト・ウーリーのほか、四人の一九一七年度スカル&ボーンズ結社員がいた（おそらくはこれを契機として後年、ブッシュ〔シニア〕大統領の結婚後、ブッシュ家とウォーカー家の面々は毎年夏になるとケネバンクポートの「ウォーカー家のカントリーホーム」に集まるようになり、現在に至るまでこの習わしが続いている)。

ドロシーと結婚したとき、プレスコットは鉄道設備メーカーであるシモンズ社の下級役員にすぎなかった。一方、新婦の父親は世界最大級の事業を立ち上げようとしていた。結婚の翌年、妻とともにオハイオ州コロンバスに戻り、父親の所有するゴム製品メーカーで働き始めたプレスコットは、ほどなくマサチューセッツ州ミルトンに移っている。これは、事業が第三者に買われて同地の近くに移転したためであった。

プレスコット・ブッシュがまださほど頭角を現わしていなかった一九二四年六月十二日、のちに大統領となるジョージ・H・W・ブッシュが誕生する。

〝バニー〟・ハリマンがプレスコットに手を差し伸べたのには、ジョージの誕生プレゼントの意味合いもこめられていたのかもしれない。プレスコットはハリマンの支配下にあるニューヨークのアメリカ・ラバー社に就職することになった。こうして一九二五年、若い夫婦はジョージが生まれ育ったコネティカット州グレニッチに移っている。この町はニューヨークからも、エール大学のあるニューヘヴンからも近い位置にあった。

翌一九二六年五月、プレスコット・ブッシュはW・A・ハリマン&カンパニーの副社長に就任し、社長で義理の父親、息子ジョージにとっては母方の祖父にあたる一族の家長バート・ウォーカーのもとで働くようになった。

❖――忌《い》まわしい計画による壮大なゲームの覇王《はおう》

プレスコット・ブッシュは、一九二六年に入った新しい企業において目覚ましい忠誠心を発揮して見せたが、小国にも匹敵する規模と力を持ったこの民間銀行に尽くす者には莫大《ばくだい》な報酬《ほうしゅう》が待っていた。ジョージ・ブッシュの祖父ウォーカーは、国際的なコネを水面下で活用してこの企業を立ち上げている。ここで、ブッシュ家の企業であるハリマン社の創業時の状況と、同社が歴史上最も忌まわしい計画の一つに荷担した経緯を振り返ってみることにする。

同社の国際企業としての最初の成功は、たくみにことを運んでドイツの船荷を支配できるようになったことであった。一九二〇年、数ヵ月にわたる交渉と工作の末、エイヴレル・ハリマンはドイツのハンブルク-アメリカ汽船会社を再興、これを公式に発表する。第一次大戦の結果、すべてアメリカに接収されていたハンブルク-アメリカ社の商船は、米国当局者との水面下の交渉でハリマンの企業の所有物となった。

これは民間最大の汽船会社の誕生を意味する、きわめて重大な出来事であった。こうしてハンブルクの汽船会社は接収された船を取り戻すことができたわけだが、そのために払った犠牲《ぎせい》は大きなものであった。ハリマンの企業が「ハンブルクにおけるすべての事業の五〇%に参加する権利」を得るとともに、以後二十年間（一九二〇年から四〇年まで）「米国におけるハンブルク社のすべての活動を完全に支配」できることになったのだ。

ハリマンはハンブルク-アメリカ社の共同所有者となった。ハリマンとウォーカーの会社は、第一次大戦後の米英軍によるドイツ占領の半ばあからさまな後押しもあって、同社の経営を強力に支配してゆく。

ハリマンが同社の再興を発表した直後、セントルイスの新聞はこの交渉を成功に導いたバート・ウォーカーの資金調達能力を称《たた》えている。一九二〇年十月十二日付『セントルイス・グローブ・デモクラット』の見出しには「セントルイス出身の名士が汽船会社の巨大合併劇に寄与」「ハリマンとモートンの汽船会社合併の裏にG・H・ウォーカーの尽力」とある。また、同記事では「ニューヨークの二つの金融会社が経営統合したことにより、合併で新たに誕生したアメリカとドイツを結ぶ汽船会社が無尽蔵の資本を活用できるように」なったと説明されてもいる。

バート・ウォーカーはいわば、J・P・モルガンの資金とハリマン家が相続した財産の「結婚」をお膳立てしたのである。

ウォーカーが創設し社長を務めていたW・A・ハリマン&カンパニーは、別の民間銀行J・P・モルガン&カンパニーと合併することになったが、彼は「モートン&カンパニーにおけるキーパーソン」でもあった。そしてモートン&カンパニーは、モルガンが支配していたギャランティ信託会社とも密接につながっていた。

ハンブルク-アメリカ社の所有者が代わったことにより、ドイツを思いどおりに誘導して体制を根こそぎにする道具が生まれた。世界でも指折りの「死の商人」であるサミュエル・プライヤーは、初めからこの合併劇にかかわっている。当時レミントン兵器社の専務を務めていたプライヤーはこの取引の実現のために手を回していたほか、ハリマンの海運関連フロント企業であるアメリカン海運通商社の役員にもウォーカーとともに名を連ねていた。

一九二二年、ウォーカーとハリマンはさらなる一歩を踏み出すため、ベルリンにヨーロッパ事業本部を設立した。W・A・ハリマン&カンパニーは、ハンブルクにあるウォーバーグの銀行の協力のもと、ドイツの産業や資源に投資の網を張り巡らせてゆく。

ベルリンに新たな拠点を得たウォーカーとハリマンは、新生独裁国家ソ連とも取引を開始した。ひと握りのウォール街とイギリスの投機家を率いて、ボルシェビキ革命で崩壊したロシアの石油産業の再生を進め、近代の製鉄に欠かせないマンガン採鉱の権利も得た。これらの取決めは、当時フェリクス・ジェルジンスキー（のちにソ連の秘密情報機関KGBの創設者となった人物）とともに歩んでいたレオン・トロツキーとの直接の交渉を通じて行なわれている。

　そして、これらの投機事業によって共産独裁政権との間に生まれた協力体制とパイプは、現在（一九九二年）のブッシュ（シニア）大統領に至るまで、一族に連綿と受け継がれている。

❖――ブッシュ家の表の銀行の裏にあるギャンブル業の実態

　さて、銀行を立ち上げたバート・ウォーカーは、ニューヨークという街がスポーツやゲーム、ギャンブルへの情熱を満たすのに最適の地であることに気がついた。一九二〇年には、米国ゴルフ協会の会長に選ばれており、スコットランドのセントアンドリュースR&Aゴルフクラブとの話し合いで新しい国際ルールを取り決めている。この話し合い後には、高さ九〇センチの銀杯ウォーカー・カップを寄贈、米英の選手が隔年でこの杯をめぐってゲームを行なうようになった。

　バートの義理の息子であるプレスコット・ブッシュも、政治と経済が深刻な危機に陥っていた一九三〇年代初めに、米国ゴルフ協会の事務局長を務めている。そして一族の会社がナチス・ドイツにかかわっていた一九三五年には、同協会の会長となっている。

　ジョージ・ブッシュがまだ一歳であった一九二五年、バート・ウォーカーとエイヴレル・ハリマンは、マジソン・スクエア・ガーデンを近代的なスポーツ施設に造り替えるプロジェクトを主導している。華やかで血なまぐさいギャングたちがのさばっていた禁酒法時代、ウォーカーはニューヨークのギャンブル業界の中心的存在であった。マジソン・スクエア・ガーデンでは一〇〇万ドル規模の賞金がかかった試合が行なわれるようになり、ノミ屋とその客たちは投機に血眼《ちまなこ》の株屋に対抗するかのように、その賞金をさらに上回る金をやり取りしていた。当時は、ニューヨークのモデル企業に近い賭博や密造酒のシンジケート――いわゆる組織犯罪が幅を利《き》かせた時代であった。

ジョージが六歳になった一九三〇年には、祖父のウォーカーはニューヨーク州の競馬コミッショナーになっていた。競馬の華やかさや迫力は、幼いジョージにもおそらく強い影響を与えたはずだ。バートレット・ウォーカーはログキャビン・スタッドという自前の厩舎で競走馬を繁殖させており、ベルモント・パーク競馬場の社長も務めている。また、馬具の色や素材の選択など、エイヴレル・ハリマンの競走馬に関する事務の大半も彼が請け負っていた。

こうしたブッシュ家のスポーツビジネスは、ジョージ・ブッシュが成人したのちも続いた。バートの息子ジョージ・ウォーカー・Jr（ブッシュ大統領の叔父にあたりテキサス州で金融支援事業を営む）は、ニューヨーク・メッツ創設者の一人で、一九七七年に死去するまで十七年間、同チームの副社長兼財務役を務めた。ジョージ・H・W・ブッシュ大統領の息子ジョージ・W・ブッシュは、父親が大統領職にあった時期にテキサス・レンジャーズの副オーナーであった。

一九二六年以降、父プレスコット・ブッシュはハリマン一族に絶対的な忠誠を示すようになり、権力への野心をみなぎらせ始める。W・A・ハリマン&カンパニーの日常業務を取り仕切るようになってゆき、三一年に同社がイギリス系のブラウン・ブラザーズ銀行と合併すると、常務担当経営者に就任した。新たに誕生したブラウン-ブラザーズ・ハリマンは、アメリカ最大にして政治的にも最も重要な民間銀行となった。

一方、こうした一九二〇年代の投機熱のあとにやってきたのは、金融恐慌《きょうこう》と世界的な不況、社会の激変であった。二九年十月二十四日の「暗黒の木曜日」（ニューヨーク株式市場の瓦落《がら》）から三一年にかけての有価証券の大暴落により、プレスコット・ブッシュが一九二六年までに貯め込んだささやかな財産は紙くずになった。しかし、ハリマン一族に貢献していたおかげで、ブッシュは（彼自身の言葉を借りれば）「とても太っ腹な」贈り物を受け取ることになる。失ったものを補償してもらい、復活の基盤を与えられたのだ。

プレスコットは一九三一年から四〇年代にかけての自らの役割について、プライベートな取材で次のように述べている。

特に言っておきたいのは……ハリマン家のみなさんがリスクをいとわず、私たちに多大な信用を託してくださったということだ。私たちのうち、三、四人が日常業務の要になっていたからだろう。当時はエイヴレルが社内をよく回っていて、……役員業務の多くにローランドがかかわっていたが、彼は銀行の日常の業務——毎日のさまざまな決定事項にはタッチしていなかった。……そういうことをしていたのは私たちで、日常のこと、経営・管理におけるあらゆる判断をやっていた。それが私たちの仕事だった。いわば、常務担当の経営者だったわけだ。

日常業務の要の「三、四人」の一人であったプレスコットは、事実上同社のトップと言ってよかった。エイヴレル・ハリマンとローランド（バニー）・ハリマンの巨額の個人投資資金を一手に握っていたのが彼だったからである。

大戦の合間のこの時期に、プレスコット・ブッシュは一族の財産を築いた。そして、二度目の大戦が始まりアメリカ政府が介入するまでに国際的な事業でたっぷりと蓄えられたこの富を受け継いだのが、息子のジョージ・H・W・ブッシュであった。

だが、そのプレスコットの富を蓄積した〝国際的な事業〟には売国的と言えるまでの疑惑が介在しているのだ。次にそれを述べていくことにしよう。

◉プレスコット・ブッシュが行なった国際金融〝犯罪〟

クリス・ミレガン 記

❖――ユニオン・バンキング・コーポレーションで伝えられる〝話〟

「覚えておくべきことは三つ。すべてを求め、何も説明せず、すべてを否定する」――これは、クレア・ブース・ルース（連邦議員、夫はボーンズメンで雑誌王のヘンリー・ルース）がプレスコット・ブッシュに告げた言葉で、一九六六年にコロンビア大学がアイゼンハワー政権に関して関係者に証言採取をした際に、プレスコット・ブッシュ自身が口にしたものだ。

政治にかかわるブッシュ家の人間は、この言葉を本気で信じているようだ。その一例が、プレスコットがユニオン・バンキング・コーポレーションや、ヒトラーなどのファシストへの融資にかかわっていたという〝話〟である。この話に関してはかなり念入りな隠蔽《いんぺい》工作が行なわれてきたが、それ自体、ことがいかにデリケートなものであるかを物語っている。

この件について〝誰が、どこで、何をしたか〟については、すでに前述されている。ここでは、その〝伝えられる話〟が現在において、どのような見方ができるかを考えてみたい。

ユニオン・バンキング・コーポレーションの問題の疑惑が初めて指摘されたのは、一九七五年のアントニー・サットンの著書『Wall Street and the Rise of Hitler』においてである。サットンは当時、スカル&ボーンズの存在を知らなかった。八三年に結社のことを知ったサットンは、八四年の著書

『How the Order Creates War and Revolution（結社による戦争・革命醸成のからくり）』においてテーマをこの問題にまで広げている。同書はスカル&ボーンズに関する他の三冊の小冊子とともに、八六年に『America's Secret Establishment』にまとめられた。そして、サットンは八八年にも『The Two Faces of George Bush（ジョージ・ブッシュの二つの顔）』において告発を行なっている。

主流派の新聞や保守系の歴史家は、サットンの著書や告発を〝無視〟した。

一九九二年、ウェブスター・タープレーとアントン・チェイトキンが、さらに踏み込んだ調査の成果を『George Bush: The Unauthorized Biography』で公表した（その一部は前節に紹介）。彼らはアメリカ政府の公文書を調べ、ユニオン・バンキング・コーポレーションを差し押さえる財産帰属令や、ハリマン-ブッシュの息のかかった組織がナチとかかわっていたことを示すほかの文書を発見した。同書はリンドン・ラルーシュの機関であるエグゼクティブ・インテリジェンス・レビューより発刊されたが、やはり無視されている。

かつて司法省の特別作戦局の検察官としてナチの戦犯たちを起訴していたジョン・ロフタスも、一九九四年の著書『The Secret War Against the Jews（ユダヤ人に対する隠れた戦争）』で、さらに詳しい情報を加えてこの問題を伝えている。

さらに一九九六年には、オランダ国営テレビのプロデューサーであるダニエル・ド・ウィットが、スカル&ボーンズのドキュメンタリーを制作するため、サットン、チェイトキン、タープレーらに取材を行なっている。このドキュメンタリーでは、オランダのある役人も、ユニオン・バンキング・コーポレーションが貿易海運銀行というオランダの銀行を通じてヒトラーに融資していたことなどを証言していた。ドキュメンタリーによると「アムステルダムの国際社会史協会に保管されている文書群（原本）に、貿易海運銀行とオーギュスト・テュッセン銀行、フリッツ・テュッセンとハリマンのユニオン・バンキング・コーポレーションとの間につながりがあったことがはっきりと示されている」という。

だが、この番組はついに放送されなかった。番組表に組み込まれ、ＴＶガイドにも掲載されたにもかかわらず、一九九八年、放送まぎわになってオンエアーが中止されてしまったのである。結局、二〇〇一年一月に、八十分のオリジナルを再編集した三十分に、映画『ザ・スカルズ／髑髏《どくろ》の誓い』の脚本家と監督への取材テープ十分を加えたものが放送された。

❖ 拡大を続けるインターネットがナチとブッシュの金をめぐる結びつきを解禁させた

けれども、新たに誕生し、拡大を続けるインターネットでは、主流派メディアにつきものの〝編集〟という名の規制がないこともあって、ナチとブッシュの金をめぐる結びつきが盛んに取り上げられるようになってきてもいる。こうした動きを背景に、主流派の新聞である『ボストン・グローブ』紙上で、同紙記者のマイケル・クレイニッシュが〝公《おおやけ》に〟この問題を指摘した。二〇〇一年四月二十三日に同紙の一面に掲載されたこの記事は「時代を作った勝利とトラブル」という見出しで、最初の三段落で問題の〝話〟を伝えている。

一九四二年七月のニューヨークの『ヘラルド・トリビューン』紙のセンセーショナルな記事は、プレスコット・ブッシュを愕然《がくぜん》とさせたに違いない。

「ヒトラーの後援者がアメリカの銀行に三〇〇万ドルを保有」と題するこの記事では、アドルフ・ヒトラーの資金提供者がユニオン・バンキング・コーポレーションに莫大な金を預けており、それが「ナチの要人」のための金であろうと指摘されていた。かつて七人の役員のうちの一人を務めていたブッシュは、この銀行のことをよく知っており、ナチとのつながりが明らかになるとまずい立場に置かれる恐れがあった。この事態を受け、ブッシュとブラウン-ブラザーズ・ハリマンの共同経営者たちは政府の監督関係者に対して、自分たちは無償の顧客サービスを行なったにすぎないと弁明した。しかし、政府が敵国通商法に基づいてユニオンの財産を差し押さえたことで、事態はより深刻になった。これは、一歩間違えばブッシュの政治的な望みを打ち砕く可能性があった。

結局、ブッシュが十年後に上院に出馬した際、報道機関も政敵もこの問題を追及することはなかった。しかし、これが彼の人生の大きな転機となった可能性は高い。ちょうどユニオン・バンキングの話が報じられたころ、ブッシュは自ら米国慰問協会の会長を引き受け、初めて国の表舞台に立った。第二次大戦における米軍の士気を鼓舞するために国中を駆け巡って数百万ドルの資金を集めたことで、彼の人望は高まり、それが上院選での勝利を後押しすることとなった。彼の息子と孫は、のちに大統領になっている。

残りの五十余りの段落は、プレスコットのリベラルぶりを賞賛し、「ケネディ一族」にまでなぞらえている。ただ、プレスコットがエール大学のグリー・クラブであるホイッフェンプーフのメンバーであったことなども紹介している一方で、スカル&ボーンズの会に所属している事実には触れていない。

一方、エール大学に二番目に誕生した最上級生秘密結社スクロール&キーの会員であるアレクサンドラ・ロビンスは、スカル&ボーンズのエセ暴露本『Secrets of the Tomb（墓の秘密）』で、むしろ疑惑を弱めるためにこの〝話〟を持ち出している。

ユニオン・バンキング・コーポレーション（プレスコット・ブッシュが七人の役員の一人を務めていた）にはアドルフ・ヒトラーの後援者が三〇〇万ドルの資産を持っていたが、この後援者を通じてヒトラーを支援するようスカル＆ボーンズが会員に支持したというようなこともない。

これが、ユニオン・バンキング・コーポレーションとヒトラーへの融資、スカル＆ボーンズの問題に対するロビンスの見解ということだ。彼女はアメリカン・シップ・アンド・コマース社やコンソリデイテッド・シレジアン・スチール社、ハンブルク－アメリカ汽船会社、ハリマン・フィフティーン社、ハリマン・インターナショナル社、オランダ・アメリカン商事会社、シームレス・スチール社、シレジアン・アメリカン社、ブラウン－ブラザーズ・ハリマンがかかわっていたさまざまな会社が、ヒトラーの台頭に関与していたことにはまったく触れていない。これらの会社の多くが敵国通商法による差し押さえで外国人財産管理人に移管されたことも、一九二四年八月にユニオン・バンキング・コーポレーションが設立されたときにジョージ・ハーバート・ウォーカー・ブッシュが社長になり、W・A・ハリマン＆カンパニーのオフィスから仕事をしていたことも伝えていない。

ほかにも、彼女が黙っていることはたくさんある。一九三二年にこの銀行の役員八人のうち四人がスカル＆ボーンズのメンバーだったことや、四二年の秋にユニオン・バンキング・コーポレーションが政府に差し押さえられたとき、七人の役員のうち三人が会のメンバーで、もう一人がブラウン－ブラザーズ・ハリマンの人間だったこと（これによりブラウン－ブラザーズ・ハリマンは同行の議決権をコントロールできた）。

さらには、ブラウン－ブラザーズ・ハリマンの共同経営者のうちスカル＆ボーンズ結社員でない者は、一人としてユニオン・バンキング・コーポレーションの役員にはなっておらず、すべてボーンズメンで占められていたこと。唯一の例外が、ブラウン-ブラザーズ・ハリマンの共同経営者でない〝従業員〟であったことなどもだ。

ロビンスは、役員のうち二人がナチの人間であったことにも触れていないし、すでに報じられている事実――たとえば「一九三四年の議会の調査において、ウォーカー・ブッシュのハンブルク-アメリカ汽船会社が、ドイツとアメリカでナチを擁護するプロパガンダを大規模に支援していると指弾されていた」ことや、一九三六年六月に「(プレスコット・)ブッシュはナチの金を差し押さえる代わりに弁護士を雇って隠した。その弁護士はアレン・ダレスであった」といったことも伝えていない。彼女は単にこれらのことを調べていなかっただけなのだろうか、それとも〝話〟を伝えるだけで満足したのだろうか。

❖――プレスコット・ブッシュの伝記で行なわれる情報操作

二〇〇三年に発刊されたばかりのプレスコット・ブッシュの伝記『Duty, Honor, Country(責務・名誉・国家)』(ミッキー・ハーシュコウィッツ著)は、この〝話〟の風呂敷をさらに広げ、情報操作も行なっている。

誰の心にも、それぞれの四二年の夏の記憶が宿っていることだろう。あの夏、プレスコット・ブッシュはウォール街にいた。四二年の夏をそのままタイトルにした名画もあるが、ノスタルジーやロマンスはあくまで映画の中のことだ。

あの年の七月、ニューヨークの『ヘラルド・トリビューン』紙に「ヒトラーの後援者がアメリカの銀行の保管室に三〇〇万ドルを保有」という見出しが躍った。この記事はユニオン・バンキング・コーポレーションに関するものであったが、プレスコットは、この報道に動揺したか、あるいは少なくとも驚いたことだろう。彼は同銀行の七人の役員の一人であった。品行方正で知られている彼でなければ、パニックに陥っていたかもしれない。

この記事は、アドルフ・ヒトラーの「後援者」とされるドイツの企業家がユニオン・バンキングに三〇〇万ドルを預けているとし、「ナチの要人たち」のための資金として確保されている金の可能性があるとの見方を示していた。

二〇〇一年四月、ブッシュ家の政治遍歴に関する記事データベースに埋もれていたこの記事を、前述したようにマイケル・クレイニッシュが再び掘り起こして伝えたのだ。しかし『ボストン・グローブ』紙の同記事は、このつながりのために、プレスコットの「立場が芳しくないものに」なる恐れがあったとしているものの、この金が何のためのものであったのか、また誰の管理下にあったのかは明らかにはなっていない。ナチが敗北したときの保険であった可能性もある。

クレイニッシュの記事によると、ブッシュと、ブラウン-ブラザーズ・ハリマンの共同経営者たちは、政府の関係者に対して、一九三〇年代の終わりに開設されたこの口座が「無償の顧客サービス」であったと説明した。「政府が敵国通商法に基づいてユニオンの財産を差し押さえたことで、事態はより深刻になった。これは、一歩間違えばブッシュの政治的な望みを打ち砕く可能性があった」と記事は指摘している。

ローランド・ハリマンによると、この顧客というのはチャールズ・リンドバーグの友人であるという。しかし、すでに名士として確かな評判のあったプレスコット・ブッシュは、会社のために公然と、かつ迅速に行動した。すべての記録と文書を開示したのである。六十年がたった現在は、企業スキャンダルが噴出してキャリアを失う者たちがあとを絶たないが、それに比べると当時の彼は完全に潔白を証明したと言っていいだろう。

同年のすこし前の時期に、プレスコットはＵＳＯ（米国慰問協会）の会長を引き受け、二年間にわたり国中を回って全国戦争基金のために数百万ドルを集めた。『ボストン・グローブ』は、「初めて国の表舞台に立った」彼が、「米軍の士気を鼓舞」したと伝えている。いわば逆境をバネにして前進したのだ。

いずれにせよ、前記のプレスコットの伝記でも、ほかの会社のことは都合よく無視され、どこからともなく出てきた〝新たな事実〟が付け加えられて、話が特定の方向づけをされている。同書を書いたハーシュコウィッツは、新しい情報の出所についてはまったく説明していない。クレイニッシュの記事は引用として紹介している一方で、『ヘラルド・トリビューン』や同時期の記事の引用はない。彼は、四十六時間にわたるブッシュ・ファミリーの取材テープやスクラップブック、コネティカット大学の資料を参考にしたという。つまり、ここで出てきた新しい情報をどこで集めたかは不明ということになる。我々に言えるのは、これらの新情報が不正確であり、読んだ者に誤解を与えるということだ。

❖『ヘラルド・トリビューン』からの〝話〟の検証

ここで、問題の〝話〟を検証してみよう。

まず、『ヘラルド・トリビューン』の記事であるが、掲載されたのは一九四二年の七月ではなく、実際は四一年の七月に載ったものである。そもそもこの記事自体が、容易に見つかるものではない。数人の調査員に頼んでみたが、何時間もマイクロフィルムと格闘しても誰一人として記事を見つけられなかった。四二年七月というはっきりとした時期が示されていたので、調査員は七月の記事をすべてチェックした。ところが問題の記事が発見できなかったので、六月と八月の記事も調べるはめになった。

二〇〇三年七月に『ボストン・グローブ』のクレイニッシュ氏に問い合わせたところ、ほかにも「数名」、記事が「見つからない」と言ってきた人がいるとのことだった。彼の説明によると、『ヘラルド・トリビューン』の記事の日付が不明なのは、元の記事（奥の奥で探し当てたという）が切り抜きで、年と月しかわからなかったからだそうだ。一九四二年の七月であることだけは確かだとのことだった。私が「特別版か何かですか。どこで見つけたのか教えていただけませんか」と尋ねたところ、「『ヘラルド・トリビューン』はもう廃刊になっていて入手が難しいので、私の言葉を信じてもらうよりほかにありません。記事はたしかに存在します」との返答だった。そして、忙しいのでこれくらいにしてほしい、二年前に書いたものであるしもう失礼しますということで話を打ち切られた。

実際に記事が存在したということについては、その後我々のほうでも確認がとれた。ただし掲載されたのは一九四一年の七月である。

我々はまず、アレックス・ジョーンズのinfowars.comというサイトで『ゼーンズビル・シグナル』というオハイオ州の新聞の四一年七月三十一日付の記事を見つけた。掲載されていたＩＮＳ（インターナショナル・ニュース・サービス）の配信記事には、「本日、ニューヨークの『ジャーナル・アメリカン』が報じたところによると」と、テュッセンとユニオン・バンキングのニュースが伝えられていた。その後、ancestry.comで、四一年八月一日にウィスコンシン州『シェボイガン・プレス』紙に掲載されたＡＰ通信の記事を見つけた。この記事には「ニューヨークの『ヘラルド・トリビューン』は木曜日（四一年七月三十一日）、アドルフ・ヒトラーに融資して権力の座に就くのを助けたとされるドイツの企業家フリッツ・テュッセンが、三〇〇万ドルのアメリカの現金をニューヨーク市街の銀

NEW YORK
Herald Tribune
LATE CITY EDITION
U.S. Protests to Japan on Bombs Near Gunboat and China Embassy
Dewey Won't Run Again for Prosecutor
Roosevelt Asks Control Over Prices and Rents To Bar Inflation 'Disaster'
Thyssen Has $3,000,000 Cash in New York Vaults
Gotham Hosiery Closes a Mill in Silk Shortage
Nazis Await Fall of Leningrad; Fierce Battle Rages at Smolensk
Hopkins Tells Stalin U.S. Will Fill Red Needs
Hillman Tells Electrical Union To End Tie-Up at Navy Yard
Senate Debates On Retention of Soldiers Opens
News on Inside Pages
Snub to Women in Home Defense Is Charged as Mrs. Kerr Quits
Tire Makers Raise Retail Prices 2.4% With Henderson Sanction

〝問題〟の『ヘラルド・トリビューン』

行に保管していたと報じた」とあった。

正確な日付がわかったことで、とうとう我々はニューヨークの『ヘラルド・トリビューン』と『ジャーナル・アメリカン』の記事を探し当てることができた。これらの記事はあとに掲げよう。

こうしたことについては、一年ぐらいずれていたからといって、どうということはないと思う方もおられるかもしれない。しかし、記事が実際に掲載された一九四一年七月には、まだアメリカは大戦に参戦していなかった。それなのに伝えられている〝話〟では、プレスコットが記事が書かれたあとではなくその前に「立場を強めて」おり、そのおかげで名誉を回復できたことになっている。真相はおそらく、プレスコットは四二年の二月にUSOの会長として隠蔽のために奔走していて、そのことは伝えられることなくスキャンダルが隠されたのだろう。

プレスコットがどのように〝立場が芳しく〟なくなると思っていたのかはわからない。歴史に関する取材ではこの出来事は話題になっておらず、一九四一年の七月から八月にかけてちょっとしたスキャンダルとして報じられている記事に関しても、プレスコットの名前が出ているだけでコメントなどはいっさいないし、それ以外にはなんの記事も出ていない。保守系の歴史家も主流派メディアも、この件に関して深く掘り下げることはせず、サットンや他の人々による報告は長い間無視され続けてきた。〝話〟が表に出てきたのは、インターネットがあったからにほかならない。

❖――新たな情報とプレスコットの売国的行為の改竄《かいざん》

一九四二年に発刊された『エール大学一九一七年度卒業生史第五巻――二十五年目の記録』では、プレスコットはユニオン・バンキング・コーポレーションの役員であったことを誇らしげに公表し、CBSとドレッサー・マニュファクチャリング社の次に、第三の肩書きとしてリストアップしている（その下には六つほど有名企業が並んでいる）。プレスコットが一九三四年から役員となっている同行を創設したのは義理の父親で、その義父が社長を務めていた。ユニオン・バンキングは実際には銀行というよりも持ち株会社で、テュッセンと、ドイツ・スチール・トラストおよび関連部門のアメリカの産業・金融市場での取引のために利用されていた。テュッセンの企業はアメリカでの資金集めや製品の売買を行ない、その際の本国との金のやり取りをユニオン・バンキング・コーポレーションを通じて行なっていた。

チャールズ・リンドバーグのために〝立場が芳しくないものに〟なってきた真面目でお人好しのプレスコットと共同経営者たちが選んだのは、責任を他者に押し付けることだった。ハーシュコウィッツは「この金が何のためのものであったのか、また誰の管理下にあったのかは明らかにはなっていない」、また口座は「一九三〇年代の終わりに開設された」としているが、これは不正確な（少なくとも問題のある）記述である。同行は一九二〇年代からテュッセンの企業とつながりがあり、プレスコットもそうした事業に関する情報を知ることのできる立場にあったはずだ。そして、三〇年代の初めより同行の役員を務めていたプレスコットは、スキャンダルの時期にもブラウン-ブラザーズ・ハリマンのオフィスで「事業を経営」していた。

コロンビア大学の歴史に関する取材でプレスコットは、「私自身やナイト・ウーリーなど共同経営者になった者たち――ロヴェットが一九四〇年にワシントンに行ったあとのことだが――私たちは本当の意味で事業を経営するようになった。毎日のビジネスや経営・管理に関する判断などだ。そういうことをしていた」と話している。

ユニオン・バンキング・コーポレーションは資本金四〇万ドルで設立され（その大部分をローランド・ハリマンが出資した）、テュッセンがアメリカで稼いだ金の保管所になっていた。タープレーとチェイトキンによると、政府の調査官の報告は次のようなものであった。「ユニオン・バンキング・コーポレーションは創設（一九二四年）以来、テュッセンの事業のアメリカ投資の資金（大半はダッチ銀行経由）を扱ってきた」。エイヴレル・ハリマンは一九二二年にベルリンにおり、「W・A・ハリマン&カンパニーのベルリン支社を設立し、ジョージ・ウォーカーを社長に据えた」。そしてこのとき彼が「フリッツ・テュッセンと知り合った」という。

一九四一年の記事は、ユニオン・バンキング・コーポレーションの三〇〇万ドルの資金が四〇年五月に凍結されたことや、この資金の出所が「莫大な利益をもたらしてきた」企業であることなどを伝えている。「アドルフ・ヒトラーのドイツ軍がヨーロッパ侵略を開始して以来、アメリカ政府が凍結した（国内の銀行の）外国資産は四五億ドル」で、四〇年にはナチに占領されたオランダ、ベルギー、ノルウェー、フランスの資産が凍結措置となり、ドイツの資産は四一年六月十四日に凍結された。

ルーズヴェルト大統領は、国内にある枢軸国の資金を凍結するよう命じた。大統領による無制限の国家緊急事態宣言に基づいて、……主眼は、国内の金融機関が国防その他の国益を損なう目的に利用されたり、脅迫や占領によって奪われた資産が米国で資金化されたりすることを防ぐとともに、国内での反体制活動を押さえ込むことである。

勇敢な記者が〝話〟には出てこなかった凍結資産の情報を入手したのか、それともこれがコントロールされたリークなのかは不明である。記事の三分の一以上はニューヨーク州銀行監督官との間でやり取りされた書簡で占められ、ブラウン-ブラザーズ・ハリマンの共同経営者たちの「愛国的」擁護を行なっているほか、改竄された事実を（一部は太字の小見出しで）伝えている。とりわけ「ハリマンが知り合ったのは一九二五年」などは、記事の中でもすでに矛盾が明らかだ。『ヘラルド・トリビューン』の記事が言わんとしているところは、要するに、〝偶然〟であって大騒ぎするようなことではないのではないか、悪いのはテュッセンではないのか、報酬も受け取っていないし、すべては明らかになっていて政府もすべてを認識している——ということである。皮相的なスキャンダルに注目させて本当のスキャンダルを隠すというやり方は、アメリカの政治の歴史において繰り返し用いられてきた手法で、編集者もしばしば記事に神経を使わなくて済むという恩恵を受けられる。小さなスキャンダルは、いずれ忘れ去られる運命だ。

とにかく、なんらかの理由で、問題のスキャンダルの報道には密かに抑制がかけられていた。ルースが支配していた『タイム』と『ライフ』、ハリマンの影響を受けていた『ニューズウィーク』、ほかのボーンズメンの息のかかったCBSや『ニューヨーク・タイムズ』その他のメディアにより、他愛のないニュースの一つとして巧妙に葬り去られたのである。

❖——「何も説明せず、すべてを否定する」報道の押さえ込みと捏造《ねつぞう》

全国週刊紙や『ニューヨーク・タイムズ』、『ウォールストリート・ジャーナル』はもちろん『ニューヨーク・デイリー・ワーカー』ですら、『ヘラルド・トリビューン』が報じたテュッセンとユニオン・バンキング・コーポレーションのつながりについての情報を〝いっさい〟伝えていない。ハース

トの夕刊紙『ジャーナル・アメリカン』の記事は、基本的に先に出た『ヘラルド・トリビューン』の記事をまとめたものにすぎない。

次にユニオン・バンキング・コーポレーションのことが報じられたのは、我々の知る限りでは一九四四年十二月十六日のことである。この日の『ニューヨーク・タイムズ』の経済面に、一行だけこんな謎めいた記述が載った。

ユニオン・バンキング・コーポレーション（ニューヨーク、ブロードウェイ三九番地）が、事業拠点をブロードウェイ一二〇番地に移す認可を受けた

〝真相〟は相変わらず隠蔽されたままだった。一九四二年の秋に同行が敵国通商法に基づいてアメリカ政府に差し押さえられたという事実も、ユニオン・バンキング・コーポレーションの移転先が外国人財産管理人の住所だということも報道されていない。

この背景には、報道の押さえ込みや捏造《ねつぞう》、「何も説明せず、すべてを否定する」ことを強要する力があったのかもしれない。だからこそプレスコットは、ニューヨークの新聞でナチの資金三〇〇万ドルを預かっていると報じられた銀行の役員であるという事実を隠す必要も感じずに鉄面皮を決め込み、その後悠々とUSOの会長に収まって、一九四二年の募金活動責任者として同期生から金を搾《しぼ》り取ることができたのではあるまいか。

また『タイム』や『ニューズウィーク』、『ネイション』等の新聞や雑誌でテュッセンの名前が出てくるのは、『I Paid for Hitler（私はヒトラーのために代償を払った）』というフリッツ・テュッセン自身の著書が紹介されたときである。ボーンズメンであるヘンリー・ルースの『タイム』一九四一年

十月十三日号は、同書の共著者であるエメリー・リーヴズというジャーナリストが、一九四〇年の四月にパリでテュッセンと会い、自分が「秘書兼協力者」になるので一緒にモンテカルロに行こうと話を持ちかけたという経緯を伝えている。テュッセンは同地で「毎日まる三時間口述を行ない、原稿に手を入れてオーケーを出した」という。

一九四〇年五月下旬、リーヴズは「名前や日付を確認するためにパリに」戻った。当時はドイツもパリを目指しているという状況であり、リーヴズは英国海軍の駆逐艦に乗ってフランスを離れ、イギリスに逃れている。「テュッセンとはそれっきりで、手紙なども届かなかった。一年以上音信不通が続き、テュッセンが囚《とら》われていることはもはや明らかであった。自由の身であれば、南アメリカにいる家族に連絡をとっているはずである。生きているにしろ死んでいるにしろ、本による影響はないと判断したリーヴズは、出版を決意した」

この本の中でテュッセンは「Ein Dummkopf war ich!（私はなんという愚か者だ）」と自分の頭を叩《たた》き、一九二三年のビヤホールの反乱に先立ってヒトラーへの金融支援を行なった経緯を語っている。ヒトラーへの融資におけるテュッセンの役割についてはほかで詳しく述べているので、ここでは繰り返さない。同書の情報で新しいのは、アドルフ・ヒトラーがロスチャイルド男爵の隠し子であるという奇説だ。『I Paid for Hitler』はニューヨークのファラー&ラインハルト社から出版されているが、同社の取締役会長ジョン・チップマン・ファラーは、一九一八年度のスカル&ボーンズ結社員である。ちょうどプレスコットの次の世代にあたるグループだ。一八年度のボーンズメンには、マルコム・ボールドリッジ下院議員、F・トルビー・デーヴィソンCIA人事担当官、大実業家アーテマス・ゲイツなどのほか、四一年当時、国防次官補でブラウン-ブラザーズ・ハリマンの共同経営者であったロバート・ロヴェットがいた。彼らは全員が、有名なフロリダ州パームビーチのエール大学第一次大戦航空部隊に所属していた。

ジョン・チップマン・ファラーは第二次大戦中、ＯＷＩ（戦時情報局）の心理戦部門におり、同局の出版プロパガンダの一部の編集を担当していた。

テュッセンは戦後、自分は『I Paid for Hitler』を書いていないと主張した。もしかするとこの本には、見た目以上に複雑な背景があるのかもしれない。あるいは、情報を混乱させるのが目的だったのではあるまいか。戦争の暗雲が立ち込めていた一九四〇年代のアメリカの状況を曖昧模糊としたものにし、特定の個人の名誉を回復するのが狙《ねら》いだった可能性もある。ＪＦＫ暗殺の公式説明と物理的な矛盾が起こらないように、ザプルーダー・フィルムのフレームを反転させたルース（ボーンズメン）の『ライフ』誌と同じようなことをしていたのかもしれない。

❖プレスコットのスピーチ「負けない限りはどんなことをしても」が〝話〟の実相だ！

「実現させたいことが実現するような状況を作り出すためには、多くのことを水面下で密かに進める覚悟がいる」――コロンビア大学の歴史研究の証言採取において諜報活動に関して述べたプレスコット・ブッシュの言葉だ。

プレスコットはこのことをよくわきまえていたらしく、彼とブラウン-ブラザーズ・ハリマンは〝スキャンダル〟が表沙汰《おもてざた》にならないように手を回していたようだ（スキャンダルはやがてすっぱ抜かれたが、それもすぐに圧殺された）。一九四一年七月三十一日付のニューヨーク『ヘラルド・トリビューン』によると、七ヵ月〝前〟の四一年一月、ブラウン-ブラザーズ・ハリマンの共同経営者でボーンズメンのナイト・ウーリーは、ニューヨーク州銀委員会監督官に送った手紙の中で「彼ら（ユナイテッド・バンキング・コーポレーションの役員たち）はアメリカが参戦した場合に自分たちの立場がやや芳しくないものになるのではないかと懸念しています」と伝えている。

結局、問題が大きく報じられることはなく、プレスコットは一九五二年、死亡した上院議員の補欠選挙に当選してコネティカット州の代表議員になった。五一年十一月にプレスコットが共和党の大統領候補に立つことを強く勧めたドワイト・アイゼンハワー将軍も、やはり当選している。プレスコットはアイゼンハワー大統領とよくゴルフをプレーし、大統領の任期の最後の日には、三十分ほど二人だけで過ごしている。

プレスコット・ブッシュ上院議員は州銀委員会の仕事もしており、世界銀行や連邦準備銀行の人間とも何度も接触している（上院の会議室を避け、もっとカジュアルな場所で仕事の話をすることもあったようだ）。二期目には、州の利益を守るために軍役委員会の委員も務めた。コネティカット州は一人当たりの防衛費が他州を上回る状態が長く続いており、「民主主義の兵器庫」と呼ばれていた。この問題には一八〇〇年代に同州に誕生した軍産複合体がかかわっているのだが、ここでは触れないことにする。

プレスコットはワシントンの二つのプライベート・クラブに入っていた。一つはアリバイ・クラブ、もう一つはアルファルファ・クラブである。大統領選の時期になると、アルファルファ・クラブは会員のなかから一人を大統領候補として選び出す。あくまで洒落《しゃれ》であるが、一九五九年のアルファルファ党の大統領候補はブッシュ上院議員であった。党の候補に選ばれた際のスピーチは記録が残っており、上院議員たっての要望でコロンビア大学の歴史研究にも資料として取り上げられている。プレスコットのスピーチは以下のようなものであった。

グランヴィル・ライスは不朽の言葉を書き残しています。

「人生のルールは
いかなるスポーツを選んだ場合にも当てはまる
どんなプレーをしてもかまわない
負けない限りは」

プレスコット・ブッシュは一九六二年に上院議員の任期を終えてブラウン-ブラザーズ・ハリマンに戻り、七二年十月に死去している。アントニー・サットンがスカル&ボーンズや、ユニオン・バンキング・コーポレーションとヒトラーへの融資の問題についての著書を書いたのは、八四年になってからのことだ。そして問題の〝話〟やプレスコットの言い分は、二〇〇一年四月になるまで表に出てこなかった。これらが明らかになったのは、やはりスカル&ボーンズ結社員である彼の孫（ジョージ・ブッシュ〝ジュニア〟）がアメリカ合衆国の大統領に選ばれた直後のことである。

のちに〝話〟が伝えられたことを、プレスコットは知らない。彼が今生きていたら、はたしてどのような釈明をしたであろうか。

❖スカル&ボーンズ・ドキュメンタリーの放映を中止された
ダニエル・ド・ウィット（オランダのテレビプロデューサー）の手記

ここからは、当稿でこれまでに述べてきたものの資料を明かす形で記していこう。まず、オランダのテレビクルーの番組が放送中止に至ったのは次のようなことからだった。

我々がカットしなければならなかったもののなかで特に重要だったのは、ビルダーバーグ協会の情報と、ＣＩＡと麻薬のかかわりの部分である。これをカットしてしまったことで、番組は骨抜きになってしまった。しかも放送されたのは、帰宅ラッシュの金曜午後五時というありえない時間帯である。再放送もされなかった。

我々が手塩にかけた子供を自らの手で葬るようなまねをしなければならなかったのは、当時ドキュメンタリー部に新たに就任した部長が、我々の調査結果をバックアップしてくれなかったからだ。事実と専門家の証言に基づくフィルムを世に出せなくなってしまったのには、部署の違いも影響していた。新部長は報道部からの昇格であったが、報道部はきわめて事実性の確かな素材を五分以内にまとめるのを仕事にしている。「火事があって二名が亡くなった」といったようなことを淡々と伝えるのが彼らの仕事だ。しかし我々ドキュメンタリー部は、「誰が、なぜ、火をつけたか」を探る。我々が制作したのは、事実に基づく現実に対する一つの視点であり、一時間二十分にまとめた番組には、ふだんニュースを受動的に見ているだけの視聴者の目を開かせることのできるテーマがあった。そういうもろもろのことが重なって、我々のドキュメンタリーはこのような結末を迎えることになったのである。

この番組の制作は貴重な体験となった。取材ではＣＩＡと麻薬の関係についていくつもスクープを入手できたが、別にそのことを言っているのではない。一九九五年に制作を開始した当時はインターネットはなく、手がかりとなっていたのは入手の困難なある人物の著書の古い謄写版《とうしゃ》刷りだけであった。その人物はほとんど知られておらず、知っているひと握りの人間は彼がすでに亡くなっているか、どこかの山奥で暮らしているかのどちらかだと思っているという、そんな状況だった。コミュニケーションの手段はファックスと電話で、一九九六年にはインターネットが登場した（少なくとも我々が使えるようになったのはこの年のことだ）が、スカル＆ボーンズに関する情報はまだ見つけるのが難しかった。グーグルで「スカル＆ボーンズ」（"Skull Bones"）を検索にかければ大量の情報が手に入る現在の状況からは、想像もつかないかもしれない。

スカル＆ボーンズとさまざまな関連組織および人脈の問題は、きわめて大きなインパクトを持っている。私自身、人生観が変わり、それまでとは違う目で世界を見るようになった。この変化はあまりにも大きく、見た目とは一八〇度異なるものが見えてくることもよくある。六割方ズレがあるとかいうのではなく、一〇〇％真実が異なっているのだ。現在ではスカル＆ボーンズは、怪しげな世界政府のたぐいではないことはわかっており、ある意味では暗いベールが多少取り除かれたと言っていいだろう。

しかしその一方で、スカル＆ボーンズ系の組織とそのメンバーたちが、なりふりかまわず強大な力をふるっていて、その力の前に誰もが絶望的にならざるをえないことも明らかになりつつあり、その意味ではますます世界を暗い影が覆いつつある。人々が現実から目を背けたくなるのも無理はないかもしれない。

アントニー・サットンへの取材を通して、私は彼を人生の師とあがめるようになった。彼はプレーヤーの一人にすぎないが、自分のなすべきことをなし、状況を変えることに貢献した。私はアントニーが言うところの「取材畑」の人間であり、それは昔も今も変わらない。さらに深く事実を掘り起こす努力を続けてはいるものの、追い続けている分野のドキュメンタリーを新たに制作するのは困難になってきている。これははっきり言ってストレスがたまる。市場があるのがわかっているのに作れないのだ。番組の需要があることをスポンサーに説得するのは、はっきり言って至難の技である。

私は現在、DaanSpeak.comを立ち上げて集めた情報を発信し、記事で解説を行なっている。手慰みにやっていることだが、かなり真剣に取り組んでもいる。私の本来の仕事はテレビ番組の取材を行なうことだ。ホームページを見た国内の番組制作者が、二人ほど私に連絡をとってきた。彼らは陰謀という問題を真面目に扱った連続ものを制作しているようだ。番組は、陰謀がごく普通に存在してきたことを伝える内容で、二〇〇四年一月にオランダで放送される〝予定〟である。

❖──一九四一年の『ヘラルド・トリビューン』が語ったものの全貌《ぜんぼう》

前述した一九四一年七月三十一日付ニューヨーク『ヘラルド・トリビューン』では、テュッセンとユニオン・バンキングの記事は経済面の二十二面に続いており、三段のほぼ全体にわたって書かれているほか、それとは別にまるまる一段を使ってテュッセンの補足記事が伝えられている。

二〇〇三年八月に『ボストン・グローブ』のマイケル・クレイニッシュ記者に対して、記事が実際には四一年に掲載されていた事実を伝えたところ、こんな返答だった。「ずいぶん前に書いたのでどうしてそう書いたのかよく覚えていません――四一年だったのならなぜ四二年と書いたのでしょう。自分でもわかりませんね。どういうことだったのかな。ただ、記事があったということだけは事実です。私に言えるのはそれだけですね。私の持っているコピーは、誰かが日付を書き込んであるのですが、その日付が間違っていたのかもしれません。もっと慎重に日付を確認しておくべきでした」

彼が、なぜこんなことを調べているのかと尋ねてきたので、私は、自分はライターでプレスコット・ブッシュとユニオン・バンキングのことを調べているのだと答えた。彼のこの話題に関する最後の言葉はこうだった。「私はかなり詳しく調べましたが、いわゆる陰謀説の証拠になるようなものは見つけられませんでした。そのようなわけで……日付が違っていたとしたら、どうしてなのか私にもわかりませんね」

この四一年七月三十一日の記事は、M・J・ラクシン記として次のような内容となっている。以下は新聞からの再掲のため、大見出しを太字、中見出しは〈 〉で、各小見出しは【 】で括った。

ヒトラーの後援者がアメリカの銀行の保管室に三〇〇万ドルを保有
〈ユニオン・バンキング・コーポレーションがかつて支援していたナチ高官の予備資金を隠匿《いんとく》か〉

世界で経済戦争が深刻化しつつある昨今であるが、十年にわたりアドルフ・ヒトラーを大規模に支援していたドイツの企業家フリッツ・テュッセンが、三〇〇万ドルの米国通貨をニューヨーク市街の銀行に保管していることが本紙の取材で明らかになった。

アメリカで活動しているテュッセンの企業に関して最も興味深いのはおそらく、ユニオン・バンキング・コーポレーション（ブロードウェイ三九番地）の名義で三〇〇万ドルの現金（すべて米国通貨）が保管されており、それがテュッセン自身、あるいは彼が親交を持っているナチ高官の戦後に備えた金だと考えられるという点だ。ニューヨークにおけるほかのテュッセンの事業としては、おもに石炭や鉄鋼産業と結びついた運輸・貿易会社が六社ほどあり、ユニオン・バンキング・コーポレーションのもとで活動している。これらの企業はこれまでにテュッセンに莫大な利益をもたらしてきたが、戦争のため、昨年事実上の操業停止状態に追い込まれた。

この話でとりわけ注目されるのは、テュッセンの財産をめぐる謎である。もちろん現在は、テュッセンの予備資金は、アドルフ・ヒトラーのドイツ軍がヨーロッパ侵略を開始して以来、米国政府が凍結した外国資産四五億ドルに含まれていて、誰も手をつけることができない状態だ。

政府筋はユニオン・バンキング・コーポレーションと傘下の会社の資産を凍結した理由を、オランダのロッテルダムにある貿易海運銀行が出資・管理しているためだとしている。この銀行はヨーロッパにあるテュッセン系列の一行であるが、資産凍結命令ではあくまでオランダの企業とされ、ドイツの財産ということにはなっていない。

オランダ国外の財産を管理しているオランダ亡命政府もこの資金に関して一定の権利を示唆《しさ》してい

るが、フリッツ・テュッセンの財産はすべて一九三九年にナチ政権に没収されていることから、法的には問題の資産は米国内のドイツ政府資産の一部ということになる可能性がある。

【ロッテルダム銀行は爆撃で消滅】

名義上はニューヨークの会社の所有となっているロッテルダムのテュッセンの銀行は、一九四〇年五月のナチの侵攻に伴う爆撃で消滅している。ニューヨークの人間でロッテルダムの事務所で何が起こったのかを知っているという者はおらず、海外からも指示やアドバイスなどは届いていない。

そもそもこの資金はテュッセンのものではないのではないかという指摘もある。ナチの幹部――ゲーリングやゲッベルス、ヒムラー、あるいはヒトラー自身のための隠し金としてニューヨークに送ったのではないかという疑惑だ。

いずれにせよ、事態は米政府の管理下にある。明らかになっているテュッセンの資産はすべて凍結され、厳重に保管されている。

責任ある立場にあるアメリカ人のなかには、テュッセンとナチの不和が表面的なもので、テュッセンが実際にはヒトラー政権の経済的な駒であり、亡命者のふりをして金融調査をしたりクッションとしての役目を果たしたりしているのではないかと考える者も少なくない。

信頼できる個人情報筋によると、テュッセンはナチの軍隊の侵攻後にスイス、フランスなどの欧州諸国をそれほど苦労することなく移動しているという。テュッセンは現在ドイツにいるが拘束されてはおらず自由に行動できる（ただし厳しい監視がついている）状態だ。自ら望んでこのような状況に身を置いているのか、世界に資産を持っているために人質扱いされているのかはわからない。

テュッセンがアメリカで事業展開を始めたのは一九二四年の八月に遡《さかのぼ》る。資本金四〇万ドルで設立されたユニオン・バンキング・コーポレーションは、当時は特に注目されることもなかった。設立資金を出したのはロッテルダムにある貿易海運銀行である。同社は投資会社としてニューヨーク州銀行法に基づく営業認可を与えられた。

同社の役員には、すでに知られているヨーロッパのテュッセンの企業の幹部たちに加えて、民間銀行ブラウン-ブラザーズ・ハリマン＆カンパニー（ウォール街五九番地）の共同経営者の名前もいくつか見られる。

【ハリマンが知り合ったのは一九二五年】

この状況は、ブラウン-ブラザーズ・ハリマンの共同経営者で現在イギリス公使として武器貸与を進めているW・エイヴレル・ハリマンとフリッツ・テュッセンが一九二五年に偶然出会ったことに端を発している。テュッセンはハリマンに、アメリカでの資金と事業をカバーする銀行を現地に作るつもりであることを打ち明け、役員のポストを依頼した。ハリマンは自分の会社の数名とともに役員になることを了承した。

当時はもちろん、世界が現在のような情勢になることを予測するのは不可能であり、国際的な銀行の関係において儀礼的な措置としてこうしたことがごく普通に行なわれていた。

第二次大戦が勃発すると、ドイツに関係した会社とのつながりが明らかになって立場がまずくなることを恐れたブラウン-ブラザーズ・ハリマンの共同経営者たちは、ユニオン・バンキング・コーポレーションの役員を辞任することを考え始めた。この問題を州銀監督官のウィリアム・R・ホワイトに相談したところ、同監督官は、危急の際に信頼と責任のある人間が会社をきちんと管理できるようにするために役員職にとどまることを求め、ハリマンらはこれを了承した。

ブラウン-ブラザーズ・ハリマン&カンパニーはユニオン・バンキング・コーポレーションにも傘下の会社にも利権を持っておらず、これらの企業の活動からいっさい利益を得ていない。一部の共同経営者がテュッセンの企業とかかわりを持っていることに関しては、単に儀礼的なものである。

【解明済みの関係】

この関係をめぐる状況については、ブラウン-ブラザーズ・ハリマンの共同経営者ナイト・ウーリーが今年一月十四日にホワイト監督官に送った書簡ではっきりと説明されている。手紙の内容は以下のとおり。

一九四一年一月十四日　ニューヨーク　センター街八〇番地

ニューヨーク州銀監督官　ウィリアム・R・ホワイト様

すでにご承知のことと存じますが、私の共同経営者であるE・R・ハリマン、レイ・モリス、プレスコット・S・ブッシュ各氏ならびにH・D・ペニントン本部長は貴兄の監督下にある国家管理企業ユニオン・バンキング・コーポレーションの役員を務めております。ブロードウェイ三九番地にある同社は、実質的にはロッテルダムの貿易海運銀行のニューヨーク支店、あるいは代理店と言ってよいものです。貿易海運銀行がオランダの企業、ないしはオランダ名義のドイツ企業と認定されるかもしれないという不確かな状況にあるので、私の共同経営者たちは役員の辞任の可能性を真剣に考えております。私たちはユニオン・バンキング・コーポレーションに関する利権はいっさい有しておりませんし、利益への寄与もしておりませんが、彼らはアメリカが参戦した場合に自分たちの立場がやや芳しくないものになるのではないかと懸念しております。私たちが同社の役員を務めておりますのは、単にビジネス上の儀礼にすぎません。

この懸念の理由をおわかりいただくには、ユニオン・バンキング・コーポレーションと私たちが関係を持つようになった背景をお話ししておくのがよいでしょう。私たちの共同経営者であるW・A・ハリマン氏は一九二五年にヨーロッパにおり、そのときにドイツの企業家フリッツ・テュッセン氏と知り合いました。私の知るところでは、テュッセン氏は貿易海運銀行を創立した人物で、経営権を握っていたとされております。このテュッセン氏が、ハリマン氏と何度か話をしているのですが、その際にニューヨークの事業のために銀行を開設するつもりであると打ち明け、ハリマン氏に役員になってもらえないかと依頼しました。ハリマン氏は共同経営者の何人かとともに役員になることを了承し、ハリマンの事業団体――現在はブラウン・ブラザーズ・ハリマン&カンパニーに属しているさまざまな人間が、これまで役員を務めてきております。

ユニオン・バンキング・コーポレーションは商業活動はいっさい行なっておりませんし、唯一資金を預かっているのは貿易海運銀行のみです。また活動は、随時の支払いと、わずかな有価証券の売買に限られております。ユニオン・バンキング・コーポレーションの株式は、ほかの役員の持ち株分を除き、すべて取締役会長のE・R・ハリマン名義で登録されております。会社はオランダの所有になっており、一九四〇年五月十日の大統領布告により銀行口座が凍結されました。

ユニオン・バンキング・コーポレーションは、チェイス・ナショナル銀行、ナショナル・シティ銀行、ギャランティ信託会社、および我々のところに口座を持っております。現在使われているのは我々の口座のみで、引出しは給与の支払いと通常の事務経費に限られています。経営のコントロールを強化するため、我々は、レイ・モリスないしH・D・ペニントンと、同社のC・リーヴェンス社長ないしW・カウフマン財務補佐が共同で小切手にサインすることや、同社がチェイス銀行に持つ貸し金庫を使う際に我々のうちの一人が立ち会うことなどを取り決めました。

すでにお読みになったかもしれませんが、最近の新聞にフリッツ・テュッセン氏はもうドイツにはいないということが書かれており、また、ナチ政権と不和があったとの報道もなされています。テュッセン氏が今でも貿易海運銀行の経営権を有しているのかは我々にはわかりませんし、同行の株式所有に関する情報も入手できておりません。

こうしたもろもろの不確かな状況に加え、ロッテルダムとの通信が検閲の影響を受けていることなどを考えますと、今、すべての役員が辞任した場合、ユニオン・バンキング・コーポレーションの立場が芳しくないものになることも予想されます。しかしながら、貴兄には私の共同経営者たちの立場もおわかりいただけていることと存じます。外国の状況がある程度はっきりするまで役員を続けたほうが銀行部門にとってよいといったお考えをお持ちなのであれば、その旨をはっきりとおっしゃってくだされば彼らも異存なく従うことでしょう。今回の状況へのご対応、また私の共同経営者がとるべき行動についてのご意見をお待ち申し上げております。

ナイト・ウーリー

これに対して、ホワイトは次のように返信している。

一九四一年五月十三日　ニューヨーク市ウォール街五九番地

ブラウン-ブラザーズ・ハリマン&カンパニー御中　ナイト・ウーリー様

一月十四日付でお手紙をいただき、その後、貴兄ならびに共同経営者の方々とユニオン・バンキング・コーポレーションの状況についてお話をさせていただきましたが、そのことについてご返事申し上げます。

本局はこの数ヵ月、凍結命令の影響下にある国内の特定銀行機関に対して、特段の注意を払ってまいりました。しかし、ユニオン・バンキング・コーポレーションに関しましては、役員が信頼できる方たちであることから、さほど注意を払う必要は感じておりません。

貴兄の共同経営者であるハリマン氏ならびにブッシュ氏、貴社のペニントン本部長が、同社の役員を辞任したいとお考えなのであれば、本局といたしましては異を唱えるつもりはございません。しかしながら、現在の不確かな状況に置かれましても皆様が役員にとどまっていただけるとするなら、実にありがたいことだと考えております。

この問題に関するご指摘をいただきましたこと、また本局の判断へのご配慮をいただいておりますことに、深く感謝の意を申し上げさせていただく次第です。

ウィリアム・Ｒ・ホワイト

【取締役ならびに資産】

ユニオン・バンキング・コーポレーションの取締役と資産状況については、一九四一年一月一日発行の報告書に次ページに掲げた表のように記されている。

【リーヴェンス氏は米国市民】

米国内のテュッセンの事業の管理を仕切っているのはコーネリス・リーヴェンス氏であるが、本人が目立つのを嫌っていることもあって、氏についてはほとんど知られていない。リーヴェンス氏はオランダ出身のバイタリティあふれる人物で、ユニオン・バンキング・コーポレーション創業の二年後の一九二六年五月に米国（モントリオール）に渡ってきた。現在帰化市民であり、三二年一月二十九日にロングアイランドのミネオラで市民権証書を交付されている。

ユニオン・バンキング・コーポレーションの取締役と資産状況
（1941年1月1日発行の報告書）

- 1924年創業／所在地ニューヨーク、ブロードウェイ39番地
- 取締役社長：コーネリス・リーヴェンス
- 財務役：ウォルター・カウフマン
- 取締役：P・S・ブッシュ、コーネリス・リーヴェンス、J・カウエンホーヴェン、レイ・モリス、E・ローランド・ハリマン、R・D・ペニントン、J・G・グレーニンガー

【資産の部】
- 現金ならびに預け金（国内）：2,817,763.95（＄［単位、以下同］）
- 債権・株式投資：232,880.25
- 他の貸付金および手形（他の引き受け分を含む）：53,000.00
- 未収収益：947.66
- 資産合計：3,104,591.86

【負債の部】
- 要求払預金：115,880.14
- 借入金（国内および国外）：2,262,040.20
- 他の負債：822.64
- 資本金：400,000
- 余剰金および未処分利益：302,339.70
- 準備金：23,503.18
- 負債合計：3,104,591,86

氏はユニオン・バンキング・コーポレーションの社長以外にも、オランダ・アメリカン社、ドメスティック・フューエル社、シームレス・スチール・イクイップメント社の社長を務めている。

これらの会社はすべてユニオン・バンキング・コーポレーションとともにブロードウェイ三九番地に事務所を構えている。同じ住所にある系列の会社には、ケマリ商事会社、リベネラ・フューエル・アンド・チャータリング社、カウフマン&カンパニー、リリジャス出版社などがある。

リーヴェンス氏はドメスティック・フューエル社とオランダ・アメリカン社、シームレス・スチール・イクイップメント社の資産が、ユニオン・バンキング・コーポレーションの資産とともに財務省に凍結されたことを認めている。氏によると、同銀を除くグループ全体の事業規

模は、年間一〇〇万ドルにも満たなかったという。

【カナダのブラックリストに】

リーヴェンス氏はまた、ドメスティック・フューエル社が、テュッセンがヨーロッパに持つ炭鉱会社の石炭をカナダやほかの西半球の地域に輸送しており、一九四〇年の秋にカナダ貿易委員会のブラックリストに載せられていたことも認めている。ただ、氏は会社のことについてはほとんど語らず、現在は財務省の厳重な管理下に置かれていて「ほとんど活動していない」と述べるにとどまっている。

また、ユニオン・バンキング・コーポレーションなどと同じ所在地にあるリリジャス出版社は、テュッセンの事業ではなく、純粋に個人的に経営しているものだと強調。「慈善目的でやっているもので、先ごろドイツの強制収容所から解放されたオランダ人K・シルダー博士の宗教書を出版するのが目的です。営利事業ではなく、ほかの企業と一緒にしてもらっては困ります」と氏は真摯《しんし》な表情で語った。

シルダー博士の三冊の著作は、ヘンリー・ジルストラの翻訳でミシガン州グランドラピッズのウィリアム・B・アードマンズ出版社から上梓《じょうし》されている。題名は『Christ in His Suffering（苦難のキリスト）』『Crist on Trial（キリストの審判）』『Christ Crucified（キリストの磔刑《たっけい》）』。

【その他のテュッセン企業でも役員に】

テュッセンとの関係について尋ねたときにも、リーヴェンス氏はにっこりと笑い、穏やかな低いトーンで答えてくれた。氏はロッテルダムのテュッセン・オランダ・アメリカン投資会社の役員に名を連ねており、オーギュスト・テュッセンの銀行であるAktiengesellschaft（ベルリン）、やはりテュッセンの交易会社のHandelscompagnie Ruilvkeer（アムステルダム）の取締役も務めている。ユニオン・バンキング・コーポレーションの役員を務めるリーヴェンス氏の共同経営者、J・G・グローニンガーとN・J・カウエンホーヴェンもテュッセンの経営幹部であり、テュッセンのヨーロッパにおける事業の多くを仕切っている。

カウエンホーヴェンはリーヴェンス氏の古い学友で、貿易海運銀行およびオランダ・アメリカン投資会社の常務取締役のほか、テュッセンの企業Vlaargingen Haborworksの取締役を務める。

グローニンガーはテュッセンのハルシオン海運（本社ロッテルダム）の常務取締役。オランダ政府はナチの侵攻に際して、国内の企業家たちに財産を植民地に移転させることを強く勧告したが、同社は本社とその資産を国外に移すことを拒んでいる。ドイツ軍がロッテルダムに侵入する直前、イギリスとオランダの海軍は同社所有の船舶十三隻のうち十一隻を差し押さえ、イギリスの管理下に置いた。このうち三隻は廃棄されたと言われており、ナチの手に渡ったのは二隻のみであった。

【アメリカを訪れたのは一人だけ】

グローニンガーとカウエンホーヴェンは国内企業オランダ・アメリカン商事会社の役員を務めている。グローニンガーは貿易海運銀行の取締役でもあり、やはりテュッセンの企業帝国に属するヴァルカン・ライン海運の役員も務めている。

リーヴェンス氏によると、カウエンホーヴェンは四、五年前に米国を訪れているそうだが、グローニンガーのほうはアメリカに入国した形跡はない。

「政府と当局に、知っていることはすべて話しました。正直申し上げて、金や銀行や会社が誰の所有になっているのか、私にはわかりかねます。テュッセン氏が所有しているかどうかも知りません。貿易海運銀行の社屋はご存じのとおり爆撃で破壊されてしまいましたし、現在どこにあって誰が所有しているかは、知る由もありません」と、リーヴェンス氏は苦々しげに語った。

ブロードウェイ三九番地のビルの二十五階にあるオフィスを所在なげに歩きながら、リーヴェンス氏は続けた。「私が知っているのは自分がここにいるということと、アメリカ政府がユニオン・バンキングとほかの会社を厳格な監督下に置いているということです。私が誰のために働いているかはお教えすることはできません。やることがほとんどないということはお察しいただけるかと思います。これらの会社が稼ぎ出したお金は年に一〇〇万ドルを上回ったことはありませんでした」

リーヴェンス氏によると、事業のペースが著しく低下したため、事務所を二、三閉鎖させるとともに自分のオフィスも三部屋から二部屋に縮小せざるをえなかったという。

【オルガンで時間潰《つぶ》し】

「実は、家では趣味のオルガンでヒマを潰しているんです。オイスター湾のホワイトマン記念バプティスト教会のオルガンも弾きます。ほかにすることがないですから」

リーヴェンス氏はここ十年ほど、妻のマリア・ジェイコブズとともにロングアイランドのグレン・ヘッド、ハイ・ヒルズ・ファーム地区セダー・スワンプ・ロードにある二階建ての植民地風の家に住んでいる。氏は一八九〇年七月二十八日、オランダ、マースリウス生まれ。オランダクラブの会員で、最近は家の近くのチューリップの花壇を見に行くことが多いという。

❖――〝話〟の一方の主役テュッセンはナチのスパイ!?

以下は一九四一年七月三十一日付『ヘラルド・トリビューン』二十二面の補足記事だが、やはり前のものと同様にして再掲しよう。

世界情勢におけるテュッセンの役割に依然として不明点
〈生死不明の元ヒトラー支援者は逃亡中か、それともナチのスパイとして活動中か〉

かつてドイツの鉄鋼産業トラストを支配し、ナチ革命初期のアドルフ・ヒトラー支援者のなかでも最重要人物であったフリッツ・テュッセンは、今日謎の国際的人物として注目を集めている。彼が本当にナチの恐怖政治から逃亡したのか、それとも亡命者のふりをしたヒトラーのスパイなのかということは、誰もが考える疑問であろう。しかし、彼の所在は（少なくとも表向きは）わかっておらず、生死すらも定かでない。また、それらを確かめるすべもない。

三月十七日、ヴィシー政権下のフランスで、テュッセンが去る十二月にリヴィエラで逮捕され、ドイツに送還されて鉄条網に囲まれたダッハウ収容所に入れられたと報道されたが、四日後ドイツ当局は、テュッセンはフランスにもダッハウにもおらず、南アメリカにいると発表した。同月、この発表に先立ってドイツの情報筋は、テュッセンが釈放されてドイツの療養所で「制限された自由」を楽しんでいると伝えていた。

ヒトラーが政権に就《つ》くのを支援した過去を持つテュッセンの動向については、過去にもこのように矛盾した情報が伝えられてきた。一九三四年以降、テュッセンとヒトラーの不和の噂《うわさ》がときおり伝えられるようになり、一九三九年十一月十一日にはテュッセンがスイスに出国して「いつ戻ってくるかわからない」と告げたことで、亀裂《きれつ》は決定的なものになったかに思われた。この翌日、テュッセンはヴィルヘルム・ゲーリングに到着する。以後数ヵ月の間、彼の手紙には、ナチとソ連の協定に抗議しヘルマン・ヴィルヘルム・ゲーリングを通じてヒトラーに戦争をするべきではないと進言したにもかかわらず容《い》れられなかったので国に見切りをつけた、といった主旨のことが書かれている。

【財産は押収】

テュッセンがスイスに移って一週間後、帝国が彼の財産（推定八八〇〇万ドル）を押収したとの報がベルリンで大々的に発表された。これは、国と国民に敵対する人間を処罰する法律に基づく措置であった。さらに一九四〇年二月十二日には、ドイツの官報においてテュッセンと妻の市民権を剝奪《はくだつ》する旨が報じられた。しかし、二人は以後もロカルノのホテルでぜいたくな生活を送っている。

このときからリヴィエラで消息を絶つまでのテュッセンの動きには、疑惑が付きまとう（少なくとも不自然であることは確かだ）。彼は一九四〇年の三月にはベルギーにおり、その数週間後にヒトラーの軍隊が同国を降伏に追い込んだ。その後フランスに移ったテュッセンは、フランスがヒトラーに屈したあともかなりの間自由に行動している。

ヒトラー軍がマジノ線の前に集結しつつあるときに、テュッセンはパリのクリヨン・ホテルに滞在しており、パリの人々は不審に思っていた。ヒトラー台頭のお膳立てをした立役者でフランスの敵とされている人物が、よりによってなぜこのような時期にフランスの首都にいて、フランスの企業家、さらには政治家の情報を収集できる状態にあるのか。

しかもフランスが降伏したのち、帝国の敵であるはずのテュッセンは、ドイツ当局の尋問を受けることもなく何ヵ月もの間カンヌの砂浜で日光浴を楽しんでいた。

【レームの協力者との噂】

テュッセンは、過去にも怪しげな行動を取り沙汰されている。一九三四年、テュッセンの強力な支援によりヒトラーが首相の座に就いたあと、ベルリンではナチの内部分裂の噂が囁《ささや》かれ始めた。このとき、総統に対する造反を企てた人間の一人とされている突撃隊総司令官エルンスト・レームとテュッセンが、一緒にいるところをたびたび目撃されているとの噂もあった。

一九三四年六月三十日にヒトラーがレームら党内の不穏分子を粛清した際、テュッセンが陰謀に加担していたとの話は出ていない。しかしながら八月に海路で南アメリカに向かった際には、逃亡だとの報道がなされている。テュッセンはレームと親しかったにもかかわらず、ヒトラーの疑念の影響を受けることはなかったようである。彼は南米の鉄鋼産業の視察を行なったあと、翌年の春にドイツに戻って元の住所に腰を落ち着けている。

テュッセンはヒトラーの台頭をさまざまな形で後押ししてきた人物であるが、私益目的以外でナチに金を出したという話は伝えられていない。自分の城と、ルール・ライン川沿いの鉱炉、抱えている十二万人の従業員が安泰である限り、資本主義は彼にとって絶対であった。ヒトラーを支援した最大の理由も、ボルシェビキ革命に対する資本主義の防波堤になってくれると踏んだからである。

国内のインフレで大きな打撃を受けていたテュッセンの財産は、第一次大戦のヴェルサイユ条約で企業が負った制約のために、さらに目減りしていた。フランスを憎み、ドイツ共和国に不信を抱き、社会主義を恐れていたテュッセンは、この三つの悪魔をねじ伏せる万能薬を探し求めていた。そんな彼が一九二七年に見出したのが、元塗装業者《日本では、ヒトラーについては画家（志望）という認識が一般的だが、アメリカなどではこのような誤認が広まっているようだ》のオーストリア人だったのである。

【三〇年代に支援を始める】

ヒトラーに目を付けていたテュッセンは、一九三〇年の不況で自らの帝国の足もとが危うくなると、このナチのリーダーを後押しする決意を固めた。そして有力企業家たちにヒトラーを紹介し、国家社会主義があくまで建前《たてまえ》にすぎないと説明して彼らのポケットから資金を捻出《ねんしゅつ》させていった。この年、テュッセンとある事業仲間は一〇〇万マルクを党に献金しており、二年後には、ヒトラー首相誕生の足がかりとなった運命の大統領選に先立ち、テュッセンはさらに三〇〇万マルクを寄付している。

その見返りは、ドイツ西部の経済支配と、第三帝国の大経済委員会およびプロシア国家委員会の委員のポストであった。テュッセンはまた、同帝国議会にも椅子《いす》を獲得している。

もし、テュッセンがヒトラーに捨てられたという話のほうが真実であったとすれば、彼は大きな見込み違いをしたことになる。資産を安泰にする道ならしをヒトラーにさせるというもくろみは見事にはずれたわけだ。何しろ、傀儡《かいらい》にしようとした相手がフランケンシュタインに変わってしまったのである（似たようなことを考えていたほかの企業家たちも同じ苦汁を味わったことだろう）。

◉ブッシュ〝ジュニア〟とスカル&ボーンズの真実

クリス・ミレガン
アル・ハイデル
デヴィッド・ガイアット　記

❖――攻撃を受けながらも衝撃の報告を続けるアントニー・サットンに聞く

一九九九年七月一日現在のアメリカの状況は、あまり芳しいものとは言えない。企業系メディアの報道を信じるとするならば、ジョージ・W・ブッシュ（ジュニア）が次期大統領になる見込みだそうだが、我々庶民は手をこまねいて見ているしかない。ブッシュ（ジュニア）は、金も必要な人材もすでに手に入れている。過去の過ちなどどこ吹く風。すべて若気の至りということで片づけられてしまいそうだ。

巨大な情報操作網による宣伝キャンペーンは花盛り。ＣＩＡのメディア統制計画モッキングバード・プロジェクトの国内向け活動のおかげで、外国由来の秘密結社が〝坊や〟を三人目の大統領に据えることに成功しそうである。最近また新たな偽情報が加わり、ブッシュは学生友愛会ＤＫＥ（デルタ・カッパ・イプシロン）の会長で、多少変わった入会の儀式に参加した〝かもしれない〟などと言い出す始末。まあ、これを信じるかどうかはそれぞれの自由である。

ジョージ・W・ブッシュは百六十七年の歴史を持つエール大学の秘密結社スカル＆ボーンズのメンバーである。このスカル＆ボーンズの会は、ドイツの秘密結社の支部として誕生したということが明らかになっている。ただの学生会だとする者もいるが、一方ではさまざまな噂も飛び交っている。彼の祖父によるジェロニモの遺骨盗掘（第5章を参照）とナチスと共産主義への資金供与から、その後もブッシュ（ジュニア）に至るまで続いているとされる麻薬密輸への関与、優生思想、政治や社会を操作しヘーゲル主義のテーゼとアンチテーゼを利用して理想とする統合（新世界秩序）を作り出そうとしている等々だ。

これら、ブッシュ（ジュニア）とスカル＆ボーンズの問題については、使命感に駆られて〝権力〟に挑み、戦いを続けてきた勇敢な一人の男の存在を抜きにして語ることはできない。

独自の調査を行ない、そこから導き出した結論を堂々と著わしたアントニー・C・サットン（一九二五年二月十四日～二〇〇二年六月十七日）は、さまざまな迫害を受けてきた。公に訴えられることはなかったものの、真実を明らかにしたのと引き換えに職業生命も奪われている。彼は一九六八年にスタンフォード大学フーヴァー研究所から『Western Technology and Soviet Economic Development（西側の技術とソビエト経済の発展）』という著作を発表した。同書でサットンは、当時北ベトナムに武器や物資を供給して米兵を死傷させていたソ連の技術や製造の基盤がアメリカ企業によって作られていたことや、その資金のほとんどがアメリカ国民の税金であることなどを指摘している。巨大鉄鋼会社や製鉄会社から、自動車製造装置、精密ボールベアリング技術、コンピュータに至るまで、ソ連の巨大工業の大半がアメリカの援助や技術支援によって支えられていたのである。

ハーバード大学のリチャード・パイプス教授は、一九八四年に著わした『Survival is Not Enough ; Soviet Realities and America's Future（生き残るだけでは足りない――ソ連の現実と米国の未来）』で同書について次のように述べている。

ソ連が西側の設備や技術を購入してきた事実を三巻にわたって詳細に記述した著書において……実業家や経済学者の多くを嫌な気持ちにさせる結論を（アントニー・）サットンは導き出している。このため、彼の著作は〝極論〟として退けられるか、あるいは（こちらのほうが多いが）単純に無視されている。

あまりにも衝撃的なこの報告のためにサットンは攻撃を受け、「君は生きていけない」と宣告されて、学術界での地位（当然それに見合った高給も受け取っていた）を失いかねない状況に陥ってしまう。

彼の報告は、答え以上に多くの疑問を生み出すことになった。「アメリカはなぜソ連の基盤を支えたのか（振り返れば、かつてアメリカはナチス・ドイツにも技術移転を行なっていた）。これらの事実をワシントンが隠したがっているのはなぜか」

サットンはさらに調査を進め、『Wall Street and FDR（ウォール街とフランクリン・D・ルーズヴェルト）』『Wall Street and the Rise of Hitler（ウォール街とヒトラーの台頭）』および『Wall Street and The Bolshevik Revolution（ウォール街とボルシェビキ革命）』でウォール街の実態を暴き出した。

やがてサットンのもとには、何者かからスカル&ボーンズの結社員名簿が送られてきた。そこから浮かび上がってきたのは驚くような事実であった。何世代にもわたって私益をむさぼってきた外国由来の秘密結社が存在し、そのルーツは一八三〇年代のドイツの秘密結社イルミナティに遡るというのである。

しかも、錚々《そうそう》たる人物がこの秘密結社のリストに名を連ね、さまざまな出来事や謀略に関与していた。

これらのことについて、志《こころざし》を同じくする者たち三人がEメールによりサットンへ問い質《ただ》したのが以下の当稿である。なお、私（クリス・ミレガン）のほか、それぞれ研究者ごとが個々に問うているため、ブッシュ（ジュニア）やブッシュ家という第2章の主題から離れてしまっているものも多いが、サットンの回答の流れなどの関係からそのまま2章に置いていることをお断りしておく。

《また、原書ではインタビュー形式をとっているが、より理解が深められるよう日本語版では一つの記述の形で再構成している》

❖ スカル&ボーンズの元データなどすべてを「一〇〇〇マイル離れたある場所に保管」するサットンの用心

スカル&ボーンズについての元データを含め、この問題に関する私（アントニー・サットン）の論文のすべては一〇〇〇マイル（約一六〇〇キロメートル）離れたある場所に保管されていて、誰も手を触れることができない状態にしている。また私は、スカル&ボーンズについてはもう十五年も直接的には考えたことがない。著書が誰かに興味を持たれることがあるなどとは思ってもみなかった。印税が入ってくるので本は地道に売れているようだが……。

もともと私は歴史家というより技術者だということもあり、実際にもこの十年間、世間にかかわるのを避けて未来の技術のことだけに専念してきた。これまで私を訪ねてきたり話したりしたのは、三文字の名前の機関の人々だけだ。彼らは突然に訪ねてきて、居場所がつかみにくいと文句を言ってくる。〝お上《かみ》〟はどんな人間でも所在を探り当てることができるようだ。私はただ、あまり世間とかかわったり目立ったりしたくないだけなのに……。私の書いたものが今でも権力者たちの怒りを買っていることについては、オランダのテレビ番組のケースを知っていただければわかるだろう。一〇〇〇マイル離れた場所への保管も近年の行動も、私にとってはごく当たり前の用心にすぎないということだ。

❖ブッシュ(ジュニア)を大統領にしようとする スカル&ボーンズの影響力

スカル&ボーンズのことを知った経緯は、一九八〇年代前半に手紙をもらったことからで、この時点ではスカル&ボーンズについて何も知らなかったと言っていい。その手紙には「本物の結社員名簿に興味があるか」と書かれていて、私は深く考えずに、ただ、興味はあると返事をした。このやり取りのあと、フェデラル・エキスプレス便で送られてきたものを二十四時間だけ見せてもらったのちに送り返した。速やかに元の所蔵場所に戻すための措置であった。どうやら、組織の活動を快く思っていない結社員の内部告発だったようだ。

これを読んで眉《まゆ》に唾《つば》をつけるスカル＆ボーンズのメンバーがいるとしたら、初めに言っておこう。名簿は二冊に分かれていて、黒い革張りの表装。一冊が亡くなった結社員の名簿で、もう一冊が存命中の結社員の名簿だった。

それを私は、サンタクルーズのキンコーズでひと晩かけてすべてをコピーし、二十四時間たつ前に返送した。

コピーはいっさい公表していないし、送り主が誰かも知らない。おそらく名簿には、一冊ごとに暗号が含まれていて、誰が情報を漏らしたのかがわかる仕組みになっているのではないかと思っている。

印象については、当時は（今も同じだが）名簿の〝名士〟たちが、精神的にはまだ子供なのだと感じた。しかしながら、恐るべき現実ではあるが、これらの幼い心の持ち主たちが、世界の出来事を支配してきたのである。戦争や暴力が存在するのも、ある意味当然と言っていいだろう。スカル＆ボーンズ（髑髏と肢骨《しこつ》）はそもそも、テロリズムや海賊、第二次大戦のＳＳ（ナチスドイツの親衛隊）、毒薬などのシンボルマークなのだ。

私は名簿を複写したあと、そのまま放置していた。そして、しばらくしてから眺めてみたところ、とんでもないことに気づいた。そこに載っていた人々は、いわゆる「体制」の重要な部分を担っていた。世界が問題を抱えているのも無理はないというのが、そのときの思いだった。

当時の現存結社員の割合は、およそ四分の一くらいだった。しかし、ブッシュ家の台頭に伴って今後、多少増えてくることだろう。一九四〇年代と五〇年代のハリマンをめぐる状況と同じようなことが、今まさに繰り返されようとしている。

現存結社員の人数は、どの時代をとってもおよそ六百名ほどが存命しており、種々の事由から最近

スカル＆ボーンズの結社員名簿表紙とブッシュ（ジュニア）がボーンズメンなことを風刺したイラスト

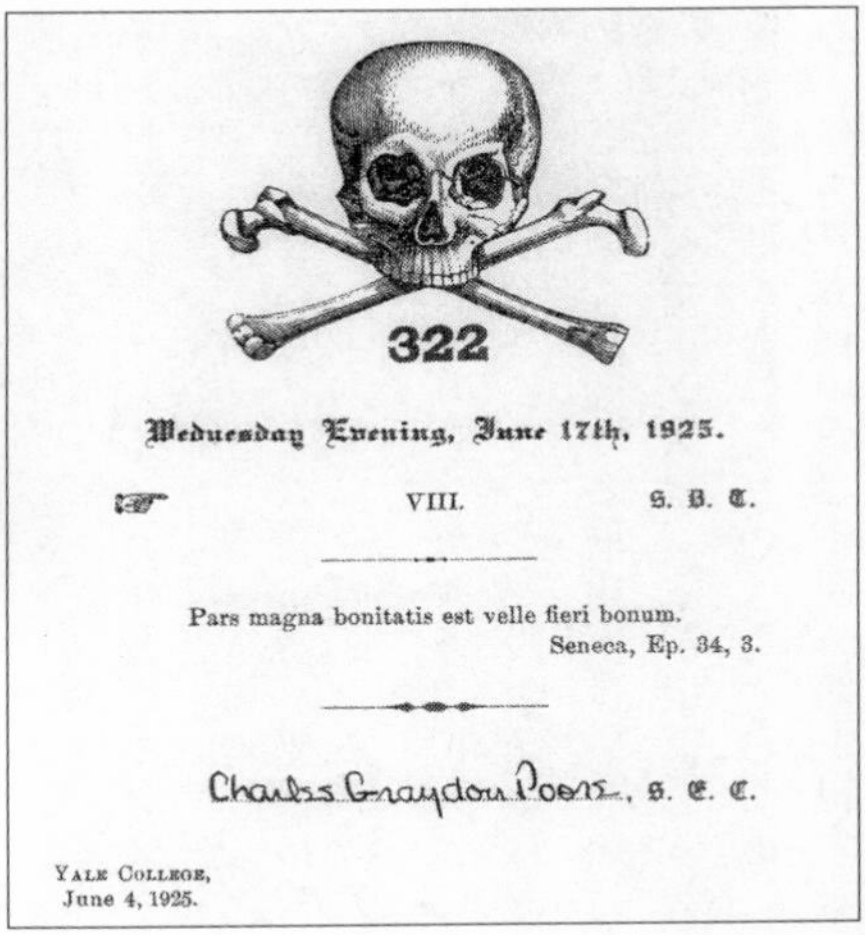

322

Wednesday Evening, June 17th, 1925.

VIII.　　S. B. T.

Pars magna bonitatis est velle fieri bonum.
Seneca, Ep. 34, 3.

Charles Graydon Poore, S. E. C.

Yale College,
June 4, 1925.

はもうすこし多いことと思われる。

その結社員（ボーンズメン）のすべてが振り子式の大型箱時計を授けられるのは（このことは私の著書『America's Secret Establishment〔アメリカの秘密体制〕』〔以下ではこれを『ASE』と略す〕に写真を載せているように確認されていることだが）、象徴的な儀式として組織が永遠に存続するというような意味合いがあるのだろう。

現在、スカル&ボーンズの影響力が増大してきているのは明らかで、ジョージ・W・ブッシュの後援者を見ればそのことははっきりとわかる。共和党員はポケットに金を詰め込んでいて、ボーンズメンは自分たちのなかから大統領を選出しようとしてジョージ・ブッシュを推すことを決めた。対する民主党内部にもボーンズメンがいるため、ブッシュが外国由来の秘密結社のメンバーだという切り札を使えず、さまざまなことを追及できないでいる。

❖ ブッシュ〝ジュニア〟は第三世代ボーンズメンだ！

ジョージ・W・ブッシュは、第三世代のボーンズメンだ。個人的には、彼には父親のようなバイタリティや祖父のような能力はないと考えているが、羊の皮をかぶっているだけかもしれないし、たいていの敵を打ち負かすくらいの力を持っている。

しかし、ジェシー・ヴェンチュラとの直接討論を、ブッシュのアドバイザーたちが許すようなことがあれば、ヴェンチュラが勝つだろう。ヴェンチュラはいわゆる〝過ち〟をすでに認めているのに対して、ブッシュのほうはこれからそれがぼろぼろ出てくることになるからだ。アメリカ国民は隠蔽や欺瞞《ぎまん》には飽き飽きしている。

《ジェシー・ヴェンチュラはプロレスラーより転身した〝色物〟政治家――マスコミから面白おかしく書かれることが少なくない――で、共和・民主両党からともに距離をおいて活動。インターネットを利用した戦術でミネソタ州知事に当選。二〇〇〇年大統領選挙への出馬の構えも見せた》

いずれにせよ、二〇〇〇年度の大統領選挙においてスカル&ボーンズの影響力が減少しているのか、それとも依然としてスカル&ボーンズが力を保有しているのかがはっきりするはずだ。

前記した〝外国由来の秘密結社〟ということについては、間違いなくドイツのイルミナティが関与しているということが言える。秘密結社はほかにもたくさんあるが、私が調べたのはスカル&ボーンズだけであり、すべてを断罪しうるものではもちろんない。しかし、イルミナティとのかかわりをとっても、はっきりとスカル&ボーンズについては法的な意味での謀略集団だと考えている。公式の調査が待たれるところだが、残念ながら、こうしたことは米国歴史協会のタブーにもなっていて、謀略のことを深く追究する歴史家はいない。だがいずれ、外部の人間が興味を持つことだろう。

スカル&ボーンズは、下部組織も多数があるはずだ。もちろん、まともな秘密結社は内部の活動を文書に残したりはしない。だからこそ、国家安全保障のために巨大な監視体制を作り上げるというなら、何よりも連中を二十四時間監視するべきであろう。

エール大学のその他の最上級生の結社——ウルフス・ヘッド《狼の頭》やスクロール&キー《巻物と鍵》はある面、スカル&ボーンズの二番煎じである。しかし、社会に意図的に差別を生み出そうとしている点では同じだ。昨夜、ジェシー・ヴェンチュラの話を聞いていたが、彼は建国の父が「市民こそが国民の代表になるべきだ」と考えていたという話をしていた。まったく私も同感であり、政治屋やスカル&ボーンズのような秘密結社の人間たちではなく、トラック運転手や農業従事者、教師などが国民を代表するべきだろう。結社というものはメンバーを集団の上に位置づけて、特別な利益がもたらされるようにする。これは自分たちが優れているという思想に基づく差別だ。

❖ 〝国家〟の「性奴隷」から脱出した キャシー・オブライエンの告発を考える

こうした点では近年、キャシー・オブライエンの『Transformation of America（アメリカの変容）』など種々さまざまに告発がなされてきている。ただ、ボヘミアン・グローヴで起こった事件からもわかるように、ワシントンの人間が彼女の語るような怪しげなことをしてもおかしくないのは確かだとしても、だからと言って、同書が事実を正しく伝えているということにはならない。書かれていることが本当なら、警察がとっくにボヘミアン・グローブそのものを摘発していることだろう。

実際、同書にはたしかな裏づけが何一つない。また、キャシー自身は真実だと信じているのだろうが、彼女を治療しその著作の協力者となったマーク・フィリップスの専門が、神経言語学的プログラミングであることからも、その信憑《しんぴょう》性には疑問符が付く。

ほかにも、話の出所自体が気になるところだ。共産中国の情報部と、中国共産党員とコネのあるマーク・フィリップスから出てきたものということを考えると、アメリカを揺さぶるのが目的かもしれない。個人的には、ワシントンのスキャンダルの噂を知った中国が、特定の目的のためにそれを誇大に吹聴《ふいちょう》しているのではないかと思っている。もちろん、これはあくまで推測で実際のところはわからないというのが本音だが、要はすべてに綿密な検証がいるということで、国民を欺くための反権力体制を装った告発もあるということだ。

《キャシー・オブライエンは、小児性愛者だった父親から性的虐待《ぎゃくたい》を受けたのを皮切りに国防総省情報局に売り渡され、マインドコントロールを受けたのち「性奴隷」として要人たちの慰み物となっていたが、脱出しさらに辛い洗脳のプログラミング解除治療を耐え抜き、自分に起こったことを思い出してその体験を綴《つづ》った。これが『Transformation of America』であり、自費出版後、大きな反響を呼び起こした。

それは内容が、彼女を凌辱《りょうじょく》した相手にフォード、クリントン、ブッシュ（シニア）の歴代大統領からチェイニー国務長官（当時、現副大統領）、グリーンスパン連邦準備銀行（ＦＲＢ〔連邦準備制度＝ＦＲＤともいう〕）理事会議長などのほか、アメリカは言うに及ばず世界の誰もが知っている政治家・企業経営者・マスコミ関係者・芸能人の名前があがっていたとともに、ホワイトハウスやペンタゴン、全米の極秘軍事施設の部屋や内装のようす、またかかわった人物の裸でいるところを見たのでなければ知りえないような細部までが書かれていたこと等々によっている。

一方、ボヘミアン・グローブはそうした者たちが性戯《セックス・プレー》を楽しむ場所（カリフォルニア州サンフランシスコから北へ一二〇キロほど行った森《グローブ》）の名称であるとともに、そのメンバーらが構成している秘密結社の名でもあるとキャシーは言う。

そこでは拷問《ごうもん》、子供の生贄《いけにえ》、飲血など悪魔教の儀式が秘密裏に執り行なわれているともする。そして、この秘密結社によるものかどうかは判明していないにせよ、あるとき同地で殺人が行なわれたとの通報があった。結局、警察が現場とされる場所を調査したものの何も出なかったが、この〝事件〟を地元紙の『サンタ・ローザ・サン』が報道している。

なお、キャシー・オブライエンのことなどについては、邦訳ではデーヴィッド・アイクの著作『大いなる秘密』（上・下巻　三交社刊）が詳しい》

❖我々すべてにかかっているFRBとモルガン家、ロスチャイルド家、スカル＆ボーンズからの抑圧

私は、エリート集団や経済、秘密主義、技術などに関する研究の結果、世間一般の基準でいって、人生の敗北者になったと言っていい。二つの有名大学（スタンフォード大学とＵＣＬＡ〔カリフォルニア州立大学ロサンゼルス校〕）を追い出されて、ＵＣＬＡの終身在職権も取得できなかった。私が書くものはすべて体制側の誰かを不愉快にさせるらしく、何度となくひどい目にも遭った。

ただ、私はこれまで二十六冊の著作をなしてきたし、現在ニュースレターを二種類発行してもいる。ほかにいろいろやってもきた。そして何より、これまで事実を曲げたことがないということに誇りを持っている。もちろん、これからも妥協するつもりはない。

まあ、世間的には、私は完全な負け犬ということになるだろう。しかし、真実を暴き出したということに関しては、成功者だと思っている。人の価値は敵を見ればわかるという言葉もあるが、作家（コラムニスト）・評論家のウィリアム・バックリーにはバカ呼ばわりされて、スタンフォード大学フーヴァー研究所の所長だったグレン・キャンベルには問題児と言われたことは、一面では私の正当性や著作の真実さを物語っているかもしれない。

ニュースレターで展開した〝未来技術〟とそれに対する〝技術の抑圧〟があったことへのバックリ

ーの批判は、大・小の規模は別として確かに存在したことだ。そして、これらの抑圧も、新しく生まれてきたパラダイムを抑えることは決してできないというのが私の主張だ。

抑圧は連邦準備銀行（ＦＲＢ）とモルガン家、ロスチャイルド家、スカル&ボーンズの間のつながりを通して、我々アメリカ国民すべてにもかかっている。このあたりは拙著『The Federal Reserve Conspiracy（連邦準備銀行の謀略）』にも書いたが、さらにスカル&ボーンズがジョン・デューイやホーレス・マンに与えた影響――特にデューイは驚くほどヘーゲル主義に毒されて、国家が至高の存在で個人は駒として育てるというような考え方を打ち出して、アメリカの「教育制度」の基盤となってしまった。同制度を持ち込んだボーンズメンたちを調べてみると、実にはっきりとそれがわかる。

この画一的な人間を作るという発想は、国内の大学にも行き渡っている。だから同分野の学者による審査などもあるわけで、同じ考え方をし同じ結論を出すように仕向けられている。政治的に正しいとかどうとかいうたわごとも、全体的な思想統制へのステップの一つなのだ。

当然、経済分野はまさにこの理論そのままにある。たとえば、ヒトラーの経済政策は国際銀行の利益を脅かしたことは一度としてなかった。ＩＴＴ、チェイス、テキサコその他の銀行は、ナチス占領下のフランスで一九四五年まで営業しており、パリのチェイス銀行などは我々――米英の国民が打って一丸となった連合軍――が、ドイツに入った四五年五月までナチの口座の開設を試みている。また、私はハンブルクで（爆撃で破壊された）ウールワースの店舗を見て、どうしてナチス・ドイツにウールワースがあるのだと思ったことを痛切に覚えている。民衆が爆撃や砲撃を受けていても、大企業のビジネスはふだんどおり続いていたわけなのだ。外国人財産管理の書類を一読すれば、そのことがよくわかる。

ヒトラーの凋落《ちょうらく》との関係はまた別のものであり、それらは拙著『Best Enemy Money Can Buy（金で買える最高の敵）』に詳述したが、その意味からもユニオン・バンキングはたいへんに重要だ。私は数年前、オランダ国営テレビのためにドキュメンタリーの制作協力をしたことがあった。それは順調に制作が終わり、オランダのTVガイドにまで載ったが、結局は最後の最後に別のフィルムに差し替えられてしまっている。このドキュメンタリーでは、プレスコット・ブッシュがヒトラーに融資を行なっていたことを証明する資料を扱っていた。

オランダのテレビ関係者があのフィルムを放映することは今でも可能なのだが、〝組織〟はオランダにも手を伸ばしているので、それを恐れているのだろう。

制作協力は数年前、アムステルダムのテレビ番組制作会社が、オランダ国営テレビから取材ほかを請け負い、スカル&ボーンズのドキュメンタリーを撮るために来米したことが始まりだった。彼らはまずスカル&ボーンズの聖堂などの施設を撮影しに行き、東海岸の周辺の人々をテープに収めたあと、西海岸で私ともう一人の人物に取材した。

番組内容については、私は取材終了後にそのダイジェストを見せてもらったが、かなりよくできていた。ブッシュ家やほかのスカル&ボーンズの結社員と、ニューヨークのユニオン・バンキングとオランダの関連銀行によるヒトラーへの融資のつながりを示す資料も見つけていた。私の『Wall Street And Rise of Hitler（ウォール街とヒトラーの台頭）』よりも踏み込んでいると思ったものだ。

そして、最初のバージョンが二本の番組用に編集されて、去年（一九九八年）の三月に放映予定となった。ところが、土壇場になって待ったがかかり、結局は放映されなかったというのがこの間の経緯である。

どの銀行かは調べられていないが、先年のユーゴスラヴィアの内戦のさなかに、国際司法のもとに裁かれているミロシェヴィッチに融資を行なっていたというものがある。前述したヒトラーのときと同様、現在でも国際銀行コミュニティが隠蔽しようとするときは、あらゆる部分・地域に手を伸ばす。

これについてももちろん、秘密結社の謀略があることだろう。バルカン地域には有名な黒手団があり、同結社はオーストリア皇太子を暗殺することで、ついには第一次世界大戦を引き起こしたことは周知のとおりだ。

❖───混乱と混沌《こんとん》、最後は個人と国家の戦いとなる今後の展望

そうした意味合いからも、スカル&ボーンズに関する私の研究は、きわめて重大な役目を果たす可能性がある。こうした秘密結社が本当に暗躍していたのであれば、過去二世紀の歴史全体が書き換えられることにもなるだろう。

一九九九年の現時点においては、そうしたことを私以外の人は調べていない。また私自身は、本来の畑である技術の研究に戻っている。ただ、私の研究には多少の関心が集まっているようであり、別に宣伝していないのに口コミで広がって、一九八六年から現在までコンスタントに『ASE』が売れている。しかし、私が声高に訴えてきたことは、まだ実現してはいない。

したがって、今後の展望は混乱と混沌《こんとん》、最後は個人と国家の戦いになるだろう。そして、個人の力が勝つと私は思っている。国家というのは、ヘーゲルとその信奉者たちが個人をコントロールするために作り上げたまやかしにすぎない。そのことに遅かれ早かれ民衆は気づくことだろう。私たちはまず、右派や左派などというくだらない発想をやめる必要がある。そのような分類は、民衆を分裂してコントロールするためのヘーゲル主義の罠《わな》にほかならない。戦いは右派と左派の間で起こっているのではなく、私たちと〝彼ら〟の間で起こっているのだ。

『ASE』はこの十五年、すこしずつだが売れ続けており、私のメッセージも広まりつつある。宣伝

をしていないアンダーグラウンドの動きであるにしても、驚くような広がりを見せている。アフリカ中南部からロシア（ここでは一万二千部が購読されている）に至るまで、右派、左派……あらゆる民族・政治信条・社会的立場の人々に読まれている。

個人には神の精神が宿っている。一方、スカル＆ボーンズは死の象徴で、生に背を向けた者たちが、国家は「神が地を闊歩《かっぽ》している」のだと豪語している。

そして、人間的に未熟で破壊を好む、精神年齢の低い危険な者たちが、ワシントンをほぼ完全に掌握しているのだ。

では、何をすればよいのか。それは自分たちで考え、その答えに基づいて行動することである。そして、周囲の人々に真実を伝えていくことである。

答えは、あなたたち自身の心の中にあるのだ。

❖民衆はエセ・インテリの対極に立ち、秘密結社のベールを徐々に剝《は》がしつつある

ある雑誌のジョージ・W・ブッシュの特集で、スカル＆ボーンズのことも取り上げることになった。そこでミレガン氏が、関連記事としてアントニー・サットンのことをピックアップしてみてはどうかと提案したところ、次のような答えが返ってきたという。

「彼はバーチ主義者だという話があります。リバティ・ハウスはモンタナ州の右翼系出版社ですし……」「アントニー・サットンはスタンフォード大の保守系機関のフーヴァー研究所にいた人でしょう」「サットンはいろいろ書いていますが、スカル＆ボーンズが〝一九六〇年代のマルクス主義者と左翼の革命〟を支援し資金提供を行なって……関心をそらすために学生たちが軍縮や環境問題で動く

ように仕向けたとか、そんなことを言っていますね」「彼の著書には信憑性《しんぴょう》のある情報も含まれてはいるようですが、典型的な右翼のプロパガンダという感じで、誇大な表現や根拠のない主張が多いですから……」

これらのコメントに対しては、いずれも的はずれであると言っておく。

私はCIA系の人間に、フーヴァー研究所を追い出されたのである。厄介払いされて、グレン・キャンベル所長には「君は生きていけない」とまで言われている。

私が右翼？　私はバーチ協会《正称「ジョン・バーチ協会」は一九五八年、ロバート・ウェルチが設立。アメリカの戦闘的なキリスト教原理主義者の組織》の会員だったことはないし、その手の結社にはいっさい関係を持ったことがない。

編集者たちは、私の顔を見てもそういうことが言えるのだろうか。いったい、どういう了見なのだろう。こうした発言には、証拠を添えてもらいたいものである。名誉毀損《きそん》は、法的には悪意を含んだ虚偽の言葉を述べることにも適用されるが、彼らは慰謝料を払えるのだろうか。

そもそも、ニューヨークの人たちは私の著書を読んでいない。読んでいるならば、私が右翼や左翼という発想をヘーゲル主義の罠だと考えていることがわかるはずだ。というより、向こうはヘーゲルなどという名前すら聞いたことがないのかもしれない。レーニンが語った「役に立つ愚か者」というのは、こういう人たちのことを指していたのかもしれない。

民衆は逆だ。これらの対極に位置している。『ASE』で最も驚かされたのは、私自身も出版社もなんの広告も宣伝もしていないのに売れ続けているということだった。本当に驚き、また感謝している。これは読者に、ほかの人に教える価値があると感じられたからこそに違いなく、秘密結社は徐々にそのベールを剝がされつつある。

実は、スカル&ボーンズについて本当にわかってきたのは、ごく最近になってからである。私はほかの研究（技術）のほうを主とするようになり、正直に言って、スカル&ボーンズのことは忘れていた。ところが最近、系図の方面から調べている無名の人たちによる驚くような事実の存在を知らされたのだ。これは明らかな前進である。

この研究内容は、ヨーロッパの王族はすべてサックス＝コーバーグ＝ゴータ家に起源があり、そこにヴァイスハウプトが出てくるというものだ。これにより「王族とその子孫」と「秘密結社」の二手から攻め、「全能なる国家」によって弁証法的な目的を実現しようとしている構図がはっきりしてくる。

❖真実と自由の精神下に〝彼ら〟は自滅していく

そして、こうした調査の動きは〝彼ら〟も知っている。スカル&ボーンズについて書いたことで、同結社からの反応は一九八三年に初版が出てすぐに、四ヵ月から六ヵ月といったところだったが、エール大学の図書館から関連資料が消えていった。当然、そこになんらかのメッセージを含んでいると考えるべきものだ。一年くらいたったころには、スカル&ボーンズの結社員が二人ほど接触を試みてきた。ともに偽名でのコンタクトであったけれど、住所が本物だったため本名もボーンズメンであることもわかったのだ。彼らの手紙の内容が気になったのでいちおう調べてみたのだが、これほどたやすく判明するとはアマチュアの所業というしかない。これも〝彼ら〟が民衆の対極にあることの一つの証左となろう。

消えた関連資料の内容などは、記憶しているところでは雑誌ファイル程度の厚さ――五インチ（約一三センチ）くらいだった。ほとんどが書簡で、そのうち何通かを著書に引用している。資料自体はまだ存在しているはずだが、わかりにくく隠匿されているため元に戻すには数千ドルの資金と粘り強い交渉が必要となるだろう。資料を保管している人々は何であるかを知らされていないし、私も正確な所在を探索しえなかった。

スカル&ボーンズが現在、何を計画しているかはわからない。だが、これだけは言えるだろう。〝彼ら〟の周囲は従順な人間ばかりで、フィルターを通して世界を眺めている。だから、情報収集能力は優秀でも、普通の人々に対する判断はひどく偏っている。自分たちの思いどおりに買収したり籠《ろう》絡《らく》したり、盗んだりしていいと考え、それにみながついてくると思っているのだ。私に言わせれば、近視眼的な考えの子供である。

したがって、しっかりと自分の良心や誇りを持ち続けていれば、やがて〝彼ら〟は雲散霧消《うんさんむしょう》していく。『ASE』のせいで何かトラブルが起きたということもなく、むしろいろいろ騒がれたのはもっと以前――一九七〇年代の初めに『National Suicide ; Military Aid to the Soviet Union（国家的自殺――ソ連への軍事援助）』（現在は『Best Enemy Money Can Buy〔金で買える最高の敵〕』と改題）が出たあとだった。私は今後、何かが起こるとは思っていない。世間的には退屈な本であり、すぐさま議論が盛り上がるようなことはないと考えているからである。だが、いずれスポットを浴びる日がこないとも限らない。そうなったとき〝彼ら〟は慌てふためきトラブルを起こそうとするかもしれないが、そのときには民衆に押し潰されるしかないのだ。

今後の展開を見守っていただきたい。私たちは、〝彼ら〟が自滅するのを見届けることになる。むろん、そのために私たちができることも多少はあるだろうが、早急に体制をひっくり返そうなどとは思わないでほしい。〝彼ら〟には権力という爆弾――暴力があるからだ。もっとも、私たちの内奥にはそれよりもっと強い武器がある。それは、真実と自由の精神である。

忍耐強く待ちながら、親しい人たちに知っておくべきことを伝え、自分たちにできる範囲のことをやっておけばいい。腐敗と虚偽の上に成り立っている体制は、いずれ自壊していくのだ。

❖――サットンの死去と著書のトンデモ本扱いを糾《ただ》す

以上のように語ってきたアントニー・サットンは、二〇〇二年六月十七日に死去した。奇妙な暗合だが、伝えられる話では一九三三年六月十七日に、スカル＆ボーンズは、百周年記念日の儀式を行なったという。いずれにしろ、サットンの死はなんの前触れもなく訪れた。享年は七十七歳で、郡の検死医は死因を〝老衰〟としている。そして、何度も働きかけたにもかかわらず、彼の死去やその研究に関する記事はもちろん、死亡広告さえ載せてくれた新聞は一つもなかった。

また、サットンが死亡したのは『ＡＳＥ』が正式書籍版となることに決定し、その印刷から三週間とたっていない日のことである。彼は意気軒昂で、本の宣伝のためにラジオに出ることを楽しみにしていた。同書は九月に西海岸の書店店頭に並ぶ予定であったが、サットンが亡くなったことと、全国出版のタイミングの関係で、二〇〇二年秋という期限は延びて二〇〇三年春に出されることになった。その一方で、リトル＆ブラウン社は、スカル＆ボーンズについての初めての一般向け書籍であるアレクサンドラ・ロビンスの著書の出版を二〇〇三年一月から二〇〇二年九月に繰り上げている。

さらに、ロビンス（彼女はエール大学で二番目に古い歴史を持つ秘密結社の会員である）の著書『Secrets of the Tomb（墓の秘密）』は歴史書に分類されているが、サットンの『ＡＳＥ』ほかはＵＦＯなどのトンデモ本と同じ分類になっている。前者はスカル＆ボーンズのことを「オズの魔法使い」のようなものであり、オズが時に「魔法使いを必要とした」などと表現し、ナチの融資については公然たる歴史的事実とたった一行で片づけている。これに対してサットンは大学教授で、調査を通じてスカル＆ボーンズの真実や多くの事実を暴き出しているにもかかわらず、トンデモ本扱いとなっている。まったくおかしな世の中である。

アントニー・サットンはスカル＆ボーンズの研究後、技術分野の研究に戻り、『Future Technology Intelligence Report（FTIR）』というニュースレターを発行していた。次章では、ここからのスタンフォード大学に関する回顧録や彼の経歴の一部、自らの信条に基づいて果敢に行動した結果どのようなことが身に降りかかってきたかなど語っていくことにしたい。

さらに〈九・一一テロ〉についての考察、『ＦＴＩＲ』に掲載されたスカル＆ボーンズ関連の話題、一九八〇年代から九〇年代にかけて発行されたニュースレター『Phoenix letter』の記事（一部はスカル＆ボーンズについて調査を始めたころのもの）などを紹介する。

執筆スタイルは終始ニュースレター形式であり、そのためにあるいはとらえがたい部分もあるかもしれないが、そのときどきにサットンが示した鋭い分析が時代背景を伴ってより迫真的に伝わってくるはずである。

第3章

〈九・一一テロ〉の〝今日〟から〝明日〟に向かって！

◉未来を開拓していく「フリーエネルギー」

❖——時代を切り取ってきたサットンのニュースレター

前章でも一部触れたが、アントニー・サットンは二種類のニュースレターを作成していた。それらを通じて多くの読者とのつながりを維持する一方で、多様な研究を続ける支えとしてきた。購読料は微々たるものであったが、研究費の足しにはなっていたようだった。一九八二年より九七年までは『Phoenix Letter（不死鳥の手紙）』（以下『フェニックスレター』と記）を、九〇年からは『Future Technology Intelligence Report（FTIR）（未来技術情報レポート）』（以下『ＦＴＩＲ』と記）を発行している。

ここで紹介する二〇〇一年十月より〇二年四月までの『ＦＴＩＲ』には、〈九・一一テロ〉に対するサットンの見解のほか、事件前のスカル＆ボーンズに関する記事（一部は彼が同組織に関して書き始めたころのもの）などが主となっている。また、『フェニックスレター』はスカル＆ボーンズが彼の研究対象の中心であった時代のものだ。

いずれにおいても今、再読して、いわば時間の背後から眺める形により、サットンの分析とそこからの指針の立て方はすべてが見事に的を射ていることがわかる。まさに、彼は常に時代を切り取っていたのだ。

（クリス・ミレガン記）

❖我々国民を奴隷にする狡猾《こうかつ》な搾取の手口を生んだ〝一八三二年〟を引きずるブッシュ(ジュニア)政権

一八三二年というのは、ドイツの哲学者ゲオルグ・ヘーゲルが死去した年である。そして、三三年にはヘーゲル主義の秘密結社スカル&ボーンズ（エール大学）が結成された。ブッシュは、この結社に永遠の沈黙の誓いを立てている。

ナチズムや共産主義、プロシア主義などと同様に、スカル&ボーンズやボヘミアン・グローブなどのグループは国家統制を理念とするヘーゲル主義を思想基盤としている。これは、我々の憲法が謳《うた》う自由や個人の権利とは正反対に位置する立場だ。ボヘミアン・グローブのシンボルは「ミネルバの梟《ふくろう》」であるが、これはアメリカのヘーゲル学会の会報のタイトルでもある（図参照）。

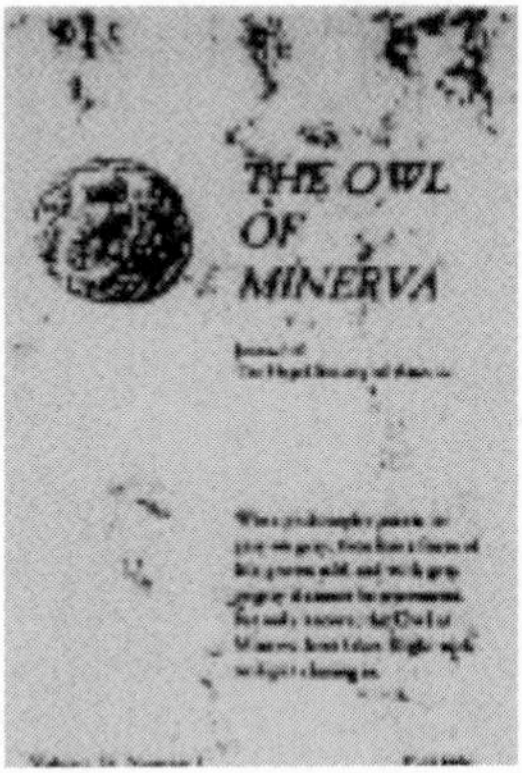

ヘーゲル学会の会報のミネルバの梟

右派や左派、共和党や民主党などというのはある種の目的のために作られた概念だ。未来技術やスカル&ボーンズ、ボヘミアン・グローブの役割を理解するには、こうした分類や、そこに属する連中の偽善的な言辞に惑わされないようにしなければならない。

これらのエリート主義のグループはヘーゲル主義に立脚しており、国家を「主人（ヘーゲルの用語）」の利益を生み出すための道具だと考えている。彼らにとっては、我々は使役される「奴隷」にすぎないのだ。このことを頭の隅に入れておくと、来るべき新技術が試練をもって迎えられる理由も理解できる。

あるいは、みなさんはこうおっしゃるかもしれない。「たしかに自分たちは底辺の存在で、選挙で選ばれていない連中が勝手に世界を動かしているが、そんなことは周知の事実だ」と。しかし、肝心なのは、そうした支配の背景に米国憲法に背を向けた思想が存在するということを、研究者がいまだ証明できていないという点にある。疑惑を指摘したり名前を連ねたり、矢印を多用した図表を書いてみたりするだけでは、たいした打撃にはならない。なぜ、どのように、という部分を突き詰め、彼らの〝手法〟を解明していく必要があるのだ。我々の分析が正しいならば、今後、真相のより深い部分が暴き出されてくるだろう。「王様は裸だった」という事実を、世間が知るところとなるはずだ。

ブッシュ政権も、より効率的な新エネルギー技術に対する態度に関しては、クリントン政権となんら変わるところはない。どちらの政権も、公式の態度として新エネルギーを無視したり、古い技術を誇張しているだけだと決め付けたりして、二大政党に多額の金を献金している連中の利益を保護し、見返りを得ている。

ヘーゲルを読むのはお勧めできない。我々の目から見ればヘーゲルは大がかりなナンセンスである。しかし、その一方で大きな影響力を持っていることは否定できない。ヘーゲルが「主人(彼ら)」と「奴隷(我々)」について述べているところを知りたければ、『精神現象学』(邦訳には金子武蔵訳『精神の現象学』〔上・下巻〕岩波書店刊などがある)が最適だろう。同書中の「支配と束縛」という項目にそれがある(要は主人と奴隷ということだ)。

領主の自意識は基本的に、自分が使用するものや消費するものの存在と結びついている。そして領主は、農奴の自意識を媒介にしてこれを楽しむのである。農奴の役目は、領主の楽しみになるものを用意したり手配したりすることだ。

ひとことで言うならば、主人のために働くことが我々(奴隷)の役目だということだ。ブッシュとチェイニーを領主に当てはめ、我々を奴隷に当てはめれば、すべてが明快になる。我々の務めは従うことで、彼らは盗み、奪い、我々が作ったものを楽しむ。国家は我々の生産物を合法的に奪うための枠組みだ。国家は主人であり、我々国民は従属すべき奴隷だと思われているのである。なんとも大がかりな搾取であるが、これがスカル&ボーンズやボヘミアン・グローブの目指すところにほかならない。実に狡猾《こうかつ》な手口だ。我々を民主党だ共和党だと悩ませておく一方で、現実はもっと別のところで動いているのである。

❖——アメリカ政府は未来技術とその可能性を闇《やみ》に葬ろうとしている

では、ヘーゲル主義の観点でブッシュとチェイニーのエネルギー政策を見るとどうなるであろうか。彼らのエネルギー政策は、従来の化石燃料・原子力技術に立脚したものとなっている。これらの技術を所有しているのはブッシュの支援者であり、スカル&ボーンズやボヘミアン・グローブのうちで傑出した存在となっている連中である。仮に蒸気機関の関係者がブッシュの再選を後押ししていれば、それがエネルギー政策に取り入れられていたことだろう。すべては再選と金をめぐる問題だ。十分な金さえ積めば、誰でも主人の側に回ることができるのである。

ブッシュの行動は、ヘーゲルの「主人」のための計画にぴったりと沿ったものだ。（ヘーゲルによれば）主人は新しい発見には興味を持つべきではなく、奴隷が開発するにまかせるのがよい。「主人」は利益を生み出し支配することのできる〝老いた奴隷〟から搾取することを好む。このような思想ゆえに、ヘーゲル主義はスカル&ボーンズやボヘミアン・グローブと深く結びついているのである。これまで外側の人間が体制権力の真実に気づかなかったのは、右派・左派の二元論に気をとられ、公約という巧妙なエサでそのような思考状態に留《とど》め置かれてきたからにほかならない（しかも公約は、支援者に対するもの以外はめったに果たされることはない）。

単に氏名や企業名を並べるだけでは、問題は解決しない。彼らの行動原理を把握して目的を見極め、どうやってそれを達成しようとしているのかを明らかにしなければならないのだ。私は別に、政治論をぶっているわけではない。今日の世界の支配構造を正しく理解していなければ、未来技術に関して正しい判断はできないのである。

ブッシュとチェイニーのエネルギー政策は、既存エネルギー関係者の意見のみを取り入れている。ブッシュ政権は調書の公表を拒《こば》んでいるが、これは公表することでひと握りのエネルギー会社だけがチェイニーに接触して提案を行なっていることがばれてしまうからだ。これらは明らかに私益目的の提案であり、ほかの提案は俎上《そじょう》にさえ上っていない。再生可能なエネルギー源やフリーエネルギーなどに、考慮の余地はないというわけだ。これはまさにヘーゲルの理想そのままである。スカル&ボーンズやボヘミアン・グローブ——すなわち主人の側にいる者たちが甘い汁を吸い、頭を使って開発を進める奴隷市民には何も与えられないのだ。

この点はクリントンも変わらなかった。クリントン政権は一九九六年、ワシントンで開かれる予定だったフリーエネルギー会議を潰《つぶ》す計画を立てていた（ブッシュ-チェイニー政権はこれを単に無視した）。

❖ブッシュ、クリントン……と続く「笑顔のファシズム」と「フリーエネルギー」の湮滅《いんめつ》

こうした閉鎖的慣行は、言うまでもなくファシズムと結びついたものであり、ファシズムと共産主義の哲学的基盤となっているヘーゲル主義から直接生まれてきたものだ。この問題を指摘しているコメンテイターはごくひと握りで、どこの大学で政治学を学んでもこのようなことは教えてくれない。

我々はブッシュとクリントンのファシズムを「笑顔のファシズム」と呼んでいる。その直接の起源は、十九世紀の「ヘーゲル右派」だ。ブッシュ自身、スカル&ボーンズを遡《さかのぼ》っていくと一八三三年の同結社の創設やドイツおよびアメリカのヘーゲル主義に行き当たる。ところがボヘミアン・グローブを詳しく紹介したドムホフでさえ、ヘーゲル主義とミネルバの梟のつながりには気づいていない。

これは複数のニュース・ソースから寄せられた情報であるが、現在、モルガン・スタンレーはフリーエネルギーであることが証明された不可視光エネルギーのために、新規株公募の準備を進めているらしく、およそ二年後には市場に出回ることになりそうだ。この二年という猶予は、「主人」の巣窟《そうくつ》であるウォールストリートの連中が、旧エネルギー関連の資産を処分するのに必要な期間である。しかし、この技術が妨害を受けないという保証はない。新技術やそのコントロールをめぐってワシントンが今後どのような挙に出てくるかは、まったく予断を許さないのだ。

フリーエネルギーの1つ常温核融合

カリフォルニア州の公益事業体も、無価値になる前に資源関連資産を国や納税者に押し付けようとしている。事態はまさに、我々が何年も前から予想してきたとおりに進行しているのである。まず、二〇〇三年か〇四年あたりに燃料電池が出回り始め、次いでフリーエネルギーが登場してくるというのが我々の予想だ。

二〇〇五年には、猫も杓子《しゃくし》もフリーエネルギーを探し求めるようになっているだろう。第二のドット・コム・ブームが湧《わ》き起こるに違いない。そして、とりわけ注意が必要なのがこの時期だ。最も見込みのあるシステムはすでに明らかになっているが、怪しげなものも一斉に出てくるに違いない。

内部事情に通じた者たちは、この時期までに旧エネルギー関連資産の処分を終えていることだろう。不可視光エネルギー関連株の新規公募が行なわれるころには、とうに対応が終わっているはずだ。ただし、フリーエネルギー技術で有効性が確認されているのは不可視光エネルギーとMEG（無動電磁発生装置）、常温核融合の三つだけなので気をつけてほしい。これらに加えてもう一つ、カナダが進めているあるプロジェクトも有効だと思われるが、こちらはすでに米海軍に目を付けられてしまった。MEGについてはベアデンが元米陸軍大佐であることもあって、しがらみがあるために不可視光エネルギーに比べるとやや先行きが暗い。技術的なアプローチに関しては支持したいのだが、彼自身がそのようなしがらみの存在を認めている。

常温核融合は完全に証明されているものの、依然として再現性に問題がある。当初はこの研究を意図的に潰《つぶ》そうとする動きもあった。最初にそうした動きが見られたのは一九八九年で、首謀者はボーンズメンのブッシュ（シニア）大統領である。一方、カナダのプロジェクトはナノテクノロジーが基盤となっている。その効率は一〇〇〇％オーバーという驚異的なものだ。しかしこの技術は、米海軍へのデモンストレーションが行なわれたあとに音沙汰《おとさた》がなくなっている。

不可視光エネルギー研究の音頭をとっているのは、レーガン政権下でエネルギー次官補を務めたブルワーである。このエネルギーについては、psst-heyu.comというサイトで、「網を潜り抜けた」技術として紹介されている。

あまりありそうにはないが、もし「主人」の支配下にあるアメリカ政府がフリーエネルギーの台頭を許すことがあるとすれば、自ら独占するか、あるいは「主人」の利益にかなうような形でコントロールしようとするだろう。つまり、基本的にフリー（無償）のものから利益を得ようと考えるということだ。どうやってそれを実現するのか。ここでは、方法はいろいろあると述べておくにとどめる。

フリーエネルギーは、彼らの目指す新世界秩序への道のりにおいても有用だ。エネルギー危機の救世主が到来したあとに、新世界秩序がでんと腰を据えるといったことも、充分にありうるだろう。

❖ラジオニクスなど第二の技術革命の今後を左右する「フリー」というポイント

これらのフリーエネルギーとほぼ同時期に、ラジオニクスに革命的な潜在エネルギーが秘められている可能性が浮上してきた（ただし、これはアメリカではなくイギリスの研究だ）。米国医師会は潜在エネルギーを取り出すことはできないとの結論を出したが、我々の見解は異なる。そのうち米国医師会が突然方針を転換して、ラジオニクスが認められる可能性もあるだろう。

注目すべきはラジオニクスの理論的根拠が、今は亡き著名な量子物理学者デビッド・ボームの研究だという点である。ボームはロンドン大学で物理学の教授をしていたこともある人物だ。

ハイリーとの共著の『The Undivided Universe（非分割の宇宙）』の「第7章　非局在」で、ボームは「非局在」（物理学ではこれを「遠隔作用」と呼ぶ）に対する異議には歴史的な背景があるとしている。アインシュタインの「奇妙な作用」という見方は、科学や論理に基づくものではなく単なる憶測にすぎない。

メイパートンは非局在の概念の証拠を示し、電子化によって米国医師会やＦＤＡ（米国食品医薬品局）の権威主義をうまく回避しているが、彼が理論的根拠としているのもボームである。

とはいえ、ほとんどの人はアインシュタイン同様にすべての作用が局在であると考えている。しかしこの見解は実際の観測結果を反映したものではなく、非局在は「哲学のたわごと」というニュートンの言葉がそのまま受け継がれているにすぎない。

結果として、既存の体制は二つの障害に向かって突き進んでいる。フリーエネルギーはすでに証明されそこに存在しており、二〇〇四年から〇五年ころに実用化される見込みだ。ブッシュ（シニア）政権は人選の偏ったブルーリボン委員会を使って、常温核融合に否定的結論を出させた。しかし、ランドール・ミルズの意志は固かった。政府は彼と話をまとめることができなければ、強引な方法をとることになるだろう。

「フリー」と対峙するウォール街

ラジオニクスの医学的有用性も実証されており、現在、自由（フリー）に利用することができる。どちらのケースも、ポイントは「フリー」《英語のフリーには無償の意味もある》だということである。完全にフリーとは言えないかもしれないが、ほぼそういうものとみなしていいだろう。フリーなものは私欲のためにコントロールされることはないし、独占されることもない。アメリカに与えられている選択肢《せんたくし》は二つ。税金をかけてフリーな性質にタガをはめるか、友人たちに無償で提供するかのどちらかである。

この問題だけでも、今後いかがわしい動きが出てくるのは間違いないだろう。権力者はコントロールできないフリーエネルギーを野放しにしたりはしない。権力の本質とはそういうものだ。ランドール・ミルズが強硬な態度を貫いて話に応じなければ、政府は国家安全保障を持ち出してくるだろう。こうした手口について知りたい方は、拙著の『America's Secret Establishment』

（以下『ASE』と略記）をお読みいただきたい。なお、ランドール・ミルズとサットンは別人である。

我々は不可視光エネルギー関連特許を速やかにオープンにして、研究成果を誰もが自由に使えるようにするつもりだ。ただ、十年から十五年もの歳月をかけてこの研究に汗を流してきたミルズには、それなりの対価が支払われるべきであるし、彼に資金を提供してきた人たちにもそうした権利はある。

❖やましいことをしていると自覚する〝主人（権力）〟が〝奴隷（大衆）〟に実態を知られることを嫌い、変革を潰す

ワシントンはこのような状況を知っているのだろうか。おそらく、ほとんどの政治家や官僚は知らないに違いない。しかし、政策決定を行なっている者たちはどうか。

今から三十年前、CIA長官ウィリアム・ケイシーは、ソ連を西側の技術が支えていたことを同局が知ったのは一九七〇年代だったと述べた。しかし、実際には国務省のファイルには（昔は同省がCIAの仕事をしていた）、多数の情報が納められている（マイクロコピー316）。

我々が一九五〇年代と六〇年代の事情を知ったのも、これらのファイルからだ（ケイシーは筆者が情報源であることを明かすだけの礼儀を持ち合わせていなかったようだが、政府の人間が礼儀や誠実さと無縁なのは周知の事実である）。

当時（一九六三年）の状況で何より不条理なのは、ディーン・ラスク国務長官とメイン国務次官補が、公《おおやけ》にこんなことを口にしている点だろう。

ソ連は独自に開発した技術を持っており、我が国の技術には依存していない（ラスク談）。

このような主張はナンセンスであるし、国務省の膨大《ぼうだい》な十進ファイルの情報とも完全に矛盾している。筆者はこうした欺瞞《ぎまん》を明らかにするのに、三巻もの大部の書籍を刊行するはめになった。さらに、

ソ連が軍事技術に関してても我が国に依存していることを示すため、密かに四巻目も出版している（『National Suicide〔国家的自殺〕』）。この出版は極秘に進めたため、ＣＩＡの耳に入る前に店頭に並んだ。販売中止の要請を断ったところ、一九七三年八月に呼び出され、短時間のやり取りのあとで筆者は解雇された。

自国からソ連やベトナムに流れた技術のために米兵が死んでいるという主張を、ＣＩＡやＦＢＩや学術界の人間は一蹴《いっしゅう》した。これは、彼らがそういう指示を受けていたからにほかならない。やましいことをしていると自覚している主人たちが、大衆にそうした実態を知られることを嫌っているのだ。ズビグニュー・ブレジンスキーやリチャード・パイプスなど、こちらの側に立った人間もわずかにいたが、その声はすぐにかき消されてしまった。ケイシーとＣＩＡが密かに我々の研究をなぞって、その結論が正しいことを確認したのは十年後のことである。

以後、我々はワシントンの言うことを額面どおりには受け取らなくなった。

早い話が、フリーエネルギーに関してはまったく予想がつかないということだ。政府にとってみれば、フリーエネルギーを完全にコントロールしたり、開発者と契約して課税したりするのは悪い話ではないだろう。ただ、真実が明らかになるとは思わないほうがいい。

政府は高圧的な態度に出て市民を攻撃するのが得意である。とりわけ、変革につながる発見をした者には容赦がなく、自分たちと癒着《ゆちゃく》した連中の利益を守るために必死になる。大衆をだますのもお手のものだ。

政治家と官僚の目的は一つ、自分たちのメシの種を確保し続けることにほかならない。彼らはこの点に関してはプロである。また、野心の強い連中は高速道路やビルに自分の名前を付けることにやっきになったりする。彼らにとって大衆の福祉などは二の次なのだ。こういう状況は今後も変わらないだろう。

彼らは、合法的に搾取を行なうことを考え、ヘーゲルの理論どおりに主人の懐を肥やそうと腐心している。自分たちにそうした権利があり、追随するのが民衆の義務だと信じているのだ。我々は、行儀よくしていればおこぼれをもらえるという程度の存在なのである。

❖――〈九・一一テロ〉への五つの基本的な疑問や疑惑

以上までが十月号としての『FTIR』だったが、執筆を終え発送準備を整えていたところに、突如〈九・一一テロ〉が起こった。あの世界貿易センタービルへの攻撃を眼前にして、筆をとらないわけにはいかないのだが、いかんせん紙幅が足りない。そこで追記の形で事件についてのいくつか指摘しておき、次号（本書では164ページよりの次節の三項目）から詳しく言及することにしたい。

①　オサマ・ビン・ラディン（CIAが生み出した男である）のみが首謀者として名前があがっている点は、たいへんに興味深い。メディアは彼だけを取り上げ、ほかの人物が首謀者である可能性についてはまったく触れていない。

②　ビン・ラディンは十年前からテロ活動をしており、あらゆるテロにかかわってきたことがわかっている。それが、なぜ今になって急に名前が出てきたのか。アフガニスタンで居場所を探り当てて直接取材を行なったジャーナリストもいるのに、政府は何をしていたのであろう。我が国は諜報《ちょうほう》機関に年間三〇〇億ドルを投じている。にもかかわらず、同時多発テロを防げなかった。

③　我々は、ビン・ラディンが有力な西側の人々によって保護されていると考えている。特にオイル市場の崩壊を恐れるサウジの人間や石油関連企業がかかわっている可能性が高い。

④　今回の世界貿易センタービルへの攻撃を政府が知っていて、あえて実行させた可能性はないだろ

うか。一九九三年の同ビルの爆破事件は、ＦＢＩが察知していた。パールハーバーも、一八九八年のメイン号爆破事件もしかりである。理由は、ここまで述べてきたとおりだ。
⑤　ワシントンの発表をすべて疑っているのは筆者だけではない。悲しいことだが、眉《まゆ》に唾《つば》をつけて聞くのが現実的な態度なのだ。
（『ＦＴＩＲ』〔2001/10 Vol.12, No.10〕）

◉過去の失敗の繰り返しとしてある〈九・一一〉

❖〈九・一一〉の不思議は過去——ソ連への技術流出や日本の真珠湾攻撃——と同位相にある

初めに、雑記ふうに思いを記すことから今号を始めたい。
(1)　アメリカは広大な国土を持つ豊かな国であり、生産性も教育水準も高い。歴史上、最も成功した国と言っていいだろう。しかも、権力をきちんと分散させて政治家や政府の行きすぎを食い止められるようにした憲法がある。とりわけ、特定の人間が大統領になり続けることができないという点は重要だ。この規定がなければ、独裁の危険が出てくる。
(2)　今は三千人余の命が失われたために国全体が喪《も》に服してはいるが、アメリカはいずれ〈九・一一〉を乗り越えるだろう。ただ、憲法で保証された権利は一部制約を受けることになるだろう。アシュクロフト司法長官が主張しているような身分証や追跡型電話盗聴などの措置は、事件への過剰反応であり、本来不要なものだ。これらに関して必要性を疑問視する声もあるが当然である。

(3)　アメリカは攻撃された。これからもこうしたことは起こるだろう。しかし、そうした事件には冷静かつ理性的に対処するべきである。感情的で拙速《せっそく》な対応は避けなければならない。だが何より重要なのは、ワシントンがきちんとした説明をすることだ。

本当に私たちは、事件がなぜ起きたのかを知っておく必要がある。大統領は「悪の枢軸」だの「アメリカが攻撃にさらされている」だのと叫んでいるが、たわごとである。問題は彼らがなぜアメリカをここまで憎んでいるのかだ。政府や多国籍企業が何をした結果、これほどの憎しみがかき立てられることになったのか。ワシントンはなぜフリーエネルギーの開発を抑制しようとしているのか。この国に必要なのはサウジアラビアや他の産油国ではなく、狭量なワシントンの改革である。

この国では年間三〇〇億ドルが諜報のために費やされているのに、なんの警告も行なわれず、対策もとられなかった。疑うことを知らない国民性が逆手に利用されているのである。夏の中ごろに入国したハイジャック犯たちは、CIAの「テロリスト監視リスト」に〝テロリスト〟として載っていたにもかかわらず、それ以上の対策はとられなかった。ホワイトハウスには情報が伝わっていたが、監視機関がしたのはそこまでで、ほかには〝何も〟してない。テロリストがビルに突っ込むための訓練をしたり密かに計画を練ったりするのを、手をこまねいて見ていたのだ。我々に言わせれば、これはテロに「ゴーサイン」を出したようなものである（メディアはこうした可能性については何も語らない）。

繰り返すが、年間三〇〇億ドルを投じて情報を集めておきながら、テロリストであることがわかっている十九人の人間を野放しにするなどということが考えられるだろうか。CIAがホワイトハウスに情報を伝えたことは明らかになっている。だが、誰も「彼らを阻止せよ」という指示は出さなかった。

こうした状況は、実は一九六〇年代とそっくり同じである。当時ＣＩＡはアメリカの技術がソ連を成長させたことを知らなかったが、その状況は今もまったく変わっていないというわけだ。これは、アメリカの諜報機関が無駄なことに金を浪費するだけのどうしようもなく無能な組織なのか、あるいは何かの目的を持った連中が、力を背景に「何もするな」と命じているかのどちらかだと考えるべきだろう。

また、年間数千億ドルの金が防衛に費やされているにもかかわらず、当局は迎撃態勢を発動することもなく三機の旅客機が二つの歴史的な高層ビルと国防総省に突っ込むのを許してしまった。こんなことが信じられるだろうか。これは、防衛機構がまったく機能していなかったことを意味している。この事件について、当局は関連文書をすべて開示して説明する責任があるだろう。いつ、どのような情報が入っていたのか。「情報源の秘匿《ひとく》」などという強弁はナンセンスである。情報が活用できないのなら集めることに意味などない。こういう流れを見ていると、一九四一年の真珠湾攻撃の際のワシントンの対応を思い出す。ルーズヴェルトは日本の暗号文を入手していたが、攻撃を阻止しなかったのだ。

❖――「泥沼のアメリカ」をそのままにしておこうとするＣＩＡの欺瞞《ぎまん》

今回のことは、ソ連の「技術認識」に関する過去の失敗の繰り返しでもある。アメリカはかつて、ソ連の技術の脆弱性《ぜいじゃく》を見抜くことができなかった（あるいはあえてその事実を無視した）。『Best Enemy Money Can Buy』を読んでもらえば、アメリカがいかに情報操作に翻弄《ほんろう》されてきたかがわかる。

ディーン・ラスク国務長官、誇張された軍備情報をいかにも事実であるかのように訴えていたエドウィン・マーティン次官補、米国共産党の創設者の息子でルーズヴェルト以降の歴代大統領とのコネを持っていたアーマンド・ハマー、ウォルト・ロストウなどの不見識な学術界の人々、ノリス（コントロールデータ社）のような実業家など、多くの人間がそれに荷担してきた。

イラン-コントラ事件ではアメリカが大規模なコカイン供給に手を染めていたが、これはブッシュ（シニア）政権のお墨付きを得た活動だった。これに関してはすでに事実であることが確認されている。オリバー・ノース中佐は臆面《おくめん》もなく嘘《うそ》をついており、当局は関連文書を開示するつもりはないようだ。国民に背を向けてあくまで中佐をかばい続けるらしい。

一九九三年の世界貿易センタービルの事件では、ＦＢＩの人間がグループに潜入していたにもかかわらず、阻止行動がとられなかった。

オサマ・ビン・ラディンがある朝突然、来週火曜の午前九時に攻撃をしかけることを思いついたなどとは考えられない。相手は洞窟《どうくつ》に暮らしているような人物なのである。

ビン・ラディンとＣＩＡの間にはどのようなつながりがあるのか。我々はまたしても情報操作のえじきになろうとしている。彼らの聖戦においては、安くて持ち運びしやすく、使いようによっては大きな効果のある化学兵器が使われる可能性が高い。生物兵器に対してはラジオニクスで対抗できる可能性があるが、これについてはまったく話題に上ってこない（おそらく国防総省でも検討していないのではないか）。

米国医師会とＦＤＡ（食品医薬品局）は、ラジオニクスについての知識や利用法などの情報を国内から徹底的に排除するという挙に出た。これは、人類の利益を損なう驚くべき背信行為だ。しかも彼らは、自分たちのわずかな利益のためにそういうことをしているのである。生物兵器には当然生命エネルギーがかかわってくるが、ラジオニクスはその生命エネルギーを扱う技術だ。むろんこれは、やり方さえわかっていれば逆の使い方もできる。

ちなみに、一九二四年にサンフランシスコの医師アルバート・エイブラムズによって発見されたラジオニクスは、アメリカの医学会の支配をもくろむ米国医師会の手で潰されてしまった。

このラジオニクスは、生物兵器戦における理想的な防衛手段になりうる可能性を秘めている。ラジオニクスを用いれば、一・三平方キロに及ぶエリアを防衛可能だ。ところが、私欲に満ちた狭量な米国医師会のために、国防にはまったく取り入れられていない。ラジオニクスは生命エネルギーを用いたあらゆるシステムに影響を与えることができる。にもかかわらず、生命エネルギーもラジオニクスも、アメリカでは公に認められていない。何かの進展があるとすれば、それは個人の努力によるものとなるだろう。

米国当局の公式見解などは、おそらくアルカイダにとってはどうでもよいことだろう。彼らの関心は、特定の攻撃に対する防衛能力があるのかどうかという点にある。

そしてその防衛能力の実態は、驚くべきものだ(もっとも、政府に追随している連中にとってはさほど意外なことでもないかもしれない)。たとえば、炭疽《たんそ》菌のワクチンなどもすでに存在している(効果は不明)。ただし、確保されているのは軍に必要な量だけで、市民の分はまったく用意されていない(炭疽菌に効くとされる抗生物質の効果はきわめて限定的である)。

我々に言わせれば、もはやこの国は泥沼である。今こそ市民一人ひとりが立ち上がって、体制側の連中の欺瞞を暴いていく必要があるのだ。

これがあなたの国の政府である。そのことを心にとどめておく必要がある。

❖――ブッシュ（ジュニア）が説明しようとしない疑問の検証――ブッシュ家とビン・ラディン家は密接につながっていた！

ブッシュは「ビン・ラディンは邪悪な男だ」とか、これは「宣戦布告だ」などと言っているが、これは危機に対する反応としてはあまりにもレベルが低い。また、説明されなければならない疑問がたくさんあるにもかかわらず、実際に答えが示されたのはごくわずかである。それらの疑問のうちいくつかをここにあげておく。

【第一の疑問】ワシントンが世界貿易センタービルへの攻撃を知ったのはいつか（九月十一日午前九時より前に知っていた可能性はないか）。

我々が得た情報によると、ホワイトハウスは二〇〇一年八月二十三日にすでに把握しており、ＣＩＡからテロリストのリストを入手していた。このようなことを問題にしなければならないのは、過去の政権が政治的理由で攻撃を〝阻止しなかった〟前科があるからだ。そうした事例はわかっているだけでも三、四回ある。最も有名なのは、一九四一年の真珠湾攻撃の暗号が前もって傍受されていたのに、参戦の口実にするために看過《かんか》したというものだ。暗号文の伝達は、民間ルートを使って可能な限り遅らされた。

ニューヨークのユトレヒト・ハイスクールでは、〈九・一一〉の一週間前からツインタワーが攻撃されるという話が知れ渡っていた（二〇〇一年十月十一日付『ジャーナル・ニュース』）。ハイスクールで事前に情報が広まっていたのなら、ワシントンのなかにも同じ情報を得ている者がいたはずである。

【第二の疑問】ＣＩＡに投じられている金《かね》に意味はあるのか。

我々が課報に費やしている税金は年間三〇〇億ドルに上る。にもかかわらず、ワシントンは事前に情報を得ていなかったと言い張っている。そのようなことがありえないとは言い切れないが、可能性としては低いだろう。

これまでの状況からして事態の解明は期待薄で、イラン―コントラの文書すらいまだに開示されていない。オリバー・ノースはＣＩＡのお墨付きのもと、飛行機にコカインを満載してこの国に密輸し、連邦議会もこの事実を隠蔽《いんぺい》していた。同事件では、ブッシュ家が油田掘削プラットフォームをコカインの中継基地として提供している。ワシントンはこの活動を機密情報であるとして情報の公開を渋っており、明らかになっていることはごくわずかだ。一九八〇年代前半、アメリカ政府は大規模なコカイン密輸にかかわっていた。なぜか。そして、彼らが作戦に関する文書の開示を拒み続けている理由は何なのだろう。

【第三の疑問】〝パパ〟ブッシュとビン・ラディン家との関係は、どのようになっているのか。

この部分に踏み込んでいくには膨大で無数にあるからくりを解きほぐしていかなければならない。紙幅の関係から、ここではwww.judicialwatch.orgを参照していただきたいと思う。しかし、これだけは言っておこう。ブッシュ家とビン・ラディン家は、過去から現在に至るまで密接なつながりを持っていて、事件の起きた今も複数の企業においてベスト・パートナーの関係を続けているのだ。

【第四の疑問】ビン・ラディン家と、テロリストのオサマ・ビン・ラディンが疎遠だというのは本当か。

〝パパ〟ブッシュはビジネスでビン・ラディン家の人間と接触している。息子の一人がテロリストであるにもかかわらずである。テロリストの家系とつながりがあるということになれば、ブッシュ家のイメージは悪くなる。そのため、ビン・ラディンと家族は疎遠だという話を持ち出してきたのかもし

オサマ・ビン・ラディンと武器が山積みのアルカイダのアジト

れない。しかし、ビン・ラディン家からオサマ・ビン・ラディンへは長年にわたって資金が流れている。これは協力を示唆《しさ》しているとは言えないか。協力の証拠がないというのであれば、なぜ銀行の記録に関するFBIの調査結果を公表しないのか。

【第五の疑問】ブッシュ〝ジュニア〟は、本気でサウジアラビアは「盟友」だと言ったのか。

これほどばかげた話はない。サウジはアメリカではなくビン・ラディンのほうを積極的に支援しているのである。〝パパ〟ブッシュはビン・ラディン家とビジネスでつながっており、サウジの事業家からはオサマ・ビン・ラディンにコンスタントに資金が流れている。アメリカにとって、サウジの諜報機関は存在しないのだ。我々がビン・ラディンの尻尾《しっぽ》を捕まえられない大きな理由の一つは、サウジが彼を保護しているためである。

サウジアラビアは盟友などではなく、実質的には敵なのだ。ブッシュ〝ジュニア〟がこの事実を認めないのはなぜなのか。

【第六の疑問】この国が諜報に年間三〇〇億ドルを費やしながら、世界貿易センタービルへの攻撃を事前に察知できなかったのはなぜか。

実際には、友邦からいくつか情報が寄せられていた。それらの情報はなぜ無視されたのか。ワシントンが無能だからにほかならない。一年前、我々は本レポート（二〇〇〇年十一月号）において危機が迫っていることを伝え、中東とテロリズム、金《きん》の供給過剰などの問題を指摘した。ところが、我々の数千倍の情報を持っているはずのワシントンには、それらの情報を分析し、対応する能力が欠落していた。金の供給過剰の予測が重要なのは、危機の際に金が通常とは違った動きを見せるからである。二〇〇一年九月の事件こそがその典型だ。事件に対する金の反応は、やや鈍いものではあったが……。

　政府の消極的な対応も、何度も繰り返されてきた問題である。石油と中東が絡んでくると必ず、「石油会社の機嫌を損ねるようなことはしない」という原則が貫かれる。我々は一九八五年にすでに、対外情報活動顧問委員会にフリーエネルギーという新たなパラダイムのことを伝え、サウジアラビアやほかの産油国に頼る必要はない、今のうちに手を引くようにと勧告していた。

　繰り返すが、一九八五年の時点でそのような勧告を行なっていたし、記録も残っている。


（『ＦＴＩＲ』〔2001/11 Vol.12, No.11〕）

❖〝テロリストのオサマ・ビン・ラディンを雇っていた〟ことを隠すＣＩＡの秘密主義の無意味さ

次に記すものはロンドン（ＢＢＣ）とオーストラリアからの情報で、さらなる調査が待たれる。ブッシュ（ジュニア）政権発足直後、ロンドンにいるアメリカの捜査官（ＦＢＩ）たちが、ビン・ラディン家とサウジの王族の調査を行なっていた（ＢＢＣは証拠となる文書も示している）。オサマ・ビン・ラディン本人に加え、一族の者もＦＢＩの調査対象となっていた。

　諜報機関は大々的に秘密主義を掲げている。秘密主義というといかにも重要な仕事であるように感じられるし、情報を得るためには、時にそういう態度が必要になることも事実だ。機密文書を入手したなどと言えば、いかにも巧知に長《た》けているという印象も与えられる。

　しかし実際のところ、このようなこだわりはナンセンスと言っていい。大半の情報は、頭を使えば手に入る。筆者が『Western Technology and Soviet Economic Development（西側の技術とソビエト経済の発展』（全四巻）で得た情報はすべて、こそこそ嗅《か》ぎ回ったりせず正当な方法で入手したものばかりである。そのなかには、何百ものソ連の技術マニュアル（国内から海外に輸出されたもの）も含まれていた。情報の種類と求めている理由を相手に告げれば、たいていのものは手に入るのだ。

私が情報入手で唯一困難を覚えたのは、国（国務省）の文書の一部に関してである。開示してもらうのに多少手間をかけなければならなかった。すぐに開示しない理由も明らかだ。高度なシステムをソ連に輸出していた事実が公になると都合が悪いのである。

彼らが秘密主義というナンセンスにすがりつく理由は二つある。

① アメリカ国民から事実を隠蔽するため。

② 自分たちが重要な仕事をしているように見せ、議会から予算を獲得するため。

情報の五％程度はたしかに入手が困難かもしれない。しかし、それこそアメリカの財力をもってすればどうにでもなる。

だいたい、オサマ・ビン・ラディンについては、アフガニスタンにソ連が侵攻して親ソ政権が成立して以来、そのアフガン政権打倒のために、ビン・ラディンをはじめ実に多数の者たちに、武器や資金を提供し、戦闘訓練の指導までしていたのだ。いわば、アルカイダはＣＩＡが育てたのであり、それを今さら隠そうとするのはまったく無意味である。

そうしたなかでの世界貿易センタービルの悲劇は、ＣＩＡが馬脚を現わし無能さを露呈したと言って過言ではあるまい。

ただし、誤解のないように断っておくが、私はＣＩＡ職員がすべて無能だと言っているわけではない。彼らのなかには過去に優秀な連中がいたし、今でもいる可能性はある。彼らなら、国民向けの宣伝の裏にある真実を教えてくれるだろう。本当に物事を動かしているのは秘密結社と麻薬であると

――。ただ、ＣＩＡ全体を見るならば、金を浪費するだけの無用の長物にほかならない。連邦議会はだまされているのだ。なお、情報委員会の委員長が元ＣＩＡだということも覚えておいたほうがいいだろう。

（『ＦＴＩＲ』〔2001/12 Vol.12, No.12〕）

❖――〈九・一一〉へのＦＢＩ捜査を妨害するブッシュの〝政治的〟理由とは何か

我々はこの事件に関する調査を進めてきた。当初からさまざまな疑念があったが、現在、調査や説明が必要な論点が三つ浮かび上がっている。

(1) 攻撃に求められる精度、計画の複雑さや手配の困難さ、リスクなどを考えると、個人（あるいは個人の寄せ集め）に遂行できるたぐいのものとは思えない。ビン・ラディンがどこから資金を得ていたにせよ、国の技術にアクセスする能力はなかったはずだ。この事件は〝国〟の機関がかかわっていなければ不可能であり、水面下でつながりがあった可能性がある。かかわりがあった可能性があると我々が考えているおもな国は以下のとおりだ。――アメリカ、イギリス、サウジアラビア（きわめて可能性が高い）、イラク、イラン、イスラエル。

(2) ハイジャック発生から空軍の警報発令までに、七十五分の空白の時間がある。ここで考えられる可能性は、

① その七十五分間、アメリカの防衛関係者が眠っていたか、コーヒーを飲んでひと息入れていたか、それ以外の何かをしていた。

② 故意に対応を遅らせた。今回も過去の例と同様に正式な（国からの）指令であった。当初は単に無能なだけであるようにも思われたが、世界貿易センタービルの事件はあえて見逃されたというのが現在の我々の見方である。

(3) ブッシュ家とビン・ラディン家、サウジ政府との関係（ハイジャック犯十九人のうち十五人がサウジアラビア人だった）。

ＦＢＩのオニール捜査官は、〝政治的〟理由によりサウジとのつながりに関する捜査を妨害されたとする公式のコメントを発表している。世界貿易センタービルの事件の捜査以上に重要な〝政治的〟理由とは、いったい何であろう。サウジとオサマ・ビン・ラディンとの結びつきは、これまで言われてきた以上に強いとする情報もある。ブッシュはなぜ、捜査を妨害したのか。

ところで、本レポートの二〇〇〇年十一月号（〈九・一一〉の一年前である）において、我々は中東や金融面で「今後、問題が起こってくることが憂慮される」と警鐘を鳴らした。

この状況は今もなお変わっていない。ただ、心配されるのは再びビルに航空機が突っ込むといったようなことではなく、金融や経済の分野の混乱である。〈九・一一〉は一種ののろしのようなものだ。

とりわけ気になるのは、ＦＢＩの捜査官がサウジアラビアがらみの捜査から手を引くよう指示されたという点だ。ワシントンに対テロの名目で戦争拡大をもくろむ連中がおり、そのために後ろ向きの姿勢を取っているという噂も絶え間なく入ってくる。

これを読んでおられるみなさんは、最悪の事態に備えて金貨や銀貨を確保しておいたほうがいい。エネルギー関連株を持っている人は、石油、ガス、原子力エネルギーなどの相場の行方に注意が必要である。

たいせつなのは、周囲で起こっている事態に常に目を配り、代議士たちに自らの考えを伝えていくことだ。ペンタゴンのあるグループは、再びイラクと戦争を始めたがっている（それも遠い将来ではなく今である）。そして、そのような政策をバックアップする内容の報告や意見をリークするのに、国防総省の各機関が利用されている。どうやらラムズフェルド長官のバックにそうした動きがあるようで、その源は軍役経験のないウルフォウィッツ副長官らしい。

このグループは、イラクの過去の行動が侵攻の大義名分になると考えているようだ。しかし、予想される中東の混乱を考えると、そのような軍事行動に踏み切るのは無責任と言わざるをえない。アメリカと足並みを揃《そろ》えている国々の批判を浴びるような典型的な独善的政策である。

むしろ、CIAの方策のほうがまともと言えるだろう（CIAには珍しいことではあるが……）。CIAはバグダッドで隠密《おんみつ》作戦を展開することを考えている。元統合参謀本部長のコリン・パウエル国務長官も軍事行動には反対の立場だ。

❖ 多くの秘密を持った大統領のもとに アメリカは十年越しの世界戦争に足を踏み入れた

いずれにしろ、世界貿易センタービルの悲劇は、さまざまな変化をもたらした。その多くは、まだ表に出てきてはいない。ニューヨークの中心部に対する攻撃から四ヵ月が過ぎた今なお、筆者は犯人の素性について確証を得られずにいる。

これらはすべて、世間で考えられている以上に多くの秘密（なかにはかなりいかがわしいものもある）を持った大統領のもとで起こっていることだ。

そして、アメリカは十年越しの戦いに足を踏み入れた。要は世界規模の戦争である。経済が急速に衰退し、エンロンの不正という衝撃的な企業スキャンダルが明らかになっているこの時期に、わざわざそのような挙に出たのだ。

今後もさまざまな展開が予想される。このレポートは本来、未来技術についてのものであるが、テーマは大きく広がっていくことになるだろう。

もはや技術を語るだけでは済まない情勢なのだ。政府は今、フリーエネルギー技術を支配しようともくろんでいる。燃料電池はその第一歩にすぎない。ケネス・レイ会長がエンロンでやったダミー会社を使っての負債の飛ばしなどは、アメリカ政府が過去何十年にもわたって予算でやってきたことだ。我々はこういう部分にも目を向けていく必要がある。

重要な地政学的要因についての読者の視野もかなり広まってきたことと思うが、こうした事柄はまさに『ＡＳＥ』の核心となっている部分でもある。

（『ＦＴＩＲ』〔2002/2 Vol.13, No.2〕）

◉ご都合主義きわまりないブッシュの「悪の枢軸」

❖――メディアが無視したドイツ高官の〈九・一一〉に関するブッシュ非難

まず、初めに元ドイツ技術調査大臣アンドレアス・フォン・ビューローが発したコメントの概要を記そう。

①「アメリカ合衆国には二十六の諜報組織があり、年間三〇〇億ドルの予算があてられている（ドイツの国防費の総額を上回る額である）。にもかかわらず、事件を阻止できなかった」（この数字については本レポートでも指摘してきた。今ではＣＩＡが十日前に攻撃のことを知っていながら

何もしなかったことが明らかになっている。また、三〇〇億ドルというのは公式の額で、〝秘密予算〟を合わせると総額は七〇〇億ドル程度と推定される）

②「アメリカは事件後すぐに対テロ戦争に突入した。しかし、一国の政府が戦争を始めるときに最初にやらねばならないのは、攻撃してきた相手や敵を特定することだ。当然のことながら証拠を示す必要があるが、アメリカは法廷に提出できるような証拠を何一つ示せていない」（本レポートでも同様の指摘をしてきた。ブッシュの言っていることは〝推測〟にすぎず、〝証拠〟は示されていない）

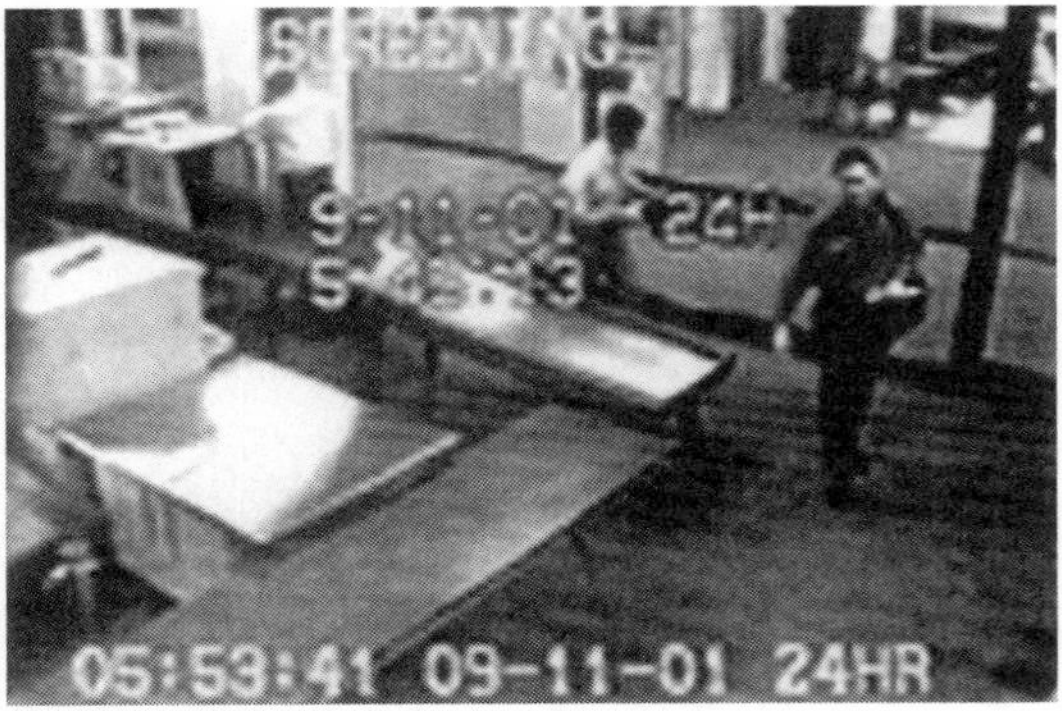

「主犯」モハメド・アッタ（手前）と仲間のアブドルアジズ・アルオマリ――９月11日の朝、メイン州ポートランド空港の監視カメラがとらえた映像。飛行機へと急ぐ際のものとされるが、時間コードが２つ、しかも一方は画面中央という不可思議さ。さらに通常の下のものと表示がずれており、下が正しければ離陸までわずかに６分だ。〈９・11〉への疑惑は尽きない

③「主犯はモハメッド・アッタだとされている。しかし、テロリストだとされているこの人物は、通常では考えにくいリスクを冒している。プロはそういうリスクは冒さないものだ。アッタがボストン行きの飛行機に乗ったのは、問題の便が出発するすこし前のことであった。乗客名簿に容疑者たちの名前はまったく載っておらず、搭乗前手続きが行なわれた形跡もない。また四人のパイロットは誰一人、ハイジャックコードである７５００を発信していない」

我々の分析と見解も合わせて記したが、すべてがブッシュとホワイトハウス以上に説得力のあるものとなっている。

彼の指摘は実にもっともだ。にもかかわらず、アメリ

カではほとんど無視されている。ビューローはかつてドイツの技術調査大臣を務めており、他に流されることなく現実的・論理的な思索ができる人物である。

事件からもう四ヵ月近くになるが、アメリカの新聞やテレビ、ラジオの報道の大半は、〈九・一一〉の世界貿易センタービルの事件を、確たる証拠もなしに〝邪悪〟な一人の人物によるものと断定している。その人物とは、オサマ・ビン・ラディンだ。当局は調査を行なうとしているが、ＦＢＩの調査は当のホワイトハウスの意向で中止されている。

そんな折に、都合よく出てきたのがエンロンのスキャンダルだ。エンロンについては議会による十二件の調査が進められているほか、さまざまな調査の必要性が取り沙汰されている。一方、世界貿易センタービルの悲劇についてはなんの調査も行なわれていない。

レイ会長と仲間たちが、数百万ドルもの金を不正に取得したのは確かだ。しかし、四機の航空機がハイジャックされて、そのうち三機がニューヨークとワシントンの歴史的な建造物に突入し、数千人の国民が死亡しているのである。こういうことを防ぐために、我々は毎年何百億ドルという税金を費やしているのだ。にもかかわらず、国防関係者は七十五分間ものんきにコーヒーを飲んでいた。

四人の妻とともに洞窟で暮らしているたった一人のアラブ人が、このような大規模な組織的攻撃を行なうことができたとはとても考えられない。しかも、この国の対応能力に関する議論や調査も行なわれてない。聞こえてくるのは、邪悪な狂人がやったという、確たる根拠のない報道ばかりだ。

こうした問題に議会は目もくれず、注目したのは外国の政治家だった。その一方でレイ会長と早口の側近たちには十二もの委員会が振り向けられている。

やるべきことは明白だ。レイ会長をさっさと実刑にして、〈九・一一〉の事件の捜査に力を注ぐべきなのである。

メディアの言っていることが本当なら、我が国では九割以上の国民がブッシュを支持し、いかれた主張を鵜呑《うの》みにしているようだ。しかし海外ではいくつかの重要な疑問が指摘され、調査が進行している。

この国では話題がエンロンのみに集中しており、ドイツの日刊紙『Tagesspiegel』(二〇〇二年一月十三日付)にアンドレアス・フォン・ビューローのきわめて重要なインタビュー記事が載っていることなどは、ひとことも触れられていない。こうした問題については、国内の膨大な新聞はもちろん、議会の調査関係者たちもノータッチである。

たとえばビューローはこんなことを言っている。「不安の原因はわかっています。九月十一日のあの恐ろしい事件のあと、すべての政治的世論が、間違っていると思える方向に誘導されているからです」

この国にも、そのように感じている人がいないわけではない。しかし、報道機関がほとんど取り上げず、コメンテイターもそういう疑問をほのめかすことすらしないのだ。

フォン・ビューローの指摘は重要である。元高官の発言だという事実もさることながら、彼の見解がアメリカでわずかながらあがっている声と同じだという点にも注目すべきだ。本レポートや『ラルーシュ』などのニュースレターは、画一的な当局の公式発表に疑問を投げかけてきた。おそらくほかにも多くの者が疑問を呈し、閣内にも混乱があるのではないか。

ブッシュがいかにして現在の地位に就《つ》いたかを振り返ってみてほしい(彼はエンロンの支援を受けていた)。しかも彼は、証拠もないことを喧伝《けんでん》しながらなぜか九割を超える支持を得ることができるのだ。

オサマ・ビン・ラディンに関するブッシュの言辞はあまりにも幼稚である。手の届かないところにいるような相手をひたすら〝邪悪〟だと罵っているのを聞いていると、だんだんばかばかしくなってくる。

また、はっきりさせなければならない疑問点があるにもかかわらず、どれ一つとして回答はなされていない。およそ三千人の市民が一瞬にして亡くなったことへの答えが、「邪悪な狂人」のひとことで片づけられているのだ。

ジョージ・J・テネットCIA長官が、アメリカの〝勝利〟だなどとのたまっていることにも唖然《あぜん》とさせられる。我々は断じて勝利などしていない。ところがこの国は、証拠もなしに拙速に容疑者を決めつけ、勝利したとわめいているのである。この分だと近いうちに、ホワイトハウスの芝生で勝利を祝うパレードが行なわれるかもしれない。

この点に関しては保守系報道機関もさして変わらない。『ニューヨーク・タイムズ』も、世界貿易センタービルに開いた「穴」や、ニューヨーク市消防署員などの英雄的行為（実際にそうした行為もあった）について報じているだけで、ほかのことについてはほとんど書いていない。

先進国の国民に対して、このような説明で済むと考えているのだろうか。ホワイトハウスはアメリカ国民を、ビールとSUVが好きな、アンディ・グリフィスタイプの愛国者ばかりだと思っているのか!?

《アンディ・グリフィスは愛国発言を盛んに行なっている映画俳優（『スパイ・ハード』などに出演）で、好みとするSUV（多目的スポーツ車）業界には「グリフィス」の名を冠したものもある》

❖――〈九・一一〉ではっきりしたアメリカのモラル――根深く広がってきた腐敗

今の状況を見ていると、これまで溜《た》まりに溜まってきたものが噴《ふ》き出す寸前といった観がある。根深く広がってきた腐敗が、今まさに問われているのだ。ここでこれらの腐敗に蓋《ふた》をしてしまっては意味がない。しっかりと向き合わなければ、この国はやがて滅びることになるだろう。

エンロンとケネス・レイ会長の問題は、象徴的なものと言っていい。一部の人にとっては以前から明らかだったことが表面化したにすぎない。根っこにあるのは、政界と財界に私欲にかられた連中が巣食っているという現実である。アルゼンチンが屈服したのも、ジンバブエが飢餓《きが》に瀕《ひん》することになったのも、すべては私欲のためだ。この国もこの国の政府も、そうした私欲を公共の福祉に優先させているのだ。これはもはや疑いようのない事実である。

レイ会長はブッシュの〝大統領選〟における最大の資金提供者であり、イギリスのチャールズ皇太子への大口の寄付（なんと一四〇万ドルである）でも知られる。レイ会長は金で買える相手には惜しみなく金をばらまいていた。ロシアもオリンピックでこうしたなりふりかまわない態度をとったが、結局は捕まっている。

金にまかせてやりたい放題やるという企業の体質は、三十年前にスタンフォード大学のフーヴァー研究所でも見られた。上院の四分の三、議会全体でおそらく半分の議員が、もらえるものはなんでももらうと言わんばかりに、ケネス・レイの献金を受け取っていた。金を払わない人間は、当然守ってもらえないしくみだ。

その典型的な例が、三十年前の筆者の個人的な体験である。軍産複合体にとって都合の悪い事実を発見し、それを本にして出版しようとしたところ、スタンフォード大のフーヴァー研究所から出版を取りやめるよう圧力をかけられた。一冊については密かにゲラをチェックされ、ソ連への軍事援助に関する部分を削除されている。しかし筆者は彼らに屈することなく、『National Suicide』（のちに『Best Enemy Money Can Buy』と改題）を刊行してその実態を白日のもとにさらしてきた。

その後、フーヴァー研究所の背後に、利益のためにソ連の設備の建設を行なっていた民間企業が存在し、研究所が献金を受けていることが明らかになった。この国は、表向きは知らぬ存ぜぬを決め込んでおきながら、裏でソ連に手を貸していたのである。「私は何も知らない」と白を切っていたレイ会長とまったく同じやり口だ。

当局は筆者の指摘に感謝するどころか、保身のために脅しをかけてきた。ディーン・ラスクやロバート・マクナマラ、ヘンリー・キッシンジャーなどは、嘘までついて本の出版を阻止するため強い圧力をかけてきたほどだ。議会もこれを黙認し、何もしてくれなかった。

彼らは私を阻止することはできなかったが、単純で（そしておそらく強欲な）議員たちのせいで、連邦議会に情報が広まることはなかった。

私が講演を始めるようになると、多くの人々から「あなたを支持しています」「神のご加護がありますように」といった励ましの声が寄せられたが、それらが行動につながることはなかった。なぜ、言葉だけで終わってしまうのか、私はこれまでずっと疑問に思ってきた。たどりついた結論は、おそらくみんな恐れているのだろうということだ。

恐怖を利用した支配は実に効果的である。実際、ほとんどの人間が上にいる者の顔色をうかがわなければならない状況に置かれているのである。マイク・マンスフィールド元上院議員も「やっていくには、調子を合わせるしかない」と話している。しかし、ひとたび調子を合わせればしがらみが出てきて、自由に行動することはできなくなる。

そして現実は、多くの人間が行動の自由を犠牲《ぎせい》にして、そうした構造にもたれかかっている。そのほうが得になるからだ。早い話が自由よりも保身を選んでいるのである。その結果、ケネス・レイ会長のような人種が生まれてきたというわけだ。

この国には、甘い汁を吸うために大衆をだましている連中が大勢いる。そうでない人たちもたくさんいるが、その数はまだまだ不充分だ。シェロン・ワトキンスはエンロンを告発したが、その結果、同僚や友人の恨みを買うことになった。こうしたことを恐れて告発できずにいる人が、はたして何人いるのだろうか。

我々はこの国の体制を恐れてはいない。ソ連への援助以外のことについても、さまざまなことを暴いていくつもりだ。時間はかかるかもしれないが、ほかの人々も立ち上がって正義の声をあげてくれると信じている。

我々は今、変革を迎えようとしているのかもしれない。エンロンとケネス・レイ会長のおかげで、こうした問題が脚光を浴びる可能性もある。フーヴァー研究所のグレン・キャンベル所長は私のことをモラリストだと揶揄《やゆ》し「それでは生きていけない」と警告したが、私は今も健在だ。

このあたりの経緯について知りたい方は、私の『回顧録』と『ASE』をお読みいただきたい。読者のなかから、この腐敗構造を打破するために立ち上がる人が現われてくれることを心から願っている。ただ、復讐《ふくしゅう》を考えている人は、そのような発想はやめたほうがいい。問題を解決するのに必要なのは、理性とコミュニケーションだ。暴力は必ず自分に跳ね返ってくる。まずは自分自身の物の見方を改め、それを周りの人たちに広めていってもらいたい。

恐れる必要はない。恐れを感じているのはむしろ〝彼ら〟のほうである。何人《なんぴと》をも恐れず、正しいと思うことをなしていってほしい。

❖ブッシュの言う「悪の枢軸」とCIAの「〈九・一一〉勝利宣言」には、同じ誤謬《ごびゅう》がある

ブッシュは「悪の枢軸」などという言葉を不用意に使っている。しかし、彼にはもう一度歴史の本を読み直すことをお勧めしたい。ヨーロッパを含め多くの国の人々にとって、「悪の枢軸」というのは、ナチス・ドイツとファシズム政権下のイタリアの邪悪な同盟を意味する言葉だ。ところが、ブッシュはイラクとイラン、北朝鮮を名指しして新たな枢軸だと言い始めた。イランとイラクが敵対関係にあるにもかかわらずである。〈九・一一テロ〉事件にサウジアラビアが深くかかわっていることがしだいに明らかになりつつあるが、それも気にならないらしい（ハイジャック犯十九人のうち、十五人までがサウジアラビア人だったほか、サウジはアルカイダへの融資を行なっており、きわめて非協力的な態度をとっている）。

なぜ、ブッシュはサウジアラビアを悪の枢軸に含めなかったのであろうか。ここにも政治的な事情が絡んでいる。ブッシュ家は石油がらみでサウジアラビアと深いつながりがあるため、同国を悪者呼ばわりするわけにはいかないのだ。

ブッシュが真っ先に改めるべきは、次の二点である。

(1)　オサマ・ビン・ラディンを祭り上げる代わりに、世界貿易センタービルの破壊の責任が誰にあるのかを説明する。「コンディ」（ジョージ・W・ブッシュの国家安全保障顧問コンドリーサ・ライス）は、証拠がなければただの憶測にすぎないということをはっきりと大統領に教えるべきである。

(2)　「枢軸」というのはブッシュのでっち上げにすぎない。実際には名指しされた国々の間に枢軸関係は存在しないし、枢軸などというのは私的な都合による妄想である。

また最近、ジョージ・J・テネットCIA長官が〈九・一一〉に勝利したと言い始めた。これほどひどい妄想も珍しい。二〇〇一年九月十一日には世界貿易センタービルで三千人余の人が命を落とし、その理由もまだ示されていない状況で、テネットはCIAの〝勝利〟だと言い張り、オサマ・ビン・

ラディンを五年前から知っていたなどとのたまっている。本レポートの読者なら、当然一つの疑問を抱くに違いない。知っていたのなら、なぜ何も対策をとらなかったのか。これでは、テロが起こったときに驚くだけで何もせずに引っ込むのがＣＩＡの仕事なのかと、勘繰りたくもなるだろう。

この五年間でビン・ラディンのグループの中枢に迫るところまでは行かなかったというようなことを、テネットは言っている。しかし、我々に言わせれば、このような弁解は敗北を認めているのと同じだ。だいたい、そういう部分に入り込んでいくのが、諜報機関の役目ではないか。彼らの「作戦」とは本来そういうもののはずだ。

ブッシュ家をはじめ、サウジとつながっている者たちも多く、テネットがその気になれば捜査は容易なのに、それをしていない。今の状況は勝利などではなく、紛れもない敗北だ。弁解ですべてが片づくなどと思ってもらっては困る。彼らには、年間三〇〇億ドル分の仕事をする義務があるのだ。

（『ＦＴＩＲ』〔2002/3 Vol.3, No.3〕）

❖――速報――疑惑は真実だった！　事態は今なお進行中

世の中には突然の転機というものがあるが、調査をしているとまさにそういうことにぶつかる。二〇〇二年二月、国際的に活躍し受賞歴もあるニューヨークの映画製作者ローランド・レジャルディ・ラウラから手紙が届いた。彼は現在、ニューヨーク州と市の年間最優秀教師に選ばれたジョン・テイラー・ガトーについての映画を撮っている。タイトルは『The Fourth Purpose（第四の目的）』だ。ラウラは、この映画の製作中に、私の著書『ＡＳＥ』を知ったようだった。ガトーの四冊目の著書『Underground History of American Education（アメリカ教育のアングラ史）』で紹介されていたらしい。

レジャルディ・ラウラは私の著書を〝驚くべき〟と形容し、そこに参考文献として紹介されていたトーマス・ギャロデット（ワシントンの聾唖《ろうあ》者向け大学であるギャロデット大学の創設者）の著作に注目した。ギャロデットの著書は発禁処分になったようで、初刊のものは現在、表題のページの写真だけが我々の手元にある（実際に本が存在していたことの証明である）。しかし、ラウラは結局この本を入手することはできず、映画に利用することはできなかった。

ラウラは、ガトーの四冊目の著書のほうを私に送ってくれた。この本には、秘密結社〈イルミナティ〉の結社員であるヨハン・ハインリッヒ・ペスタロッチ（一七四六〜一八二七年）についての記述が多く見られる。ペスタロッチはアメリカのいわゆる「豊かな」教育の父であるハインリッヒ・ヘバルトと友人関係にあった。なんとも奇妙な組み合わせであるが、スイスのイルミナティ結社員が、批判の多いアメリカの初等教育を生み出した人間と親密なかかわりを持っていたのである（数年間一緒に暮らしていた時期もあるようだ）。

ラウラは、多くの人間が究明しようとしていたことを偶然探り当ててしまった。我々の暮らしを脅かしている秘密結社の真相に迫る糸口を見つけたのである。

しかし、この調査には大きな困難が伴うことも確かだ。今我々にできるのは、この事実を読者に示すことだけである。これを糸口にして真相に迫っていくか、それとも単なる知識として埋もれさせてしまうかは、みなさんにかかっている。

三十年前の二の舞にならないよう、読者のみなさんには切にお願いしたい。ソ連が我が国の技術に支えられて発展してきたという事実を我々が暴き出したときには、励ましの声が多く寄せられた。しかし、行動する人がいなかったために、ひと握りの人間が重荷を背負い込むことになってしまった。その後、ソ連は崩壊し、その脅威は消滅した。そして今日浮上してきたのが「テロリズム」である。

私は関係ないという態度は、今回に限っては通用しない。理由はいくつもある。みなさんが行動を起こさなければ、その結果は自らの身に降りかかってくることになるのだ。それだけは、はっきりと言っておきたい。

❖――新たに見えてきた構図と調査すべきこと

かつてスカル&ボーンズの結社員名簿の実物を入手した私は、それを始点に『ＡＳＥ』を著わした。スカル&ボーンズは、より長い歴史のある秘密結社イルミナティとつながりを持つ組織だ。ガトーの著書『Underground History of American Education』と私の著書を合わせると、驚くような構図が浮かび上がってくる。

要するに彼らは、現在批判にさらされている教育システムを通じて、国民が秘密結社による支配を受け入れるよう刷り込みを行なってきたのである。みなさんは、すでにそのような発想を植え付けられているのだ。ただ、こうした教育の網に引っかからなかった者もいる。かく言う私も、国外で初等教育を受けたおかげで影響を免れることができた。今、みなさんが惑わされてしまいがちなことを冷静な視点で眺めることができるのもそのためだ。

イルミナティやスカル&ボーンズが目的を達成するには、その意図を大衆から隠し続けなければならない。イルミナティは今から二百年以上も昔の一七八六年に、その点で一度失敗している。バヴァリアの選帝侯に書類が渡り、その目的が知られて組織が解体させられたのだ。

しかし、イルミナティは消滅したわけではなかった。一八三三年にはスカル&ボーンズが誕生し、その目的を遂げるために地道に活動を続けている。ガトーが期せずして知ることになったのはこれである――彼らの世界制覇《せいは》の野望における重要なステップに行き当たったのだ。アメリカ合衆国大統領ジョージ・W・ブッシュは、そのような背景を持つ秘密結社スカル&ボーンズのメンバーなのである。

❖——生ける屍《しかばね》を育て上げるアメリカの初等教育の目的

多くの親がすでに気づいているかと思うが、この国の初等教育は個々の子供の発達を目的としたものではなく、国の歯車にするためのものである。このような子供の条件づけについては、二つの見方が可能だ。

① 子供を国の道具にするため。わずかな識字《しきじ》能力だけ身に付けさせ、不合理で非教育的な考えを植え付ける。

② 「新世界秩序」を受け入れやすい土壌を作るためとの見方もできる。要は逆らうことのない生ける屍《しかばね》に育て上げるのである。

この国の教育をガトーは是《ぜ》としなかった。彼はまず、教育の目的を見直すことを求めた。真の教育者として、教育の現状に警鐘を鳴らしたのである。

しかし、ペスタロッチのことを視野に入れると、この国の教育の本当の姿が見えてくる。密かに進められている野望を容易に受け入れる人間を育てるという、長期的な計画があるのだ。

そうした実態が存在することは、統計が証明している。百五十年前、この国の識字率はたいへん高かった《サットンは、いわゆる白人=当時のアメリカ国籍・市民権を持っていた層を念頭に〝高い〟としているようである》。ところが現在はどうか。一〇〇%どころか、六〇%といったところではないだろうか。何十億ドルという税金を使ってこのありさまなのだ。やはり何かがおかしいと考えるべきだろう。

ところで、この国の教育史を映画にしたらどうなるだろう。みなさんも一緒に考えてみていただきたい。内容は実にばかげたものになりそうだ。我々は、識字能力のない子供を育てる教育に数十億ドルの金を費やしているのである。なお、映画『The Fourth Purpose』のパイロット版はオデッセイグループで制作されている。

この国の学校の典型的な時間割りを調べてみた。みなさんはご存じだろうか。ある学校の場合、なんと毎日「太鼓」の時間がある。週に五日も太鼓の授業があるのだ。歴史でも憲法でも国語でも理科でもなく、太鼓を教えているのである。

私見を述べさせてもらえば、このような学校は速やかに廃止するべきだ。いや、学校というより娯楽施設と言ったほうが当たっている。

子供を骨抜きにするこうした教育は、百数十年にわたって続いてきた。今すぐやめさせなければ、やがてこの国は、移民を除き、新世界秩序に都合のいい人間だけで埋め尽くされることになるだろう。この国に五千万人ほどいる移民たちや、国外経験の豊かな人々は、こうした画一教育には染まっていないようだ。しかし、五十歳代以下の膨大なアメリカ人が、このような教育の網にかかってしまっている。

そうした巨大な陰謀の存在を、ガトーとオデッセイグループはほとんど偶然に発見したのである。この問題をよく考えて、あなたにできることをしてもらいたい。友人や家族、親戚にもこの事実を伝えてほしい。ニュースレターに記述やコメントが見られることはあっても、新聞でこうしたことが報じられることはないと思ったほうがいい。新聞はことが大きくならない限り書かないし、社主などの要人から「電話」(要するに書くなということ)がかかってくれば、そこで記事はストップしてしまう。読者のなかには、十五年前のこと《一九八七年、レーガン大統領下に起こった「イラン-コントラ事件」》を覚えている方もいらっしゃるかもしれない。我々は大手通信社に勤める友人から、「配信できない記事」をときどき知らせてもらっていた。

我々にできるのは、調べた結果を伝えることだけだ。たとえば我々は、四、五十年前から、ソ連が世間に思われているような強大国ではないと言い続けてきた。しかしその訴えは、圧力によってかき消されてしまった（詳しくは『回顧録』をご覧いただきたい）。ようやく耳を傾けてくれる人が出てきたのは、一般向けの書籍を三巻出版してからのことだ。現在は、ゴルバチョフ氏自身が、ソ連は「プロパガンダのまやかし」であったと認めている。どういうわけか、人は現実よりも幻想のほうを好むようだ。

みなさんには、この国の大統領がスカル＆ボーンズの結社員だという事実について、今一度考えてみてもらいたい。この秘密結社については『ＡＳＥ』を読めばおわかりになるはずだ。

我々は自分たちにできる仕事、すなわち調査をしてきた。その結果をどのように生かすかは、読者のみなさんにかかっている。

❖――〈九・一一〉再考と新たな陰謀の追及

世界貿易センタービルの事件に関するブッシュの説明について、本レポートは当初から懐疑的な見方を示してきた。証拠がないことや（いまだに示されていない）、論理的、常識的に考えたうえで、そのような結論に達したのである。

しかし今、こちらには証拠が見つかっている。我々がこれまで推測してきたことの一部は、これによってある程度証明された。

先にもお伝えしたように、状況は大きく変わった。目を背けることもできるが、その責任は自分で負わなければならないことを覚悟しておいたほうがいい。

ここで、我々がこれまで常識に照らしておかしいと指摘してきたことを改めてまとめてみよう。

(1) ブッシュは事件がビン・ラディンという一人の邪悪な人間によって引き起こされたと主張してきた。しかし、証拠は何一つ示されていない。しかもマスコミの調査によれば、ビン・ラディンを名指しして大騒ぎしているだけのブッシュの主張を、国民の九割以上が鵜呑《うの》みにしているようなのである。

(2) エンロンの事件に関して十二以上の委員会を設置して調査してきた連邦議会は、世界貿易センタービルの事件については何一つ調査をしてこなかった。本レポートの印刷段階になってようやく二つの委員会が設置されることになったが、下院の委員会は調査範囲が狭く、委員長のポーター・ゴス下院議員は元ＣＩＡ工作員である。ジョセフ・リーバーマンが委員長を務める上院の委員会のほうは、より広範囲のものだ。この国は、およそ三千人もの国民が亡くなっているというのに、忘れ去ろうとするかのような態度をとってきたのである。ケネス・レイ会長の不正の調査に十二もの委員会が駆り出され、三千人近くもの罪なき国民が死亡した事件には調査の必要がないと考えられてきたのだ。

こうした態度を見て我々が出した結論は、議会は調査をしたくないということだ。これから述べるような情報や問題のなかに真実があることを懸念し、それらが公になることを恐れているのかもしれない。

だが、議会とは本来、民衆を代表する存在のはずではないか。

(3) すでに半年が経過しているにもかかわらず、オサマ・ビン・ラディンの居所はつかめていない。また、ブッシュはＦＢＩにサウジアラビアに関する調査を打ち切らせた。

(4) 報道機関が仕事をしていない。大勢の〝報道ジャーナリスト〟たちは、オサマ・ビン・ラディンが黒幕であるというブッシュの主張に対して証拠を求めることすらしていない。

もっとも、インターネットを調べてみると、少々違った側面が見えてくる。CNNやRense.com（http://www.rense.com/general19/formergerman.htm）に行って、世界貿易センタービルの事件でハイジャックされた四機の旅客機の乗客名簿をプリントアウトしておくことをお勧めしたい。我々は当然、アラブ人の名前があるかをチェックしてみた。しかし、明らかにアラブ人だという名前は見当たらなかった（可能性のありそうな名前は一つだけ載っている）。ところが、FBIはハイジャック犯の名前を我々に提示している。これらの名前は公表された乗客名簿には載っておらず、FBIは偽名を使っていたとも言っていない。これは明らかな矛盾だ。

もう一つの〝可能性〟については、より多くの証拠がある。その可能性とは、米国の四機の旅客機がNORAD（北米防空司令部）にハイジャックされたというものだ。米空軍が対ハイジャック向けの遠隔操縦技術を使って、本来の目的とは逆のことをしたという疑惑があるのである。アメリカの同盟国としての立場を常に堅持してきたイギリスが、アフガニスタンに二万五千人の部隊を派兵することを拒否し、ドイツがそのイギリス撤退後のカブールに平和維持部隊を送ることを拒《こば》んだのも、そのあたりが原因である可能性があろう。

本レポートの次号では、すべての情報をお伝えできる予定だ。なかには真偽の確認が必要な資料もあるが、とりあえずは読んでいただいてみなさんの判断にゆだねたいと思っている。

この疑惑を確かめる必要があると感じられた方は、議員や地元の新聞編集者、NORADのマイヤーズ将軍、まともなニュースレターの編集者、その他の関係者に問い合わせてみるといいだろう。

この情報が握り潰されようとしているという噂も飛び交っている。そうなったときには、みなさんは自ら身の振り方を考えなければならない。我々自身は、前記の人々は信用に値しないと考えている。

この話を知っている人間は一万人程度か、あるいはそれ以上いるかもしれない。バリエーションもあるが、我々は中国がかかわっているという見方については懐疑的だ。中国の関心はもっぱらアメリカの弱体化にある。

以下、重要なポイントを箇条書きにしてみよう。

① 民衆を沈黙させることはできない。
② ワシントンは真実を隠したがっている。
③ 真相が白日のもとにさらされることをワシントンが恐れているという噂が流れている。
④ Rense.com に行けば、詳しい情報が載っている。

まずはハイジャックされた四機の乗客名簿からである。その他の情報についても今後明らかになっていくことだろう。

❖――今後の展開は「一九三〇年代のドイツと同じ道を歩むアメリカ」か!?

遅かれ早かれこういう事態になることは予想されていた。世界の情勢の変化に気づき始めた人が増えてきたことは間違いないが、知識だけでは無意味だということがわかっている人はまだまだ少ないというのが我々の率直な感想である。とにかく、行動を起こすことだ。ただ、この国は長い間一見順調に進んできたので、考え方を変えるのがなかなか難しいということもあるかもしれない。

先日、多くの文書を焼却処分したのだが、そのときふと思った。戦争が迫ったときには、大使館もこういうことをするのだろう。大使館の煙突から煙が出ていれば、それは有事が迫っている証拠だ。

我々が最初に警告を発したのは二〇〇〇年十一月のことである。二〇〇一年九月十一日には、別の警告がなされるべきであった。ワシントンのこの六ヵ月の動きがそのことを裏づけている。もっとも、

一九三〇年代のナチスの党大会

我々の声がさほど影響力を持っていないのも事実だ。連邦議会は半年もの間〈九・一一〉の事件を調査しなかった。しかし、今やアメリカの同盟国からも警鐘が鳴らされている。イギリスは二万五千の兵士のアフガン派兵を拒否した。この警告は真摯《しんし》に受け止めるべきだ。

みなさんは議員がいないかのようなふるまいはやめて、世界貿易センタービルの事件について問い質さなくてはならない。彼らはみなさんが選んだ人間なのだ。

すでにほころびは見え始めている。にもかかわらず、アメリカ国民が抗議の声を上げ始める気配はない。みな、現状に満足しているようなのだ（少なくとも我々にはそう見える）。「笑顔のファシズム」があっという間に現実のものになりうるということが、わかっていないのかもしれない。あるいは、軍事法廷で行なわれているゲームや、共通の身分証明書導入を求めるかまびすしい議論、さらにはより不穏な動きなどについて、単に認識していないだけなのかもしれない。だが現実には、〈九・一一〉がアラブ人とはまったく無関係でＮＯＲＡＤが深くかかわっていたという可能性もあるのだ。

ドイツの元技術調査大臣がこうした可能性に言及し、注意を促していることは、明らかに憂慮すべき事態である。こうしたフォン・ビューローの見解を裏づける情報も、我々のところには入ってきている。彼はアメリカが一九三〇年代のドイツと同じ道を歩んでいると警告してくれているのだ。ところがこの国の人々は、その現実から目を背け続けている。

一九三〇年代に、ドイツのナチ革命に融資を行なっていた者たちがいた。民主党のエイヴレル・ハリマンと共和党のプレスコット・ブッシュが、ユニオン・バンキングを通じて資金を流していたのだ。そしてプレスコット・ブッシュの孫は、ほかならぬ現大統領のジョージ・W・ブッシュであり、彼もまたエール大学のスカル&ボーンズの会員である。

現在も同じことが繰り返されている。だが、市民の側から反旗は上がっていない。もっとも、コメンテイターのなかには（十人あまりではあるが）警鐘を鳴らしている者たちもいる（特にインターネットで）。本レポートも驚くべき進展を目《ま》の当たりにすることになった。少なくともすべての人々が眠っているわけではなさそうだ。

ただ、やはり問題は残っている。連邦議会の重い腰を上げさせたり、新聞編集者に訴えたり、書籍を出版して世に知らしめたりといった役目を、誰かが果たさなければならない。まだ『ASE』を読んでおられない方は、ぜひ読んでおくことをお勧めする。二十年前のものだが、今でも読む価値はある。また、www.geocities.com/mknemesis/homerun の『Electronically Hijacking the World Trade Center Attack Aircraft（世界貿易センタービルを襲った航空機の電子ハイジャック）』という記事にもぜひ目を通しておいてもらいたい。

とにかく今すぐに、目を覚ましてほしい。〝連中〟は、自分たちの計画を進めるために、三千人のアメリカ国民を殺害することにしたようだ。――ここまで言ってもまだピンとこないという人には、何を言ってもむだだろう。とにかく、インターネットで rense.com や Orlin Grabbe をチェックしてみることだ。

（『FTIR』〔2002/4 Vol.13, No.4〕）

《絶叫と言えるまでに必死で警鐘を打ち鳴らし、さらに「次号は二〇〇二年六月……」として熱い思いを読者に向けていたサットンだが、死去によりこの号が彼の最後のニュースレターとなった。次に、

彼が発行していたもう一つのニュースレターである『フェニックスレター』をご紹介していく》

◉権力乱用から始まる秘密と嘘《うそ》の公言

❖――ブッシュ家の人間が連綿として参入し続ける「結社」の存在

ジョージ・ハーバート・ウォーカー・ブッシュ副大統領（当時）は、温和そうな表の顔の裏に、もう一つの顔を隠している。それは「結社《ザ・オーダー》」の存在だ。

ブッシュ家および、同家と親密なつながりを持ついくつかの家系が中心となっている秘密結社が存在するのである。この秘密結社スカル＆ボーンズは、「ザ・オーダー」（会）とも通称され、メンバーはその目的を口外しないという誓約をしている。彼らは組織の存在すらも認めることはない。

実は、ブッシュ家からは何人もがメンバーとなっている。たとえば、この秘密結社の結社員「目録（名簿）」のうち、ブッシュの項の一部を抜粋するとこうなる。

◆ブッシュ（政治）――四八年。ジョージ・ハーバート・ウォーカー／コネティカット州グレニッチ、グローヴレーン。

◆ブッシュ（金融）――二二年。ジェームズ・スミス／ミズーリ州セントルイス、ワシントン・アヴェニュー九〇一（自宅＝リンデル・ブールヴァード五一二五）。第一次大戦は学生陸軍訓練部軍曹、第二次大戦は空軍中佐。セントルイス・インダストリアルバンク役員。

◆ブッシュ（金融）――一七年。プレスコット・シェルドン／ニューヨーク市ウォール街五九（自宅＝コネティカット州グレニッチ、グローヴレーン）。一九四四年、エールコーポレーション会員。第一次大戦で野戦砲兵隊長（連合国遠征軍）。（後略）

と、以下も同項目は続いていくが、このうちジョージ・ブッシュ副大統領の父であるプレスコット・シェルダン・ブッシュに注目してみよう。彼は、一九一七年に「結社」に入った。同期のメンバーでは、ドレッサー・インダストリーズ（戦略高度技術をソ連に輸出していた主要企業）の創設者ヘンリー・ニール・マロンがいる。

そして、彼らは第一次大戦中、〝即席〟の隊長としてそれぞれ次の部隊を任された（あるいは報酬《ほうしゅう》として与えられた）。

◆プレスコット・ブッシュ隊長＝第三二二野戦砲兵連隊

◆ヘンリー・マロン隊長＝第三二三野戦砲兵連隊

私の『ＡＳＥ』――副題は「Introduction to The Order（「結社」を知る）」――を読んだ方なら、「３２２」と「３２３」がエール大のスカル＆ボーンズの聖堂内の部屋の番号であることを思い出したことだろう。

さらに、プレスコット・ブッシュは第一次世界大戦終結後にニューヨーク市ウォール街五九番地にある民間銀行Ｗ・Ａ・ハリマン（現在のブラウン-ブラザーズ・ハリマン）に入り、以後四十年にわたって同社に勤めることとなる。ブラウン家のエイヴレル・ハリマンとローランド・ノエル・ハリマンの兄弟も、「結社」に所属している（それぞれ一三年と一七年の会員）。

一九二一年、ブッシュはセントルイスの銀行家ジョージ・ハーバート・ウォーカーの娘であるドロシー・ウォーカーと結婚した。ジョージ・ハーバート・ウォーカーの息子のストートン・ウォーカーも一九二八年に同結社に加盟している。プレスコット・ブッシュの兄弟であるジェームズ・スミス・ブッシュ（一九二二年度加盟）も、ウォーカーがセントルイスに所有するインダストリアルバンクに雇い入れられている。

　要するにブッシュ家は、目的や会員であるという事実はおろかその存在自体を明かさないことを誓約させられるような「結社」の、堅固な人脈の中心にいるのである。

❖――「結社」によりトントン拍子の出世ができたブッシュ（シニア）

　ジョージ・H・W・ブッシュは一九二四年六月十二日、マサチューセッツ州ミルトンに生まれた。幼少時代をコネティカット州グレニッチとアンドーヴァーのフィリップス・エクスター・アカデミーで過ごし、第二次世界大戦では三年間太平洋の海軍航空局に所属、中尉で除隊した（これは彼の数少ないまともな功績の一つである）。

『Current Biography（種なし干し葡萄《ぶどう》伝記）』によるとその後、次のような道を辿《たど》ったようだ。――民間人に戻ったブッシュはエール大学に入って経済学を専攻、優等学生としてファイ・ベータ・カッパに選ばれ、デルタ・カッパ・イプシロン学生友愛会（結社）に入った。さらに、一九四八年にはスカル＆ボーンズに加盟する。だが、同書には（ほかの伝記類もそうであるが）スカル＆ボーンズへの加盟については書かれていない。その一員であるという事実は一貫して公式の記録からはずされている。

　これは、「結社」のことが外部の人間から指摘されたときに、自分が結社員であることや結社の存在自体を認めることを禁じた同会の誓約にも合致している。

　エール大を卒業したあと、ブッシュは職に就いた。前掲書には、次のように書かれている。

エール大を卒業したブッシュは……敷かれたレールを避け、父の銀行（ブラウン-ブラザーズ・ハリマン）には入らずに、テキサス州オデッサの油田供給企業ドレッサー・インダストリーズの営業担当社員となった（この会社も父が役員を務めていた）。

ドレッサー・インダストリーズについては、興味深い点がある。高度なハイテクをソ連に輸出し続けてきた企業なのだ。その一部は軍事用途であることが明らかである。技術の輸出に関してはレーガン大統領よりも保守的であったカーター大統領ですら、一九七七年に国防総省の反対を押し切って、ドレッサーがソ連と結んだ契約にゴーサインを出している。

そして一九七〇年、ブッシュはテキサス州から上院議員に立候補し、落選した。ところが、ニクソンはブッシュを国連大使に任命したのである。

この任命は政治的なものであるとの批判にさらされた。ブッシュは国際問題や外交に関していっさい経験を持っていなかったからだ。そして、この強引な人事の結果は、国連総会から台湾が締め出され、共産中国が常任理事国入りを果たすことにつながった。

また、ブッシュは国連のオフィスを「世界化」（個別の地域社会が世界的地位を獲得すること）の推進に利用した。こうして地方税の一部は、地元のために使われずに国連に流れるようになった。これはアメリカの主権に背を向ける行為にほかならない。

新世界秩序に最初に組み込まれることになったアメリカの都市は、オハイオ州リッチフィールドだった（一九七〇年十一月）。以下はブッシュ国連大使が同市に宛てた書簡からの抜粋である。

貴市が世界化を宣言されたことにつきまして、職員ならびに市民のみなさまを心よりお祝い申し上げます。貴市のような自治体が国連を支持して、その理念や世界平和における役目に賛同してくださるのは、たいへんに心強いことです。みなさまの行為は、そうした理解がない限り世界に平和が訪れないという認識を国際社会に広めるといううえでも、たいへん重要であると言えます。国連憲章に謳《うた》われていることが国際関係において実践されるような世界の構築を目指す人類の取組みにおいて、リッチフィールド市はこの上なく大きな貢献をなされました。

ブッシュはこの国の公僕になった時点で、米国憲法を擁護する誓いを立てているはずである。つまり、アメリカの主権をなんらかの形で損なうようなものを擁護することはいっさい許されていないのだ。「世界化」のプロセスと米国憲法は相容《あいい》れないものであり、どちらかを選んだらもう一方に賛同することはできない。二つの概念の両立はありえないのである。

ブッシュはこののち、ニクソンとフォードの両政権下でさらなる出世の階段を上り詰めてゆく。

・一九七一～七二年　国連アメリカ大使
・一九七三～七四年　共和党全国委員長
・一九七四～七五年　在北京連絡事務所長
・一九七六～七七年　ＣＩＡ（中央情報局）長官

一九八〇年、ブッシュは副大統領候補として大統領選に出馬した。このとき大規模な支援を行なったのがいわゆる「東方体制」で、デヴィッド・ロックフェラーが法律で許されている最高額の一〇〇〇ドルを提供したのに加え、ロックフェラー家からはほかに五人が献金を行なっている。また、ほかにブッシュを支援した「結社」のメンバーには次のような人物がいた。

◆Ｊ・リチャードソン・ディルワース（一九三八年度加盟、ロックフェラー家遺産管理人）／一〇

〇〇ドル
◆ジョン・カウルズ・Jr（カウルズ家には四人のボーンズメンがいる）／一〇〇〇ドル
◆ジョージ・ウェアハウザー／一〇〇〇ドル
こうした後ろ盾の結果、ブッシュがレーガンのあとを次いでホワイトハウス入りしたのはご存じのとおりである。

❖――ソ連アンドロポフ書記長に擦り寄ったブッシュとその会見模様

一九八三年十月の本ニュースレターでは、アンドロポフと個人的に会ったアメリカ人は二人だけだという話をした。そしてアンドロポフがその相手として選んだのが、「結社」のメンバーであるブッシュとハリマンであった。駐ソ大使のハートマンでさえ、アンドロポフと二人だけで会ったことはない。

一九八二年十一月の会見で、ブッシュはどのような印象を持ったのであろうか。以下は〝元CIA長官〟ブッシュによるアンドロポフの評価である。

私がアンドロポフに会って感じたことは、KGBが大げさに伝えられてきたということだ。私はCIAの長官を務めたことがあるので、やや弁解がましい言い方になるが、これまで言われてきたようなことを忘れて曇りのない目で眺めてみると、彼は膨大な情報に接してきた人間であり……（その分）アメリカの意図を誤解する恐れは少ないと言っていい。

ブッシュはアンドロポフのことを、誤解されており、実際は米ソ関係の改善を願っている人物と判断したのである。

これと同じ時期に、本ニュースレター（一九八三年一月号「ロシアの窓口」）では、「アンドロポフは一九一七年のボルシェビキ革命以降、最も危険なソ連の指導者である」という指摘をしていた。

彼はレーニン以上に高学歴であり、狡猾《こうかつ》さという点でもおそらくレーニンに匹敵する。スターリン並みの非情さも持ち合わせており、その非情さは長く耐乏生活を送ってきたロシア人のみならず、自由世界にも向けられることになるだろう。のちに歴史を振り返ってみれば、フルシチョフもブレジネフも、アンドロポフに比べればまだかわいかったということになるに違いない。今後は、有能と恐怖で知られるKGBが、国内のみならず国外でも幅を利《き》かせるようになるということだ。

〝誤解されていた〟アンドロポフは、次のようなテロ行為を続けざまに行なっている。

・ローマ法王の暗殺未遂（モスクワから指令が出ていた）。
・大韓航空007便の撃墜。
・バンコクでの韓国閣僚の虐殺《ぎゃくさつ》《これはミャンマーのラングーンで起きた事件に関する著者の誤認と思われる》。
・キューバとの協力によるグレナダの拠点化（ブラジルの革命への布石）。

ブッシュはCIA長官を一年務めたことを鼻にかける前に、本ニュースレターを購読したほうがいい。そうすれば、相手の考えていることを正確に見極められるようになるだろう。

❖ ブッシュはロベルト・ムガベとの会見で〝ジンバブエの独裁者〟を褒《ほ》め称《たた》えてもいた

一九八二年十一月のアンドロポフとの会見のあと、ブッシュはジンバブエを訪問してロベルト・ムガベに会い、スピーチを行なっている。ただ、スピーチの内容はアメリカのメディアではあまり報じられていない（テレビネットワークや主要な新聞はこれを伝えなかった）。ブッシュがジンバブエの首都ハラレで行なったスピーチを読めば、彼がなぜジンバブエに対する自らの見解を国内で報じられたくないかがわかるはずだ。

本年五月、我々はロベルト・ムガベが国内の敵対する部族を密かに虐殺していることをお伝えした。そのような国に対して、アメリカは（住宅整備計画の支援とはいえ）国民向け融資よりも低い利率で貸付を行なっているのである。

本ニュースレターでは、ムガベについて「二つの顔を使い分ける殺人者であり、虐殺のことが話題に上ると嘲笑《ちょうしょう》を浮かべつつ、地元のアメリカ代表者には善人の顔を見せてきた」と指摘している（一九八三年五月号）。

虐殺が進行しているという状況下で、ブッシュ副大統領は調査のためではなく、ムガベにいい顔をするためにジンバブエ入りしたのだ。以下は一九八二年十一月十六日にジンバブエのハラレで行なわれた国賓晩餐《ばんさん》会における、ブッシュの歯の浮くようなスピーチからの抜粋である。

首相閣下、……今から三十一時間前、私はモスクワでパキスタンのジアウル・ハク大統領と、アフリカ訪問について話していました。私がムガベ首相のお名前を出すと、ハク大統領は世の良識ある人々なら誰もがうなずくようなことをおっしゃっていました。……真の政治家であるロベルト・ムガベ・ジンバブエ首相にお会いできたことを、心より光栄に感じています。国際的に認められ、崇敬を集めておられる閣下のご威光は、今後ますますその輝きを増すことでしょう。（中略）

首相閣下、……あなたはたいへんな困難に直面されてきました。……私はレーガン政府を代表して、あなたが進めてこられた宥和《ゆうわ》政策を支持することをここに申し述べさせていただきます。……私たちはあなたの国の成功が自国の原則ならびに国益と一致するとの認識のもとに、これまで支援をさせていただいてまいりました。……レーガン大統領が就任してまもなく、米国政府は二億五〇〇〇万ドル近くを新たに援助することを表明いたしております。アメリカはジンバブエに対する誠意を表明しただけでなく、その誠意が本物であることを証明してまいりました。(中略)

先ほど、モスクワを訪問したことをお話ししました。ブレジネフ書記長の葬儀の写真はすでにみなさんご覧になられたことと思いますが、私が一番感銘を受けたのは——おそらくあの写真は一生忘れられないでしょう——若きロシア兵たちの威厳に満ちた雄姿を写したものです。

ブッシュは誘惑に勝てなかったらしく、スピーチの最後にはアンドロポフにまんまと手なずけられてしまったことも自ら暴露している。その後も、子供じみた青臭いリップサービスの羅列《られつ》だ。アメリカ合衆国の副大統領が、国外ではこのようなことをしているのである。

現在に話を戻そう。一九八三年十一月一日、本ニュースレターの発行まで数日という状況だ。ハラレではロベルト・ムガベが、合同メソジスト教会(本部アメリカ)のアベル・ムゾレワ主教を拘禁した。

ムゾレワ主教の罪は何か。

二日前にムガベの急襲部隊に拘束されたとき、主教はジンバブエの人権抑圧が白人少数派による支配よりもひどい(ジンバブエはかつてローデシアと呼ばれていた国である)と述べた。以下はムゾレワ主教によるムガベ批判のコメントである。

私は今でも、現在の抑圧から神が私たちを解き放ってくださるという希望を持ち続けています。その抑圧を行なっているのはイアン・スミスでもイスラエルでもなく、南アフリカでもありません。肌の白い人々ではなく、黒い肌の与党と政府が抑圧を行なっているのです。

ムゾレワ主教は現在、ハラレ中央警察署に拘禁されている。明確な容疑も示されぬまま、面会を許されず弁護士もつけてもらえずに留め置かれている状態だ。

ブッシュ副大統領が〝優れた〟政治家と褒《ほ》め称《たた》えた人物が、主教にこのようなことをしているのである。アメリカはそのような人物に対して、今年、血税から二億五〇〇〇万ドルを提供しようとしている。

このような状況をみると、ブッシュに関しては次のよう結論を下さざるをえない。

(1) ブッシュは〝利己的な〟(メンバーの一人がそう言っている)秘密結社の一員である。そしてその事実は国民の目から隠されている。これは明らかに国民を欺《あざむ》く行為だ。

(2) ブッシュは人や事実を判断するのが〝苦手〟なようだ。アンドロポフやムガベのようないかれた連中を積極的に支持するような人間は、自由や人の尊厳といったアメリカの伝統的な価値観をほとんど理解していないと考えるべきだろう。

(3) こうした点はアンドロポフも認識していた。ソ連が作成したブッシュの心理プロフィールは正確だ。ブッシュは自己顕示欲が強いらしく、要人扱いや整然たる軍事パレードなどのエサがあれば簡単に籠絡《ろうらく》できる。

(4) ブッシュの行動は、「結社」のメンバーには人格に深刻な欠陥があるという『Introduction to The Order』の指摘が正しいことを証明している。

したがって、本ニュースレターではこのように勧告しよう。「ブッシュ副大統領は今すぐに辞任すべきである。これらの事実が広く知られてレーガン政権に影響が出る前に政権を去るべきだ！」

（『フェニックスレター』〔1983/11 Vol.12, No.9〕）

◉スカル&ボーンズは常に権力機構に根づく

❖――「結社」のメンバーであることを否認し〝隠蔽《いんぺい》〟を選んだ〝パパ〟ブッシュ

政治的犯罪者の愚かしさにはいつも驚かされる。

隠蔽などというものが通用しないということは、ニクソン政権で明らかになったはずではなかったか。国民は政治的犯罪を受け入れることはあっても、それを〝隠す〟人間を受け入れることはない。

しかし、P-T〝パパ〟ブッシュ（D146）は、利己的な面――B-sとのかかわり、「結社」の人間であるといった事実はなんとしても隠したがっていたようだ。

なぜ意味不明の記号が出てくるのかと疑問に思っている方もいるかもしれないが、別にみなさんを惑わせるためではない。これらは彼らが手紙をやり取りするときに使っていたもので、P-TはPatriarch（長老）、D146は加盟日、B-sはBones（ボーンズ＝スカル&ボーンズの略称）を意味する。

一九八三年十一月の本ニュースレターでは、〝パパ〟ブッシュ（ジョージ・ハーバート・ウォーカー・ブッシュ副大統領）に関する情報として、ラッセル信託（「結社」＝スカル＆ボーンズ）の目録（名簿）を紹介した。

この目録のブッシュ家の項目には、ブッシュ副大統領も含まれていた。その後、隠蔽を示唆する出来事が立て続けに起こっている。

(1) 一九八三年十一月十四日　エール大学図書館がキングスレー信託とラッセル信託に関する文書の閲覧を禁止。

(2) 一九八三年十二月十三日　ブッシュ副大統領が「利己的な」秘密結社の結社員である事実を否定。

(3) 一九八四年一月十六日　ホワイトハウスが共和党の伝統である地域綱領公聴会を中止。——三項目のいずれについても、あとに詳述する。

だが、我々はブッシュ副大統領が（すでにご存じのとおり）「結社」のメンバーであることを証明する決定的な文書を持っている。

「結社」のメンバーは沈黙の誓約をしており、メンバーどうしの手紙のやりとりにおいてさえ、「結社」のことは暗号化されている。

ブッシュ副大統領には二つの選択肢《せんたくし》がある。メンバーであることを否定して国民を欺き、就任時の誓いを破るか、あるいは真実を話してメンバーであることを認め、「結社」の誓いに背くかのいずれかである。

しかし今回、彼は前者を選んだ。

一九八三年十一月、読者の一人が副大統領に手紙を送り、本ニュースレターに書かれていることの真偽に関する回答を迫った。手紙は長文で全文を載せる紙幅はないので、ここではそのなかから二つの質問とそれらに対するブッシュの回答を掲載し、我々の所感を述べることにする。

【読者がブッシュに問い質した疑問】

①あなたは現在、あるいは過去に、サットン氏が指摘する秘密結社（「スカル&ボーンズ」と呼ばれています）のメンバーであったか、あるいはなんらかの関係を持っていたのでしょうか。

②ソ連のアンドロポフ書記長とジンバブエの独裁者ムガベについてあなたが述べたことは、サットン氏が引用されたとおりなのでしょうか。違うのであれば、正確にどのようなことを言われたのかを教えていただけないでしょうか。

【ブッシュ副大統領事務局の回答】（一九八三年十二月十三日付の返信より）

『フェニックスレター』十一月号に関するお手紙をいただいたことにつきまして、大統領が感謝しておりますことをお伝えいたします。

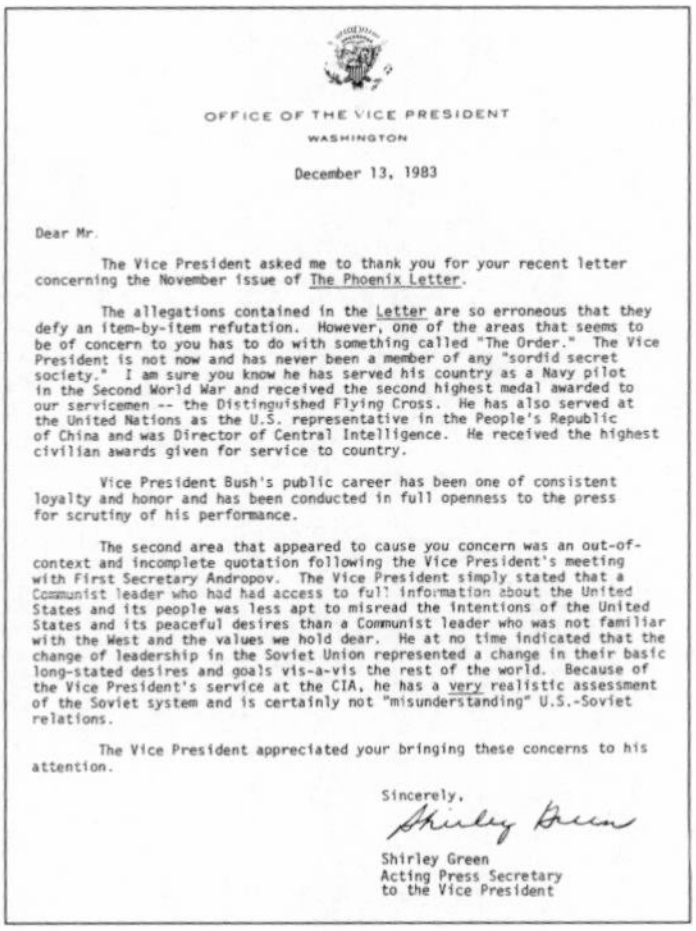

OFFICE OF THE VICE PRESIDENT
WASHINGTON

December 13, 1983

Dear Mr.

The Vice President asked me to thank you for your recent letter concerning the November issue of The Phoenix Letter.

The allegations contained in the Letter are so erroneous that they defy an item-by-item refutation. However, one of the areas that seems to be of concern to you has to do with something called "The Order." The Vice President is not now and has never been a member of any "sordid secret society." I am sure you know he has served his country as a Navy pilot in the Second World War and received the second highest medal awarded to our servicemen -- the Distinguished Flying Cross. He has also served at the United Nations as the U.S. representative in the People's Republic of China and was Director of Central Intelligence. He received the highest civilian awards given for service to country.

Vice President Bush's public career has been one of consistent loyalty and honor and has been conducted in full openness to the press for scrutiny of his performance.

The second area that appeared to cause you concern was an out-of-context and incomplete quotation following the Vice President's meeting with First Secretary Andropov. The Vice President simply stated that a Communist leader who had had access to full information about the United States and its people was less apt to misread the intentions of the United States and its peaceful desires than a Communist leader who was not familiar with the West and the values we hold dear. He at no time indicated that the change of leadership in the Soviet Union represented a change in their basic long-stated desires and goals vis-a-vis the rest of the world. Because of the Vice President's service at the CIA, he has a very realistic assessment of the Soviet system and is certainly not "misunderstanding" U.S.-Soviet relations.

The Vice President appreciated your bringing these concerns to his attention.

Sincerely,

Shirley Green

Shirley Green
Acting Press Secretary
to the Vice President

ブッシュ副大統領のオフィスからの返信の書簡——文中さまざまに〝逃げ〟を打っている

同ニュースレターに書かれている内容には錯誤が多く、逐一反論することは不可能です。しかしながら、貴兄がご懸念を抱かれていることの一点目が、「ザ・オーダー」と呼ばれているものに関するもののようでありますので、そのことについてお答えいたします。副大統領は現在も過去も「利己的な」秘密結社の一員であったことはありません。貴兄もご存じかと思いますが、副大統領は第二次大戦で海軍のパイロットとして国のために奉仕し、二等勲章である殊勲十字章を授与されております。また、国連では中華人民共和国に対するアメリカ代表のほか、ＣＩＡ長官も務めてまいりました。国への奉仕に対して最高級の表彰も受けております。

ブッシュ副大統領は公務において常に忠誠心と名誉を重んじてきており、その仕事ぶりをマスコミにオープンにしてまいりました。

貴兄がご懸念を抱いておられる二点目は、副大統領とアンドロポフ書記長との会見後の経緯に関する、不完全かつ文脈を踏まえていない引用に基づくもののようです。副大統領は、合衆国とその国民の情報を完全に把握してきた共産党指導者は、西側のことやその価値観を知らない共産党指導者よりも合衆国の意図や平和への願いを誤解する恐れが少ないと述べたにすぎません。ソ連の指導者の交代の結果として、同国が長きにわたり世界に対して抱いてきた願望や目指すところに変化が生まれたといった主旨のことを副大統領が述べたことはありません。副大統領はかつてＣＩＡに役職を得ていたこともあって、ソ連の体制についてはきわめて現実的な判断をしており、米ソ関係を〝誤解〟するようなことはありえないと申し上げておきます。

副大統領は貴兄がご懸念をお伝えくださいましたことに感謝しております。（傍点は筆者による）

【我々の所感】

①に対しては、要するに「副大統領は現在も過去も『利己的な』秘密結社の一員であったことはありません」というわけだが、ブッシュは「利己的な」の一語を含めることで〝逃げ〟を打っている。また、返信に署名しているのはシャーリー・グリーン報道担当官代理であり、いつでも副大統領が内容を翻《ひるがえ》すことが可能である。ブッシュ副大統領は、自らはっきりと否定することが困難な立場にあるようだ。

②については、返信ではムガベに関しては無視され、正確に何を言ったかについての回答もない。そもそもこういう態度であるから『フェニックス・レター』が副大統領の言葉を記録どおりに伝えた

のである。また、アンドロポフに関しては「不完全かつ文脈を踏まえていない引用」と弁解しているが、その正確な内容を示すことはしていない。したがって、我々の所感も、取り立てて言うべきことはない。ブッシュが自らの主張を証明する材料を持ち合わせていないことは明らかである。

❖――エール大学図書館はブッシュの隠蔽に荷担した

文化国家の図書館の司書の第一の仕事は、稀覯《きこう》本など、特別な利用制限が正当でありその旨がはっきりと示されたものを除き、目録に掲載されたあらゆる資料をすべての来館者が自由に閲覧できるようにすることである。

これはプロの図書館員の基本的な心構えで、筆者が学術界の人間になってからの三十年間、この原則が破られたのを見たことはなかった。

ソ連の図書館でさえ、ほぼこのルールを守っている。筆者はソ連の技術についての研究を三巻の本に著わしたが、この研究の大部分はソ連の資料が元になっている（アメリカ政府はこの分野のファイルを機密扱いにしていた）。こういうことには神経質だと言われてきたソ連であるが、モスクワの目録にあった資料を問題なく輸入することができた。

一方、コネティカット州ニューヘヴンのエール大学は、自由な調査を阻害している。

一九八三年八月、筆者は同大図書館に対して、同大目録

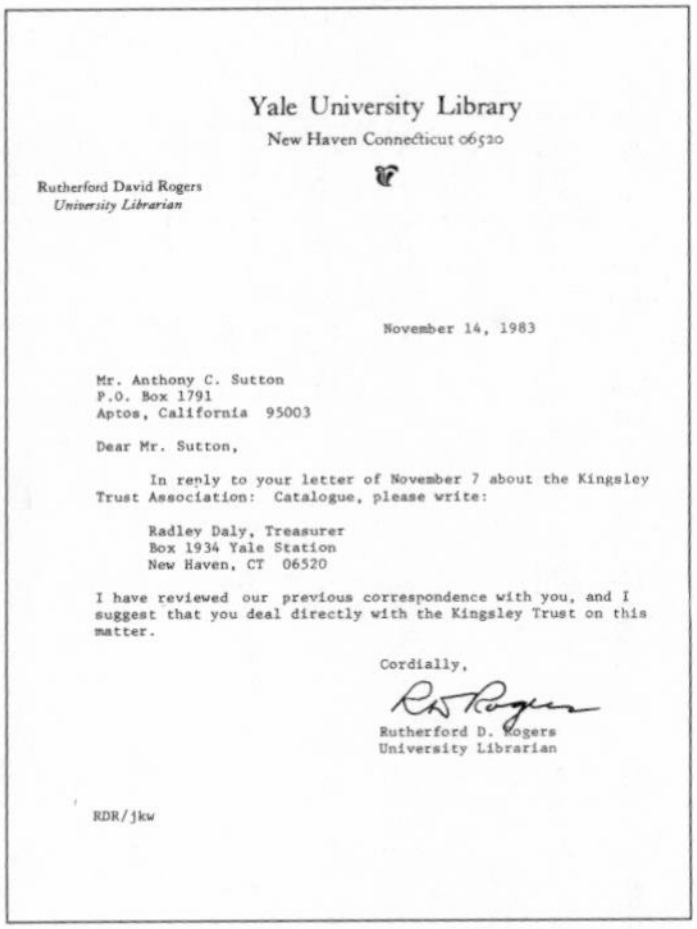

Yale University Library
New Haven Connecticut 06520

Rutherford David Rogers
University Librarian

November 14, 1983

Mr. Anthony C. Sutton
P.O. Box 1791
Aptos, California 95003

Dear Mr. Sutton,

In reply to your letter of November 7 about the Kingsley Trust Association: Catalogue, please write:

Radley Daly, Treasurer
Box 1934 Yale Station
New Haven, CT 06520

I have reviewed our previous correspondence with you, and I suggest that you deal directly with the Kingsley Trust on this matter.

Cordially,

Rutherford D. Rogers
University Librarian

RDR/jkw

エール大学図書館よりの書簡――要請への断りや無視、たらい回しのみの返信だ

の「Yeg2 K61c（キングスレー信託）」と「Yeg2 R9c（ラッセル信託）」のコピーを要請した。

そして、これに同図書館は一九八三年十一月十四日付の次のような書簡を返してきた。

サットン様

十一月七日にいただきましたお手紙で、キングスレー信託協会の目録に関するお問い合わせをいただきましたが、こちらにお尋ねになることをお奨めいたします。

「0625０　コネティカット州ニューヘヴン　エール郵便局私書箱１９３４　経理担当・ラドレー・デイリー氏」

貴兄と当図書館との間に交わされた書簡を拝見いたしましたが、この問題につきましてはキングスレー信託と直接お話をされたほうがよろしいかと存じます。

大学図書館司書　ラザフォード・D・ロジャーズ

つまりは要請を断ってきたわけで、文面から見るところ、少なくともキングスレー信託について、一種の検閲があったのは間違いない。また、ラッセル信託に関する要請は返信では無視されている。キングスレー信託というのは、エール大学の最上級生秘密結社スクロール&キー《巻物と鍵》のことだ。我々はこの結社がスカル&ボーンズの一部（おそらくは支部）ではないかと考えている。この秘密結社のメンバーには、ディーン・アチソン（一九六八年国家安全保障会議）、サイ・ヴァンスなどがいる。

筆者が求めた資料は一九八三年の半ばまでは〝自由に〟閲覧可能であった（それまでの閲覧要請についてはすぐに認められている）。なかには百年以上も閲覧が許されてきたものもあるにもかかわらず、八三年の七月から十一月までのどこかの時点で閲覧禁止の措置がとられたようだ。

❖独裁への道——ブッシュとベイカーのグループが共和党の綱領公聴会を中止する

政治においての隠蔽は、しばしば独裁へとつながっていく。その一環なのか、次のようなことが起こった。

共和党は選挙の年に、全国で綱領公聴会を開くことを慣例としてきた。今年も、ホワイトハウスのエドウィン・ミーズ大統領顧問（綱領作成担当）をはじめ、共和党の官僚および議員、知事のほとんどが開催を望んでいた。

ところが、ブッシュとベイカーはこれを中止させてしまった。ジェームズ・ベイカーは「政権与党がわざわざ批判にさらされるようなことをする必要はない」とその理由を説明している。

これに対してトレント・ロット（ミシシッピー州選出）が、四つだけ実施するという妥協案を示した。しかし一月には、この妥協案までもブッシュとベイカーのグループによって潰されてしまう。

個々の共和党員は、ダラスでの大規模なものとは別に地元で公聴会を開いている。

また、「結社」のメンバーどうしで交わされた書簡（地域細胞やクラブ）からは、彼らが不安を抱いていることが読み取れる。彼らは反エリート主義が盛り上がることを恐れ、エール大学からもつまはじきになるのではないかと恐れているのだ。

ここはなんとしてもブッシュ副大統領を公の場に引きずり出して、全国放送のカメラの前で質問に答えてもらわなければならないだろう。たとえばこんな質問に、彼はどう答えるだろうか。

・現在、あるいは過去に秘密結社のメンバーであったことがあるか

・結社員であることを秘密にする誓いを立てたことはあるか

・副大統領指名の承認を受けたときに、ＦＢＩや上院に秘密結社の会員である事実を報告したか。

結論はこうなる。

①〝パパ〟ブッシュは秘密結社の会員であり、かかわりを否定することができない。

②ブッシュはあとで言い逃れできるように報道担当官を介して質問に答え、自分は目立たないように影に隠れている。公の場で質問に答えることもしない。

③要するに、彼は隠している。

そこで本ニュースレターの立場としては、

⑴　ブッシュは墓穴を掘る前に辞任するべきである。

⑵　『フェニックスレター』では、スクロール＆キーのことが載っている近年（一九六〇年以降）の『エール大学年鑑』を募集する。お借りした資料は夜間便で二十四時間以内に返却するのでご安心いただきたい。

とする。⑴は現在の状況から、⑵はさらなる関連情報の収集のためであることはもちろんだ（このことはあとの記述にもつながってくる）。

もちろん、すべてのエール大学ＯＢを疑いの目で見るようなことは避けるべきである。実際そうではないし、違う人にとっては失礼なことだ。「結社」の人間になるのは毎年十五人であり、一九四五年に同大に入ったのは八千名である。また、加盟しても活動に参加するとは限らない。我々が注目しているのは十万人の同大ＯＢのうち、活動を行なっている百ほどの人間である。

（『フェニックスレター』〔1984/2 Vol.2, No.12〕）

❖——政治的陰謀を隠すための秘密主義のなかに「結社」が息づいている

「結社」(=スカル&ボーンズ=ラッセル信託)は、我々の指摘に対して無反応である。手紙を送っても返信はなく、結社員はスカル&ボーンズに属しているという事実すら認めない(ブッシュ副大統領は公僕という立場のため、否定も肯定もしていない)。しかし、どうやらスクロール&キー(キングスレー信託)のほうから突破口が開けそうな気配である。

先日(一九八五年一月二十九日のことであるが)、キングスレー信託の経理担当ラドレー・H・デイリーから、最上級生の秘密結社のことは別に秘密にしているわけではなく、〝プライバシー〟の問題だという返信をもらった。

デイリーは情報の隠蔽に関して〝否定〟してはおらず、活動についても否認していない。プライバシーのひとことですべてを片づけようとしている。そこで、彼らが主張するプライバシー権について考察してみよう。

今から百年ほど前の一八七一年、ライマン・バッグがエール大学の最上級生の会についての見解を述べている。バッグの著書『Four Years at Yale(エール大学の四年間)』の最上級生の会に関する章は『ASE』でもご紹介したが、そこに次のような記述がある。

エール大学における最上級生の会はきわめて異様な存在で、外部の者にとってはその意義が理解しにくいものとなっている。ほかの大学にはこのようなものは見られず、唯一、似たような条件で同種の会が存在してもおかしくないと思われるのはハーバード大学くらいだ。そもそもエール大学のなかでも、活動を秘密にしているのは最上級生の会だけである。会員は部外者の前では会の名前すら口にせず、いっさい話題にしない。しかも全員が最上級生なので、秘密を漏らすような先輩もいない。

一世紀前のバッグの指摘が正しいことは、今に至るも彼らの〝態度〟が証明している。エール大学の最上級生の結社（引用であることと、当時にまさしく友愛会としてあったものもあるため前掲文中での表記を〝会〟のままにした）の一つであるスカル&ボーンズの結社員名簿は、自由に入手することが決してできないのだ。

これはスカル&ボーンズばかりではなく、前述してきたスクロール&キー＝キングスレー信託協会もまた同様である。先のエール大学図書館司書の〝お奨め〟に従って、改めて同信託協会に問い合わせた回答（一九八五年一月二十九日付の書簡）は次のようなものであった。

誠に申し訳ございませんが、『スクロール&キーの歩み』（上・下巻）はもう残っておりません。同書は一九七八年に発刊された際に必要な冊数のみを印刷し、会員およびエール大学の要人たちに配布されたものです。ご覧になりたければ、スターリング記念図書館に一セットが保管されています。創設から百年目までの歴史を記した上巻を執筆したのはメイナード・H・マック氏で、その後の歩みを記録した下巻はA・バーレット・ジアマッティ氏が同大の学長になる前に執筆したものです。

スターリング記念（エール大学）図書館をお訪ねになれば、百年以上前まで遡《さかのぼ》って資料を調べることも可能です。会員が選ばれる時期の出版物にはエール大学最上級生の会の会員の名前が載っていますし、『ニューヨーク・ヘラルド・トリビューン』や『ニューヨーク・タイムズ』、ニューヘヴンの各紙、『エール・デイリー・ニュース』、大学年鑑などに名簿が掲載されているはずです。その多くは新たに入会した人物の氏名に加えて顔写真も公開しています。こうした慣行は数年前から見られなくなりましたが、これはおそらく公開の意味がないとの判断に基づくものだと思われます。お送りいただいた資料を読んでいて、サットン様をはじめとするみなさまは秘密とプライバシーを混同しておられるように感じました。みなさまも個人のプライバシー権の重要性は十分に承知されているのではないでしょうか。

経理担当　ラドレー・H・デイリー

スクロール&キーのデイリーは、結社員名簿が以前新聞で公表されたことを理由に開示を拒否している。たしかに過去にそのようなことはあった。しかし、公表されたのは加盟者の名前だけで、手続きや目的などは現在に至るまで慎重に隠され続けている。

KINGSLEY TRUST ASSOCIATION
YALE STATION NEW HAVEN
CONNECTICUT

January 29, 1985

Mr. Richard A. Landkamer
[redacted]

Dear Mr. Landkamer,

I am sorry to say that there are no more copies of the two volume set "A History of Scroll and Key." When this was published in 1978, only enough copies were printed to distribute to members of the society and to members of the academic administration at Yale. There is a set in the Sterling Memorial Library which you are welcome to refer to. The volume covering the first 100 years of the society was written by Professor Maynard H. Mack. A companion volume covering recent history was written by A. Bartlett Giamatti before he became president of Yale.

If you do visit the Sterling Memorial Library, you may wish to look at various documents going back a hundred years or more in which the names of the members of Yale's senior societies were routinely published at the time of election. You'll find these lists in the New York Herald Tribune, the New York Times, the New Haven newspapers, the Yale Daily News, and in class yearbooks. Not only the names, but often the pictures of the newly elected members were published openly, a practice that was discontinued a few years back, presumably for lack of newsworthiness.

In reading through the materials you have sent me, I have a sense that you and your colleagues have somehow lost the distinction between secrecy and privacy. I would have supposed you to be supportive of the concept of an individual's right to privacy.

Sincerely,

Radley H. Daly
Treasurer

RHD/ps

キングスレー信託からの返信の書簡——ここでの断り方はむしろ秀逸でさえある

さらにここ数十年は、（デイリー自らが認めているように）名前までも秘密にするようになっている。デイリーは名前が「数年前から」非公開になっているとしているが、実際には我々の知る限り、全結社員の氏名が最後に公開されたのは百年近くも前のことだ（ただし、まだ完全に確認されたわけではない）。

非公開の理由としてデイリーがあげたのは、公開する意味がないというものだ。しかし公開に意味がないというだけなら、スカル&ボーンズの会員名簿を求められたときに拒否する必要はないはずだ。まるで国家機密のように、特定の人間しか目録の閲覧を許されない状態になっているのはなぜなのか。

我々は、このように名簿を隠すのは、むしろそれに大きな意味があるからだと考える。一九八三年の名簿をざっと眺めただけでも、「結社」とアメリカ合衆国の権力構造との間には、顕著な関連が認められる。

しかも、結社員どうしが特定の目的のために結託していることを示す証拠も明らかになりつつある。ラドレー・デイリーの説明は、とても受け入れられるものではない。

❖フリーメーソンとイギリスの事例が物語る秘密結社の違法で歪《ゆが》んだ反社会的活動

実際、学生友愛会がその権力や影響力によって学外で社会や個人に悪影響を及ぼしているのに、公開すべき情報をプライバシーを理由に秘密にすると言われても、はいそうですかと納得することなど誰もできないことだろう。

ここで、本ニュースレターの一九八四年五月号で紹介したイギリスの暴露本『The BROTHREFOOD』（スティーブン・ナイト著　邦訳『知られざるフリーメーソン』中央公論社刊）の事例を振り返ってみよう。ＫＧＢはフリーメーソンに工作員を潜入させ、この秘密結社の情実的な側面を利用してイギリス課報部の頂点に上り詰めていった。そしてフリーメーソンの〝プライバシー〟重視のおかげで、彼らはついにＭＩ６をコントロールするまでに至っている。イギリスの諜報機関が、フリーメーソンの人間を雇うのを認めていないにもかかわらずである（近年はロンドン警視庁も同じ方針をとっている）。

我々には、エール大学の最上級生の結社に記録の開示を求める権利があるし、それを求めることが市民としての義務でもある。

FBIや連邦議会が入手しているような資料はなくても、我々は彼らの違法性を証明する充分な証拠を示すことができる（国家転覆の野望を証明することも可能かもしれない）。

重要なのは、「学生友愛会」だとしながら目的を隠しているという事実だ。自由社会でプライバシーが保証され、許されるのは、合法的な理由のためにプライバシーが必要な場合に限られる。

しかしエール大学の最上級生の結社の場合は、非合法な目的のためにプライバシーを隠れ蓑《みの》にしてきたらしいことが、いくつもの証拠によって示されつつある。本ニュースレターの一九八四年十月号と、八五年一月、二月号では――あくまで予備的な証拠に基づき――エール大学の最上級生の結社が我が国の外交政策の〝弱体化を招く連中〟を生み出してきたことを示した。これらの会の会員たちが一貫して協力し合い、アメリカの利益を損なってきたこともおわかりいただけたはずだ。

隠されているのは〝結社員の氏名〟だけではなく、結社の〝目的〟も秘密にされており、結社員は所属している事実や目的を口にしないという〝誓い〟を立てさせられている。

だが、血の盟約で結ばれている彼らの行動を見れば、その〝目的〟は推察可能だ。何に関して協力しているかに目を向ければ、目指すところも見えてくる。協力しているという事実こそが、彼らの目的を示す証拠となるのだ。

ここでもう一度、スティーブン・ナイトの『知られざるフリーメーソン』が暴き出したイギリスの例を考えてみよう。KGBはイギリスのフリーメーソンに工作員を潜入させ、この秘密結社を利用して同国の諜報機関をコントロールするようになった。それでも、フリーメーソンはプライバシー権を主張し続けている。彼らの活動目的が〝合法〟なものなら、また、プライバシーの悪用に対する予防措置をきちんととっているなら、もちろんプライバシーの権利は認められるべきだ。しかし、フリーメーソンはイギリスで非合法な目的のために活動を行なっており、違法で歪《ゆが》んだ、自由社会では許されない反社会的活動を正当化するためにプライバシーを利用しているのである。

本ニュースレターではこれまで三回にわたり、エール大学の最上級生の結社のメンバーが協力して権力を行使してきた経緯をお伝えしてきた。こうした活動は、アメリカの国益を損なうものである。すでに八つの事例をお伝えしたが、まだ調査が初期段階にある現在でも、さらに二十の事例が判明している。そのなかには、マンハッタン計画や第二次大戦における軍事目標の選定、アルジャー・ヒスがらみのものなど、さまざまなものが含まれている。

イギリスの事例とこれらの二十八の出来事を考え合わせれば、プライバシーのためというデイリーの主張はきわめて根拠薄弱と言うほかない。

協力して権力を行使している事実があるのに加えて、結社員たちは「結社」に属している事実を否定しており、結社員名簿も非公開である。ブッシュ副大統領ですら、書面での結社員の認否を拒絶している。〝聖堂〟は外部の人間には閉ざされているのだ。

そして彼らは、プライバシーを理由にこうした状況を受け入れろと言っているのである。

❖――権力維持の計略――スカル&ボーンズの〝任命権〟が持つ力

「結社」が権力を握れるからくりは、〝任命権の活用〟にある。権力の椅子《いす》に座った人間が、血の盟約を交わした兄弟を別のポストに任命するわけだ。こうした情実人事はエール大学に在学しているときから始まっており、これまでも批判の的となってきた。重要ポストへの任命の優先順位は、以下のようになっているようだ。

①　血の盟約で結ばれたスカル&ボーンズの会員（ラッセル信託）。

②スクロール&キー《巻物と鍵》（キングスレー信託）、ウルフス・ヘッド《狼の頭》（フェルプス信託）会員――①・②ともに、すべてエール大学の最上級生の結社である。

③その他のエール大学卒業生。ただし、同大を出ているというだけではだめなようで、ほかのアイヴィーリーグ校の卒業生や特定の資質を持った外部の者がエール大学OBよりも優先されることもある。

④ほかのアイヴィーリーグ校の卒業生。特にハーバード、プリンストン、ジョンズ・ホプキンズ大学。

⑤①と②の家族。

⑥特定の資質を備えた外部の人間。

たとえば、ボーンズメンのウィリアム・ハワード・タフト大統領は、同じ〝仲間〟のフランクリン・マクヴィーを財務長官に任命し、ヘンリー・ルイス・スティムソンを国防長官に任命している。つまりタフト大統領は、①から二名を上級閣僚に任命したわけだが、その一方で彼は、先の分類では⑥に属するドイツ生まれのセオドア・マールブルグをベルギー大使に任命している。だが、その理由は、マールブルグの動きを見ればある程度推測できる。マールブルグは一九一一年に国際連盟の設立を強く唱え、ベルギー大使の地位を利用してその設立に動いている（国際連盟の構想は、その起源を辿ってゆくと、「結社」とその関係者たちに行き当たる）からだ。

さらに問題なのは、任命権によって得た権力を維持するための「結社」の動きである。彼らは選挙民の票の無力化を画策してきたのだ。

任命権を基盤にした権力には弱点がある。いずれ大衆に露見してしまい、権力構造の解体を求める動きが出てくる可能性があるのだ。そこで彼らが考えたのが、任命権によって権力維持が可能になるような仕組みを作り出すことである。

まずは次の事実を見てもらいたい。
●統一世界連邦運動協会を創設したコード・マイヤーはスクロール&キーのメンバーである。
●アイゼンハワー大統領の国家目標委員会の責任者はウィリアム・P・バンディ（ボーンズメン）であった。
●ハッチンスとルースの報道の自由委員会は報道機関の情報提供を規制することを求めていた。ヘンリー・ルースはボーンズメン、ロバート・ハッチンスはフェルプス信託の人間である。

❖「結社」の動きの頂点としてある新憲法制定への視点がたいせつだ!

こうした動きの頂点とも言うべきものが、新憲法制定の動きだ。一九六〇年代から七〇年代にかけては、権力構造が固定化してしまいかねない危険な時期があった。

ロバート・メイナード・ハッチンス（フェルプス信託）は、一九五一年から五五年にかけてフォード財団のアソシエイト・ディレクターを務めている。フォード財団は一九五四年に共和党の基金を設立し、ハッチンスが会長となった。この共和党基金の出資で設立されたのが、民主機関研究センターという組織である。

一九六〇年代半ばから終わりにかけて、同センターは「新憲法」の制定に向けて動き出した。また、ここを支援するフォード財団の会長に、ボーンズメンのマクジョージ・バンディが就任している。センターが最大の眼目として掲げていたのは、現代アメリカにふさわしい憲法を起草することであった。

この「新憲法」の草案には、次のような条項が含まれていた。

- 大統領の権限の一部を上院に移す。
- 上院議員の任期を〝終身〟にする。
- 上院議員は選挙ではなく〝任命〟によって選出されるようにする。
- すべての企業に規制を守らせるための国の機関を設ける。
- 現行の人権規定を廃止するか、慎重に検討したうえで制約を設ける。

この専制的な草案の最終版は、レックスフォード・G・タグウェル著『The Emerging Constitution（新たなる憲法）』に掲載された。

また現在、密かに進められている「新憲法」制定の動きとしては、次のようなものがある。

- 連邦地域を十ヵ所作り、それらに「新しい州」としての地位を与える。
- 大統領の任期を九年に延長する。
- 一九八七年に憲法協議会を開催予定。この協議会ではボーンズメンのジョージ・ブッシュ（シニア）が議長を務めることになっている。

こうしたことについて、ほとんどの人は、起こっていることや動きを点としてとらえ、それらを結びつけて考えることをしない。一九七〇年の「新憲法」制定の動きについても、一九一一年のタフト政権における閣僚の任命や、ハッチンスとルースの報道の自由委員会、あるいはすでに述べたような二十八の出来事と関連づけて考えてみる人は少ない。

しかし、一見関連性のないように見える出来事や人、動きなどの間に共通点を探すと、新たな視点が生まれてくる。そして、同じ人や出来事の他の共通点を調べるというアプローチも可能になってくる。

我々が問題視している二十八の出来事（あくまで現在までに判明しているものである）の共通点と

なっているのは、エール大学の秘密結社――すなわちラッセル信託、キングスレー信託、フェルプス信託だ。いずれの出来事も、これらの秘密結社のメンバーが影響力を行使したり介入を行なったりしている（二つ以上の秘密結社がからんでいる場合もある）。

彼らが秘密主義によって大衆の目から隠そうとしているのは、こうした共通点や接点にほかならない。秘密主義の学生友愛会という視点でこれらの出来事や動きを眺めると、まるで違ったものが見えてくるはずだ。

そうした視点に立てば、情報秘匿《ひとく》のためにプライバシーを持ち出してくる彼らの論理を受け入れることは、決してできなくなる。彼らは自由社会を意のままに操るためにプライバシーを利用しているのだ。絵空事だと思うなら、スティーブン・ナイトの『知られざるフリーメーソン』を読んでみるといい。

❖――広がる〝我々〟の対応――「ランドケイマー・プロジェクト」への参加を！

結論をまとめてみよう。

① スクロール&キーの経理担当者ラドレー・デイリーは、エール大学の最上級生の会のプライバシー権を主張している。

② 本ニュースレターですでにお伝えしたように、彼らが結託して自由社会を意のままに操ろうとしているという事実を隠すため、こうしたプライバシーを持ち出していることが、さまざまな事実から明らかになっている。

③ したがって彼らの主張を認めることはできない。エール大学の最上級生の会のメンバーのなかにも、誠実な人々はいる。そういう人々が、あらゆる慣行、伝統、〝秘密〟の公開のために動くこと

を強く切望する。

我々はこうしたことへの対応として「ランドケイマー・プロジェクト」を立ち上げた。民衆どうしの横のつながりから「結社」の秘密に迫り、それらを糾弾《きゅうだん》していこうとしていきたいと考えている。

(1)　現在、ネットワークはゆっくりとではあるが着実に広がりつつあり、各人が空いた時間に自分のペースで特定のプロジェクトに協力できるような態勢が整ってきた。調査結果はランドケイマーがまとめ、関心を抱いているほかの人々が見られるようにしている。

(2)　我々は現在、次のことに関する情報を求めている。

(a)アイデンティティ教会

(b)「ディサート伯爵」というＣＩＡの作戦

(c)ケネディの暗殺、ウォーレン委員会ならびにロックフェラー委員会とのつながりのあるエール大学最上級生の結社のメンバーの氏名。

ところで、この一年、アメリカのメディアでは「～会」という名を称した犯罪集団が取り上げられている。だが、これらの集団をメディアは大きく取り扱っているが、本ニュースレターで問題にしている「結社」（会《ザ・オーダー》）のほうにはまったく言及していない。

奇妙なことに、我々のもとには連邦刑務所の収監者たちから「会」について問い合わせる手紙が寄せられている。現在までにこのような的はずれな手紙が送られてきたのは、カリフォルニア、カンザス、テキサス、アラバマの四州の連邦刑務所である。

メディアで取り上げられている「会」と本ニュースレターで扱っている「会」の間には、現在のところいっさいつながりは見つかっていないことをお伝えしておく。

（『フェニックスレター』〔1984/2 Vol.2, No.12〕）

❖——保守系メディアも取り上げ始めているスカル&ボーンズへの現在の動き

すでにご承知のとおり、ブッシュ副大統領は謎に包まれたエール大学の秘密結社スカル&ボーンズの一員であるが、『ニューズウィーク・オン・キャンパス』一九八八年四月号には次のような記述がある。「エール大学のスカル&ボーンズは百五十六年の歴史を持ち、究極の秘密結社を自らもって任じているが、エール大学図書館の関連資料のカード目録はすべて破棄されており、同グループに関する雑誌記事もすべて破り取られている。また、スカル&ボーンズの『墓』のことを嗅ぎ回る者はあとをつけられ、ときには脅迫されることさえある」

同誌が指摘しているような脅迫の例は、私たちも耳にしている。しかしこうした脅迫は、実際にはむしろ調査している人間の興味をかきたて、反骨心をあおるようだ。最終的にこうした人々の多くは、我々が何年も前に複製したエール大学図書館のファイルを求めて問い合わせてくる。我々としては、本気で知りたいと思っている人たちには、隠蔽されている情報を喜んで提供したいと考えている。

リー・アトウッドとスカル&ボーンズの無法者たちに告ぐ。ファイルは複製し、アリゾナおよびカリフォルニアから遠く離れた場所に分散させてある。エール大学図書館に対しては、米国図書協会の閲覧制限に関する規定をもう一度読み直しておくことをお勧めしておく。

(『フェニックスレター』〔1988/5 Vol.7, No.3〕)

そうしたなか、保守系メディアがにわかにスカル&ボーンズのことを取り上げ始めた。これらのメディアは今、筆者がかつて『ASE』で指摘したことを報じている。

『ルイヴィル・クーリエジャーナル』(一九八九年十月八日付、雑誌欄)は、「ボーンズメンの絆《きずな》」と題し、「大統領、詩人、識者、共産主義者たちが、裕福な有力者の集まったエールの秘密結社スカル

&ボーンズに誓いを立てている。大学のクラブのうち最も排他的と言われ、クラブハウスでナチのまねごとをしている同会の目的は何か」と警告を発している。

執筆者のスティーブン・M・L・アロンソンは、スカル&ボーンズの聖堂のある部屋について、「内部にナチを祭る小部屋がある。二階の一室にはナチの象徴SSを連想させる多数の鉤《かぎ》十字が飾られている」と紹介している。ただ、アロンソンは、ブッシュ（シニア）大統領（と彼の父親）がスカル&ボーンズの人間だということには触れていない。

ニューヘヴン――エール大学やスカル&ボーンのある町の各紙のうち、一九八九年十月十九日付『ニューヘヴン・アドヴォケート』では一面に「争いの骨《ボーンズ》――エール大学で違法行為」というハワード・アルトマンの記事が掲載された。

これはかなり踏み込んだもので、エール大学のスカル&ボーンズがアパッチ族の首長ジェロニモの頭骨を〝違法に〟所有しており、その骨はブッシュ（シニア）大統領の父親であるプレスコット・ブッシュ上院議員と他のボーンズメンによって墓から盗掘されたものだと報じていた（この詳細については第5章に記述）。アパッチ族は遺骨の返還を求めており、コネティカット州法（公共政策違反法セクション53―334および州遺言検認法45―253）では遺体を埋葬せずに所有することは〝違法〟とされている、と記事は指摘している。

アルトマンは次のように記している。ニューヘヴンの弁護士たちはスカル&ボーンズの力を恐れ、民事・刑事告発や訴訟を起こすことには後ろ向きだ。まるで「ここはソ連か」と言いたくなるような態度である。……地元の検察官には、たしかな証拠がある場合には訴追を行なう義務がある。我々は法治国家に暮らしているのであり、もちろん大統領も法に従わなければならない。ブッシュが、悪魔主義を取り入れていると思われる秘密結社の犯罪に荷担しているのであれば、法のもとで裁かれるべきである。ジョージ・ハーバート・ウォーカー・ブッシュはこの事件に関して、違法行為のことを知っていたと思われるものの直接かかわってはいないとされているが、知っていたとすればそれだけでも充分に犯罪となる。

ほかのニュースメディアもぜひこの記事をコピーして、この問題が公に知られるようにしてもらいたい。

アルトマンの記事では、スカル&ボーンズの歴史を綴った『The continuation of the History of Our Order for the Century Celebration（設立百周年を迎えた当会の歩み）』（一九三三年刊、F・O・マテイソン編纂《へんさん》）という本も紹介されている（アルトマンは、マティソンが著名なマルクス主義者であり、一九三〇年代の古い共産主義と一九六〇年代の新しい流れの接点となる存在だということには言及していない）。

同書の所在を知っている読者がいたら、ぜひご一報いただきたい。入手できた際には本ニュースレターで紹介したいと考えている。

ともあれ、こうしたなかでのとりあえずの結論をまとめておこう。

① ブッシュ大統領が〝悪魔主義的行為〟と結びついていた可能性が明らかになった。このことは『ASE』でも指摘していた点である。

② スカル&ボーンズがナチズムと結びついていることも明らかになった。

トレヴォー・レイヴンズクロフトの『Sword of Destiny（運命の剣）』を読まれたことのある方なら、これらが意味するところがすぐにおわかりになるだろう。おそらく今後も、続々と新たな情報が明らかになってくるに違いない。

（『フェニックスレター』〔1989/12 Vol.8, No.12〕）

第4章

〝秘密〟結社の最終目的「世界新秩序」への暗躍

◉麻薬ほかスカル&ボーンズのブラックマーケットを斬る

クリス・ミレガン 記

❖アヘンを運んでいたアメリカの快速帆船《クリッパー》――現代社会の大量消費構造は麻薬依存に起源を持つ

沿岸を行き来する母船からの違法な積荷を満載した足の速い小船が、昼夜を分かたずに岸に向かって疾走する。役人は賄賂《わいろ》をもらってこの行為を見逃し、密輸業者たちは大型のヨットを建造、子供たちを私立学校に通わせている。銀行やフロント企業が資金洗浄《マネー・ロンダリング》を行ない、当局の目をくらまして「生産物」を輸送する。そしてそこから莫大《ばくだい》な金《かね》が生み出されてゆく。

これは一九八〇年代のマイアミの話ではない。一八〇〇年代半ばに起こっていたことだ。この時期、アメリカ最古の資産の一部が、中国とのアヘン貿易によって形成されていたのである（そして、これは今もなお継続している！）。

「イギリス、スコットランド、アメリカの最高の造船技術者により、同じ大きさの船のなかで最も高速・高性能の船が建造され、日進月歩の技術に対応できる船員と、勇猛で腕のいい船長が集められていた」。これは、一八五〇年代にアヘンを運ぶ快速帆船《クリッパー》に乗って中国沿岸部の任地に赴いた宣教師のジョン・ジョンストンの言葉だ。だが、この高速・高性能さこそがアメリカが麻薬密輸に手を染めた一因なのである。

ジュリアン・S・カトラーの『The Old Clipper Days（快速帆船の日々）』において、「異教徒の国々にラム酒とアヘンを売り飛ばす俺たちの船に、やつらの罪深き魂を救いにいく宣教師たちが乗っていた」としている。

そして、一九三〇年代半ばまでに、アヘンは世界最大の貿易品となっていた。カール・A・トロッキの名著『Opium, Empire and the Global Economy（アヘン、帝国、グローバル経済）』は、次のように指摘する。

麻薬の交易は独占をもたらし、流通の一本化と社会・経済環境の再編成を促す。その結果、二つの大きな変化が起こった。巨大市場が形成され、空前絶後の莫大な金の流れが生まれたのだ。（これにより）膨大《ぼうだい》な富の集積が起こり、（それが）グローバル資本主義と現代の国民国家の基盤の一つとなった。一五〇〇年から一九〇〇年にかけての西欧全体の隆盛の背景に、一連の麻薬貿易があったという議論すら可能である。

麻薬貿易は個人を荒廃させただけでなく、従来の政治・経済を弱体化させ、既存の社会の不安定化をもたらした。その一方で麻薬貿易は新たな資本形態を生み出し、劇的な資本の再分配をもたらした。

現代社会の大量消費は、麻薬依存にその起源を持っているという見方も可能だ。そして、麻薬の依存をもたらしたのが、麻薬の商品化である。資本主義に見られる生産・消費・集積のサイクルをスタートさせるには、なんらかの呼び水が必要となる。アヘンはいわば、消費者市場や貨幣経済の触媒となったのだ。

アヘンはまとまった資本を生み出し、それを集積する組織に資本を供給していった。銀行や金融・保険制度、輸送および情報の社会基盤などが、こうして整えられていったのである。

とするなら、問題は、誰がアヘンによる支配をコントロールしていたか、である。

❖ エール大学の歴史と密接にかかわるラッセル家は アメリカの麻薬密輸組織の源

ポルトガル、オランダ、フランス・イギリスをはじめとする国々は、中国（清《シン》）との国交が始まると、ほどなくアヘン貿易を開始した。中国が興味を示す産品がほとんどなかったため、西欧の国々はすぐに茶や絹、磁器など、ほしい品物の購入に必要な銀の不足に陥った。こうして、経済と帝国主義という二つの動機を背景に、アヘン貿易は当初の年間二百箱（一六トン）から一八二〇年には四千二百箱（三三六トン）に膨《ふく》れ上がっていた。その大部分は、イギリスの貿易商によってインドから持ち込まれたものだった。しかし、この状況にもやがて変化が訪れることになる

アメリカの成り金たちが、「支那貿易」（麻薬と他商品を区別するために、中国とのアヘン貿易を指すのに私は折々にこの語で表わしている）専用に有名なクリッパーを用いるようになったのだ。

一八三〇年代にはアヘンの価格が下がって、中国への輸出はさらに増えた。三〇年に中国に持ち込まれたアヘンの量はその十年前の実に四倍であった。そして三八年には、その量がさらに倍以上に増えていた。アヘン貿易のクリッパーは季節風に逆らって帆走することが可能で、二年に一往復どころか、ときには年に三回の往復をこなす。得られた利益も莫大で、中国からは大量の銀が西欧に流れ込み、爆発的な経済効果をもたらした。

一八三七年の初め、アヘン市場が暴落したことがあった。投機家の損失のあおりで世界は金融恐慌

アヘン密輸積出し基地のリンティン島を出航するラッセル&カンパニーのクリッパーと上海の同社オフィス（1867年の撮影）

に陥り、アメリカ・イギリスの現金は激減した。この「一八三七年の恐慌《きょうこう》」でアヘンから築いた初期の資産を失った密輸業者ロバート・B・フォーブズは、損失を取り戻すために再び中国に戻った。彼がマサチューセッツ州ミルトンに建てた家は、ジョージ・ブッシュの生家の近くで、現在は博物館になっている。フォーブズは「リンティン」という名の〝倉庫船〟を建造しているが、この名前は彼が長年にわたりラッセル&カンパニーの密輸アヘンの保管や販売の拠点としていた停泊地にちなんだものだ。フォーブズは中国の役人にアヘンの取引はしていないと言っていたが、これは言葉のゲームで、実際にはフロント企業にアヘン貿易を〝移管〟していた。

ラッセル&カンパニーはアメリカ最大のアヘン密輸組織で、世界でもイギリスのデント社、最大の密輸業者であるスコットランドの商人ジャーディン-マセソンに次ぐ規模であった。ラッセル&カンパニーとジャーディン-マセソン社は長年にわたって手を組み、「コンビ」として知られていた。彼らは実質的に貿易を支配し、市場を操作して最大限の利益をあげていた。

ラッセル&カンパニーは一八二四年、コネティカット州ミドルタウンに住むサミュエル・ラッセルによって設立された。同社は一八二八年にボストンのトーマス・H・パーキンスのアヘン会社を〝吸収〟し、中国におけるアメリカ最大の勢力となっている。ラッセル&カンパニーは親族経営の色彩が強く、叔父・従兄弟《いとこ》・兄弟・親子などが会社と関連企業、フロント組織などを支配していた。

また、ラッセル家はエール大学の歴史とも密接にかかわっている。エール大学の創設者は同家の聖職者ノディア・ラッセルであり、一八三三年にはサミュエル・ラッセルの従兄弟のウィリアム・ハンチントン・ラッセル将軍が、アルフォンソ・タフトとともにアメリカで最も有名な秘密結社の一つであるスカル&ボーンズを創設した。タフトの息子でのちに大統領となったウィリアム・ハワード・タフト（ボーンズメン）は、国際的な麻薬取締体制の構築やアメリカの麻薬戦争において重要な役目を果たしている。

❖イギリスと清《シン》のアヘン戦争のさなかにも
ラッセル&カンパニーだけは広東《カントン》から撤退しなかった

「私は静養や娯楽のために中国にやってきたわけではない。布一ヤードが売れる限り、茶一ポンドを買える限り、ここにとどまらなければならない」。これは第一次アヘン戦争ののちに広東を去るように言われたR・B・フォーブズの、イギリスの貿易監督C・エリオットへの返答である。

このように、西欧と中国の関係には常に緊張があった。中国の皇帝は、西欧の大使を貢物《みつぎもの》を持ってくる存在としか見ていなかった。しかも中国では商人は身分が低く、社会階級が厳格だったため公式レベルの交渉など問題外であった。こうした状況を背景に、西欧との取引をひと握りの「行《ホン》」が独占する状態が長く続いた。「行」とは、外国貿易の許可を金で買っていた商人たちのことである。いわゆるピジン英語の「ピジン」は、「行」が「白い悪魔」たちとの取引において使っていた通商英語で、「ビジネス」の発音がなまったものだ。

中国の総督（清の欽差《きんさ》大臣）であったリン・ツゥー・チュウ（林則徐）は一八三九年、「港の状況を調べる」任務を負って広東を訪れた。最初にアヘンに関する禁令が出されたのは一七二九年のことで、九六年にもアヘンの吸引が禁止された。しかしアヘン貿易は拡大を続け、一八三八年には四万箱が輸入されている。吸引によるアヘン摂取は、より麻薬効果が強く習慣性も高かった。イギリスをはじめとする国々が積極的に貿易を促進していたこともあって、中国社会の隅々に弊害が蔓延《まんえん》してゆく。腐敗、密輸、アヘンの吸引が横行した結果、社会に無気力が広がっていき、中国の富も奪い取られていった。

このようなアヘンがイギリスで合法であるはずがないと考えたリン・ツゥー・チュウは、ヴィクトリア女王に書簡を送り、貿易を禁じる措置を求めた。また、地元のアヘン商人を取り締まり、麻薬の使用や輸入を禁じる布告を新たに出している。彼はアヘンの箱をすべて禁制品として没収するよう命じ、すべての取引業者に対してアヘンの密輸をやめ中国の法令に従うと書面で誓わせようとした（中国の法律では違反者は死刑に処せられる可能性もあった）。脅しや使用人の籠絡《ろうらく》、夜中じゅう巨大なドラを鳴らし続けるなどの強行措置でリンが集めたアヘンの数は二万箱を超える。これはその年のインド貿易の半分に相当する量であった。リンは皇帝の指示に従って、集めたアヘンを処分した。

この動きがきっかけとなって第一次アヘン戦争が勃発《ぼっぱつ》したが、アヘンをあきらめなかった会社はかえって巨利を得ることになった。この戦争で、ラッセル＆カンパニー以外の商社は広東《カントン》から撤退している。

第一次アヘン戦争の時期にラッセル＆カンパニーの最高執行責任者を務めていたウォーレン・デラ

ノ・Jrは、フランクリン・ルーズヴェルトの祖父にあたる人物である。アメリカ副領事でもあった彼は、母国宛てにこんな手紙を送っている。「(中国)政府の高官は貿易を黙認するのみならず、総督をはじめとする官吏が麻薬を買ったり、政府の船を用いて停泊中の船から麻薬を押収したりしている」「行」のなかで最も有力であったウー・ピン・チェン(ホウクワ二世)は、世界で最も裕福な人間の一人であると見られており、その資産は一八三三年の時点で二六〇〇万ドルを超えていた。

❖第二次アヘン戦争からの中国の麻薬合法化とラッセル信託協会へのスカル&ボーンズの法人化

アヘンは莫大な利益を生み出し、多くの資産家が誕生した。ウォーレン・デラノ・Jrも莫大な資産を手にして帰国したが、彼もまたこれを一度失って再び中国に戻っている。ラッセル&カンパニーの共同経営者には、ジョン・クリーヴ・グリーン(銀行家、鉄道投資家。プリンストン大学理事・巨額献金者)、A・アビール・ロウ(造船業、商人、鉄道経営者。コロンビア大学後援者)のほか、商人のオーガスティン・ハードやジョセフ・クーリッジなどがいた。

クーリッジの息子はユナイティッド・フルーツ社の創業者で、孫のアーチボルド・C・クーリッジは外交問題評議会(CFR)の創設者の一人である。また、やはり共同経営者であったジョン・M・フォーブズは、シカゴ、バーリントン&クインシー鉄道(社長はチャールズ・パーキンス)の「経営を支配」していた。ほかの共同経営者には、ジョセフ・テイラー・ギルマン、ウィリアム・ヘンリー・キング、ジョン・オルソップ・グリスウォルドなどがおり、監督にはロヴェットやJ・プレスコット・ブッシュなどがいた。

J・プレスコットは、親族で中国貿易に従事していたF・T・ブッシュやその友人、香港《ホンコン》のエージエントにたびたび会っている。また、ラッセル&カンパニーの経営者たちの親族や友人には、スカル&ボーンズのメンバーが多数存在する。

第一次アヘン戦争が終結して上海《シャンハイ》港が開港されると、ラッセル&カンパニーは真っ先に取引を再開した業者の一つとなった。一八四一年、ラッセルは中国の海に最初の蒸気船を持ち込み、アヘンの利益を追求するために輸送ルートの開発を続けた。ラッセルの共同経営者たちも、アメリカの鉄道王E・H・ハリマンとともに中国における初期の鉄道投資を行なっている（ハリマンの息子たちはのちにボーンズメンとして活発に活動することになる）。

やがて第二次アヘン戦争が起こり、中国は一八五八年にアヘンを合法化、〝国の取引業者〟たちの事業支配は崩壊し始めた。彼らは「製品」を沖合で保管し、海岸を往復して中国の「買弁」《貿易仲立ち業者》たちにアヘンを流す単なる密輸業者になっていた。アヘンの合法化の結果、取引の中心は中国とインドの商人に移り、密輸という限定的な取引のもとで内陸へのルートを開発していなかったラッセルやほかの業者は一転して不利な状況に追いやられた。中国の仲買人はほかの商品と同様にアヘンを扱えるようになり、産地であるインドと大量消費国の中国との強力なコネを持った会社が幅を利かせるようになったのである。

「取引が合法化されてしまうと、その時点で利益は望めなくなります。みなさんにとっても我々にとっても、状況が困難なほうが都合がよいのですよ」とは、この以前に話されたジャーディン＝マセソン社の役員たちの言葉だ。

こうしたことから、西欧の古参商社はこの状況に対応するため、銀行を設立して資産を他の事業に振り向けることにより、「支那貿易」で得た元手を膨《ふく》らませようとした。しかし、これらの事業はアヘンに比べるとさほどの利益をもたらさなかった。ラッセル&カンパニーはシャンハイ・スチーム・

ナヴィゲーション社を設立したものの、一八七七年にはチャイナ・マーチャンツ・スチーム・ナヴィゲーション社に売却している。結局、中国貿易に占めるアメリカのシェアは八割方落ち込むことになった。

ラッセルの事業については、立ち行かなくなって一八九一年にイギリスとドイツの会社に引き継がれたという説と、上海のシェワン&トームズという会社が後継となったという説がある。

そんななかの一八五六年、ラッセル&カンパニーの共同経営者の親族であるダニエル・C・ギルマン（ボーンズメン）がスカル&ボーンズの会を法人化してラッセル信託協会を作り、W・H・ラッセル将軍が初代会長に就任した。

❖「麻薬から得られた金が銃に使われるからくりをブッシュは知悉《ちしつ》」——近代の麻薬の違法化が密輸とスパイを関係づける

運命とは皮肉なもので、十九世紀のアヘン長者の子孫たちは、二十世紀の麻薬戦争のキーパーソンになっている。彼らは麻薬の違法化を進める一方で、密輸業者と政府のスパイたちとの水面下の取引においても重要な役目を果たしてきた。

一八九八年、アメリカ-スペイン戦争の勃発とともに、アメリカは世界の列強の一員となった。アメリカ軍はマニラに侵攻し、三年後には熾烈《しれつ》なゲリラ戦の末にフィリピンを植民地とした。このとき、セオドア・ルーズヴェルト大統領がフィリピンの初代民政総督に任命したのが、ボーンズメンのウィリアム・ハワード・タフトである（その後はボーンズメン〝長老〟のヘンリー・スティムソンや、ラッセル&カンパニーの親族数名がこのポストを引き継いでいる）。タフトは喉《のど》から手が出るほど望んでいた最高裁長官の地位を蹴ってまでフィリピン総督の仕事を続け、一九〇四年に退任して同地を去った。

その前年の一九〇三年、フィリピンはアジアの近代国家のなかで最初にアヘンを違法化した国となった。しかしすぐにブラックマーケットが生まれ、密輸が横行し始めるようになる（何しろ前記のジャーディン－マセソン社の役員たちの言のように、非合法のほうが都合のよいことが多々あるのだ）。

そして、一九〇九年にルーズヴェルトのあとを継いで大統領に就任したタフトは、〝特定の麻薬の違法化と〝取締り〟のため、連邦法の整備や国際協議の開催を積極的に進めた。こうした協議の結果生まれた一連の条約によって司法の壁が突き崩され、憲法を超えた国際条約という圧力により麻薬関連法に実効力が与えられることになった。こうして、アメリカには〝有効な麻薬取締の体制〟ができあがった。

ジョージ・H・W・ブッシュ（シニア）は、近年の密輸業者やスパイと多くのつながりが指摘されている。彼はアメリカの外交政策の陰の部分で活躍するようになった名家出身の人物たちの一人である。

それは「麻薬から得られた金が銃に使われる。そういうからくりを、ブッシュは知悉《ちしつ》している」とのCIAの工作員だったトレントン・パーカーの証言でも裏づけられている（ロドニー・スティッチ著『Defrauding America（搾取されるアメリカ）』より）。

他章でも語られていることだが、当局の主張では、ジョン・F・ケネディ暗殺とキューバ人のことを書いたJ・エドガー・フーヴァーFBI長官のメモにあったジョージ・ブッシュというCIAエージェントは、大統領のジョージ・ブッシュとは別人だということになっている。また、一九八〇年代のイラン－コントラ事件においても、当時副大統領だったブッシュは「部外者」だったとしている。同事件では、ニカラグア反乱軍のコカイン取引をアメリカ政府が見逃していた（あるいは積極的に支援していた）。だが我々の知る限り、当局がした主張に虚偽が混じっていることは間違いない。

❖ インターネットが徐々に浮き彫りにさせた秘密工作員と密輸業者、さまざまな機密の水面下のつながり

自由な情報交換や討論を可能にするインターネットでつながった人々の調査によって、秘密工作員と密輸業者、さまざまな機密が水面下でつながっているらしいことが徐々に浮き彫りになりつつある。元連邦検事やジャーナリスト、作家、教授、研究員などが多様な角度から麻薬取引の実態に迫ろうとしているが、どの方面からの追及も最終的には一つの結論に辿《たど》り着くようである。すなわち、麻薬と武器の違法取引に上層部の人間がかかわっているということだ。しかも多くの調査で、ジョージ・ブッシュ（シニア）と友人たちによる特殊なエリート主義者のグループがこうした計略にかかわっていることが示唆《しさ》されているのだ。社会学者のデヴィッド・サイモンは著書『Elite Deviance（エリート倒錯《とうさく》）』において、「一九六三年以降にアメリカで起こったスキャンダルの多くは根本の部分で互いにかかわっている。つまり、同じ人間や組織が関係しているということだ」と指摘している。

主流派メディアは、こうした事実を完全に無視している。先ごろ、ＣＩＡのフレデリック・ヒッツ調査主任が『Allegations of Connection Between CIA and the Contras in Cocaine Trafficking to the United States（アメリカへのコカイン輸送におけるＣＩＡとコントラのつながりに関する疑惑）』の第二巻で驚くべき事実を暴露したが、これもまったく報じられていない。ヒッツは同報告書の中で、アメリカの情報機関の契約担当エージェントが麻薬密輸にかかわっていたことや、彼らが一九八〇年代に中米に所有していた資産のことなどを明らかにしている（この事件ではオリバー・ノース中佐をはじめ、ジョージ・ブッシュと強いつながりを持つ者たちの名前があがっている）。

「〃パパ〃ブッシュは現代でも快速船《クルーザー》を活用し密輸にかかわり続けている。シガレット型ボートを建造する裏でギャングの密輸の仕事もしているドン・アーノウは彼の友人であるが、アーノウは車の運転席で射殺体となって発見されている。またダニエル・ホップシッカーの調査によると、やはり情報機関とかかわりのある麻薬密輸業者のバリー・シールが蜂《はち》の巣にされて発見されたとき、財布からブッシュの私用の電話番号が見つかったという」

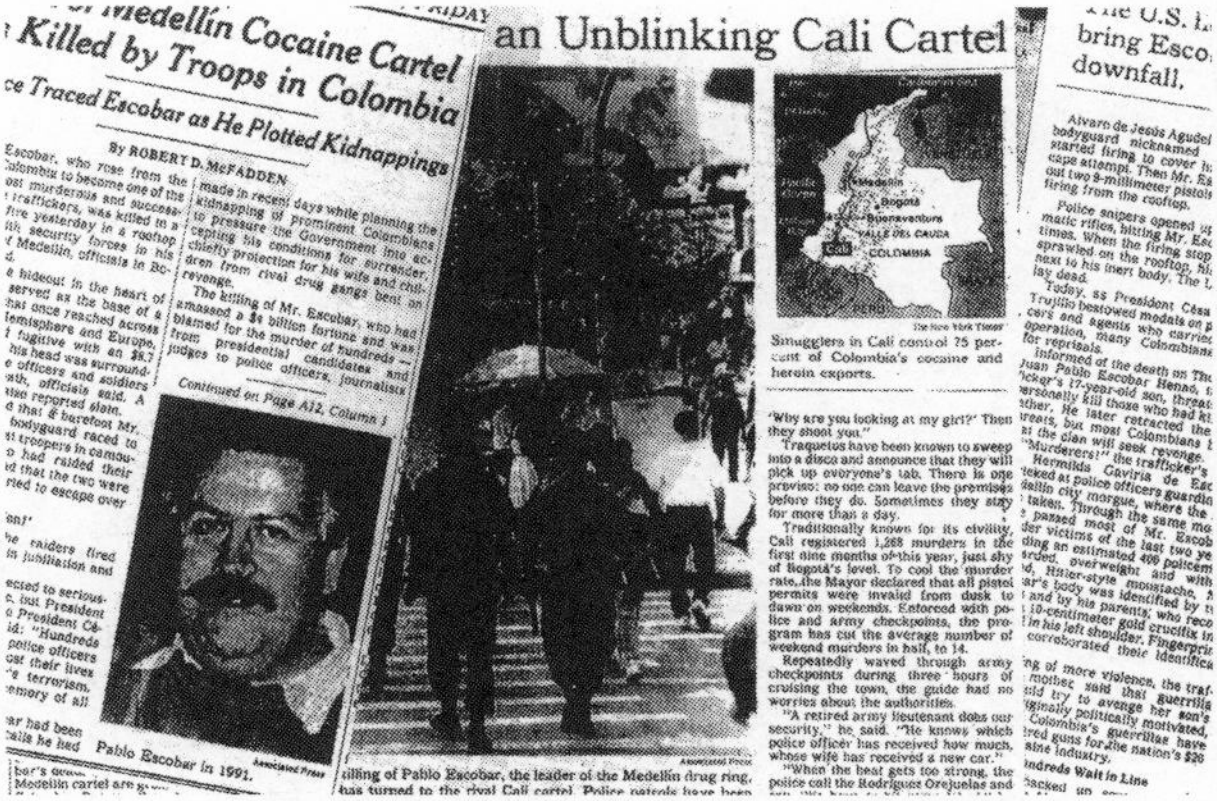

麻薬取引のさまざまな状況を報じるアメリカの各紙記事

現在のアヘンの蔓延《まんえん》は、一八〇〇年代の中国に対して行なわれた国家の不安定化による利益搾取《さくしゅ》と状況が実によく似ており、麻薬取引を調査している者たちの多くは、取引の上層部と政府の秘密部門が結託して何をしているのかという点に関心を寄せている。

〃表向き〃、麻薬を禁じているのは、政治的なコントロールや社会の操作によって違法な産物から巨利を得るための方便なのではないか。ヘロインが道端で売られているのは、それをほしがる者たちのマーケットが存在するからなのか、それとも〃陰の政府〃が情報機関や軍の工作員を使ってアメリカの国民を麻薬漬けにしようとしているからなのか。この黒幕は誰で、金はどこに流れているのか。「国家安全保障」を隠れ蓑《みの》に、このようなことを「政府が認めて」いるのではあるまいか……。

この国ではかつてないほど高純度のヘロインがブラックマ

ーケットで異常な安値で売られており、それを買う者は低年齢化の一途を辿っている。昔は純度が一〇%以下で大都市のスラム街でしか手に入らなかったのが、今では純度は七〇%に近く、どこでも手に入るようになった。また、その一方で習慣性の低いマリファナが一オンスあたり一〇ドルから四〇ドルに跳ね上がり、入手が難しくなってきている。

これは、単なる偶然だろうか。

◉イルミナティからのJFKの暗殺とマインドコントロール

クリス・ミレガン 記

❖人々の心に傷を残したケネディ暗殺事件とイルミナティを背景にしたスカル&ボーンズの誕生

一九六三年にアメリカを怒りと悲しみのどん底に突き落とした事件は、以後、国民の潜在意識に一つの疑問を抱かせ続けることになった。その疑問とはすなわち、誰がケネディ大統領を殺したか、である。

事件を直接知っている世代の一人として、私はケネディ暗殺が自分や周囲にもたらした影響を自らの実体験として語ることができる。

悲劇は、人の心に傷を残す。

私はジュニアハイスクールに通っていたのだが、スペイン語の授業が中止になって、街頭で陰惨な記事の載った新聞を売らされた。私の町で子供が新聞の売り子になるような事態が起きたのは、私が生まれてから現在に至るまでにわずか二度――ジョン・F・ケネディ大統領が暗殺された日と、ジャック・ルビーがリー・ハーヴェイ・オズワルドを射殺した日だけである。

ケネディの暗殺は「精神異常者の単独犯行」などではないし、単純な政治的陰謀でもない。四つの階層からなる有力者集団のネットワークによって「キャメロット王の殺害」が実行された結果なのだ。その四つの階層とは、すべてを監視する目を持ち頂点に君臨するイルミナティ、彼らの下で操られているフリーメーソンやマフィアその他の秘密結社、その下に位置する国家安全保障機関および関係者集団、そして最下層で陰謀を支えているイデオロギー集団ならびに政・官・財の協力者である。

それはオルダス・ハクスレーが言うように「宇宙においては、結果のために手段が選ばれることはない。その逆で、手段が常に結果を決定するのである」というわけなのだ。

ここで、前述しているが、再度イルミナティについて説明しておこう。

一七八五年、フランクフルト・アム・マインからパリに向かっていた一人の密使が道中で死亡した。彼はイルミナティの創始者アダム・ヴァイスハウプトが執筆した小論を携えていた。死体から回収されたこの小論には『Original Shift in Days of Illuminations（光明の時代における初源的変移）』という題が付けられ、そこには「世界革命による新世界秩序の確立」という、秘密結社イルミナティの遠大な計画が記されていた。

バヴァリア政府はただちにこの結社を非合法化し、一七八七年にはイルミナティの陰謀を詳述した『The Original Writings of the Order and Sect of the Illuminati（イルミナティ結社とその宗派自身の原著作集）』を出版した。

イルミナティは一七七六年五月一日、インゴルシュタット大学において、教会法の教授ヴァイスハウプトにより公式に創設された。ヴァイスハウプトは、きわめて「教養に満ちた」この結社に、自分の教え子たちを引き入れ、初期のメンバーとした。

以下はアダム・ヴァイスハウプト自身が記した言葉である。

この計画により、我々は全人類を目指す方向に向かわせる。この最も単純な方法により、我々はすべてを発動させて炎に包むのだ。そのためには、すべての政治的活動に密かに影響を及ぼすことができるように任務を考え、振り分けていかねばならない。

非合法化されたイルミナティがその後も存続したかどうかについては、研究者の間で意見が分かれている。だが、グループはヴァイスハウプトの導きのもとで以後もメンバーを集め、米欧のフリーメーソンの広範なネットワークと協力関係を結んでいる。

一七七六年十二月五日、ウィリアム・アンド・メアリー大学の学生たちが、ファイ・ベータ・カッパ優等学生友愛会という秘密結社を立ち上げ、八〇年にはエール大学に第二の組織が誕生した。しかし一八二〇年代になると、アメリカでは反フリーメーソンの機運が盛り上がり、ファイ・ベータ・カッパ友愛会などの秘密主義が批判にさらされるようになる。その結果、同友愛会は世間の圧力に屈する形で、公《おおやけ》の組織になる道を選んだ。一部の研究者は、こうした流れがエール大学のスカル&ボーンズの会の誕生の直接の要因になったと指摘する。

❖――スカル&ボーンズのネットワークの中心にいるブッシュ家

今日、スカル&ボーンズのネットワークは、秘密結社と国務省および国家安全保障機関とを直接結びつけるつながりを形成している。このことについて『George Bush : The Unauthorized Biography(非公認ジョージ・ブッシュ伝)』は、次のように記している。

コネティカット州の上院議員であったプレスコット・ブッシュ(ボーンズメン)は、国家安全保障担当顧問ゴードン・グレイのゴルフ仲間であり、親友であった。プレスコットはまた、ドワイト・アイゼンハワーともよく一緒にゴルフをしていた。ナチ時代からのプレスコットの弁護士であるジョン・フォスター・ダレスは国務長官になり、シュローダー銀行に勤めていた弟アレン・ダレスはCIA長官になっている。(中略)

アイゼンハワー大統領の時代にゴードン・グレイは再び政権に加わった。プレスコットのゴルフ仲間で親友でもあったグレイは、アイゼンハワーに対するブッシュの影響力を補完する役目を果たした。〝陰の政府〟におけるブッシューグレイ・ファミリーの密な関係は、アイゼンハワー政権が終わるまで続いている。

ゴードン・グレイは、一九五一年に創設された心理戦略委員会の委員長に任命された。この委員会は安全保障問題に関してトルーマン大統領を補佐するために設けられたもので、エイヴレル・ハリマンの監督下にあった。ゴードン・グレイはアイゼンハワー政権で五八年から六一年まで同じポストにとどまり、同大統領とCIA、米軍および友好国の軍隊との関係において仲介・調整役兼戦略立案者を務めている。

アイゼンハワーはCIAの隠密《おんみつ》活動に反対しなかった。ことが失敗したり露見したりした際に、自分に火の粉が降りかからなければそれでよいと考えていたようだ。グレイのおもな役目はアメリカのすべての隠密活動の監視ということになっていたが、実際には肥大化するCIAや政府の秘密活動を擁護・隠蔽《いんぺい》することであった。

グレイとブッシュとダレスによって生み出されたのは秘密の「作戦」だけではない。彼らによってアメリカ政府の陰の「体制」が築かれたのである。

また、ラッセル・ボウエンが著した『The Immaculate Deception（完璧なる欺瞞《ぎまん》）』では、このように記されている。

ニクソンの伝記によると、彼とブッシュ家の個人的・政治的つながりの起源は一九四六年に遡《さかのぼ》る。オレンジ郡の共産党と、ジョージ・ブッシュの父親のプレスコット・ブッシュが率いる有力実業家たちがロサンゼルスの新聞に出した広告を目にしたのがきっかけだったとニクソンは話している。

広告は、連邦議員の若い候補を募るものだった。ニクソンはこれに応募して採用されている。ブッシュ・グループの顔となったニクソンは上院議員に当選、一九五二年には副大統領となった。

一九六〇年、ニクソン副大統領は大統領の椅子《いす》を目指して奔走していた。その傍らにはプレスコット・ブッシュがおり、ジェラルド・フォード議員とジョージ・ブッシュが資金集めに協力していた。

ニクソンが目的を果たすまでには八年を要した。そして如才のないニクソンは、自分を支援してくれた者たちをきちんと覚えていた。大統領となったニクソンはジョージ・ブッシュに報いるために共和党全国委員長のポストを与え、のちに中国大使に任命した。

一九七六年までに、ウォーターゲート事件で失脚したニクソンのあとを継いだフォードも、これまでの協力の見返りとして旧知の仲のブッシュにCIAの要職を与えた。しかも今回は使われる側ではなく、使う側である長官への抜擢《ばってき》であった。

❖隠蔽の見えざる手——混沌《こんとん》としたなかで埋もれていったケネディの死の真実

陰謀家たちが用いるきわめて効果的な戦術の一つに、暗殺の際にできる限り多くの「疑わしい」人間を登場させて「煙に巻く」というものがある。それぞれの人間の動機をばらばらにしておくのがミソで、当日現場にいる理由が秘密めいたものであればより効果的だ。一九六三年十一月二十二日にダラスで起こった事件では、大勢の人間がさまざまな策謀や思惑のために動いていた。その多くは暗殺とほとんど、あるいはまったく関係のないものであった。その結果、疑わしく見えるだけで実際にはたいして関係のない雑多な事実のなかに、意味のある事実が埋もれてしまったのである。

「ローマ共和国が滅亡する一世紀前、市の機関の富を分配して腐敗を改革しようと立ち上がったグラックス兄弟は、ともに暗殺された。真犯人は二人の改革に危機感を覚えた元老院の者たちであったが、彼らが罰せられることはなかった」とピーター・デイル・スコットは『Deep Politics（政治の裏）』で書いているが、まさに問題は、〝本当に〟かかわっていた人間が誰なのかということだ。

ロドニー・スティッチの『Defrauding America（搾取されるアメリカ）』には、対諜部隊を任されたペガサスというCIAの極秘エージェントの話が出てくる。この部隊はJ・エドガー・フーヴァーFBI長官の電話を盗聴し、ケネディ暗殺計画をテープに録音していた。この録音テープには、（ネルソン・）ロックフェラー、アレン・ダレス、テキサスの（リンドン・）ジョンソン、ジョージ

（H・W）・ブッシュに加え、J・エドガー・フーヴァー自身の名前が出てくる。

スティッチに情報を提供した人物の証言ではこうだ。「ロックフェラーと（J・エドガー・）フーヴァーの会話が録音されていて、ロックフェラーが『何か問題はあるかな』と言ったのに対して、フーヴァーが『いや、特に問題はない。ダレスにも確認した。彼らがやるなら、こちらもやることをやる』と答えている。フーヴァーが電話の盗聴に気づかなかったため、大量のテープがある」

実際、さまざまなナチ団体やマインドコントロール活動、ベンチャー事業とつながった多くの秘密結社や、秘密の誓いによって、陰謀の首謀者たちは固く結束している。陰謀の根幹の大部分は、FBIの第五部門や国防産業安全保障部隊などの極秘安全保障関連機関、さまざまな勢力のために働く二重工作員・三重工作員らが暗躍する陰の世界に隠れているのである。その実態については『Torbitt Document（トービット文書）』や『The Man Who Knew Too Much（知りすぎた男）』などが詳しく伝えており、心理作戦部門のエージェントや、のちの麻薬取締官、極右活動家、二重工作員、替え玉、政治家、スパイ、警官などの広範な人間がかかわっていたようだ。

JFKの暗殺では、マインドコントロールも重要な役目を果たしている。一説には、リー・ハーヴェイ・オズワルドがCIAのMK－ULTRA計画にかかわっていて、ソ連のミンスクにいたときに、ラジオ催眠を利用した脳コントロールや電子的な記憶の消去などの広範な実験に参加させられていたとも言われる。しかし、マインドコントロールは単なる暗殺の手段を超えた、巨大な謀略なのである。

❖「我々をサイバネティック・ミステリーのゾンビにする」巨大なオカルト計画がアメリカの歴史的事件の背後にある

「おそらく政治的な分野で最も重要になってくるのは、集団心理学であろう。……現代のプロパガンダ手法の拡大に伴い、その重要性はますます高まっている。この分野の研究は熱心に進められるであろうが、その成果は管理する側の人間にしか知らされない。大衆は自分がどうやってその判断に至ったのかに気づくことはないのだ」とバートランド・ラッセルは言った。そして世界は今、そのとおりの進行を示している。

マインドコントロールや秘密結社、オカルトのことを調べていくと、ケネディ暗殺が、多くの隠れたシンボルに彩られた怪しい事件であったことが浮き彫りになってくる。

アンダーグラウンド論文の古典となっているジェームズ・シェルビー・ダウナードの『Sorcery, Sex, Assassination and the Sciencce of Symbolism（魔術、セックス、暗殺およびシンボリズムの科学）』は、アメリカの歴史的事件の背景に巨大なオカルト計画が存在し、その目的は「我々をサイバネティック・ミステリーのゾンビにすること」だと断じている。ダウナードによると、JFKの暗殺は「王の殺害」と呼ばれるオカルトの儀式で、集団トラウマやマインドコントロールによるアメリカの政治体制への攻撃なのだという。

ダウナードの共同研究者・著者のマイケル・A・ホフマン二世は『Secret Societies and Psychological Warfare』（邦題『フリーメーソンの操心術』藤岡啓介、村上彩訳　青弓社刊）において「いわゆる錬金術では、物質が完全に腐敗し、完全なる破壊がなされるには（これは現在、我々の周りで進行していることだ）、少なくとも三つのことが達せられなければならない」としている。その三つとは、

①根本物質の創造と破壊
②神聖なる王の殺害
③第一原質を母なる大地にもたらすこと

だという。だが、これらはなんであり何を意味しているのであろうか？　それをホフマン自らに語っ

てもらうなら、次のようなものとなる。

❖――ケネディ暗殺は血の生贄《いけにえ》の儀式として行なわれた⁉

グノーシス派、薔薇《ばら》十字会、フリーメーソン、錬金術研究者などは、古くからこれらの実現を目指してきた。ブッシュ大統領が属しているエール大学の秘密結社スカル&ボーンズ（実在する有力者の組織である）、カリフォルニアのボヘミアン・グローブ、やはりカリフォルニアに本部があるジョン・ホワイトサイド・パーソンズ博士の東方テンプル騎士団（OTO）、アルバート・パイク将軍のスコティッシュ・アンド・パラディアン・ライツ・オブ・フリーメーソンのほか、これらを模倣した無数の小団体が同じことを実現しようとしている。これらのカルトには例外なく国の最上層に属するメンバーがいて、現在、あるいは過去にコネやOBのつながりを持っている。

「根本物質の創造と破壊」は、ホワイト・ヘッド（日の老いたる者――すなわち神のこと）とニューメキシコ州ホワイトサンズ、トリニティサイトで実行に移された。トリニティサイトは西部の古い街道の起点となっている場所にあるが、この街道はかつてメキシコで「ジョルナダ・デル・ムエルト（死者の旅）」と呼ばれていた。

今世紀初頭、フリーメーソンのピーター・カーンという男が、この古い街道の重要な場所に、きわめて象徴的な意味を持った「死の門」を建造するよう命じられた。この門は、「千の扉を持つ門」の異名を持つ。

カーンは、門の正面でフードを被った死刑執行人によって首を切断されるという、儀式的殺人によって葬られた。ギャリー・トルドーは、一九八八年十二月の連載漫画『ドゥーンズベリー』で、アメリカ南西部のアステカ・メイソン・コマツォツという首切りカルトを風刺している。漫画では、スカル&ボーンズの新入りたちが多数の生首を捨てようとしており、その生首のなかには、秘密主義勢力の重要な工作員であったパンチョ・ビラの生首もあった（彼も儀式殺人の犠牲者で、首を切断されている）。

そのほか、「根本物質の創造と破壊」のオカルト儀式としては、ニューメキシコ州トゥルースオアコンシクエンシズの北緯三三度地域で行なわれたものがある（トリニティサイトもこの緯度に位置している）。

人間の背骨には三十三の節があり、オカルトではこれが、体に棲《す》むクンダリーニというヘビが昇華する際の足場になると考えられている。三十三というのは、スコティッシュ・ライト・フリーメーソンの最高位階の数字でもある。トリニティサイトの近くには、象徴的な意味をこめて「マクドナルド・ハウス」と呼ばれている廃屋がある。「根本物質の創造と破壊」はまさにこのトリニティサイト――「炎の地」で行なわれ、最初の原子爆弾の爆発実験がなされた。これは、数千年の秘められた歴史を持つ錬金術の考究と実践が結実した瞬間でもあった。

「王の殺害」の儀式は、もう一つの「トリニティ」サイト――トリニティ川とテキサス州ダラスのディーレープラザの三重低路交差の間の北緯三三度地点から、一〇マイルほど南下した場所で執り行なわれた。ディーレープラザはダラスに造られたフリーメーソンの最初の殿堂であり、十九世紀のカウボーイの時代に「血塗られたエルム通り」と呼ばれていたこの場所で、「キャメロットの王」の異名を得た世界の指導者――ジョン・フィッツジェラルド・ケネディが射殺された。

暗殺の直後、ケネディをめぐる謎を象徴する一枚の写真が公開された。これは三人の「浮浪者」が当局に連行されるところを撮影したものであったが、彼らは明確な理由もなく釈放されている。三人の身元は明らかにされず、その素性が大いに取り沙汰された。

ケネディの暗殺は王を生贄《いけにえ》にする黒ミサの儀式であり、三人の浮浪者はその儀式に必要な存在であった（このあたりはまさにフリーメーソンの犯行であることをはっきりと物語っている）。彼らはユベラ、ユベロ、ユベラムという、神殿の道化芝居に出てくる三人の「役立たずの職人」の象徴にほかならない。この職人たちは、ジェームズ・シェルビー・ダウナードと私（ホフマン）が『Apocalypse Culture（「黙示録」の文化）』の初版に書いた錬金術の目標――「キャメロット王」の殺害の成就に欠かせないものである。

あの暗殺の真の目的は、政治的なものでも経済的なものでもなく、魔術的なものだ。強大なる勢力が夢見る心をコントロールしてそのパワーを掌握するために、欺瞞に満ちた冷酷卑劣な計略を進めている。一九六三年十一月二十二日、アメリカ国民は永遠に何かを失った。それは理想主義かもしれないし、心の清らかさかもしれない。あるいは、気高くあろうとする精神性かもしれない。ケネディが殺された本当の理由と動機は、人を変えてしまうことにあった。

逮捕された「三人の浮浪者」

感謝祭の一週間前に起きた一見、無思慮で偶発的に見える暗殺劇では、大統領が頭を吹き飛ばされた。そのようすは、今ではすっかり有名になったザプルーダー・フィルムに記録されているが、これは薔薇十字会の謀略のメッセージを描いた『ビデオドローム』において、デヴィッド・クローネンバーグ監督が「残酷な新時代」と名づけた時代に人類が踏み込んだことを示すものであった。

三人の暗殺者をめぐる捜査は迷走を続けたが、CIA、マフィア、反カストロ、カストロ、KGB、テキサスの右翼などがかかわっているという、さまざまな本や映画の単純な政治的〝説明〟は、真実には遠く、むしろ混乱やあきらめに拍車をかけるだけのものも少なくない。この事件は、より深遠な意味がこめられたフリーメーソンの謎かけなのである。

❖フリーセックス、暴力、ＬＳＤ……アメリカ国民全体の意識を変容させた錬金術の儀式殺人

集団心理学の視点で見ると、テレビ中継されたショッキングな暗殺事件のあとにアメリカ国民の心がすさみ始めたのはほぼ間違いない。そのことを示す変化もたくさんある。服の傾向は一年とたたぬうちに自然色の木綿素材から派手な色の人口ポリエステルに変わっていったし、ポピュラー音楽はよりテンポが速まって騒々しくなった。放浪芸術家が住むようなスラム街以外でも麻薬が手に入るようになり、何かにつけて極端なものが流行《はや》るようになった。ビートルズやチャールズ・マンソンから、フリーセックス、ＬＳＤに至るまで、ものの考え方や行動ががらりと変わってしまったのである。

真犯人たちは捕まらず、ウォーレン委員会は真実の隠蔽に終始した。暗殺を命じた者たちはどこかでカクテルを傾けながら笑っているのではないか……。そんな漠然とした不信感が広まり、白昼堂々とこの国の大統領を暗殺しても捕まらないような連中は、何をしても決して捕まらないだろうという集団妄想のような考えに国民が取り憑《つ》かれることになった。

表の政府の裏に隠れた陰の政府という忌《い》まわしい現実が浮かび上がり、そうした妄想じみた疑念が潜在意識に棲みつくようになったのである。〝オズ〟ワルドとルビーのために、我々は〝オズ〟の世界に迷い込んでしまったのだ。

こうして、アメリカ国民の集団心理における権力の認識には変化がもたらされた。力を持っているのは選挙で選ばれた最高責任者ではなく、その最高責任者を殺しても法の網にかからない、見えない

ウォーレン委員会の主要メンバーたち

集団だという意識が生まれたのである。

一八二六年に作家のウィリアム・モルガンがフリーメーソンに暗殺されてから、一世紀を超える歳月を経て、アメリカ国民は再び、陰の勢力による世界支配という不気味な現実を突き付けられることになった。サー・ジェームズ・フレイザーは著書『金枝篇――呪術と宗教の研究』（岩波文庫に邦訳がある）において、「神聖なる王」がより強い力や奸智《かんち》を備えた者に殺された場合、王が持っていた「神聖なる」力は「共感」と「伝染」によって敗者から勝者に受け継がれると説明している。

アメリカ国民全体の「夢見る」心の潜在意識にこうした認識がもたらされた結果、新たな神話が形成されることになった。それまでとは一八〇度異なる新たな「現実」を衝撃的な形でもたらすというやり方は、秘密主義勢力の間で「大声」と呼ばれているもので、錬金術の計画におけるもう一つのステップを達成するための古典的な方法である。『ローリングストーン』誌の一九七七年二月二十四日号で、デイヴ・マーシュは次のように記している。「ビートルズとJFKの暗殺との間には常に関連があった。JFKは一九六三年の感謝祭（十一月の第四木曜日）の一週間前に射殺された。その後ビートルズは全米チャートで一位になり、一九六四年の二月に『エド・サリヴァン・ショー』への出演を果たしている。ビートルズのマネージャーのブライアン・

エプスタインですら、ケネディの暗殺がビートルズ人気に貢献したと考えていたほどだ。国民が悲痛な思いに沈んでいるときに、ビートルズが現われて陽気で友好的なメッセージで癒《いや》しを与えてくれたのである。……こうして道は踏みならされ、キャメロットのあとをオズが引き継いだ」

現在、アメリカ国民は恐るべきもう一つの現実を突き付けられている。その現実とは、国民が知ることもコントロールすることもできない陰の政府が存在するということだ。こうして、大衆の心理誘導は劇的に加速されることになった。以後、アヴァンギャルドな広告や音楽、政治やニュース（特に電子メディア）において、小さく（時には大々的に）現実の「裏の側面」――セックスや暴力と結びつき迅速な行動力を備えた、モラルに縛られないアングラの伏魔殿《ふくまでん》のことが取り沙汰されるようになっている。

たしかに、スーツにネクタイ姿で話す保守系の宗教・政治・実業界の人間の従来のイメージは、国民の目がうっすらとその姿をとらえ始めた陰の国家に従属する者たちというように微妙な変化を見せつつある。

しかしこの変化は一方で、恐怖心や追従心を生み出し、真実を知った者が逆らうのを押し留める効果も生み出している。たとえ民衆に対抗勢力が生まれたとしても、彼らには陰の勢力が持つ迅速さや伏魔殿の威圧感はない。

たとえるなら、美しい顔に悪魔の心を秘めた王子たちがおとぎの宮殿に住んでいて、ほかの人々をはるかに凌駕《りょうが》する知識と力、経験でその宮殿を支配しているといったところであろうか。王子たちはあらゆるところにいて、あらゆることにかかわっている。私たちは彼らのショーに幻惑され、それを見ているしかない。金縛りにあったように身動きもとれぬまま、彼らの最新の演目のスリリングな展開を食い入るように見守っている。しかしそのスリリングな出来事は、自分たちをさらに骨抜きにするためのものでしかない。

前述した『フリーメーソンの操心術』中で、作家のＪ・Ｇ・バラードの言葉としてこんなことを書いている。

「宇宙開発競争やベトナム戦争、ケネディの暗殺やマリリン・モンローの自殺など、強烈なスポットライトを浴びたイメージに私たちは支配され、想像力のユニークな錬金術が進行していった。……不穏な時代の遊び場を照らす陰鬱《いんうつ》な太陽のように、感情や愛情の死が世界を覆っていた。……我々は、影の世界の主人の壮大なショーにおいてゾンビの役を与えられているのであり、必要に応じて端役を務めさせられている。この心理操作の過程で我々は魂を抜かれ、シニカルで曖昧《あいまい》な精神状態にさせられていく」

❖ＪＦＫの殺害は「新世界秩序」に向けてのマインドコントロールの一環だった

ＪＦＫを殺害した者たちは、国民のアイデンティティと結束を損なうため、国民の心にダメージが与えられるような形で暗殺を行なった。陰謀であることが誰の目にも明らかなのも、彼らの優位性を示し我々が無力であると思い知らせることを狙《ねら》ったものだ。個人に対して長い間やってきたことを、国家に対してやってみせたのである。

マインドコントロールのことを調べていくと、高度な手法で広範囲にわたる心理操作が行なわれていることがわかってくる。マインドコントロールの起源は、聖職者たちが宗教組織をまとめるために行なったことに遡る。

西欧文化のなかで育まれていったマインドコントロールの技術は、イエズス会、ヴァチカンの特定グループ、さまざまな秘教や秘密結社、フリーメーソン組織などによって、その有効性がテストされてきた。宗教裁判で試された手法は、第三帝国の時代にヨゼフ・メンゲレ博士によってさらに洗練されたものとなる。

第二次世界大戦が終わると、オペレーション・サンライズ、オペレーション・ブローバック、オペレーション・ペーパークリップなどの極秘作戦により、何百名ものナチの科学者や研究者、行政関係者がアメリカに〝密入国〟させられた（これはハリー・S・トルーマン大統領の正式な命令に逆らうものであった）。

それからまもなく、マリオネット・プログラミングというナチス・ドイツのマインドコントロール計画が「プロジェクト・モナーク」と名前を変えて実施された。モナーク計画の基本となっていたのは、トラウマを利用して多重人格障害（MPD。現在は解離《かいり》性障害と呼ばれる）を誘発させ、人の心を高度に操作する技術である。

放射線に関する大統領委員会での公開証言では、国民や外国人（特に子供たち）に対して激しい拷《ごう》問《もん》や非人道的な大虐殺《ぎゃくさつ》が行なわれていたという一連の告発がなされている。これらの子供たちは放射線の実験台にもされた。証言では、麻薬やトラウマを利用した高度なマインドコントロールの実態が明らかにされている。これらの実験の生存者たちも、CIAのMK-ULTRA計画の一環として行なわれた残酷《ざんこく》なマインドコントロール実験について同様の証言を行なっている。彼らの多くは「グリーン博士」がかかわっていたと話しており、生存者や研究者の中には、この人物がメンゲレ博士であると主張する者もいる。

しかし、これらのマインドコントロール計画も要人の暗殺も、国際的な権力集団のネットワークが進めている壮大な〝計画〟の氷山の一角にすぎない。一九九五年、こうした陰謀を十年にわたって調査したある弁護士が、結果をインターネットで匿名《とくめい》で公表した。この弁護士は、ＪＦＫの暗殺が五十年にわたる陰謀の一環であるとし、国際ネットワーク（彼は「グループ」と呼んでいた）の構造を詳細に解説していた。このグループの内部のしくみ、また「新世界秩序」を標榜《ひょうぼう》している点などは、他の研究者がイルミナティと呼んでいる集団とぴたりと一致する。

❖――「国民と政府を引き離す」新世界秩序を作り出すイルミナティ

ロックグループのローリング・ストーンズが『悪魔を哀れむ歌』で「結局、俺とお前だったのさ」と絶唱したような感情のもとに、ＪＦＫの死後、アメリカ国民の政府に対する信頼は低下の一途を辿っている。

それはなぜなのか!?　アメリカをアメリカたらしめたものの一つは、イギリスからの独立革命だが、その革命が起こって間もないころにこんな事態が起こっている。

フリーメイソンの支部会員《ロッジ》で、スコットランドのエジンバラ大学において自然科学の教授を務めていたジョン・ロビンソンが、あるときイルミナティに誘われた。結局、彼はイルミナティを独自に調べたあと勧誘を断った。そして、一七九八年に同調査からの『Proofs of a Conspiracy（陰謀の証明）』を著わす。

同書中で彼が述べた核心はこうだ（以下は先記しているものだが、当稿の主題から再度取り上げる）。

あらゆる宗教体制を根絶やしにし、すべての現存政府を転覆することを明確な目的とする結社が作られている。……指導者たちは絶対的な力で世界を支配し、彼ら以外のすべての者は、陰の支配者たちの野望のための道具にされる。

この本をある人物から送られたジョージ・ワシントン大統領は、返信でイルミナティがアメリカに存在していることには気づいていると述べ、この団体が〝悪魔的な教義〟を持ち、国民と政府を引き離すのが目的だと指摘している。

ＪＦＫの暗殺後、見え隠れする強大な勢力の言いなりになって国民に背を向けているエリート主義の政府に対し、国民の間には幻滅や、冷ややかな見方が広まった。ワシントンの言っていた「国民と政府を引き離す」という目的が達成されたのである。作られた対立である冷戦の雪解けが進みつつあるにもかかわらず、我が国の「政府」は軍事力の増強と政治覇権《はけん》の拡大を続け、外国の拡大勢力の代わりに国内の「反乱分子」に国民の目を向けようと画策している。

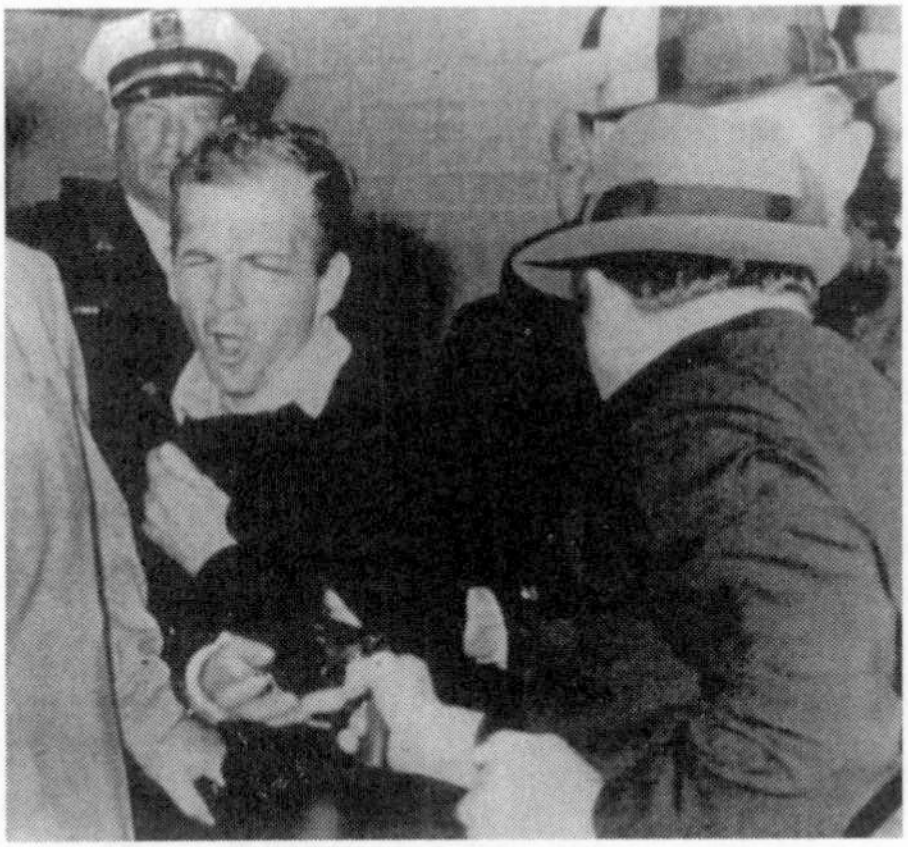

ジャック・ルビーに撃たれた瞬間の「容疑者」リー・Ｈ・オズワルド

こうした何世紀にもわたって根を張り続けてきた陰謀が、かつてその毒々しい実を結んだことがあった。それこそが、四十年前のあの日、ディーレープラザにおいて起こった事件にほかならない。

はたして、事件は〝オズ〟ワルドの単独犯行だったのか。

それとも、我々はみな、「新世界秩序」への血塗られた道を歩まされているのだろうか（以上については、www.boodleboys.com で関連資料が閲覧可能である）。

◉秘密主義と米国憲法――“彼ら”はどちらに忠実なのか

クリス・ミレガン 編／記

❖――ケネディとバンチが語るアメリカ中に蔓延《まんえん》した「秘密主義」

ジョン・F・ケネディ大統領は、一九六一年四月二十七日の記者会見でこう語った。

自由で開かれた社会においては、「秘密主義」という言葉そのものが忌み嫌われる。我々は歴史的にも、秘密結社や秘密の誓い、水面下での進行といったものを嫌ってきたし、民衆には本来そういう感覚が根づいているものだ。関連性のある事実を不当かつ必要以上に隠そうとする態度は、そういう態度の正当化のために持ち出される危険性よりもはるかに大きな危険をはらんでいる。

また、オレゴン州立ポートランド大学の政治学部名誉教授ラルフ・E・バンチは次のように言う。

なお、バンチは一九二七年にポートランドで生まれ、第二次世界大戦で海軍に従軍したのち、五一年にルイス・アンド・クラーク大学卒業後、オレゴン大学で六一年に理学修士・六八年に政治学博士を取得。オレゴン州のほか、日本、カナダの公立校で教師を務め、教授となってからはオレゴン、テキサス、ワシントンの各州およびロシアの大学で教鞭《きょうべん》をとった。これらによる広い見解から『International Journal of Comparative Sociology（比較社会学国際ジャーナル）』の書評編集者を十六年間務めてもいる。当稿では以下の抜粋引用のほかにも、その見解の多数を借りている。

秘密主義はアップルパイと同じくらいアメリカに根づいている。アメリカ人は基本的に、楽観的でおめでたい、理想を信じる人種なので、こんなことを言うとお叱りを受けるかもしれない。だが、冷静な視点で考えてみれば、アメリカの社会やプライベートな生活のなかのあちこちに秘密主義が潜んでいることに気づくはずだ。

連邦政府が秘密主義を寵愛《ちょうあい》していることは国家安全保障や警察の分野では常識となっており、ほぼ容認されている。税金、通商、社会福祉、教育、運輸、医療など、おそらくあらゆる政府活動において――また市町村、州、国家のすべてのレベルにおいて、公式、非公式の秘密主義がまかりとおっている。法においては、職員の記録、市民の個人情報、大陪審記録といったさまざまな情報を秘密にすることが定められている。土地の購入予定に関する情報なども、公にしてしまうと投機に利用されて国民のコストが増えるという理由で秘密にされる。

政府は国民に対しても、公人に対するのと同じように秘密主義を押し付けている。法的な争いにおける和解や未成年者についての事実なども、内容によっては、公表してはならないと法で定められている。名誉毀損《きそん》に関する法律も同じで、たとえ当人について知られている事実であっても、やはり内容により書いたり口にしたりすることが禁じられている。

企業の人間も、経営情報を漏らして特定の投資家が他の投資家より有利になるような状況を作ることは許されていない。企業は資本家の競争を妨げてはならず、経営やマーケティング、技術などの情報を秘匿することを政府によって認められている。弁護士と依頼人、医師と患者などの関係においても、秘密が守られる。普通の人間関係でも誰もが秘密を抱えており、それらを隠しておく一方で、時折にそうした秘密を人に漏らす。

少なくとも、ほとんどの人は経済的なことや性的なことはおおっぴらにはしないものだ。

憲法はある面、秘密を礼賛している。第一条第五節は、議会が議事を公表する(つまり秘密を明かす)ことを定めているが、各議院の過半数の同意がある場合は秘匿することを認めている。ただし、秘匿扱いになったことも、各議院の五分の一の請求があれば議事録に記載しなければならないとしている。また第六条は、アメリカのいかなる官職または信任による公職についても、その資格として宗教上の審査を課せられることはないと定めている。これは裏を返せば、本人が公表を望まない限り、政府のあらゆる人間の信教に関する情報を秘密にしておくという意味になる。

❖——米国憲法は情報の開示と秘匿でさまざまな矛盾を呈する

ドイツの社会学者マックス・ウェーバーが「あらゆる官僚は、知識や意図を秘匿することで、職業的に情報を得られることの優位性を高めようとする」と喝破《かっぱ》したように、政府が秘密を好むのはどの国でも同じであるが、我が国ではこうした姿勢が、憲法の修正第一条との間で常に摩擦を生み出してきた。

ニクソンは『ニューヨーク・タイムズ』紙が「ペンタゴンペーパー」を公表しようとした際、国の安全保障とベトナムでの戦いが危機にさらされるとして記事を差し止めようとした。この要求は最高裁によって却下されたが、このとき最高裁は修正第一条を理由にあげ、政府はいかなる状況であろうとも「議会が忌避《きひ》しなければならない実害が生じるという明白かつ現存する危険がない限り」言論や出版を抑圧してはならないとの立場を貫いた(一九一九年のシェンク対合衆国裁判)。

また、修正第四条は「不合理な捜索および逮捕押収に対し、身体、住居、書類および所有物の安全を保障される人民の権利は、これを侵害してはならない（後略）」として、国民が政府に対して秘密を保持する権利を保障している。

しかし、この条項の具体的な適用は裁判所の悩みの種だ。捜索には令状を取る必要があるが、これは一方で、効果的な警察活動の妨げになる。警察が容疑者を逮捕する際には、自分たちの安全を守ったり、証拠の隠滅を防ぐなどの目的で身体検査が必要になる場合もある。その延長として犯罪者の電話を盗聴したり、さらには周辺の人間を盗聴する行為についても、正当性の判断は難しい。逮捕の際、証拠を探すために容疑者の車や自宅、職場などを捜索する行為はどこまで許されるのか。犯罪の証拠を探しているときにほかの犯罪が見つかることもある。当然令状は最初の犯罪に対するものしかないが、そんなときにどこまで証拠を陪審に提示できるのか。修正第四条で規定された、国民が秘密を守る権利をどこまで認めるのかについては、これまで何度も最高裁で争われており、判断がひっくり返ることも珍しくない。

修正第五条は、犯罪容疑者に自己に不利な供述を強要することを禁じている。これは、国民と政府の立場を公平に扱うべきだとの考え方に基づくものだ。政府は（少なくとも民主主義においては）、国民の尊厳と人間性を損なってはならない。拷問や強迫によって供述を引き出すことを政府に認めてしまえば、そうした原則は守られないことになる。刑事犯罪の法執行は、強制によらない証拠に基づくほうがより信頼性が高くなるのだ。一九二八年のオルムステッド対合衆国裁判では、ブランダイス判事もこうした考え方を支持している。

❖――ミランダ準則と政府や国民に関する秘密の容認や守秘

人間らしい生活や安全、自由を守るには、政府職員も国民と同じ行動規範を遵守《じゅんしゅ》する必要がある。

法治国家においては、政府は厳密に法を守らなければその存在自体が危うくなる。我々の政府は、絶大な権威を与えられた国民全員の教師のようなものだ。良くも悪くも、国民に範を示す存在なのである。

犯罪には伝染性がある。政府が法を破るようになれば、法を軽視する風潮が広がり、国民は自分自身を法とするようになって無政府主義が蔓延するだろう。刑事司法において目的を達成するためになりふりかまわぬ態度をとってもかまわないということになれば、手痛いしっぺ返しが待っている。このような危険な思想を、法廷は決して認めるわけにはいかない。

こうして誕生したのが、ミランダ準則である。しかしその一方で最高裁は、警察官が忠実に義務を果たせるように、逮捕された国民は身元を秘匿してはならないとの判断も下している。

修正第六条は、被告人が「自己に有利な証人を得るために強制的な手続きをとる」権利を有すると定めている。これは言い換えれば、刑事事件において裁判所に命じられた場合は、被告人の無罪につながるような証拠を秘匿できないということである。証人は法定で真実のみを述べると宣誓させられ、これを守らなかった場合は法廷侮辱罪《ぶじょく》に問われる。つまり、原告側や被告側の証人が、反対尋問によって相手側に有利な証言をしなければならなくなる場合も出てくるということだ。

政府や国民による(あるいは政府や国民に関する)秘密の容認や守秘を細かくあげていけば、それだけで何冊もの本が書けてしまう。秘密主義はまさにアップルパイのようにアメリカに根づき、当たり前のものになっているのである。

しかし、そうであるとするならば、それは当然なんらかの機能を果たしているはずだ。実際、秘密主義はあらゆる政治活動の重要な要素になっている。少なくとも、不完全な社会において不完全な人間が行なう政治においては——要するにあらゆる現実社会の政治において、一定の機能を果たしているのだ。あらゆる関係が透明で何も隠し立てする必要のない（つまり何も秘密にしなくてもよい）社会も可能性としては考えられるが、それは理想郷でしかない。現実の人間のかかわりや政治に秘密は必要であるし、それなくしては立ち行かないのである。ただしこうした主張には納得のいく説明が必要であり、秘密主義に関連づけるには、あまりよく知られていない政治の定義に基づいた説明が欠かせない。

❖「ワシントンのお偉方が世界を変える夢を抱くと、無名の者たちが死体になって帰ってくる」のが政治の本質か

政治学の専門家にとっては、最も基本的な用語の定義がちょっとした頭痛の種となってきた。自分たちを学者と名乗っている以上、「政治」という言葉に対しては誰もが理解し、認めてくれるような定義を与えなければならない（そのための努力も〝それなりに〟してきたのは確かだ）。そのような定義が見つかれば、学問として受け入れられる大きなステップとなる。少なくとも、その努力は評価されていいだろう。実際、政治の定義は無数に生み出されてきたわけだが、問題は、そのなかに誰もが納得できるものがないという点にある。いわば、定義に関する合意を作らないことに合意している状態なのだ。そのため、政治学者は勝手に政治を定義してよいことになっている。そしてそのことを、誰もが合意するような定義を作ってしまえば発想が縛られ自由な研究が阻害《そがい》されるという理屈で正当化しているのである。

ホワイトハウスで不謹慎な行為に及んでいた疑惑を持たれたクリントン大統領が、こんな弁明をしたことを覚えていらっしゃるだろうか。「〝である〟が何を意味するかが問題だ」。生粋《きっすい》の政治家であった彼は、定義こそが何より重要だということを知っていたのである。これは政治についても言える

ことで、教科書で学んだのとは違い、憲法や議会、選挙などは個別の事例としてとらえた場合にのみ、組織性を持った正規の制度であるとみなすことができ、またそこに（ある程度）の規則性を認めることができるのであって、実際には世界の百ヵ国以上の国々の政治がそれぞれに具現化したものにすぎない。

こうした知識が必要でないかと言えば必要であるし、本来の政府や政治構造、策動の部分的な理解に役立つことは確かだ。だが、このような普遍性に欠ける知識に基づいて学問を展開することはできない。それは世界中の薔薇《ばら》だけを――しかもきちんと管理された庭園の薔薇だけを調べて植物学の理論を打ち立てたり、土豚《つちぶた》《アフリカに生息する管歯目《かんしもく》の獣》だけを研究して生物学の理論を展開するようなものである。

政治という言葉を学問的にきちんと定義するのであれば、それは人類全体が営み、認知されている行動を規定したものでなくてはならない。たとえば、甘草のキャンディ licorice と議会 legislation を比べた場合、ほとんどの人が認知し関心を持っているのは前者のほうである。象 elephant と選挙 election なら象のほうがなじみがあるし、便秘 constipation と憲法 constitution なら便秘のほうが気になる。

現在の政治のさまざまな定義を作り出したのは、現在公権力を行使している者たちとつながりのある学者や専門家である。これらの定義は、限定的な部分においては正しく、有用だと言えないこともない。しかし、水の定義についても、治水において有効なレベルと、科学的なレベル（水素と酸素でできている、あるいは原子構造にまで遡った定義）があるように、真の定義はまた別物である。政府の権力という視点で政治を定義してしまった場合の社会的コストについては、『ワシントン・ポスト』紙のデヴィッド・イグナチウスが的確な指摘をしている。「ワシントンのお偉方が世界を変える夢を抱くと、無名の者たちが死体になって帰ってくる」

学問として政治を考えるのなら、これを人間の普遍的な行為として定義する必要がある。誰もが自らの体験に基づいて政治を語るが、これは心理学や社会学・経済学・生物学についても同じだ。しかし、心理学者や社会学者、経済学者や生物学者が共通の基本用語のおかげで仲間と意思を疎通できるのに対して、政治学者はそれができない。政治そのものの共通した定義がないからだ。

しかし、政治を説得による人への働きかけと考えれば、これは普遍的な行為であるし、それを行なう者、目指す者、それらに影響を与えようとする者のみにとって意味があるわけではない。

一九四〇年代、ウィンストン・チャーチルはイギリスに銃とバターを送ってくれるようフランクリン・ルーズヴェルトを説得するため、自国の状況を説明（定義）したが、彼の行為と赤ちゃんの夜泣きは根本的には同じものだ。たとえば、夜中の三時に赤ちゃんが泣き出すのは、赤ちゃんにとっては政治的な行為にほかならない。赤ちゃんは自分の状況を、空腹、オムツが濡れている、さびしいなどと規定（定義）して訴えているわけだ。その定義は父親によって解釈されるが、その際父親は自分に都合のいい再定義を行なう。寝ているふりをして何度か鼻を鳴らすのだ。そして、妻も自分に都合のいい政治的ふるまいに及ぶ。夫を肘《ひじ》で突ついてその定義を拒絶し、自分の定義を主張するのである。「起きてるんでしょ。今度はあなたの番よ。起きてミルク温めて」。これこそが、人のあらゆるレベルにおいて普遍的な「政治」である。

❖――理論上の政治と、事態を異なる視点で言い表わす現実の政治

一方、政治学のおもな権威が本や論文で示す定義は、意味が狭く慣用的で、二十人の専門家がいれば二十とおりの定義が生まれる。イギリスの『What is Politics（政治とは何か）』という本では、権威がそれぞれ異なる定義を示している。

ある専門家は、政治は影響力であると言い、別の専門家は権力だと言う。利己だと言う者もいれば、可能性の考察だとする者もおり、政策のコンセンサスを醸成する能力だという者もいる。ある専門家は、大統領の権力について触れた際に、政治権力は、すなわち説得する力であると断じている。これはそれなりに当たっていると言っていい。けれども彼は手段と結果を混同しており、そのため同意反復の罠《わな》に陥っている。

その説得する力がそもそも何なのかという疑問についても、彼がもし、手段や行為のほうに注目していたならば、説得行為（一般的な意味の政治的行為）とは、自分に都合のいい現実の定義を効果的に作り出す能力だということに思い至ったに違いない。政治とは、自分の望みどおりの結果が得られるように現実を規定（定義）するという、人間の普遍的行為なのである。

もっと具体的に言えば、「ジョニー、妹をぶつのはやめなさい。乱暴はしないの」「本当に愛してるなら、ネックレス買ってくれるはずよ」「本当の友達なら飲酒運転はしないし、相手にもさせない」「武器の個人所有はアメリカ人の権利だ」「ダン・クエールはジャック・ケネディとは違う」「オサマ・ビン・ラディンはイスラムの信仰を侮辱し貶《おとし》めた」といった言葉を正しいと受け入れた場合、あなたはこれらの主張を述べた者による現実の定義と、彼らによる政治的行為を受け入れたことになるのである。

このような政治の定義――目的を達成しようとする人間の普遍的な行為という定義に基づいて、マーク・トウェインの『ハックルベリー・フィンの冒険』の一場面を考察してみよう。面倒な状況に追い込まれたハックが、その状況をうまく定義する必要に迫られるシーンがある。逃亡した奴隷のジムと一緒に、筏《いかだ》に乗ってミシシッピ川を下っているときのことだ。銃を手にした二人の男が乗っている船が、筏に近づいてきた。二人は逃げた奴隷を探していた。ハックの機転でジムはテントの中に入り、毛布の下に隠れる。その後はいかにもトウェインらしい会話となる。男たちはハックに奴隷を見なかったかと尋ね、ハックは見なかったと答える。もし見つけたら必ず教えるというハックの言葉に、男たちはいちおう納得するが、念のために筏を調べさせろと言う。

ハックは「兎《うさぎ》のように怯《おび》えていた」がかまわないと答え、ただし父さんが〝病気で〟寝ているからテントにはあまり近づかないでほしいと警告する。本当は筏を岸に着けて看病したいのだがみんなに嫌がられるというハックの説明に、男たちは父親が疫病にかかっているのだと思い込み、みすぼらしいハックを哀れに思って五ドル金貨を一枚ずつシャベルに載せて渡す。政治的手腕に長《た》けたハックは、真実を秘匿して現状に自分に有利な定義を与え、その作為的定義を相手に信じ込ませて、たくみにあしらったのである。

現実を異なる視点で言い表わすことこそが政治だということを示す例を、もう一つお目にかけよう。私は一九六〇年代の後半に、テキサス州のデントンという小さな町で教えていたことがある。この町には四つの異なる定義があった。州間高速三五号の脇には、「ロサンゼルスのように六百万の人が出入りする町」と書かれた巨大な看板が立っていたのだが、農園労働者のいたずらで「人」のところに線が引かれて「黒人」と塗り替えられてしまった。ところが（おそらく自由人権協会の連中のしわざだと思うが）、そのいたずら書きにも線が引かれて「人種差別主義者のたわごと」と書かれ、さらにそれが地元の女性平等主義者に打ち消されて「男尊女卑のブタ」と殴り書きされていた。これらの主張をした者たちは、もちろん身元を秘匿している（理由は言わずもがなであろう）。

宗教は基本的には政治の下部概念的な存在で、人生や永遠性などに特定の定義を与え、それを信じることを信者やほかの人々に求める。それらの定義が無条件に受け入れられるようにするため、宗教にはかなり秘密主義的な部分が出てくることになる。国の安全保障を守ることが義務だと信じる政府機関との共通点も少なくない。CIAやFBIは、彼らにとってはほとんど〝神聖〟と言ってよい任務を実行するために全体主義的なアプローチで秘密を守ろうとする（詳しくは後述）。

いずれにしろ、宗教では現実に絶対的な定義を与え、そこには議論の余地は存在しない（議論の余地といえば、以前、私は大胆な発言をしたときに友人からこんなふうにたしなめられたことがある。「君の考えはコンクリート並みだね。全部ごっちゃになってがっちり固まってる」）。こうして一部の宗教は、信者に自分を律することを求め、特定の本を読むことを禁じ、革新的な考え方を拒絶させ、多婚や児童虐待、麻薬の使用などの違法行為について当局に口をつぐませるようになるのである。そしてこれらの秘密主義に反する行動をとった者には、究極の罰が待っている。破門され、地獄に落ちるのだ。

❖――ばかばかしいまでのものがあるアメリカ現実政治の実情

ここまで書いてきたことを簡単にまとめると、秘密主義はアメリカ社会に必要なものであり重要な役割を果たしているということだ。秘密主義は憲法によって求められ、守られており、官民を問わず誰もがこれを実践している。政治においても、公式・非公式、公・私を問わず欠かせないものとなっている。この事実から言えることは、秘密を持つこと自体は良いとも悪いともいえないということだ（これは人生のさまざまなことに当てはまる）。政府、法律、大統領制、軍、警察、宗教、政治、金、銃、薬などは、いずれも道具や手段であって、その良し悪しはそれを用いたことの結果で判断すべきなのだ。

しかしながら、公的な政策や公共の福祉などにおいては明らかな秘密主義の悪用も見られる。そうした悪用が何度も繰り返されてきたというのも、皮肉な歴史的事実だ。政府による警察力の行使は、国民の健康やモラル、安全、福祉などを守り促進するためのものだと定義されているが、これは一方で市町村、州、国家レベルで政府や自治体の市民に対する権限の拡大も招いてきた。州や市町村の警察が、法で禁じられている市民の秘密ファイルを保有していたというようなスキャンダルがたびたび起こっているという事実は、法を守るべき官僚自体が法治の原則にそれほど忠実でないことを物語っている。

今から二十年前、オレゴン州ポートランドでACLU（自由人権協会）が警察のこうしたファイルを廃棄させた。しかし二〇〇二年、またしても警察が数千名の市民の違法ファイルを保有していたことが明らかになっている。この年にはコロラド州デンバーでも、警察が市民を密かに監視していたことがわかってシステムの廃棄を命じられた。この警察の秘密ファイルには、デンバーに住むヘレン・ヘンリーという八十二歳のおばあちゃんが、所有するトヨタのセダンに「レオナード・ペルティエ（ネイティブ・アメリカンの政治犯）を釈放せよ」というバンパーステッカーを貼っていたと記録されていた（二〇〇二年九月十五日付『サンデー・オレゴニアン』紙）。

ばかばかしいと思うかもしれないが、これを笑い話で片づけるわけにはいかない。このような秘密ファイルに名前が載っているかもしれないという恐怖心があると、市民は平和的な抗議活動という憲法で保証された権利を行使しにくくなる。近所の住人（あるいはまったく知らない人であっても）がファイルに載っているかもしれないと考えるだけでも、民主政府の根幹をなす市民権の行使には強力なブレーキがかかるのだ。

こうした問題は国家レベルでも存在する。J・エドガー・フーヴァーが長官を務めていた時期、FBIは資産家や有名人、政治活動家などの詳細な秘密ファイルを保有していた。フーヴァーが長期にわたって長官職にあったことについては、彼が歴代大統領を含む政界トップの秘密を握っていて、そのために職を追われなかったと考える者も多い。

❖――ブッシュ（ジュニア）とチェイニーの情報公開拒否が意味するもの

二〇〇一年九月十一日の同時テロ攻撃のあと、市町村警察はＦＢＩ主導の統合テロ対策本部との協力態勢をとることを求められた。自由活動家の多くは、テロの脅威と戦う一方で、警察力の不当な行使を警戒しなければならないという板挟みの状況に陥っており、国土安全保障省が創設されてジョン・アシュクロフト司法長官が秘密主義をエスカレートさせた結果、こうした危機感はさらに深まっている。

同長官は、市民権を持たずテロ活動とのかかわりが疑われる住民数百名の国外追放審理を、一律に非公開にする方針を打ち出した。二〇〇二年八月、アメリカ第六控訴裁判所の三人の判事団が全員一致で、これが違法であるとの判断を示した。このときデイモン・Ｊ・キース判事は次のように述べている。「閉ざされた扉の中では民主主義は息絶える。政府が扉を閉ざすのは、本来人民のものである情報を選択してコントロールしようとする行為にほかならない。そして選択された情報は、それを受けたものに誤った認識をもたらす」

国の指導者が何かを隠しているということが折に触れて報道されるというのは、精神衛生上あまりよいものではない。ハーケン・エナジーの役員であったブッシュ（ジュニア）大統領とハリバートン社のＣＥＯであったチェイニー副大統領は、これらの企業が絡んだ先ごろのスキャンダルに関して、開示を求められている情報の公開を拒んでいる。

ブッシュ大統領は、新設された国土安全保障省を情報公開法や内部告発保護法に縛られずに活動できるようにすることを求めており、ディック・チェイニーは、国のエネルギー政策を策定する集まりに出席した人物のリストとメモの開示を求める合法的な要求を拒絶している。この「国家エネルギー政策策定チーム」は、公共の団体でありながら非公開の集まりを開いていた。インディアナ州選出のダン・バートン上院議員をはじめとする筋金入りの共和党保守派でさえ、干渉的な〝大きな政府〟には反対しており、開かれた政治にあからさまに背を向ける政府の態度に呆《あき》れ返っている。

不適切な秘密主義の問題は、二〇〇一年九月十一日の事件でも明らかになっている。テロ攻撃を調査している統合情報委員会が開いた二〇〇二年十月の公聴会で、FBIとCIA、NSA（国家安全保障局）が秘密主義の弊害のために国の危機を回避できなかったということが明らかになった。これらの国家機関は、国土を守ることよりも管轄を優先し、そのため十分な情報交換ができなかったのである。ロバート・ミュラーFBI長官、マイケル・V・ヘイドンNSA長官、ジョージ・テネットCIA長官はやがて重い口を開いたものの、結局弁明に終始している。

「情報に関する上院選出委員会」のカール・レヴィン上院議員（ミシガン州）は、「九月十一日に至る重要な二十一ヵ月、相互に情報が伝わらず、対応がとられなかった。その結果、テロリストの謀略を食い止める多くの機会が失われた」としている（二〇〇二年十月十八日付『サンデー・オレゴニアン』紙）。

〈九・一一〉以前の態勢がお粗末だったというだけではない。ダニエル・パトリック・モイニハン上院議員の著書『Secrecy（秘密主義）』（一九九八年にエール大学出版局より刊行）を読むと、政府の杜撰《ずさん》さがより根深いものであることがわかる。

❖――右派も左派も……時を超える秘密主義をめぐる戦い

第二次世界大戦の前後のアメリカの右派と左派の政治的争いの背景には、秘密裏に陰謀がめぐらされているとの憶測があった。右派は、左派が世界共産主義とつながっていると考え、真珠湾攻撃はアメリカを戦争に巻き込みスターリンとロシアを救うための謀略だったと思い込んでおり、第三インターナショナルが政府のデリケートなポストにスパイを送り込んでいると確信していた。

一方、左派は一九二〇年代の赤狩りを引き合いに出し、右派がJ・エドガー・フーヴァーを中心にして憲法を破壊しアメリカをヒトラーに売り渡そうとしているとか、ドイツ国内の弾薬等の製造に密かに荷担しているなどと非難した。そのような状況のなか、上院でジョセフ・マッカーシー議員が、ジョージ・C・マーシャル将軍は共産主義の裏切り者で、歴史上類を見ない〝巨大な陰謀〟の中心人物であると発言。しかし、現在ではマッカーシーのような人物がのさばったのは、政府の秘密主義のせいであったことが明らかになっている。マッカーシーはラジオや、当時普及し始めたばかりのテレビを通じて国全体を扇動したが、そのとき根拠としていたのが〝共産主義者の巣窟《そうくつ》である行政部の極秘文書〟であった。

モイニハンは、このような状況を背景にして次々に理不尽な動きが出てきたと指摘する。たとえば、フーヴァーは復興金融会社の役員であったジョージ・E・アレンに、驚くべき書簡を送った。この書簡はトルーマン大統領に読んでもらうことを想定したもので（フーヴァーは大統領に対して個人的に良い感情を抱いておらず、そのため回りくどいことをしたものと思われる）、そこにはアメリカが共産主義に屈するように政府の高官たちが巨大な陰謀を企んでいるという旨のことが書かれ、ディーン・アチソン国務長官、ジョン・J・マクロイ元国防次官補、ヘンリー・A・ウォレス商務長官、国連のアルジャー・ヒス、原子力委員会顧問エドワード・U・コンドン博士、人気ジャーナリストのレイモンド・グラム・スウィングやマーキス・チャイルズなどの名前があげられていた。

六ページに及ぶこの書簡でフーヴァーは、ある〝情報提供者〟からの情報により、アメリカの原子爆弾の機密がこれらの人物によって直接ソ連に流れている証拠が明らかになったと断じている。モイニハンはこの書簡を荒唐無稽《こうとうむけい》であるとしているが、アルジャー・ヒスという名前が出てくる点は引っかかる。

書簡が送られたのは一九四六年。アメリカに潜入しているソ連の諜報員の暗号が偶然解読されたことにより、ソ連が国内に強力な情報網を築いていたことが実際に明らかになってはいるが、それは四九年のことだ。この事実は現在のNSA（国家安全保障局）の前身機関によって明らかにされ、当時長官だったストーン提督は、すぐにトルーマン大統領に知らせるべきだとの判断を下した。ところが、陸軍安全保障局長官のカーター・W・クラーク将軍がこれに強く反対する。この情報が広まれば必ず情報漏れが起き、暗号が解読されたことがソ連にばれてしまうと考えたのだ。大統領を尊敬し忠実に行動してきた統合参謀本部長オマー・ネルソン・ブラッドリー将軍も、大統領やロスコウ・H・ヒレンケッター提督（CIA初代長官）に伝えるべきではないというクラーク将軍の意見に賛同した。まさに秘密主義の勝利である。

マッカーシー旋風が吹き荒れた時代、トルーマン大統領は自らの政権を、たしかな証拠に基づかない告発や事実無根の不当な告発から守らなければならなかった。アルジャー・ヒスがスパイであるというウィテカー・チェンバーズの情報は正しかったが、ソ連の暗号が破られたという事実や、アメリカにおけるソ連のスパイ網の実態、アルジャー・ヒスなどに関する事実を、トルーマンが知らされることはなかった。部下たちの秘密主義のせいで、国家安全保障に関する最も重要な情報が大統領に伝わらなかったのだ。

解読されたソ連のスパイの暗号メッセージ群がヴェノナ・ファイルという名のもとに公表されたのは、何十年もあとのことである。一九九六年、モイニハンと「政府機密の保護および縮小のための委員会」が追及した末のことだった。憲法に記されているように、文民の大統領が軍を支配するという文民統制の理念に基づいて、トルーマン大統領にヴェノナ・ファイルのことが伝えられていたならば、政府に共産主義者が紛れ込んでいるという告発への対処も違ってきただろうし、一九四〇年代後半と五〇年代の国の政策におけるトラウマもずいぶん軽減されていたことだろう。

秘密主義をめぐる戦いは、新たな世紀を迎えた現在もなお続いている。リチャード・パールは、www.findarticles.com/ct《現在リンク切れとなっている》のCommentaryで、モイニハンの本について保守的な態度もあらわな書評を行なっている。

奇妙なことに、上院情報委員会の元副委員長を務めたモイニハンは、ワシントンがソ連の暗号解読に成功した事実を隠していた理由については一顧だにしていないようだ。彼がなぜこのような思考に陥っているのかは興味深いところではあるが、その点については本では触れられていない。トルーマン大統領が暗号解読の事実を知らされなかったという驚くべき事実についても、詳しいことは語られない。そもそもそれは事実なのか。あるいはモイニハン自身が気づいていない、より深い秘密が存在するのだろうか。（傍点は筆者による）

パールにとっては「ワシントン」は民主政体――すなわち議会と大統領府のことではなく、CIAやFBI、軍の統合参謀本部のことを意味しているようで、自ら信奉している権力に都合のよい陰謀説をでっち上げている。

CIAとNSAがこれほど秘密を好まなければ、一九七〇年代と八〇年代はかなり違ったものになっていたはずだ。これらの機関が冷戦時代に示したソ連の評価がきわめていい加減なものであったということも、今では明らかになっている。ソ連の力は大きく誇張され、体制の弱点については無視されていた。ソ連の国力の分析が誤っていることを見抜いていたのは、モイニハンを含めたひと握りの者だけであり、リチャード・パール自身もその点については認めている。

ＣＩＡがソ連経済の規模や成長率、潜在力などを大幅に過剰評価し続けてきたことは、今や疑う余地はない。一九五八年、同局はソ連の国内総生産（ＧＤＰ）の伸びが我が国よりもずっと大きいとの見方を示し、六二年にはアメリカの半分の水準に達するだろうとしている。しかしこれは、事実と大きくかけ離れていた。ＣＩＡは九〇年にもソ連のＧＤＰを二兆五〇〇〇億ドルと推定しているが、モイニハンが鋭く指摘しているように、モスクワを訪れた者なら誰もが、ほとんどの市民の生活がＣＩＡの見解を疑わせるのに足るくらい悲惨なものだとわかったはずである。

❖典型的なお役所になったＣＩＡと利権誘導のロビイストが横行するアメリカの実像

第二次大戦終結時に創設されたＣＩＡは、すぐに、規制を目的とする役所に典型的なあらゆる特徴を見せ始める一方で、普通の機関には見られない特質も備えるようになった。一九九七年、初めて公表された同局の予算は、なんと二六六億ドルである。しかしモイニハンによると、同局が五十年以上存続してきた事実や、巨額の秘密予算、市民の目に触れることなく存在する能力、驚異的な技術開発（通信、Ｕ‐２、衛星、コンピュータ）にもかかわらず「アメリカの諜報組織の全体的な質は下がってきている」という。

ＣＩＡ本来の仕事である〝敵国〟ソビエトの評価の杜撰《ずさん》さを見ると、同局がいかに無能かがよくわかる。ＣＩＡは一貫して、ソ連が工業化された近代的な強大国であり、核を中心とする軍事力を背景にして世界支配に血眼《ちまなこ》になっていると主張し続けてきた。U–2や衛星による写真、大量の機密文書などで情報を得ていたにもかかわらず、実態を把握できていなかったのである。

アフガニスタンでのソ連の無能ぶりやベルリンの〝壁〟の崩壊は、そういう評価を鵜呑《うの》みにしてきた者たちを愕然《がくぜん》とさせた。一九七七年から八一年までCIAの長官を務めたスタンフォード・ターナーは、九一年に、同国の体制が破綻《はたん》しており早晩内部崩壊するだろうとの情報が、ソ連の非公式の情報源からもたらされていたという事実を、自分は諜報部門や防衛部門、その他の国家機関からいっさい知らされていなかったと主張している。

ダニエル・パトリック・モイニハンはこうした問題について、集められた情報や分析、結論などが秘密にされたことが少なくとも一因になっているとし、これらが隠されることなく議論や批判などが自由に行なわれていれば、誤りや齟齬《そご》、非論理的な部分を排除できた可能性もあると指摘している。こうした秘密主義の蔓延のために我が国が支払うことになった代価は、莫大なものであった。情報の風通しのよい状態が保たれ、好戦的な態度や軍事費の支出が抑制され、きちんと可能性を見据えて準備を整えていたならば、必然であったソ連の崩壊が起こったときに、かつての敵国であったドイツやイタリアを含む欧州の復興計画（マーシャルプラン）のような援助を実施できたのではないか——そうモイニハンは問いかけている。

ロビー活動も、民主政府の秘密主義のなかで重大な問題となっているものの一つだ。ロビー活動は国、州、市町村のあらゆるレベルにおいて見られ、すっかり当たり前の光景となってしまっている。政策決定や制度の実施など、すべての政府・自治活動において、選挙や指名で選ばれた者たちの多くと水面下で結託して、公共の利益に反する私益を追求する連中が暗躍しているのである。

ロビイストの目的は、議員や官僚を説得して自分たちに有利な現実の〝定義〟を受け入れさせることとにある。しかし彼らはその際に、いかにもそれが公共の利益であるかのように、たくみに言いくるめる。たとえば、国や州の所有地の森林を伐採したいと考えている製材会社は、森林火災から森を守ったり市民が狩猟やキャンプを楽しんだりできるように、税金で森の中に道を通してほしいという要望を出したりするのである。

製薬業界も、高い利益の見込める薬の特許拡大のためのロビー活動を行なっている。名目は「重大な疾患を克服するために研究資金が必要」というもの。しかし実際には、資金の大半は広告費に消え、研究に向けられたものもほとんどが「一般の風邪や痔《じ》、腰痛、にきびなどの薬」の開発に使われる。理由はウィリー・サットンいわく「そこに金があるから」である。農業、銀行業、商業からレントゲン産業、ヨット所有、亜鉛採掘に至るまで、アメリカで行なわれているあらゆる経済活動にこうした例が無数に存在するのだ。

政治家のほうも、選挙資金や背後にいる人々の票を目当てにこうした謀略に喜んで荷担する。しかも、ロビイストから金品を受け取ったり、〝重要な政策を話し合う〟ために家族ぐるみでエキゾチックなスポット（ゴルフコースであることが多い）に招待されていたといったスキャンダルが、頻繁《ひんぱん》に報じられている。公共の利益のために滅私奉公しているというポーズをたくみに取りつつ、実際には自己保身や権力の階段を上ることしか念頭にないという政治家が少なくないのが実態だ（というより、そういう政治家がほとんどかもしれない）。それが政治というものなのである。

❖──水面下の秘密結社の謀略が表の政治を左右する

この世は不完全であり、政治のあらゆる部分において秘密主義は欠かすことのできないものとなっている。そしてすでに述べたように、自分に都合のいいように現実を定義することが政治のプロセスにほかならない。秘密主義の根にあるのは、政治（あるいは個人の政治的ふるまい）の対象に対する不信だと考えられる。

民主党は共和党を信用せず、共和党は民主党を信用しない。国家もお互いに不信感を抱いている。夫婦も相互不信を抱いており、浮気の事実は相手に秘密にする（話しても理解してもらえないとわかっているからだ）。親子の間にも似たような状況が存在する。政治家は自らの野心という現実を、公共の利益のためであると定義し、国は平和を論じながら戦争の準備をする。夫婦は家に帰れないのを残業のせいだと定義し、子供はパーティに行くときに級友の家で宿題を手伝ってもらうのだと偽る。

ジェームズ・マディソンは十八世紀後半に新聞に掲載された憲法擁護論文集『The Federalist Papers』の第10章において、共和制においては派閥を作る自由を確保することが必要不可欠であると説いている。多くの個人によって構成される多くの派閥が、広い地域に広まることが肝要であるという。少数派閥は多数派閥の票決によってコントロールすることが可能であるが、多数派閥は個人や少数派の権利を奪ってしまう危険をはらんでいる。しかし、多数派は一致して動くことが難しいので、この危険は最小限に食い止められるというのがその論理だ。

そもそも多数派は少数派の集まりであり、特定の少数派を押さえこもうとしても一枚岩になることはできない。そして多数派が、広い地域にまたがる多くの個人で構成されていることで、効率的に行動する能力が減じられるという。アメリカの政治を理解するための知識の半分は、同章に集約されていると言っても過言ではないだろう。

ただ、政治における謀略については、民主主義論のみで説明することは難しい。たしかに謀略を図るのは派閥であり、しかも少数派である。しかし、マディソンの言う多数派の票決という安全装置は、ここでは機能しない。謀略においては派閥以外の者がすべて敵とみなされ、秘密主義のベールで自らを敵の目から隠そうとするからである。彼らが自らの存在を明らかにし、市民の投票で是非を諮《はか》ってもらうようなまねをするはずもない。民衆や株主の目を欺《あざむ》こうとする企業派閥や、銀行強盗を企む犯罪者、クーデターを計画する連中、政府の力を利用して個人的・政治的目的を遂げようとする一部の官僚グループなどにもこれと同じことが言える。

秘密結社は例外なく謀略派閥であり、その目指すところは、開かれた社会の市民によって定められた公共の利益に反する目的の達成にある。マディソンが指摘するように、派閥は己の大義を判断することはできない。なんとなれば、派閥の利益がその判断を偏向させ、無欠性を損なわせるからである。カール・ポッパーも、自由は国が保障しない限り実現されないと指摘している。また、法の統治を弱めたり、違法な手段によって国民の間に不平等を生み出したり、政治本来の民主的な政策にブレーキをかけるような秘密結社は、いかなるものであれ、民主共和制を弱体化させて、国民に自由を保障するという目的も損なう。

問題は、特定の秘密結社が民主主義にとってどの程度深刻な脅威であるかを、いかに判断するかという点である。アルカイダがきわめて危険な謀略集団であることは間違いないし、それはティモシー・マクヴェイとその仲間や、炭疽菌《たんそ》を送りつけた犯人も同じだ。社会を脅かす密かな謀略を達成するためのヒエラルキー集団は、誰でも作ることができる。こうした集団をあげていけばきりがないが、少しだけピックアップしておくと、あらゆる犯罪活動集団、実力行使型の妊娠中絶反対活動グループ、児童ポルノ業者、武装した白人至上主義集団、不正を行なう税不要論者、違法ポルノ業者、違法すれすれの詐欺《さぎ》業者、信者から搾取しているエセ宗教家、暴力や脅迫を行なうギャングなどが当てはまる。

これはたしかな事実や学術的に疑問の余地のない理論に基づいているというより、標準的な価値観に基づく私見であるが、今ピックアップした例は最初の三つ以外は、他愛のない私欲やエゴ、狂信などを動機とする比較的無害なものであり、アメリカの民主主義の根幹を揺るがすようなものではない。これらは、全体主義よりも自由を優先させた社会においては避けられない澱《おり》のようなものだ。アメリカの民主主義を脅かす真の脅威とは、私欲や血筋などにとらわれる以前のトーマス・ジェファーソンが予見したように、アメリカ社会最上層で密かに結託した物質主義の非民主富裕エリート主義者たちによる、政治的・経済的な力の誤った行使にほかならない。

そうした〝力の行使〟が個人に加えられたときはどうなるか。次ではサットンの実体験の回顧からこれを見ていくことにしよう。

◉体験したワシントンDCの情報統制とその実態

アントニー・サットン 記

❖――ステップとしての前半生から

スタンフォード大学フーヴァー研究所時代（一九六八～七四年）の回顧を主題とした当稿だが、対ソ〝認識〟が重要な意味を持っているため、私はまずソ連のプロパガンダによる人為的誤認に惑わされることなく独自の認識に至った経緯を綴《つづ》った。しかし、このあたりは読み飛ばしてもかまわないだろう。

なお、『回顧録』の「補遺Ⅱ」は、認識の問題が別の形で再燃した一九七四年以後の出来事についてのものである。私は認識の間違いを正すべきだと訴えたが、このときも世間に声が届くことはなかった。

さて、私は一九三六年から四一年までイギリスのミドルセックス州ヒリンドン（ロンドン郊外）のビショップショルト中学校に学んだ。伝統的なイギリスの中学校で、徹底して基礎を教え込むなど、アメリカのハイスクールとはかなり趣《おもむき》が違う。

父はロールスロイスのカスタムウッド車体を造るスラップ&マバリー社で作業員として働いていた。祖父はかつてボーモント公の御者頭《ぎょしゃがしら》をしており、第一次大戦時にはロンドンでタクシー十二台を抱えていたという。母方のほうはロンドンの裕福な家具商の家系で、叔父はロンドン・パターン社の設立者だった。ひとことで言えば、工具や取付け具、図柄作成、自動車製造などとかかわりのある環境で育ったわけである。

一九四一年にビショップショルトを出ると、ロンドンのリチャード・トーマス鉄鋼会社で働き始め、四三年に軍の召集を受けるまで在籍していた。軍ではおもに暗号化と解読などを含む無線通信技師として訓練を受け、Dデイの直前に第四二機甲師団に配転されてノルマンディに上陸しドイツに入っていった。

このときはさまざまな個人任務を与えられることが多く、まとまった日数で自由に行動できる機会があった。私はその機会を利用し、ヨーロッパの文化や工業について学んだ。脱ナチス洗脳を手伝うためゲッチンゲン大学に六ヵ月勤務したあと、四七年に復員。最後の階級は軍曹であった。

そして一九四七年秋、サザンプトン大学に入学し五一年に経済学優等学位を得た。当時のサザンプトン大学のよいところは――今でもそうだが、学生と教師が研究やアイディアなどの面で柔軟に交流していた点である。また、閉鎖的でもない共産党があってマルクス、エンゲルス、レーニンなどを読むことが推奨されていた点も、大きなメリットであった。これらは、ソ連やほかの共産諸国が用いていた弁証法的唯物論や欺瞞を理解するための土台となっている。

大学卒業後はガスメーター等の製造会社の事務員を経て、リチャード・トーマス社（現在はブリティッシュ・スチールの一部）に戻り、そこで二年間の管理職訓練コースを受けた。この訓練を通じて、製鉄・鉄鋼工場の建設と操業、冶金《やきん》や金属試験などの基本的な知識を身につけることができた。

しかし一九五三年、怠慢という国営化の弊害に失望するようになっていた私は、イギリスを出てカナダに移った。同国の鉄鋼会社で一年間働いてから、デスマック・エクスプロレーション社という鉱山調査会社に入り、調査ロジスティクスと情報収集を担当。五六年までに会社はケベック北部（モンゴルフィエ郡区）で磁鉄鉱の大規模な鉱床を発見して、カナダのいくつかの州での計画を持ち、ここで鉱山の候補地評価のために地質学と掘削技術の基礎を学んだが、寒さに耐えられずにカナダを出た（冬にはマイナス四〇度にもなるところだった）。

❖――アメリカへの移住の年の「スプートニク・ショック」への疑問

一九五七年、ニューヨークに移ってホイランド・スチールに入社し、ロサンゼルスの子会社であるグレート・ウェスタン・スチールの副工場長になった。ここで働いていたときには、アメリカ西部とメキシコ北部にある採掘中の鉱山をすべて訪れ、ロッキード、ヒューズ、ノースアメリカン、ダグラスなどのロサンゼルスのおもな航空電子産業関連会社や、カリフォルニア州の製材・食品加工会社、セメント工場、採掘場、造船工場などを見て回り、新合金や特性などの可能性を探るのに役立つ知識を身につけた。

このようにアメリカに移って来た年（一九五七年）の十一月、ソ連がスプートニクを打ち上げた。

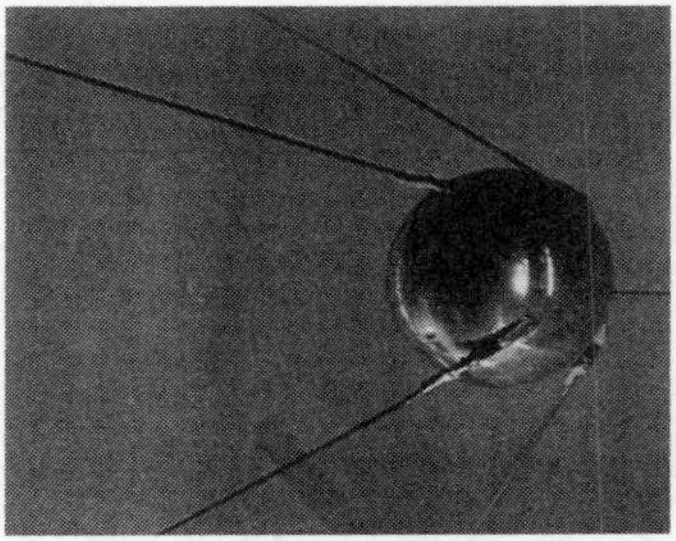

スプートニク——世界初の人工衛星は1957年10月4日に飛んだ

私はこのときフェニックスにあるモトローラの工場にいたが、この出来事がモトローラの技術者たちに大きな衝撃を与え「ロシア人は我々より進んでいる」と彼らが短絡的な受け止め方をしたことには驚かされた。

私は鉄鋼畑の経験から、ソ連がたとえば、圧延工場を実際に完成させるまでには、西側と同じ条件であったと仮定して六年から八年かかると考えていたが、一九一七年から二九年（最初の五ヵ年計画が始まった年）までの時期にソ連は独自に圧延プロセスを開発できていなかった。私が戦後にドイツにいたときに、ソ連はドイツの工場の残骸《ざんがい》（はっきりいってゴミの山であった）を解体して自国に持ち帰っている。

そういうことから考えても、「ロシア人が進んでいる」というのはナンセンスであった。私は多くの国の多くの工場を見てきたが、ソ連の技術や発明が使われているところはどこにもなかった。ソ連が技術大国であるという世間の見方は、私の経験とはまったく相容《あいい》れないものであった。

一九五〇年代と六〇年代のソ連について私は、社会基盤が整備されておらず遅れており、その経済は技術的に他国に依存していると考えていた。

一九五九年半ばまでに五ヵ国の工業プロセスを直接目にしていた私は、おそらく貴重な体験をしていたと言っていいだろう。どんな装置がどこで作られたものか、それらがどのような性能限界を持っていて、誰に使われているかといった知識が私にはあった。あらゆる工業プロセスには、固有の〝指紋〟がある。たとえば鉄溶鉱炉は形状や寸法が正確に定められており、投入する鉄鉱石、コークス、石灰などの品質や量も決まっている。新しい鉱炉をゼロから設計するなどということはありえない。

過去の設計と、その性能限界を踏まえたうえで、変更を加えていくのである。そのプロセスはきわめて精緻《せいち》なものだ。このことは、どの〝技術者〟に聞いてみても同じ答えが返ってくることだろう。

❖――教科書を疑うだけで反逆とみなされるアメリカの学会

私はこのようにして技術に関する広範かつ詳細な知識を身につけたのち、一九五九年に仕事を辞めUCLA（カリフォルニア州立大学ロサンゼルス校）の大学院に入った。経済と技術を結びつける知識を手に入れるためだった。今にして思えば少々考えが甘かったが、当時は経済理論を学ぶことでよりよい技術設計のヒントが得られるのではないかと考えていた。

しかし、すぐにアメリカの大学院で教える内容がきわめて型にはまったものであることを思い知らされた。教えているのは優秀な人たちではあったが、彼らは独自の発想や、教科書に書かれていることに疑問を呈するような態度には非寛容だった。また、経済学においては技術は定数であり、発展し続ける要因とはとらえられていないようだということも、すぐに明らかになった。そのうえここでも「ロシア人は我々より進んでいる」という見方が広まっていた。

私はかなりの時間をUCLA図書館本館と技術図書館で過ごした。そこには、ソ連の技術はすべて西側から取り入れたものであるという私の考えを裏づける資料が豊富にあった。エイヴレル・ハリマンがグルジアのマンガン鉱床の開発契約をソ連と結んだ際の契約書の原本まで保管されていた（これはかなり不利な内容であった。私はカナダで同様の契約を結んだことがあるが、ハリマンの契約書にはいくつか抜け穴があった）。

UCLAの図書館には、一九三〇年代に西側の会社によって建設された工場に関する、ソ連とイギリスの資料もいくつか保管されていた。これらの資料には、UCLAの教科書のソ連経済の発展のところでは触れられていない、外国による建設の実態が記されていた。私は初め、これらの発見や自身の考えをゼミや論文で発表していたが、すぐに、そうした行為が歓迎されないことを知った。教科書に書かれていることに疑問を呈するのは、反逆罪にも等しいとみなされているようであった。

実際、アーメン・アルチアンやジャック・ハーシュライファー（ランド研究所ロシア戦略部門に所属）などの著名な教授たちでさえも、ソ連の経済発展の実態に関しては無知であった。彼らは技術に関して、本当に何も知らなかったのである。ソ連の作ったものは「製品」とひと括《くく》りにされ、技術は流動的なプロセスではなく「一定の」定数として扱われていた。私はダドレー・ペグラム教授とW・E・ボールドウィン教授のために、輸送やアフリカの銅産業についてかなり詳細な研究を行なったほか、コロンビアの鉄産業についての論文なども書いた（これはのちに一冊の本として出版されている）。

❖──「ソ連の国力は低い」発言で私は政治的圧力を受け続けた

教科書や、ソ連の経済発展に関する種々の論文には、大きく抜け落ちていることがあった。それは、ソ連には独自に開発した技術が存在しないということである。どの教科書も、ソ連の発展に関しては一様に知識不足の誤った記述をしていた。クラークの『The Economics of Soviet Steel（ソ連鉄鋼産業の経済）』も、ほかの記述に関しては優れているのに、ソ連の技術が西側から導入されたという点には触れられていない。一九六〇年代前半に出版された『Economics of Technology（技術の経済）』も、技術をまるで理解していなかった。そこに書かれているのは技術とは無関係の数式の羅列《られつ》で、技術的なことにはまったく触れていなかったのだ。私は三十年たった今でもあの本がでたらめだと思っているが、学術界では進歩的な業績だとされている。

こうした状況のなか、私は研究において独自の手法を使うようになっていった。ソ連の設計による設備をすべて独自開発と仮定しておいて、そのうえで、過去に見てきた西側の設計による同様の設備と比較し、技術移転の可能性（西側によって導入された、特許資料から情報を入手した、技術コピーを担当するソ連のお役所によって再現された等々）を考えた。設計内容の比較を行ない、反証がなければ、設計はソ連によるものだとみなした。

ＵＣＬＡの博士課程は修了できなかった。あるテーマ（マクロ経済）に関して、博士課程の最終試験の問題を再び解くように言われ、その一方で博士論文も進めるように言われた。私はそのとおりにしたが、今度はその学部から別の複数の問題を解くことを求められた。結局ＵＣＬＡからは博士号を与えてもらえなかった。私はその後、ほかの大学で理学博士号を二つ取得した。そして、私の所属していた委員会の委員長であるダドリー・ペグラム博士の推薦で、ＵＣＬＡの経済学助教授となった。

そして後年、一九六八年にＵＣＬＡの終身在職権の審査があったときにも、同じような政治的圧力を受けた。学部レベルで認めてもらっていたのに、理事会レベルで退けられてしまったのである。私の最初の本はフーヴァー研究所に受け入れられており、ＵＣＬＡの経済学部の教授はその時点ではまだ誰一人、出版された本を手にしていないという状況下にもかかわらずである。

原因ははっきりしていた。私がソ連の国力を低いと言っていたためだ。一九六三年にソ連の発展についての講義を教授たちの前で行なった際に、私は、マルクス主義の中央計画経済が外部の支援なしには立ち行かない、ソ連は停滞しておりその原因はそうした致命的欠陥にあるという大胆な主張をしていた。「マルクス主義はすでに終焉《しゅうえん》を迎えた」と言ったときには、明らかな反発が感じられ、不快感と言ってもいいような重苦しい空気に包まれた。

一九六〇年代前半には、ソ連は技術的に遅れ経済的に他国に依存しているという私のソ連観がみな

のプロパガンダは、見事に成功したと言っていい。進んだ国というイメージを植え付けようとしたソ連の考えは、まったく受け入れてもらえなかった。モトローラ、UCLA、カリフォルニア州立大（カルステイト）のいずれにおいても、ソ連が遅れており経済が停滞しているという私から拒絶されているということは、疑いの余地がなくなっていた。

❖――ソ連の経済発展の土台にある西側の技術流出

UCLA大学院時代の一九五九年、私はソ連の初期の技術史の研究を始めるとともに、技術マニュアルの翻訳に必要なレベルのロシア語の習得を始めた。これらについては、先述の講義を除いてほとんど誰にも話していないが、UCLAにいた五年間ずっと継続していた。私は、同大の教授の個人レッスンも受けてロシア語の読解力向上を図っていた。

この時代にはまた、研究をスピードアップさせるために資金も募った。だが、国務省の文書のマイクロフィルム代としてレルム財団から四〇〇ドルを提供してもらえただけであった。それでも、一九六〇年代前半には大量の国の資料に目を通した。モスクワ、レニングラード、ラトビアのリガなどの役人の報告もあり、そこにはソ連から帰ってきたアメリカの実業家の話や、西側の国が建設した工場（マグニトゴルスク、ゴーリキー、ウラルマシュなど）の詳細な計画や仕様などの情報も含まれていた。これらの実業家はソ連との関係を良好に保ちたいと思っていたため、国の役人にすべてを正直に話したりはしなかった。しかし、なかには契約がほしいなら国の状況を美化して伝えるように言われたと報告している者もいる。

国の資料は、ソ連が技術的に他国に依存しているという私の見方を裏づけていた。が、国は私が求めた文書リストの一部の開示に難色を示してきた。強く開示を求めてみたものの、頑強な抵抗に遭った。けれどもこの抵抗のおかげで、本当に重要な情報の山を掘り当てることができた。

私はイギリスのオックスフォードにあるブラックウェルズという書店に頼み、ソ連の技術マニュアルや設備管理マニュアル数百点を取り寄せた。これらのマニュアルから、元になった西側の技術を辿っていく作業は実に面白いものだった。そのなかには「スティルソン・レンチ」が「スティルソナ」になっているといったように、西側の言葉が使われているものもあった。設備管理・訓練マニュアルは、技術の元を探るうえで大いに役に立った。

今でも私は、ソ連がなぜこのようなものが外国に流出するのを許したのか、疑問に思っている。技術の知識のある者が見れば、これは西側のものですよと言っているようなものだったからだ。技術のコピーを担当していたソ連の役所の仕事は、実にあからさまであった。西側の設計をそっくり模倣していたのである。しかし、民間向けにも軍用の仕様をそのまま用いていたため、重くかさばる製品が作られていた。ただし部品の製造については、鍛造《たんぞう》する代わりに鋳造《ちゅうぞう》したり打ち抜いたりといったようにアレンジされることもあったようだ。

❖——フーヴァー研究所への転身とそこでの出版妨害

一九六三年、国務省は「ソ連が独自に開発した技術を持っている」との見解を発表した。これは、同省が収集していた情報から導かれる結論とは一八〇度異なるものだった。

私は一九六六年には『Western Technology and Soviet Economic Development : 1917 to 1930（西側の技術とソ連の経済発展）』の第一巻（一九一七〜三〇年）を書き終えていた（以下、当稿では『ＷＴＳＥＤ』と略記）。レルム財団の四〇〇ドル以外はすべて自費で行なった研究をまとめたもので、執筆には八年かかった。同書の内容は、学術界や国の公式発表・見解とは異なっている。ひとことでまとめるなら、こういうことだ。

「ソ連の技術は西側の技術であり、電動トラクターなどの独自の発明は惨憺《さんたん》たる結果に終わっている」

そして、書き上がった原稿をシカゴのヘンリー・リグネリー社に送ったところ、なんとリグネリー本人から返信があった。だが主旨は要するに、たいへん重い内容であるけれども売れる見込みがない、ということだった。次にフーヴァー研究所に手紙を書いたところ、副所長のアラン・ベルモントから返事があった。ベルモントはFBI国内諜報部の副部長を務め、早期に退職した人物だ。原稿を見てみたいというので送ってみたところ、一九六六年の夏をフーヴァー研究所で過ごしてみないかと誘われた。私はこれを承諾した。

その夏、私はあまり目立たないようにふるまい、集まりなども避けて（所長のグレン・キャンベルはこの態度を快く思っていなかったようだ）研究に集中した。私は、UCLAやカリフォルニア州立大学でのときのように四面楚歌《しめんそか》になるのを避けたかったのである。当時、私の没交渉な態度に唯一理解を示してくれたのがベルモントだった。彼のそうした理解や、自ら進んで私をかばってくれたことについては、今でも感謝している。

ベルモントはキャンベル所長と長いつきあいのあるロジャー・フリーマンに、私の原稿を読むように強く勧めてくれたようだった。フリーマンはかつてホワイトハウス補佐官を務め、多くのコネを持った人物である。ベルモントはまた、ソ連で働いていた技術者たちにも原稿を読んでもらっていた。ロシア人たちは、私の書いていることは間違っていないと太鼓判を押してくれたらしい。ベルモントはそのことを私に報告し、ソ連研究者たちにも読んでもらうつもりだと言った。仮に否定的な意見が返ってきても、気にする必要はないと話していた（いつだったか、彼らは当てにならないというようなことも言っていた)。

一方、ロジャー・フリーマンによると、「彼ら」(ホワイトハウスやCIA)は「初期」の状況を知らないという。私は、別の人間がもう一度調べてこの研究結果が正しいかをチェックする必要があると主張した。こうした問題のせいで、我が国は事実誤認に基づくばかげた対ソ政策を展開していたのである。

私はUCLAに戻って一年を過ごしてから、フーヴァー研究所の研究員となり、残りの二つの巻を書き上げることにした。キャンベルは、第一巻もフーヴァー研究所が資金を出したと言っているが、これは事実ではない。第一巻は私が自費で書き上げたものだ。研究所に戻ったのは一九六八年の半ばあたりで、七一年までに残りの二巻を書き上げている。第一巻と第二巻の出版はかなり迅速だった。ただ、編集者が一つだけ小さな要求をしてきた。技術の軍事利用に関する部分をすべて削除してほしいと言ってきたのである。私はこれに応じた。

一九七一年までに第三巻を書き終えていた私は、これも他の二巻と同じようにすぐに出版されると思っていた。実際、すぐに校正刷りが送られてきて、必要な部分を修正した。ところが、その後は一年たってもなんの音沙汰もなかった。通常は、校正が終わった本は投資を回収するためにすぐに出版に回される。私が状況を尋ねてもまともな回答は得られず、ベルモントに聞いても「近く出版される」という言葉が返ってきただけだった。

当時はベトナム戦争が行なわれており、日々のニュースで味方の被害が伝えられていたが、その被害の元凶はアメリカやヨーロッパの技術だった。相も変わらずソ連の工場に技術が売られ、そこで作られた兵器や物資が北ベトナムに送られていたのである。私に言わせれば、このような状況は倫理に反するものであり、とてもまともではなかった。また、軍人としてノルマンディやベルギーに赴き、一九四五年三月のライン渡河にも参加した私にとっては、戦争自体が不快なものであった。戦争は冷酷で愚劣な、危うい行為である。私が共感を覚えていたのは、（おそらくは）銃を向けられた経験もなく、肘掛《ひじか》け椅子《いす》に座って、技術のことも知らずに技術的な判断を下している学者や政治家ではなく、ベトナムの地で戦っている兵士たちのほうであった。とりわけ、自分たちが収集した情報と完全に矛盾した発表を行なっている国務省の態度には慄然《りつぜん》とさせられた。

明らかに出版が遅らされている第三巻は、現在の政策にも大いにかかわりのある内容であったので、私は対抗策を講じることにした。アーリントン・ハウス社に話を持ちかけて、技術の軍事転用と「平和的」とされている貿易に関する別の本を密かに執筆し、それを出版してもらうことにしたのである。フーヴァー研究所が削除したがっていた部分（西側の技術が軍事的に使われている事実）を公表することで、第三巻出版への揺さぶりをかけるつもりだった。そういう意図があったことを、私は隠し立てするつもりはまったくない。また同じ状況が起こってもまったく同じことをするし、むしろより迅速に、より盛大にやるつもりである。

❖ミサイルの精度を格段に高めるセンタリンBのソ連への輸出を承認したキッシンジャーの「裏切り」

このころ、ヘンリー・キッシンジャーがセンタリンBという工作機械をソ連に輸出することを承認した。ソ連がこの装置を輸入する目的はただ一つ、ＭＩＲＶミサイルの精度を格段に高めるのに必要なボールベアリング製造用の溝を作るためである。これにより、ソ連はピンポイントでアメリカの目標を攻撃できるようになる。問題がないとするワシントンの見方は間違っていた。ソ連にはセンタリンBを製造する能力がなく、同様の装置を作れる国はアメリカ以外にはどこにも存在しなかったのだ

（事実、国防省のなかには危険を警告する者もいた）。

このキッシンジャーの行為は、ワシントンがおかしなことをしているという私の疑念を裏づけるものだった。彼の言う「緊張緩和《デタント》」戦略とは、守られるかどうかもわからない短期的な約束と引き換えに、ソ連が必要としている高度な技術を長期的に供給するというもののようだった。キッシンジャーはこの政策を「連関外交 Linkages」と言っていたが、私に言わせれば「狂気 Lunacy」以外の何物でもない。アメリカは、口約束を信じてソ連が本当にほしがっているもの（高度技術）を渡していたのである。キッシンジャーが〝専門家〟と呼ばれていることが、私は今でも信じられない。彼のしていたことはまるで、相手にただで金庫の鍵《かぎ》を渡してしまうようなものである。

キッシンジャー

しかもマクナマラの「交戦規定」によって、ベトナムの米軍はいわば手を縛られた状態だった。ソ連にトラックを作らせておいて、味方のパイロットにはそれを撃つなと命じていたのだ。こうした状況を見て思い浮かぶ言葉はただ一つ、「裏切り」だ。

キッシンジャーやラスク、マクナマラなどの政策関係者などについては、最終的な判断は保留している。愚かだったのか無知だったのか、エゴだったのか、あるいはもっと悪質なものだったのかもしれないが、私にはわからないというのが正直なところである。他国の外交官や軍関係者から「キッシンジャーはソ連のスパイだと思うか」と尋ねられたら、私はこう答えるだろう。「さあ。単に無知だったのかもしれません」

❖――フーヴァー研究所長キャンベルとの衝突と同所の辞任

対抗手段とする本の話を持っていったのは、アーリントン・ハウス社だけである。三ヵ月かけて執筆したあと、三ヵ月でのスピード出版となった。私の手元にある『National Suicide : Military Aid to the Soviet Union（国家的自殺――ソ連への軍事援助）』（現在は『Best Enemy Money Can Buy（金で買える最高の敵）』に改題。なお、以下では『NS』と略記）の新刊見本には、「一九七三年八月二十七日に受け取る」と書いてある。この本を手にしたとき、『WTSED』の第三巻は、校正段階でストップしていた（校正刷りを手直ししてから八ヵ月後のことである）。情報が広まるのを妨げるため、故意に出版を遅らせているという私の疑念は正しかったようだ。これは噂《うわさ》だが、出版阻止の圧力のもとはホワイトハウスだったようだ。

『NS』の新刊見本をもらった数日後、電話がかかってきて、グレン・キャンベル所長のオフィスに顔を出すように言われた。そこでは複数の人間が私を待っていた。アラン・ベルモント、CIAのディック・スター、スティファン・ポソニーのほか、何人かがいたように記憶している。そしてキャンベルがいきなり、『NS』には剽窃《ひょうせつ》があり、あのようなものを出す権利はないと私を非難し始めた。

私は四つの点で彼に反論した。第一に、自分の著作なので剽窃にはならない。第二に、フーヴァー研究所自身の要請で、フーヴァー版からは軍事関連の箇所が削除されているので、それを発表したにすぎない。第三に、アメリカ国民がベトナムで死んでおり、敵を助けるような政策が実施されているのなら、そのことを国民に知らせる義務が自分にはある。そして最後の反論として、私はこう言った。「一つとして事実にそぐわないところがあるのなら、それを指摘してください」。しかし、誰もそのような指摘はしてこなかった。

私は具体的な例をあげてみせた。アメリカはモスクワ近郊のゴーリキーのトラック工場に工作機械を送っており、そこで作られたGAZ（ゴーリキー）トラックがホーチミン・ルートを走っている。米軍のパイロットも、フォードのトラックに似ていたと証言しているほどだ（ゴーリキー工場自体がフォード自動車によって造られていた)。

北ベトナムへの補給に使われているソ連の船も、西側との「平和的貿易」で手に入れた大型高速のものである。最初の本が出てからまもなく突然現われた情報提供者から、私は船のリストを入手していた。ソ連の船名録にあった船舶向けディーゼルエンジンはいずれも型や設計が見覚えのあるもので、その大半はデンマークのバーマイスター&ウェイン社のものか、ソ連による複製品であった。

ひとことで言うと、私の集めた情報は正確だったのである。キャンベルは『NS』の出版を取りやめるように言ってきたが、私は拒否してその場を去った。また、念のためアーリントン・ハウス社に電話をかけてみたところ、本の出版を中止したり延期したりするつもりはないとのことだった。

すると、数週間後、私は再び呼び出され、キャンベルから、フーヴァー研究所との契約や合意は白紙になり、研究員ではなくなったと告げられた。私はささやかな抵抗として、契約があるし今のポストを離れるつもりはないと言い張った(実際には契約はなかった)。

その後、何人かの上院議員や下院議員が私を支援するようキャンベルに口を利いてくれたという話を聞いた。そして一週間後、ベルモントが私のオフィスにやってくると、これが必要になるだろうと言って、彼自身の署名のある契約書を手渡してくれた。

フーヴァー研究所は私と秘書の名前を職員リストから削除した。私は存在しないことにされたのである。その後の講演で、フーヴァー研究所のこの行為が、私の本の読者に大きな影響を与えたことを知った。私の言っていることが正しいのではないかと考えてくれるようになったのだ。フーヴァー研究所はあわただしく第三巻を刊行し、一年後に私が自らの意思で研究所を去るまでいちおう給料は支払われ続けた。研究所を辞める日、ロジャー・フリーマンが私に声をかけてくれた。「考え直してくれないか。私がキャンベルに話してみるから」。私は礼を言ったが、残るつもりはないと断った。

うんざりした、というのが本音だった。自分の時間と金を割いてアメリカにとって有益だと思われることを十年かけて研究し、ＵＣＬＡやカリフォルニア州立大学の教授たちの無知を我慢しながら出版のために心を砕いたのに、返ってきたのは侮辱といやがらせだった。

結局、キャンベルは長いものに巻かれるタイプだったようだ。ワシントンも、ベトナムの米兵のことなどどうでもよいのだろう（私は今でもそういうスタンスが変わっていないと考えている）。学術界の人々も自分たちが知っている狭量な知識にすがりつくことにしか関心がなく、学問の自由などというのは言葉だけらしい。

❖――私の本へのメディアの無視と学会外での好反応のなかで

私に報いてくれたのは、市井の人々であった。講演後にたくさんの人たちが私のところに来て、「がんばってください」「応援しています」などの温かい言葉をかけてくれた。ハリウッドのパラディウム劇場での講演は満席で、後ろのほうは立ち見になっていた。あのときは拍手が鳴りやまず、挨拶《あいさつ》のために三度も演壇に戻ったほどである。心配性の人などは「あなたがまだ生きていらっしゃるのが不思議なくらいです」などと気遣《きづか》ってくれたりもした。

行動で支持を表明してくれる人たちもいた。匿名の航空会社のパイロットたちが（ある友人を通じて）一万ドルの寄付をしてくれたほか、ある下院議員は、私の講演の言葉を下院の議事録に残してくれた。アントワーヌ・ピネー元フランス首相から電話がきたこともある。いくつかのＶＦＷ（海外戦争復員兵協会）も支持を表明してくれた。ほかにも、さまざまな形でご支援をいただいている。

実際、私の示したデータや主張に異を唱えてきた人はいない。その一方で新聞などのメディアは、私の本を無視していた（ニューハンプシャーの『マンチェスター・ユニオン・リーダー』とロンドンの『テレグラフ』は例外)。なお、ロンドンを訪れた際、『タイムズ』の依頼で編集主幹(現在ロードの称号を得ているリース・モッグ氏)に会っている。「彼らが動揺しているのはなぜでしょう」という氏の質問に、私は「さあ、わかりません。私が真実に迫っているからではないですか」と答えた。メキシコ、アルゼンチン、南アフリカ、フランス、ベルギーその他の国々を飛び回って、軍の上層部の人間や政府関係者とも話した。

一九六九年の前後だったと思うが、キャンベルがくだんの本の第一巻をロンドン大学に提出して博士号の審査をしてもらってはどうかと提案してくれたことがあった。彼の言うとおりにしたところ、学会から多くの好意的な反応があった。とんとん拍子に手続きが進んだようだったが、審査官のピーター・ワイルズは重箱の隅を突つくように細かい疑問点を追及してきた。私は二度ロンドンに飛んでそれらの疑問に答えたが、最後には根負けしてあきらめた。ここでも大学は旧態依然としているようだった。

一九七〇年ころ、かつてロンドン大使館付き武官を務めていたサミュエル・クラボー大佐が私に接触してきた。大佐はエイヴレル・ハリマンと親交があり、公式の情報でOSSとCIAともつながりがあることがはっきりしている。彼はエレノア・ダレスと定期的に連絡をとっていたようだ。私は一年から一年半くらいの間、彼と手紙をやりとりし、ときどき会って話をした(ワシントンの彼のアパートで一緒に昼食をとったこともある)。私は、はっきりと自分の意見を述べた。アメリカの政策は無知または独りよがりな発想から生まれたもので、自殺行為であると繰り返し主張した。間違っているというのならどこが違うのかを指摘してもらいたいとも言ったが、どこからもそのような指摘はなかった。私には技術についての知識があり、自分が正しいこともわかっていた。

一九七一年ころに、フーヴァー研究所から、イギリスのディッチリレー・パークで実業家や銀行家、学術関係者向けに講演を行なってほしいとの依頼があった。ピネー元フランス首相に出会ったのはこのときである。彼が私に対して「トレビアン、トレビアン」と声をかけてきたのを覚えている。

なお講演の途中、ソ連の工場のいくつかを建設しているダンロップ・ホールディングスの会長が立ち上がって言った。「サットン氏の情報は正しい。私の会社は長年ソ連にタイヤ工場を建設してきた。たとえそれが私にとっての自殺行為だとしても、今後も続けていくだろう」。彼の言葉の真意は、今でもよくわからない。なんとも不合理な発言だが、とにかく彼はそう言っていた。あるいは、外資系の実業家たちにはなんらかの洗脳が行なわれていたのかもしれない。少なくとも彼らにある種の圧力がかかっていたのは確かだ。

❖――アメリカの対ソ認識が誤誘導された理由

私がこれまでの経験から辿り着いた結論は、だいたい次のようなものである。

(1)　アメリカは、ソ連のプロパガンダにまんまと乗せられた（対ソ認識の問題）。この宣伝を行なったのはほとんどの場合、スパイではなく、実業家や学術界の人間、政治家など、私欲にかられて自らに都合のよい政策に安易にすがってきた個人である。

(2)　私の主張は間違っていなかったし、今でも正しい。ソ連は自力で発展する能力を持たず、技術的進歩のほとんどを西側に頼ってきた。国民の能力は高いが、体制が機能しておらず、アイディアを有効有用な技術として実用化するシステムがなかった。

(3)　私の経験で言えば、学術界の人間はもっぱら保身や既得権益、名誉などにしか関心がなく、斬新な発想は無条件に切り捨てられる。そういうことから考えると、学位や表彰のたぐいはあまり当てにならないと言わざるをえない。これらは固定化された知識を身につける能力があることを示しているだけで、知識の進歩に貢献できるかどうかを図る物差しにはならない。

(4) 何より信じられないのは、モラルがあればそれなりのふるまいをするはずなのに、そういう姿勢がまったく見られないという点である。何が正しいのかを考えてみる人間はいないのであろうか。モラルとは、いったい何であろう。彼らの近視眼的な態度には呆《あき》れてものが言えない。真実は遅かれ早かれ明らかになる。私は、私欲のために嘘《うそ》をつく政治屋タイプにはなりたくない。むしろ他者のことを真剣に思い続ける人間として人の記憶に残ることを望んでいる。グレン・キャンベルは私のモラリズムをあからさまに嘲弄《ちょうろう》したことがある。今でもよく覚えているが、こんなやりとりだった。

キャンベル「君には一つ問題がある」
私「問題?」
キャンベル「君はモラリストだ」
私「それが何か?」
キャンベル「それでは生きていけない。メシの種を失うぞ」

一定の生き方の基準というものは、個人が生きていくのに欠かせないものである。国となればなおさらだ。ところがこの国が選んだ実用主義は近視眼的であり、怯懦《きょうだ》な者を庇護《ひご》しつつ強欲な者の逃げ道に利用されている。

(5) 対ソ認識においては特定の人物が中心的役割を果たしており、彼らの提示する見方がワシントン上層部に広まっている。

◆アーマンド・ハマー――ジュリアス・ハマー(アメリカ共産党創設者・財務担当者)の息子。ルーズヴェルト以降の歴代大統領とつながりを持ち、ワシントンの最上層部で保護されている。

◆エイヴレル・ハリマン――一九二八年前後にソ連から一〇〇万ドルの贈与を受ける(必要ならこの

事実を証明できる国務省のファイル番号も提示できる）。国務省はハリマンには〝タッチするな〟と言われている。政策・諜報に大きな影響力を持つジョージタウンのグループの重要メンバー。

◆ヘンリー・キッシンジャー――アナトーリ・ドブルイニンの言葉がすべてを物語っている。一九九五年の『In Confidence（内密）』で、彼は次のように述べている。「キッシンジャーは私が国務省に行くことを知った際に一度ならず、この問題に関してはロジャーズはこれこれのことを知らないので本人には教えないように、と言ってきた」

キッシンジャーがどちらの側の人間かを示す例はいくらでもあるが、典型的なのがセンタリンBという工作機械の輸出である。どうやら、アメリカ側にはマーク・プログラム（302ページからの「補遺」Iを参照）がなかったようだ。もっとも、製品の特性が厳密であることを考えると、そういうことをやろうとしても難しかっただろう。そして国防総省で多くの反対の声が上がっていたにもかかわらず、キッシンジャーはソ連にＭＩＲＶ製造のための技術を提供した。

キッシンジャーを使ってソ連をだます計画があったのならともかく、そうでなければ導き出される結論はただ一つ――あまり歓迎できない話ではあるが、キッシンジャーがソ連のエージェントだったということである。世界規模の駆引きのなかでは、私は夾雑物《きょうざつぶつ》の一つにすぎない。しかし私の研究が引き金となって追及が進めば、対ソ認識に関する計画の全貌《ぜんぼう》が暴かれる可能性があった。

一九九六年には、私の研究の真偽に関して意見を述べる者はいなかった。二〇〇一年の現在になっても状況は変わっていない。それが、自身の名声を左右することになりかねないからだろう。私は国の謝罪があって当然だと思っている。国は私の研究を支えるべきであったのに、逆に圧力をかけて脅し、キャリアを奪って抹殺《まっさつ》した。そんなことをして、いったい何の得になったのか。

ちなみに、オルドリッチ・エイムズのケースが特筆に値するのは、ＣＩＡにソ連のスパイが紛れ込んでいたという事実とは別のところにある。そのような問題については一九七〇年代にもそれ以前にも取り沙汰されてきたし、名前もいろいろあがっていた。

注目すべきは、彼が学術界の人間とは比べ物にならないくらい有効に対ソ観を形成していた点だ。ソ連は（あの国の水準から考えると）たいへん太っ腹にエイムズに金を払い、そうした工作を行なわせていた。エイムズはいろいろな形で利用することが可能であり、ソ連もその点を最も重視していた。彼の存在は、私が一九五〇年代後半に言っていたことを裏づけてもいる。

レーニンは著作中で「役に立つ愚か者」とか「見えない、聞こえない、話せない人々」といった言葉を用いていたが、彼は自国に有利な認識を形成する計画がこれほどうまくいくことを見通していたのであろうか。レーニンは見事に西側を欺くことに成功した。エイムズはその計画のなかで駒の一つとして利用されたにすぎない。しかし、彼を突つけばその全貌が見えてくるはずだ。その過程でさらに多くの名前もあがってくるだろう。

この問題に関しては、今後、驚くような展開が見られるかもしれない。

《ＣＩＡの元対ソ防諜部長オルドリッチ・エイムズは、ソ連のスパイであったとして一九九四年二月、ＦＢＩによって摘発された。このＣＩＡ史上最大のスパイ事件は、その後の調査の進展に従い、単なる「二重スパイ狩り」にとどまらず、ＣＩＡの存在そのものを揺るがす事態を巻き起こした。なぜ九年間にもわたり、発覚することなくＫＧＢ（現ＳＶＲ）に情報を流し続けることができたのか？　その大きな原因が、ＣＩＡ内部の馴れ合いおよびＣＩＡとＦＢＩの確執にあったことがしだいに明らかになってきたからだ。なお、ソ連諜報機関内部のＣＩＡのスパイが次々に逮捕され、ＣＩＡが大打撃を被った「一九八五年の損失」と称されるものは、このエイムズの情報によっていたことが今日に判明している》

補遺Ⅰ 自国を守るべき「マーク・プログラム」の不在と国務省の情報握り潰し

技術移転について調べる際、私は設備の仕様変更に特に注意していた。仕様が変更されると、製品の品質や量、耐久性などに影響を与える可能性がある。逆に言えば、製造装置の仕様をわずかに変えるだけでできあがってくる物の品質や性能を変えてしまうことができるということだ。たとえば、鉱炉の寸法や形状の変化は、製品のコスト、品質、量に重大な影響を与える。装置にわずかな変更を加えてソ連に輸出すれば、その装置の恩恵を減らすことができるのである。鋼の引っ張り強度や設計パラメータが変われば、製品の品質も変わってくる。国のファイルを見ているときに、私は一度か二度、装置の質を落とす「マーク」プログラムというものを目にした。また、それ以外の資料で、西側の実業家が古い設計のものをソ連に売ったというようなものも見た。

私の本にはこの「マーク」プログラムに関する記述はない。アラン・ベルモントには一度だけ、そうした計画の可能性については認識している、しかし実際にやったとしてもうまくいかないだろうし、そのことについてはまったく口にしたことはない、と話したことがある。

あるいは、ソ連が技術分野に政治的に介入していたせいで、こうしたプログラムが不要だったということも考えられる。政治家たちが拙速を奨励したために、ソ連では管理維持や訓練などが軽視されていた。このためソ連のエンジニアは一九七〇年代まで、アメリカの整備主任と同程度の経験しか持っていなかった。ただ、コンピュータやソフトウェアなど一部の分野に関しては、このような状況には変化が訪れているかもしれない。

もう一つの要因は、ソ連に二次インフラがないということである。アメリカには機械や工具・金型類を売る店がたくさんあり、さまざまな分野の独立した専門家がいるおかげで、かゆいところに手が届くようなサポート体制が整っている。市場によって作り出されたこのシステムのおかげで、大手企業は彼らの豊富な経験を柔軟に活用することが可能だ。しかしソ連には、これに近いものすら存在しない。すべては企業内だけで処理されるのである。

もしかすると、マーク・プログラムが不要であるというのはCIAの判断かもしれない。同局が本当にソ連の宣伝に乗っていて、ソ連が超大国にふさわしい産業構造を持っていると信じていた可能性もある。あるいは、マーク・プログラムが内容的に不十分だったということも考えられる。いずれにしても、プログラムを実施していたという事実は確認されていない。一方で、センタリンBのような重要な技術が、なんの変更もなく輸出されていたというのもちょっと考えにくい。少なくとも、万が一の危険性は考えたはずだ。そういう重要な技術に関してもマーク・プログラムがなかったとすれば、当然のことながら、それはなぜかという疑問が湧いてくる。

また、そこから派生してくる疑問もある。政策論議でいつも、売られた技術の総体ではなく最終的な販売や契約（つまりごく瑣末《さまつ》な部分）だけが取り沙汰されるのはなぜか。契約単体ではなく産業全体を視野に入れた議論がなされれば、ソ連の依存性はおのずと明らかになるはずなのだ。

国のファイルを調べているうちに、私はやがて国務省の職員たちが、軍事情報を含む報告をしてきながらそれを配布していないことに気づいた。情報が握り潰されていたのである。対ソ認識の誘導がどこまで行なわれていたかを知るには、CIAの深部にメスを入れ、マーク・プログラムが過去になんらかの形で実施されていたのかどうかを調べなければならない。CIAがこのようなプログラムを検討し、それを実施していなかったとすれば、アメリカは対ソ認識において〝本当に〟大きな問題を抱えていたことになる。たとえば、キッシンジャーがマーク・プログラムなしにセンタリンBの輸出にゴーサインを出していたのであれば、その動機にはきわめて深刻な疑念が生じる。

私には真相はわからない。しかし、流出したほかの技術や、その後のやり取りでソ連に最先端の技術（アルミ圧延の最新装置、船舶向けディーゼル等々）が〝無変更〟で渡っていた事実などを見れば、少なくとも問題があったということは容易に想像できる。一例をあげると、ハイフォンの船はトップクラスの大型高速船であったが、これらには西側から輸入された船舶向けディーゼルエンジンが搭載されていた。

ひとことで言えば、アメリカにはマーク・プログラムが存在していなければいけなかったのである。そうしたプログラムが実際に存在していたかどうかを判断できるデータを、私は持っていない。しかし、過去のファイルを調べるだけの価値はある問題だ。この手のプログラムが実施されていなかったとすれば、なぜかという疑問が湧いてくるし、実施されていたとすれば、それはそれでなぜ機能しなかったのかという疑問が生じてくる。

❖――補遺Ⅱ――過ちの繰り返しが今も続いている

フーヴァー研究所の物語の続編は一九八五年に始まった。このときも研究所は認識を誤っている。その結果、対ソ認識のときの失敗をさらに上回る長期的被害がもたらされる恐れが出てきた。アメリカの科学者は私益のために同胞を裏切ることを選び、アメリカのリードは失われつつある。技術に関する新たなパラダイムが根を下ろしつつある今、科学界はあえて問題を軽視して現実から目を背けようとしているのである。

私はフーヴァー研究所を去ったのちも技術の研究を続けた。キャンベルはメシの種がなくなると言っていたが、本を書いていたのでそれなりに生活していくことはできた。この二十年で新たに上梓《じょうし》した本は二十冊程度になる。私の本は普通の書店の流通経路に乗せることができず、その点ではキャンベルの警告は的を射ていたとも言える。しかし、本当にメシの種を失っていたのは〝別の人たち〟である。全国に新興出版社が雨後の筍《たけのこ》のごとく生まれたことが一番の原因であろうが、これまで日陰の存在であった本が大量に出版されるようになり、虐《しいた》げられてきた人々や、ニューヨークの狭量な基準で排除されてきた人々の著作が出回るようになってきた。

とにかく、私には時間ができたので、以前のように古代の技術や科学の研究を再開し、錬金術、ゲーテ、シュタイナー《人智学《じんち》》運動、ヴィルヘルム帝国《近代の統一ドイツ=ヴィルヘルム一世（皇帝在位一八七一〜八八年）・二世（同一八八八〜一九一八年）時代の「ドイツ第二帝国」を指す》、歴史に埋もれた過去二百年の発見などを調べていった。その結果、政治的・経済的な理由で日の目を見ることのなかったアイディアや発見を何百と見つけ出すことができた。

特筆すべきは、昔の人たちが〝今の我々にない知識〟を持っていたことや、〝アングラ〟な研究者たちが、我々の物質主義の世界観を超越した、まったく異なる地平を切り開こうとしていることだ。エネルギーと物質を結びつける等式や物理学の基盤、それらをもとに導かれる公式の正当性については、東洋的な観点の研究者や、一八三一年のファラデーの発見のいくつかに注目した研究を行なっている研究者によって疑問符が付けられている。また、ヴィルヘルム帝国や人智学の立場に立った研究もある。二十一世紀の技術パラダイムは、物質主義のなかで埋没してきたこれらの発見を反映したものになるだろう。

未来研究者は、未来を、近代技術の熱圧と遠心膨張に半導体技術を加味したものになると予測している。しかし私の予想は違う。冷温真空の求心的な渦のごとき、まったく新しい技術パラダイムが生まれ、半導体は単に目的実現のための技術になると考えている。これは現在のものとは大きく異なる、より強力な技術体系で、環境面でもクリーンである。

そして、一九八五年ころ、私は当時レーガン政権の対外情報活動顧問委員会の委員長を務めていたグレン・キャンベルに手紙を書き、論理的な観点でこれらのアイディアを受け入れ、新しいパラダイムを探っていくべきであると進言した。ところがキャンベルは私が助成金のたぐいを求めていると思ったらしく（もちろんそんなつもりなどない）、ロジャー・フリーマンを紹介された。私はスタンフォード大学構内にあるフリーマンの自宅で彼に会い、大まかな考えを説明した。「別に下心があって言っているわけではありません。この国の未来を心配しているんです。既存の科学界は――ソ連研究の学会などはその典型ですが、保身のために古臭い発想にしがみついています」

ロジャー・フリーマンの返答は、偏見の少ないエドワード・テラーに会ってみろというものだった。単に「偏見が少ない」くらいでは、社会に完全に根づいてしまっている科学的態度を覆《くつがえ》すことなどできないのだが、そのあたりをフリーマンに理解してもらうのは難しそうだった。私の分析は要するに、現在の技術パラダイムを凌駕《りょうが》するスーパーテクノロジーが存在しているというものである。キッシンジャーがソ連の技術依存を把握していた以上にテラーに新技術のことが理解できるとは、私には思えない。

テラーは私に会うことには同意したようだが、結局顔を合わせることはなかった。私のほうが、時間のむだだと思って会わないことにしたのだ。私はすでに、アメリカのためを思ってしてきたことのために侮辱と嫌がらせを受けてきた。レーニンの言うところの「見えない、聞こえない、話せない人々」からまた嫌な思いをさせられるのはごめんだった。私が正しいか間違っているかは、時が答えを出してくれるだろう。そういうことを管理するべき人間が耳を傾けないのであれば、それは向こうに問題があるのであって私の責任ではない。

❖――アメリカでは技術における政策決定が政治化してしまっている

スタンフォード大学でフリーマンと会ってからちょうど三年後、ポンズとフライシュマンが「常温核融合」について発表した。既存の物理学会から、常温核融合などは〝まやかし〟だと一蹴《いっしゅう》されたポンズとフライシュマンは、アメリカに見切りをつけてフランスに渡った。テラーもこのとき否定的な態度をとっており、その意味でもフリーマンの勧めを断った自分の判断は正しかったと思っている。アメリカ政府は一九九五年の終わりになってようやく、常温核融合が可能であることを認めた。八五年にキャンベルが私の意見を真剣に受け止めていてくれたならば、ポンズとフライシュマンの発見に対する受け止め方もより好意的なものになっていた可能性があった。むしろ日本のほうがフランス南部での研究に金を出し、アメリカは今ごろになって二人が正しかったことを認めている。結果は、十年の遅れだ。

驚くべきような偶然であるが、フライシュマンは私が一九四八年に学んでいたサザンプトン大学で電気化学を教えており、ポンズも同じ大学の院生であった。しかも、新たな技術パラダイムをリードしている研究者の一人であるハロルド・アスプデンも今日サザンプトン大学に在籍している。

一九九〇年一月、私は分析したことを記録すると同時に情報の呼び水とするため、未来技術情報レポートの作成を始めた。以後六年にわたり、毎月研究の成果をまとめ、歴史の進行を記録し続けている《前章でのニュースレターを意味する》。

その過程で見えてきたのが、技術情報に関してアメリカがまたしても近視眼的な態度に陥っているという事実である。エイムズはこの国に致命的な損害をもたらした。にもかかわらず、科学や政策の管理者たちは再び同じ愚を犯そうとしている。新たなパラダイムを無視して、アメリカの技術を取り返しのつかない衰退に向かわせようとしているのだ。

この国では技術における政策決定が政治化してしまっているが、肝心の政治は技術分野の政策を定める能力には劣っている。少なくともきちんとしたモラルさえあれば、アメリカが再び恥をかくようなことにはならなかったのだが……。一九七一年に（またそれ以前であっても）キャンベルが私に対する不当な処遇を正していたなら、常温核融合反応はもっと別の形で脚光を浴びるようになっていたかもしれない。八五年にキャンベルに訴えたときに、私はすでに超効率装置のことは知っていたし、Nマシンについても調べを進めていた。八七年にキャンベルが私を支持してくれていたら、新パラダイムの評価はより迅速、正確に進められ、アメリカの科学界から起こってくる反発に対してもきちんと対抗していくことができたであろう。

ただ、私の研究で証明されたことが少なくとも一つだけある。それは、モラルを持つことこそが、唯一、長期的に有効なアプローチだということだ。

エドワード・テラーは水爆を発明したが、だからといって彼がNマシンや常温核融合、エーテル気象コントロールなどを理解できるとは限らない。これらは従来の物理の枠組みを超えた概念であり、物理法則は適用できない。これらの技術については、まったく新たな分析の枠組み（現状では不完全）で研究していかなければならないのである。

たとえば、常温核融合に関して現在唯一得られているコンセンサスは、格子構造の中で「何か」が起きているというものだ。その「何か」については現在議論の的となっており調査が進められている。一八五〇年代、マックスウェルが理論的に解明する前の電気が、これと同じような状況であった。エーテル気象エンジニアリングはさらに大胆な理論で、気象学者よりも、黄金比の美しさがわかっている数学者のほうに理解者が多い。一般に、電気畑の人間は新たなパラダイムに理解を示しやすいようだ（キンチェロ、デ・パルマ、コンスタブル、アスプデン、ティラー、イノマタ、テワリなど）。

つまり、私が何より残念で、問題だと感じているのは、研究の方向性を決めているのが、変化によって最も大きなデメリットをこうむる人々だという点である。これらの人々は、古臭い発想や、人間の頭で考え出された時代遅れの〝法則〟にしがみつき、変化への抵抗を正当化している。このような態度を取り続けている限り進歩はありえないし、国が生き残っていくこともできないだろう。

以上、第4章では後半から記述の関係上、一面で学術的な堅いものとなってしまったが、最後の次章ではガラリと趣を変え、ブッシュ家にまつわる〝ジェロニモの遺骨〟盗掘のエピソードや、やすりと釘抜きの会による〝聖堂〟への侵入など、スカル＆ボーンズをめぐる種々の周辺の話をお伝えすることにしよう。

第5章
スカル&ボーンズをめぐる種々のエピソード

◉ブッシュ家にまつわる〝ジェロニモの遺骨〟盗掘

ハワード・オールトマン 記

❖――突然にやってきた「ジェロニモの曾々孫《ひひまご》」

一九八九年の晩夏、チャペル・ストリートに『ニューヘヴン・アドヴォケート』紙の事務所が作られた。当時は、本来の目的以外で勝手に入り込んでくる困った人たちも多かった。盗品を売りに来る人、雑談を始める人、どこにも行くあてがなくただ玄関が開いているという理由だけで入ってくる人。私はよく、こうした困った人たちの応対に借り出された。女子社員では手に余ることが少なくなかったからだ。やむなく実力行使で追い出したことも一度や二度ではなかった。当然、私はそうした人たちと話すことが多かったが、ある日カーキ色の軍服に身を包んで事務所を訪れ、興味深い話をしてくれた男性もそんな一人であった。

そのとき、「オールトマン、あなたにお客様よ」と受付係に言われた。困った人たちがきたときの決まり文句だ。

これまでにも、キリストと血がつながっていると主張する人たちや、UFOに乗ってやって来た異星人の末裔《まつえい》だという人たち、自分にはシーザーの魂が宿っていると言い張る人などがいた。こういう人たちをうまくあしらうには、適当に話を合わせて穏便にお引取り願うのが一番だということも、すでにわかっている。

私は事務所を出て受付のところに行くと、その男性に挨拶《あいさつ》した。背が低く痩《や》せてはいるものの筋肉質で、髪はもしゃもしゃ、赤銅《しゃくどう》色の顔にいかつい表情を浮かべている。すぐに、この人はほかの人たちとは違う、気まぐれに事務所に入ってきたわけではないと直観した。

彼は私に握手の手を差し伸べて言った。「私はジェロニモの曾々孫《ひひまご》にあたる者です」

私は心の中で、あなたがジェロニモの曾々孫なら私はモーゼだ、などと考えていた。ふだんはオフィスに入れたりはしないところだが、先の直観と、受付の女子社員の顔が〝自分には手に負えません〟と言っていたので奥に招じ入れることにした。

椅子《いす》に腰掛け、相手にも椅子を勧めたが、立っているほうがいいという。

それから彼は、自らの身の上を語り始めた。彼は軍人で、特殊部隊に所属し、人も殺したのだそうだ。

自らの手で殺したのか、軍の一員として関与したのかははっきりしなかったが、私は落ち着かない気持ちになってきた。ジェロニモの子孫だというのは妄想の可能性もあるものの、自分は何人も人を殺したと語る彼の目を見ていると、すべてが思い込みであるとも思えない。

しばしの会話のあと、私は彼に聞いてみた。

「ところで、ジェロニモの曾々孫のあなたがなぜニューヘヴンに？」。状況を考えると、ごくごく真っ当な質問である。

彼の口から出てきたのは、驚くような告白であった。

「曾々祖父の骨がこの町にあるというのでやってきました」

これだけでも充分に突飛だが、彼の話はさらに突飛な方向に膨《ふく》らんでいった。

彼によると、曾々祖父であるジェロニモの遺骨が、ブッシュ家の最初の大統領であるジョージ・ハーバート・ウォーカー・ブッシュの父親のプレスコット・ブッシュに掘り起こされ、多くの大統領や政府高官、高級将校らがメンバーとなっているエール大学の秘密結社スカル&ボーンズの手に渡ったという。

❖曾々孫フィリップ・ロメロが話す「遺骨はプレスコット・ブッシュが盗掘した」

フィリップ・ロメロと名乗ったその男性は、その遺骨を正統な所有者であるアパッチ族のもとに取り戻したいのだと訴え、この話を記事にする気はないかと私に持ちかけてきた。

大統領の父親がジェロニモの遺骨を盗掘してニューヘヴンにある秘密結社に持ち込んだという話が本当なら、もちろん記事にしたいに決まっている。しかし、それにはちょっとした問題がある。私はそのことを、自ら人を殺したと話すロメロという人物に伝えることにした。

相手を怒らせないように注意しながら、私は説明した。大統領の父親が、コネティカット州で犯罪とみなされるような行為――しかもよりによって遺骨の隠匿《いんとく》――をしたというようなことを書くには、きちんとした裏づけが必要であると……。

アパッチの偉大なる首長の曾々孫と名乗る人物は、裏づけはあると話した。ネッド・アンダーソンなる男が証拠の写真を持っているという。ネッド・アンダーソンというのは、サン・カルロス・アパッチ族評議会の元長老だそうだ。

アンダーソンは、スカル&ボーンズに不満を持っている〝パット〟というメンバーから、プレスコット・ブッシュらによってジェロニモの遺骨がオクラホマ州のフォート・シルの埋葬地から掘り起こされ、彼らの「墓」に移されたという話を聞かされた。「墓」というのはニューヘヴンのハイ・スト

戦いに明け暮れたころ（上）と晩年の居留地でのころのジェロニモ

リートにあるスカル＆ボーンズの本部で、恐ろしげな石造りの建物の中で現在も儀式が行なわれているとされる。

　ロメロは話し終えると、私に礼を言ってきびすを返し、オフィスから出ていった。彼に会ったのはあれが最初で最後である。

　一方、ネット・アンダーソンのほうには、その後幾度となく接触した。といっても、彼に会うのはいつもひと苦労であった。

　アンダーソンが住む居留区は最も近い電話まで三〇キロあまり離れているので、取材の際にはかなり前からその旨を伝えておいて、ヒッチハイクで出向いてきてもらわなければならない。

　彼の口から語られる話は、どれも驚くようなことばかりだった。なんでも彼は、ジェロニモの親戚たちと議論を戦わせているうちに、ジェロニモの遺骨が移動されていた事実を知ることになったのだという。

　アンダーソンは遺骨を、アリゾナ州サン・カルロスの自らの居留区に移したいと考えていた。一方、メスカレロ・アパッチ族の長老でもあるウェンデル・チノを代表者とするジェロニモ一族は、遺骨をもともとの場所、すなわちジェロニモが捕虜《ほりょ》として亡くなったフォート・シルに置いておきたいと考えていた（当時は遺骨がそこに埋葬されていると誰もが信じていた）。

アンダーソンとチノの主張は平行線を辿《たど》り、チノはアンダーソンの言い分を「観光客を呼ぶためのパフォーマンス」とこき下ろした。

しかし、この争いは急展開を迎えることになる。

アンダーソンによると、遺骨をめぐる論争のことを知った〝パット〟と名乗るスカル&ボーンズの会員が――おそらく罪悪感にかられてのことだろうが――ジェロニモの遺骨はフォート・シルには埋葬されておらず、「墓」の棚に安置されていると伝えてきたのだという。

遺骨は、ブッシュ家の最初の大統領の父親で、二人目の大統領の祖父にあたるプレスコット・ブッシュと仲間の手により一九一八年に掘り起こされたというのだ。

〝パット〟――この人物の正体はどんなに頼み込んでも教えてもらえなかった――は、アンダーソンにジェロニモの遺骨のことを教えただけでなく、ニューヘヴンにある遺骨の写真とされるものまで渡している。

写真を受け取ったアンダーソンは、当時の上院議員モー・ユードルに陳情を行なった。また、ジョージ・H・W・ブッシュ大統領の弟ジョナサン・ブッシュと話し合いの場も持ったという。

❖――盗掘の証拠写真にブッシュは動揺し口を濁した

「証拠を見せると、ブッシュは動揺していた」とアンダーソンは私に言った。私自身もブッシュに会ってみたのだが、その証拠が彼にとってどれほど衝撃的なものだったのかをうかがい知ることはできなかった。ブッシュは打ち解けた態度だったが、アンダーソンと会ったときのことは話したくないと口を濁した。

私が調査したところ、コネティカットの州法では遺骨をこのような形で所持するのは違法であり、弁護士が付けばこの遺骨騒動を追及することは可能なようだ。

にもかかわらず、私が会った弁護士は誰もアンダーソンの弁護を引き受けようとはしなかった。誰に聞いても、そんな弁護士はいないだろうという。

私はアンダーソンの証拠写真を手に、「墓」を尋ねてみた。

金属の扉に付いている大きなノッカーを打ちつけたところ、大きな音がしてノッカーが跳ね返ってきた。やがて中から誰かの返事が聞こえ、ごくわずかに扉が開いた。

私は自己紹介をして用件を伝えたが、応対に出た男は私と話すのを拒否し、扉を開けようとはしなかった。

私は悪徳セールスマンの常套手段を使うことにした。爪先を重い金属扉の隙間《すきま》にこじ入れたのだ。これなら門前払いはできまい。だが、男は強引に扉を閉めようとする。

結局、男に根負けして（足のほうがつらくなってきたということもあるのだが）、私は足を引っ込めた。扉は閉められてしまい、スカル&ボーンズの会員からコメントをもらうチャンスは絶たれることになった。

アンダーソンは結局弁護士を見つけられず、私のほうもジェロニモの遺骨についての確たる結論は得られなかったが、結局私は記事を書くことにした。「Bones of Contention : Skullduggery at Yale ?（争いの骨《ボーンズ》――エール大学で違法行為？）」という題のその記事は、ちょっとした反響を呼んだ。地元テレビ局にも取り上げられて私も取材を受けたほか、イタリアの報道誌からも電話がかかってきた。

なお、ホワイト・アース・アニシナベ・オブジワ国家のワブン・イニニによると、ジェロニモの骨の奪還を目指してカリスマ的存在になったアンダーソンは、のちにジェシー・ジャクソンの「虹の連合」の創設を助け、ジェシーが大統領戦に出馬した際には「Run, Jesse, Run（立て、立つのだジェシー)」という名コピーを考案している。

私は一九九一年に『ニューヘヴン・アドヴォケート』を退社した。以来、ジェロニモの遺骨のことも遠い記憶になりつつあったのだが、二、三年ほど前からYahoo groupなどのインターネットのサイトでこの問題が取り上げられるようになってきた。どうやら、ジェロニモの遺骨が一人歩きを始めたようだ。〔記述は二〇〇三年七月〕

◉大学構内の散策に思う エールの神と人と魔術

クリス・ミレガン 記

❖――エール大学のキャンパスに漂うゴート族からテンプル騎士団などの歴史の流れ

エール大学を散策しながら、私はその建物に驚嘆し、ゴート族の侵略を思い浮かべていた。エール大のキャンパスを訪れたことのない人は、その建物の荘厳さがわからないかもしれない。そこには、ゴシック様式の大聖堂さながらの建物がいくつもあるのだ。聖堂(カテドラル)とは、司教座(カテドラ)のある教会のことで、教区を支配する司教の権威の座が置かれている。

パリ近郊のサン・ドニ大聖堂は、一般に、ゴシック建築の先駆とされている。その建設は一一三六年に始まり、十三世紀末ごろに完成した。言い伝えによると、サン・ドニ大聖堂が建っている場所は、フランスの守護聖人でパリの初代司教とされる聖ドニが説教の途中で頭を地面に置いて亡くなった場

スカル&ボーンズほか、さまざまな秘密結社が存在するエール大学のキャンパス

所だという。十三世紀に編纂《へんさん》され、十五世紀には『聖書』に次ぐベストセラーとなった『黄金伝説』（ヤコブス・デ・ウォラギネ著　前田敬作他訳　人文書院刊）で語られている伝説によると、二五〇年ごろ、ガリアの人々を改宗させようとした聖ドニは、その務めを理由にローマ人に首を切られた。すると彼は、自分の切られた頭を手に持って説教を始め、聖堂のところまで歩いていって、そこで息を引き取ったという。

やがて、サン・ドニ大聖堂は、貴族が埋葬されていることから、「フランス王家の墓所」として知られるようになった。メロヴィング朝、カロリング朝、カペー朝、ヴァロア朝、ブルボン朝と、王家の貴族たちはすべてここに眠っている。というのも、一七〇〇年代後半、革命のさなかにあったフランスでは、多くの墓が掘り返され、その遺体が二つの共同墓地に捨てられたからだ。まもなくブルボン朝が復権したが、遺体を判別できなかった彼らは、それらをまとめて共同納骨堂に収め、外側に、埋葬者全員の名を記した真鍮《しんちゅう》のプレートを付けた。まさに骨の山と言っていい。本書で扱っている団体はつくづく骨との縁が深いようだ。

シャルトルをはじめ、巨大な石の建造物である大聖堂は、数学や錬金術とかかわりが深いことでも知られる。多くの歴史家や研究家によれば、中世の最高傑作の一角をなすこれらの大聖堂の起源は、テンプル騎士団やのちのフリーメーソンの起源と関係があるようだ。サン・ドニを建てたアボット・シュジェは、一一四八年、第二次十字軍を率いるフランスのルイ七世と資本移転契約を結ぶため、テンプル騎士団を利用した。

一四三〇年代、ヨハネス・グーテンベルクは、四年の歳月をかけて印刷機を発明し、その十五年後の一四五五年、有名な『グーテンベルク聖書』を印刷した。そしてこれが、ルネサンスの到来や、教皇政治とその領地の衰退の呼び水となった。一五一七年十月三十一日、博識家のマルティン・ルターは、九十五箇条の提題を教会の扉に貼りつけた（宗教改革の始まり）。そして一五三〇年代初頭には、離婚を許されなかったヘンリー八世が、自ら英国国教会を興した。一五五〇年代には、禁じられた教会慣習に反して信仰を実践した人々はロンドン塔に投獄されるようになっていた。

❖――清教徒の父祖《ピルグリム・ファーザーズ》たちの信仰のうちに開かれたニューヘヴン《エール大学の地》

グーテンベルクの印刷機と時の流れによって『聖書』が広まるにつれ、宗教改革は社会的・宗教的・政治的な変化のうねりを増した。一五六〇年代ごろ、イギリスで、国教会の教理や礼拝を清めようとする一団が現われた。彼らは清教徒《ピューリタン》と呼ばれて冷笑されたが、彼ら自身は、自らを聖者や神のしもべと名乗っていた。信者のなかには、母教会から完全に分離し、新しい教会を創ろうとする者もいた。彼らはピルグリムと呼ばれ、一六二〇年十二月二十一日、アメリカ・マサチューセッツ州プリマスに上陸し、ニューイングランドに入植した。

それから二十年とたたない一六三八年、クウイニピアク族から購入したコネティカット州の土地に、非常に敬虔《けいけん》な清教徒の一団が入植した。土地の法的権利は彼らのものではなく、証書もなかった。しかし、この新しい植民地はニューヘヴンと名づけられ、ジョン・カボットが発見した土地であるということを、その権利の根拠の一部として主張した。カボットは一四九七年六月二十四日、洗礼者聖ヨハネの祝日に、北アメリカ大陸の海岸に上陸した。ニューヘヴン植民地は、それまで新世界に入植したなかで、最も裕福な一団だった。指導者とその信者たちは、『聖書』に基づく新しい理想郷をここに建設し、キリストの再来と最後の審判に備えたいと考えた。

ニューヘヴンの物語は、ロンドンのコールマン通り、聖ステパノの教会区に始まる。聖ステパノは、ダマスカスの外で、サウロ（パウロ）に石を投げつけられて死んだ。聖ステパノは原始キリスト教団の七人の執事の一人で、最初のキリスト教殉《じゅんきょう》教者だった。十二月二十六日は彼にちなんだ祝日となっている。

聖ステパノの教区は、当時、「ロンドンで最も影響力のある教区の一つ」だった。一六二四年十月、二十七歳のジョン・ダヴェンポートが教区主管者代理に選ばれた。彼は清教徒であるとの非難をものともせず、その地位を許され、名をあげた。

一六三三年、チャールズ一世がウィリアム・ロードをカンタベリー大主教に任命し、英国国教会の反対者を弾圧する全権が与えられると、ダヴェンポートはオランダへ逃れた。しかしそこで、友人のジョン・コットンから、ニューイングランドについての熱烈な報告を受けた彼は、すぐにイギリスへ舞い戻り、教会員たちを集めた。ありとあらゆる不道徳を重ねた報いとして、やがてイギリスに下されるはずの神の罰から、彼らを救うためである。ダヴェンポートは信者を集め、ニューイングランドに避難して、キリストの再来と最後の審判に備えようとした。

清教徒たちは、フランスの神学者ジョン・カルヴァンの厳しい教義を強く支持しており、その影響は今も残っている。カルヴァン主義は、一六一八〜一九年のドルトレヒト教会会議で体系化され、神と予定説を絶対的に信奉している。その内容は、次のようなものだ。

・すべての人間は、生まれながらにして邪悪で、神に逆らう存在である。
・その行ないや功績にかかわらず、神によって救われるべき選民がいる。
・イエスが亡くなられたのはこうした特別な選民のためであり、すべての者のためではない。
・ひとたび神に選ばれた者は、何が起きても、抗しがたい力によって必ず救われる。
・こうした選民や聖者は、ひとたび救われたのちは、決して堕落《だらく》することはない。

最も信心深く、過激なカルヴァン主義者たち（ニューヘヴン植民地がそうだった）は、「永罰」という教義を掲げている。これは、神が意図的に永遠の罪を運命づけるというもので、地獄へ落ちる宿命を背負った者がいるということだ。なかには選民として、邪悪な行ないを「浄化する」ことによって、「神の務め」を果たす者もいるが、普通は地獄の天使である。

❖――ニューヘヴンの街路とエール大学の位置

「知恵は自分の家を建て、その七つの柱を立て」（『聖書』「箴言《しんげん》」第九章一節）を、ここに来ると私はふと思わされる。

ダヴェンポートの最も大きな協力者は、幼なじみのテオフィルス・イートンだった。ジェームズ一世のデンマーク代理人、そしてデンマークのクリスチャン四世のロンドン代理人を務めていたイートンは、イーストランド会社の副総督、およびマサチューセッツ湾会社の最初の出資者で、熱心な清教徒だった。

彼は一六五八年に亡くなるまでニューヘヴン植民地の総督を務め、人々は最初の冬も飢えることがなかった。彼の妻アン・ロイドは、トマス・エールの未亡人で、エール大学の名の由来となった後援者エリフ・エールの祖母にあたる。

ニューヘヴンは、男性の教会メンバー（選民）だけに投票と在職が許される神政自治体だった。全人口のごく一部である彼らによって大多数が支配され、残りの人々は、いかに敬虔《けいけん》な「神のしもべ」であっても「永罰」の運命から逃れられないとされた。人は、霊的な「生まれ変わり」の経験を通じて神の恩寵《おんちょう》を知り、あらかじめ決められたその恩寵によってのみ「聖者」となることができた。ニューヘヴンでは、『モーセ五書』が規範とされ、イートンがその「審判者」で、牧師ダヴェンポートがその説教者および預言者だった。二人は、ニューヘヴン植民地の重要な「七つの柱」だったのである。しかし、一六六四年、土地の権利に対する異議申し立てなどにより、ニューヘヴンはコネティカットに併合された。

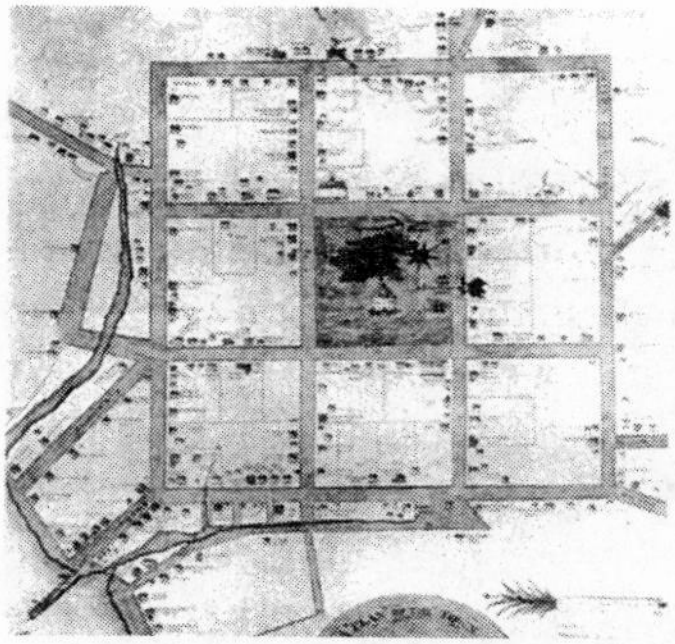

ニューヘブンの古地図——当初の９つの区画がよくわかる

ニューヘヴン植民地は一六三八年に設計され、磁北を基準にして九つの区画に分けられた。最初の通りを「長さ半マイル（約八〇〇メートル）とし、これを基盤に、各区画が描かれた」。一六四一年までに、中央を公共区として、すべての区画配分が完了した。ステート通り、チャーチ通り、カレッジ通り、ヨーク通りの四つが東西に走り、ジョージ通り、チャペル通り、エルム通り、グローヴ通りがこれと南北に交わっていた。一七八四年には、当

エール大学の鳥瞰風景

St. John Crypt
Power Plant
Egyptian Gate
Book & Snake
Sterling Law School
Scroll & Key
Cross Campus Library - *underground*
The Green
Wolf's Head
The Secret Courtyard
The *Tomb*
Weir Court - *undergound* auditorium

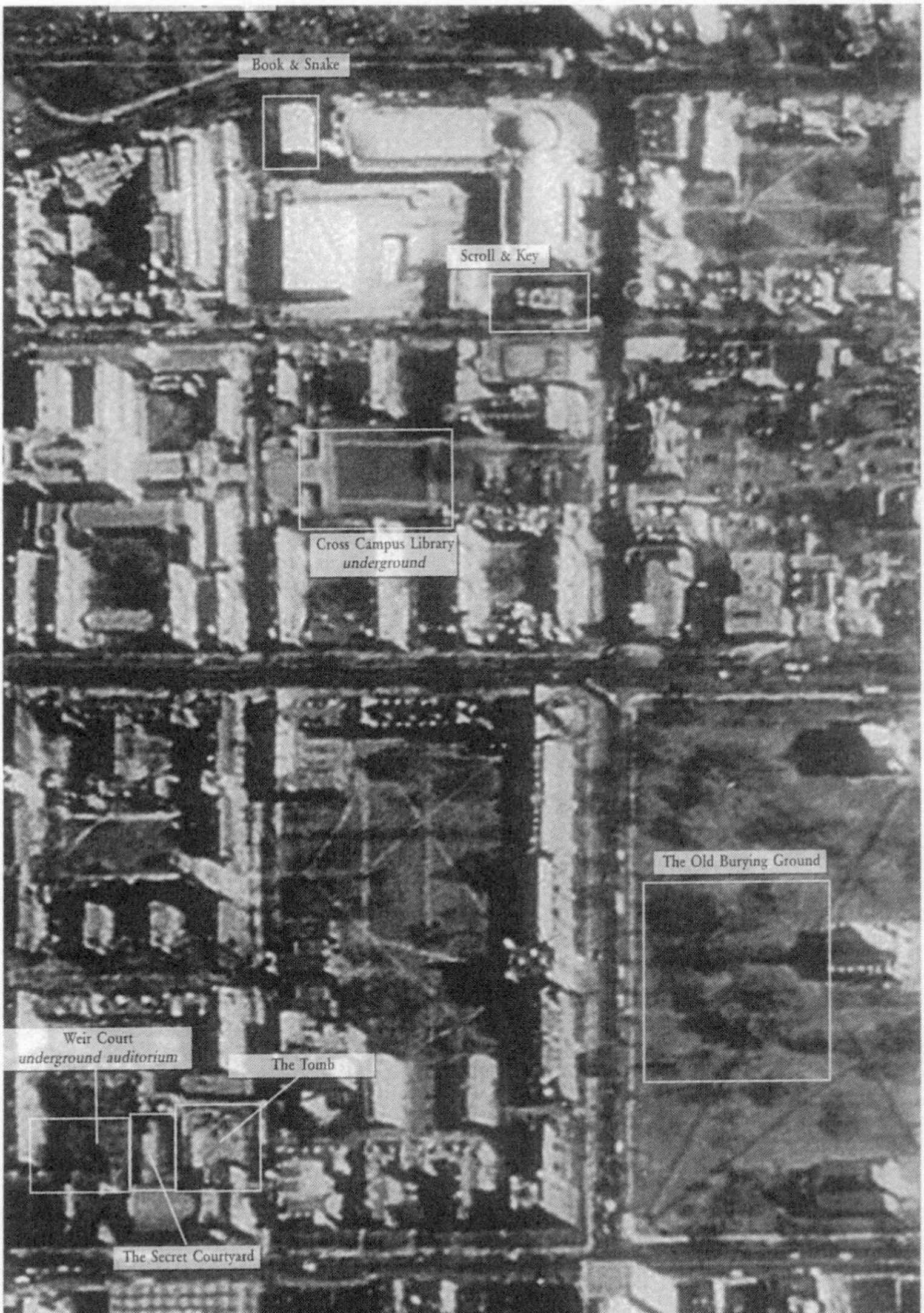
Book & Snake
Scroll & Key
Cross Campus Library
underground
The Old Burying Ground
Weir Court
underground auditorium
The Tomb
The Secret Courtyard

初の通りを二分する形で、オレンジ通り、ウォール通り、クラウン通り、テンプル通り、ハイ通りが新しく造られた。

一六四〇年、公共区の中央に、木造の礼拝堂が建てられた。以来、その緑地には、「原始古代教会」「最初の会」「ホワイトヘヴン会」「新しい光」「古い光」など、あらゆる信徒団が集まるようになった。そこではまた、誰が神に救われ、誰が救われないかをめぐって議論も頻発《ひんぱつ》し、多くの信徒たちが分裂や改革、再結成を繰り返した。

礼拝堂の裏には「旧埋葬地」があり、その向かい側にエール大学がある。一八〇〇年までに、この比較的小さな墓地には、五千柱以上の骸骨《がいこつ》が埋葬され、やがてその過密性が問題となった。一八一〇年代初めには、動物が骨を掘り返している光景も珍しくなくなり、「いくつかの墓を覆うように」新しい礼拝堂が建てられた。

一七一七年六月二十四日は、イングランドのフリーメーソン大本部の「公式」創設日で、彼らの最初の守護聖人、洗礼者聖ヨハネの祝日にあたる。コネティカット州最古の本部は、ニューヘヴンのヒラム本部である。この本部は、一七五〇年十一月十二日に設立許可を与えられ、同年十二月二十七日に第一回の集会を開いた。この日は、フリーメーソンの神秘的・預言的著述家の守護聖人で、福音史家の聖ヨハネの祝日である。フリーメーソンは今でも毎週木曜日の晩に集まっているが、その同じ晩、エール大学のキャンパスとニューヘヴンに囲まれたハイ通りの聖堂で、もう一つの「秘密結社」が集会を開いている。スカル&ボーンズである。

一七八四年、ニューヘヴンが町から市になったとき、最初に新しく造られたハイ通りは、ジョージ通りからグローヴ通りまでの本来の区域を走っているだけだった。

ハイ通りとチャペル通りの角にある町の真ん中で、ハイ通りを上り、通りの西側にあるアートギャ

ハイ通りの俯瞰

ラリー橋をくぐったところに、「墓」がある。この建物は一八五六年に建てられ、何度も拡張を繰り返している。その後ろにあるのが、「秘密の中庭」とウィアー・ホールの塔だ。ハイ通りを下ると、世界的に有名なスターリング図書館が見えてくる。さらにハイ通りを下った次の角には、クリントン元大統領とヒラリー夫人、ジェラルド・フォード、ジョー・リーバーマン、クラレンス・トマスなどを輩出したエール法科大学院がある。通りの向かい側の角には、三階建ての、白い大理石の霊廟《れいびょう》のような建物がある。これは、秘密結社ブック&スネークの「集会所」で、メンバーには記者のボブ・ウッドワードや元財務長官のニクラウス・ブレーディーなどがいる。

❖――新埋葬地とエジプトの有翼太陽円盤や聖ヨハネの伝説

ハイ通りの末端には、一七九七年に造られたアメリカ最古の家族用墓地「故人の庭」がある。ハイ通りとグローヴ通りの突き当たりにあるこの〝新埋葬地〟は、三十二の名家からなるシンジケートによって造られた。一八二一年には、緑地の礼拝堂付属墓地にある古い墓もここに移され、エリ・ホイットニー、ロジャー・シャーマン、チャールズ・グッドイヤーなどの著名人や、エール大学の学長の多くが眠っている。エール大学に囲まれたこの墓地は近代的なニューヘヴンの中心部にあり、一六エーカー（約六五平方キロメートル）に及ぶ敷地に無数のオベリスクや記念碑が立っている。

入り口にある、巨大なエジプト様式の門は、一八四五年、ヘンリー・オースティンによって造られたもので、「墓」と同じ褐色砂岩でできている。有翼太陽円盤の下には、「死者は必ず蘇《よみがえ》る」という碑文が刻まれている。

このエジプト様式は、何を物語るものなのだろうか。

古代エジプトの主神ホルスは太陽神ラーの息子で、その後継者だった。ホルスには大ホルスと小ホルスがおり、一般に隼《はやぶさ》の頭をした姿で描かれるが、それには少なくとも七種類の形がある。姉のイシスに、その兄で夫のオシリスの死の報復を頼まれたホルスは、魔法の神トトに助けを求めた。トトの力を借りて、ホルスは、「偉大な太陽円盤となり、両側に光り輝く翼を広げた」。幾多の戦いの末、ホルスはセトを倒し、オシリスは再び生き返った。

「そこでホルスはトトに命じ、自分の住む聖域のすべて、また、南部と北部の神々、およびアメンの聖域のすべてにおいて、そこから悪を追い払うために、有翼太陽円盤と蛇形章を持ち込ませた」

この場所には、〝生者と死者〟という何かがあるようだ。

エール大学の学長だったエズラ・スタイルズは、解放奴隷のアフリカ送還を最初に提案した人物である。一七七六年、解放奴隷のための資金集めが始まり、一八一七年にアメリカ植民協会が設立された。これは博愛主義的な改革運動ではなく、「きわめて危険とされる解放黒人を、ただアフリカへ送り返すという目的で結成された」。

エズラ・スタイルズはニューヘヴン埋葬地に眠っているが、リベリアの「建設者」（一八二二年）

とも言われるジェフディ・アシュマンも、同じくここに眠っている。アシュマンについては、彼を賞賛する者がいる一方、独裁的で、「アフリカ系アメリカ人に政治の運営能力はないと考えていた」と非難する者もいる。アシュマンは、自分の候補者が落選すると、すぐに次の選挙を計画し、長年にわたる派閥争いをもたらした。

アシュマンは熱病にかかってアフリカを去り、一八二八年八月二十五日、ボストンに上陸してわずか数日後に死亡した。二日後、彼の葬儀がニューヘヴンで行なわれ、遺体は石棺に入れて隔離された。現在、石棺は巨大なエジプト門の内側に埋葬されている。

アシュマンはエール大学出身ではなかったが（ホイットニー一族との結びつきから、ニューヘヴンに埋葬されたと思われる）、一八四〇年代、ちょうどエジプト門が建設されたころ、墓地の外側を湾曲する大通りは、アシュマン通りと改名されている。

アシュマンは、八神の故郷であるヘルモポリスのエジプト名で、「混沌《こんとん》」、つまり宇宙の卵から天地が創造される場所を意味する。ヘルモポリスは、「地球上で最初に太陽が昇る」街とされ、知恵と学問の神で、鴇《とき》の頭をした月神トトの拠点ともされた。この神はギリシャではヘルメス・トリスメギストスと呼ばれ、時間の神、「死の支配者」、錬金術と魔術の父とされ、西洋の儀式的魔術の起源とされている。

実際にも「故人の庭」の中央に、一八七〇年代に造られた興味深い霊廟がある。聖ヨハネの地下聖堂である。スカル&ボーンズの「墓」や巨大なエジプト門と同じく、褐色砂岩でできているようだ。特に目を引くのは、蛇形章の付いた有翼太陽円盤である。両側には、白い大理石の聖体安置所が配され、この一角は鉄柵《てっさく》と石柱によって完全に囲まれている。石柱は、墓地の柵に廻《めぐ》らせたものと同じである。この「納骨堂」は、墓地のエール大学の区画にあり、そばには多くのスカル&ボーンズのメンバーが眠っている。

墓地のほかの墓石や地下聖堂には、有翼円盤のモチーフは使われていない。ここには、サムエルの聖ヨハネとその妻が安置され、左右に置かれた非対称の白い石棺にシェフィールド夫妻が眠っている。ジョゼフ・シェフィールドは、エール大学に多額の遺贈を行なった栄誉として、彼の名にちなんだシェフィールド科学学校（ＳＳＳ）の併設を許された。スカル＆ボーンズがエール大学を支配するようになったのは、このＳＳＳを通じてである。一八七一年、ラッセル信託協会の創設者であるダニエル・ギルマンが、ほかの二人のボーンズメンバーとともに、正式にＳＳＳを法人化した。そのうちの一人が、融資家で議員、大使を務めていたシェフィールドの義理の息子ウィリアム・Ｗ・フェルプスである。一八七三年の記述にあるように、エール大学はやがて、「閉鎖的で、自らの優越性を信じる一部の者たちによって支配される」ようになった。

❖——ブック＆スネークと〝魔術らしい魔術〟の存在

一八六五年、ＳＳＳにブック《本》＆《と》スネーク《蛇》という秘密結社ができた。この結社の創立記念写真を見ると、スカル＆ボーンズの毎年の集合写真と同じく、メンバーの中央には顎骨《がくこつ》のない頭蓋骨《ずがいこつ》が置かれている。一九〇一年、ブック＆スネークは墓地の門の向かい側に、古代ギリシャのイオニア式の巨大なクラブハウスを建てた。これは、窓のない白い霊廟のような建物で、トト神の杖《つえ》を杭《くい》とした鉄柵で囲まれていた。その有翼輪と絡み蛇を組み合わせれば、使者の杖、つまり、マーキュリーの杖になる。

ブック＆スネークとスカル＆ボーンズの間には、結びつきがあるようだ。二つの秘密結社の頭文字は、Ｂ＆Ｓ、Ｓ＆Ｂと、ちょうど逆になっている。また、ブック＆スネークは長い間、グローヴ通りの下手にクロイスター・クラブという宿舎を持っていた。そこのシンボルは、鎖で十字架につながれ

霊廟のようなブック&スネークのクラブハウス

た顎《あご》なしの頭蓋骨である。

ところで、一九九一年五月十三日付『USニューズ&ワールドレポート』によれば、記者から「イラクでの暴動について情報があるか」と聞かれたジョージ・H・W・ブッシュは、七という婉曲《えんきょく》表現で答えた。同誌の消息筋によれば、これは、スカル&ボーンズのメンバーが十五人であることから、過半数の八票ならイエス、七票ならノー、あるいは負けや失敗を意味するという。「また、消息筋の報告では、『墓』での集会に招かれた大統領は、……非メンバーであるシークレット・サービス同伴では内部の聖なる場所に入ることができないため、出席を断った。ブッシュは集会の欠席に対して三ドル二二セントの罰金を科せられ、それを支払った」

「322」は、スカル&ボーンズの特別な番号で、会堂の二階にある「聖なる場所」の扉と、その床にも記されている。「322」が何を意味するかについては、長年、議論されてきた。初めの「32」は結社創設の始点となる一八三二年と関係があり、二つ目の「2」は、ドイツの秘密結社の第二支部であることを意味するという者もいる。また、322はデモステネスの命日を表わし、スカル&ボーンズが彼の哲学に基づいていると主張する者もいる。あるいは、322という数字のオカルト的、数霊術的な面を指摘する者もおり、その解釈にも何通りかある。一つは、322が「二等辺三角形の寸法の象徴であり、底辺および長さの等しい二つの側辺を表わしている」というものだ。「二等辺三角形の頂点はロゴスを表わし、そこから延びる二つの等辺は、それぞれ男性線と女性線を表わす。そして、水平な底辺は物理的土台を表わし、そこから、明白な目的を持った世界が存在し始める」

スカル&ボーンズの最もわかりやすいシンボルは、頭蓋骨と二本の交差した骨である。この図案は、死の象徴として、劇薬の瓶や海賊船の旗のほか、ナチスの髑髏《どくろ》――親衛隊（いわゆるSS）のバッジにも見られる。このシンボルは、すでに一七四〇年に、プロイセンの精鋭部隊で用いられていた。

歴史家によっては、このシンボルの起源を中世末期とし、当時の医師が隔離の印として使っていたとする者もおり、原因不明の病気や死病にかかった患者の部屋の扉に描かれていたとされる。また、十三世紀に宗教裁判が始まると、教会は異端者を迫害し、非カトリック思想を抑圧した。そこで、異端者は迫害者を追い払うために、頭蓋骨と二本の交差した骨を用いるようになった。ただ、彼らが用いたシンボルはすこし違っていた。ほとんどの人は気づきもしないが、その頭蓋骨には下顎がなく、これは秘密と沈黙を意味していた。やがて、このシンボルは船のマストに掲げられ、最初は人々を近づけないためだったが、のちに私掠《しりゃく》船や海賊船に用いられるようになった。

フリーメーソンやテンプル騎士団、古くからある謎の宗教の存続については、新たな事実が浮かび上がっている。テンプル騎士団が聖ヨハネやマグダラのマリアを信仰していたことや、彼らが頭蓋骨と二本の交差した骨をシンボルとして使っていたこと、しかも、それが一三〇七年に解散した最初のテンプル騎士団だけでなく、現在のフリーメーソン支部でも使われていることを示す証拠が、次々と明らかになっている。ここにフリーメーソンの非常に古い本のコピーがあるが、それにはスカル&ボーンズがテンプル騎士団のシンボルとして使っているのと同じ、頭蓋骨と骨の版木が使われている。

これについて、あるボーンズメンの個人的文書が次のような興味深い記述をなしている。

頭蓋骨は知恵の殿堂を表わすが、その後、目立たないようにキリスト教のベールを被せて「上の部屋」と呼ばれるようになった。三十三の脊椎《せきつい》からなる背骨の頂点にある頭蓋骨は、人生の旅路や

真理への道筋の終着点とみなされる。（中略）

二本の交差した骨は二本の柱を表わし、知恵の殿堂へと通じる入り口に立っている。一本は知識を、もう一本は理解を表わす。オカルト主義者は、この知恵の殿堂を人間の意識の住みかと考えている。新参者がその入り口に立つとき、彼は二本の骨の交差点に立つことになる。その入り口をくぐれば、彼はもはや外の物質世界の住人ではなく、新しい意識世界の住人として、知識と理解を通して自己認識を高めるようになる。意識の対象が外から内へ変化したとき、彼は外界に対して死んだようになり、あるいは眠りに落ちたようになる。そして、知恵の殿堂に到達することが、覚醒《かくせい》と新たな世界秩序のもとでの転生を得ることにつながるという認識に至るのである。

❖――ブッシュに至る新世界秩序と新時代への妄執

〝新たな世界秩序〟――すなわち新世界秩序とは、イルミナティのアダム・ヴァイスハウプトがコスモポリタニズムを意味して用いた言葉である。ヒトラーやゲッベルスも、第三帝国を新世界秩序と宣言した。スカル&ボーンズのメンバーであるジョージ・H・W・ブッシュは、大統領時代にこの言葉を何度も使っている。一九九〇年九月十一日、世界貿易センタービルに旅客機が衝突するちょうど十一年前、上下両院合同会議での演説で、ジョージ・H・W・ブッシュ大統領はこう述べた。

我々は今日、特別な事態に直面している。確かにペルシャ湾の危機は深刻だが、それは協調の時代へと進むための稀《まれ》な機会でもある。こうした困難なときにこそ、我々の第五の目的――新世界秩序――が明らかになり、新しい時代が生まれるのだ。それは、テロの脅威がより少なく、より強力に正義を追求し、より安定して平和を求める時代であり、東西南北すべての国々が繁栄し、調和の中で生きられる時代である。こうした平和への道のりを、幾多の世代が模索してきた一方で、人々の努力もむなしく、幾多の戦争が行なわれてきた。今日、その新しい世界が、我々が見たこともないような新しい世界が、生まれようとしている。

しかし、この由来もまた過去――秘密結社へと遡《さかのぼ》る。

テンプル騎士団とフリーメーソンに関する著作のなかでも、クリストファー・ナイトとロバート・ロマスによる『封印のイエス――「ヒラムの鍵」が解くキリストのミステリー』(松田和也訳　学習研究社刊)と『The Second Messiah(第二の救世主)』は特に興味深い。また、こうしたテーマを最初に取り上げたものとして、マイケル・ベージェント、リチャード・リー、ヘンリー・リンカーンらの著作のほか、リン・ピクネットとクライヴ・プリンスの『The Templar Revelation(テンプル騎士団の真実)』や『The Stargate Conspiracy(スターゲートの陰謀)』(邦訳〈超知ライブラリー〉徳間書店　収録予定)などがある。アラン・バトラーとスティーヴン・デフォーによる『The Warriors and the Bankers(戦士と銀行家)』もお勧めだ。

これらの書籍は秘密結社の歴史に関するものが大半だが、特にスコットランドのロスリン礼拝堂やフランスのレンヌ・ル・シャトーにあるソニエール礼拝堂を取り上げたものもある。一世紀の出来事や、諜報《ちょうほう》部とその活動方法、金融や銀行の歴史についての知識を深めることは、小さくても有力な秘密結社の影響力や人間関係を理解するのに役立つ。

秘密結社の由来に関しては、次のような話が伝えられている。七〇年、テトスがエルサレムを陥落しようとしているとき、それぞれの務め(ほとんどは神殿の義務に関するもの)を負った一族団が、聖油や貴重品といった信仰の道具を集め、それを神殿の山の洞窟《どうくつ》などに隠した。さまざまな聖職者や王族から構成されていた一族団はそこで解散し、多くはヨーロッパへ逃れて「貴族」となった。ナイトとロマスによれば、レックス・デウスという一族の秘密結社があり、選ばれた息子が二十一歳になったときに父親から真実を明かされた。この組織は、ダニエルとイザヤの預言に従って、十字軍とともに地上に現われたとされている。

以下にまず、『第二の救世主』を抜粋引用してみよう。

浮かび上がってきたのは、ヨーロッパの貴族からなる一団の姿だった。ダヴィデとアロンの血を引くユダヤの子孫で、神殿が陥落する直前、あるいはその直後にエルサレムを脱出した。彼らは神殿の下に隠された遺物のことを、それぞれの一族で選ばれた息子（長男とは限らない）に語り継いできた。一団を構成する貴族のなかには、シャンパーニュ伯爵家、ジゾール卿家、ペインズ卿家、フォンテーン伯爵家、アンジュー伯爵家、ド・ブイヨン、ロスリンのセントクレア家、ブリエンヌ、ジョワンヴィル、ショーモン、セントクレア・ド・ジゾール、セントクレア・ド・ネグ、ハプスブルク家などがいた。

❖――〝戦争する最初の国際銀行家〟テンプル騎士団とフリーメーソン

テンプル騎士団は、この組織から発展したものだ。彼らはエルサレムへ行き、神殿の山に住み、その後ヨーロッパへ戻って、いわば最初の国際銀行家となった。軍人であり、船乗りであり、広大な土地の所有者でもあった彼らは、大きな政治的影響力を持っていた。しかし、一三〇七年十月十三日の金曜日、テンプル騎士団はフランスの美男王フィリップ四世によって逮捕され、潜伏あるいは国外逃亡を余儀なくされた。

いくつかの情報によると、テンプル騎士団は、コロンブス以前に北アメリカ大陸のことを知り、探検していたらしい。一四四〇年から九〇年までの間に建てられたスコットランドのロスリン礼拝堂には、アメリカ大陸にしか見られない植物の石のレリーフがある。主要なスカル&ボーンズ研究者の多くがその関連性を指摘しているジョン・カボットは、テンプル騎士団ゆかりの港であるイングランドのブリストルを出発し、アメリカの領地をセントジョン（聖ヨハネ）と名づけた。

フリーメーソンの歴史は長く退屈なものだ。しかし、フリーメーソンが一七一七年、イングランドで正式に結成され、ほどなく王室の保護を受けるようになったことは事実である。それ以前、またはそれ以後の何世紀にもわたって、あらゆる秘密結社で多くの活動が行なわれていた。そこには友愛的な組織もあれば、神秘的な組織もあった。こうした集団から発展したのが、「シナルキー」という興味深いイデオロギーである。

《シナルキー（synarchy）とは、創設者の言（別掲の引用を参照）によると、アナーキー（無政府）の反意語としてあり、国家が完全に個人を支配・統制する体制といえる。なお、「共同統治」と訳される向きもあるが、これは誤りである。日本語化が難しいものの、しいて訳せば「超全体主義」や「超国家主義」といったようになるだろう。ほか、このことについては【解説】で詳述されてもおり、そちらもご参照いただきたい》

次にやや長くなるが、ピクネットとプリンスの共著『The Stargate Conspiracy』から抜粋する。

……シナルキーという、秘密主義的な政治体制がある。これは「秘密結社による統治」のことで、秘密を握る一団が陰で政治を操るというものだ。聖職者が支配する「神権政治」と同じようなものだ。（中略）

シナルキーの創設者は、ジョゼフ・アレクサンドレ・サン‐イーヴ・ド‐アルヴィドレ（一八二四～一九〇九年）というフランス人で、彼はこの言葉を無政府状態の反語だと説明している。無政府状態では、国家に人々を支配する権力はないが、シナルキーでは国家は完全な権力を持っている。ド‐アルヴィドレによれば、シナルキーでの統治者は、政治、宗教、経済という社会の三つの要素を支配することで権力を手にする。メンバーを権力の座に置くことで、密かに国家全体を支配しようとするのである。当然、彼らの活動はそこで終わらない。シナルキーの当初からの目的の一つは、彼らの文書の言葉を借りれば、「連邦欧州連合」の構築である。今、そうしたヨーロッパの統合が急速に進んでいることは、単なる偶然の一致だろうか。重要なのは、この言葉がすでに一九四六年に用いられていたということだ。（中略）

秘密結社による統治というだけあって、シナルキーは、マルチニスト会のような影響力の強い組織と密接な関係があり、サンイーヴ・ダルヴィドレはそのグランドマスターだった。フランスの作家ジェラール・ガルティエによれば、「シナルキーの理念は、その世紀初めのマルチニスト（ルター派）とオカルト主義者すべてに影響を与えた」。シナルキーでの統治をしていたのがフランスのフリーメーソン支部のメンバーであったのも、決して意外なことではない。（中略）

言うまでもないことだが、シナルキーを行なっているのは、多くの反乱や革命の背後に潜む陰のグループである。彼らは、自らの理念に反した政府や体制を見つけると、すぐに嫉妬《しっと》の目を向ける。

（中略）

また、シナルキーの哲学では、九人の伝説的指導者という概念が重要な意味を持っている。……テンプル騎士団は、第一次十字軍の直後、九人のフランス人騎士によって結成された。サン‐イーヴ・ド‐アルヴィドレによれば、テンプル騎士団は中世最高のシナルキーの実践者であった。組織が存在した二世紀にわたって、彼らは政治、宗教、経済をほとんど完全に支配する一方で、秘密主義的な異端の秩序を維持し、本当の目的はメンバーだけしか知らなかった。

十九世紀のフランスでは、複数の秘密結社が、自分たちこそが中世のテンプル騎士団の正統な後継者であると主張していた。サン＝イーヴは、これらの組織の理念や慣習を利用した。特に、テンプル厳格戒律派とその継承者、修正スコット儀礼といったオカルト的フリーメーソンの信仰を取り入れることで、おもにその政治活動において、神秘主義や魔術的儀礼の影響をもたらした。ただ、これは双方向のやり取りだった。というのも、オカルト主義者やその組織のなかにも、シナルキーの理念を取り入れるところがあったからだ。なかでも、パピュス・ジェラール・アンコース（一八六五〜一九一六年）は、東方聖堂騎士団（ＯＴＯ）およびメンフィス・ミツライム・フリーメーソン団のフランスのグランドマスターで、非常に有力な人物だった。重要なのは、これらの組織が古代エジプトの司祭の儀礼や儀式をもとにしていたことだ。パピュスにとって、サン＝イーヴは「知性の師」であった。ジェラール・ガルティエが記しているように、「パピュスのようなルター派の指導者たちが、……特にシナルキーの理念を広めることによって、政治の行方を密かに左右しようとしていたのは明らか」である。

パピュスは、当時のあらゆる秘密結社を集め、可能な限り統合させ、各組織の代表が一堂に会する「連合」を築くことによって、シナルキーの理念を実践した。彼が築いた連合は、第一次大戦時に崩壊したが、その後テオドール・ロイスやＨ・スペンサー・ルイスといった者たちが同じような組織を結成した。

サン＝イーヴが、西洋オカルティズムの発展に大きな影響を及ぼしたのは間違いない。十九世紀ヨーロッパにおける秘教の権威、テオ・パイジマンスは、アガルタの原型となる思想を紹介したのはサンイーヴだとしている。アガルタとは、神秘に包まれた地下世界で、そこから高度に進化したアデプト（達人）が、人類の発展を霊的に導くというものだ。これは、Ｈ・Ｐ・ブラヴァツキー夫人の著作にもあるように、西洋オカルティズムでは一般的な要素となり、「隠れた達人」や「秘密の首領」といった、このあとで取り上げる組織の信仰の基礎となった。サンイーヴによれば、彼は幽体離脱によってアガルタへ旅したことがあり、そこの住人たちとテレパシーで通じ合っているという。また、シナルキーというイデオロギーは、彼らに由来するらしい。（中略）

二十世紀最大の儀式魔術師と言えば、派手で、とかく物議を醸していたアレスター・クロウリー（一八七五〜一九四七年）である。

■「獣」の召喚

一九〇四年三月、当時すでに悪評の高かったアレスター・クロウリーと、彼の新しい妻ローズは、カイロの貸しアパートで「魔術」の実験（施術）を行なった。結果は予想もしないものだった。魔術の経験がなく、まったく知識もなかったローズ（しかも、クローリーのやや不実な記述を信用するなら、彼女はあらゆることに無知だった）は、トランス状態に入ると、「彼らがあなたを待っています」と繰り返した。それから数日して、彼女は「彼ら」の中心的存在がホルス神で、特別な使命のためにクロウリーを選び、接触のための儀式を伝えようとしていると明かした。

最初、クロウリーはローズの言葉に腹を立てた。偉大な魔術師は自分であって、彼女ではないからだ。そこで、クロウリーはその伝達者の信憑《しんぴょう》性を確かめるため、彼女にいくつかの質問をした。古来、ホルスと関係のある惑星は何かと尋ねると、彼女は正しく火星と答えた。

数日後、二人はカイロ博物館を訪れた。ところが、ローズは初めてそこを訪れたにもかかわらず、確信を持って夫をある展示物の前へ案内した。それは、あまり目立たない、第二十六王朝時代の木製の彩色碑で、ラー・ホール・クイト（スフィンクスと関係の深いラー・ホラクティの変形）の姿をしたホラスの前に、エジプト人司祭が立っているようすが描かれていた。以来、これは、オカルト世界で「啓示の碑」として知られている。

さらに、クロウリーはその展示物の番号が666であることに衝撃を受けた。666は、ヨハネの「黙示録《もくしろく》」の獣の番号であり、獣はクロウリーが誇りとする彼の別名だった。これは、狂信的キリスト教徒だった彼の母親が、『聖書』を飛躍して解釈したことによる（一九九八年四月にその碑を見たとき、興味深い発見があった。現在この展示物の番号は9422であるが、その隣、陳列ケースの中に、美麗なカッパープレート書体で666と書かれた、やや色あせた一九〇四年当時のプレートが置いてあったのである。ひょっとしてカイロ博物館のスタッフに熱狂的なクロウリーファンがいるのだろうか）。

こうしてクロウリーは、少々不満ながらも、妻の言葉を信じることにした。彼は正式に魔術の儀式（現在は「カイロの施術」と呼ばれている）を行ない、自身の奇怪な経歴と、近代オカルティズムの歴史全体に重要な一ページを刻んだ。この施術により、彼は聖守護天使アイワス（魔術的理由から、アイワズと書かれることもある）と接触するようになったのである。アイワスは、一九〇四年四月八日から十日の三日間にわたって、クロウリーに、彼の「福音」となるべき『法の書』（島弘之、植村靖夫訳　国書刊行会刊）を〝書き取らせた〟。

アレスター・クロウリーの著作は、今なお、西洋オカルティズムの伝統や慣習に深い影響を及ぼしている。『法の書』は、一五三二年にフランソワ・ラブレーが書いた『ガルガンチュワとパンタグリユエル物語』（渡辺一夫訳　二宮敬編　河出書房新社刊）のテーマを、さらに進展させたものだ。ラブレーの小説には、「テレーマの僧院」の話が登場し、そこの唯一のルールは「汝《なんじ》の意志とするところをなせ」であった。クロウリーはこれを書き直して、「汝の意志とするところをなせ、それが法のすべてとならん」という有名な一節を作った。

❖――カルヴァン主義と儀式的魔術の融合がエール大学にある

エール大学とハーバード大学は、いずれもカルヴァン派の聖職者によって創立され、長年にわたって運営されてきた。やがて、これらの大学は秘密結社や魔術的儀式の温床となっていく。

『Washington Allston, Secret Societies and the Alchemy of Anglo-American Painting（ワシントン・オールストン、秘密結社、英米絵画の錬金術）』はこのように記している。

オールストンは、ファイ・ベータ・カッパ（優等学生友愛会）の会員だった。この組織はニューイングランドのインテリ層の指導的メンバーを構成するだけでなく、フリーメーソンの多くを占める中産階級とも結びつきが強かった。在学生と卒業生による秘密の友愛会であるファイ・ベータ・カッパは、その儀式やシンボルをフリーメーソン団に由来していた。フリーメーソンと同じく、ファイ・ベータ・カッパが象徴としていたイメージは躍動する太陽で、これは古代エジプトを起源とする錬金術のシンボルだった。（中略）

彼ら（フリーメーソン）は、古来の真理体系を伝える芸術を重んじた。それは、ソロモンの神殿を建てた石工やユダヤ人、ピタゴラスをはじめとするギリシャ人、また、イシス、オシリス、ヘルメス・トリスメギストスといった古代エジプト神話にも由来していた。（中略）

組織（ファイ・ベータ・カッパ）は入会の儀式を通して、知恵を賛美するための魔術的ムードを作り出した。それは、目隠しされた入会者を光に照らされた場所に連れてゆき、いきなり目隠しを取って秘密の真理を示す深遠なる記号を見せるというものだった。

スカル&ボーンズ誕生の中心となり、「墓」の中心となったのは、ほとんどがファイ・ベータ・カッパ（PBK）のメンバーだった。多くはスカル&ボーンズとPBKの両方のメンバーで、ラッセルやタフトといった創立者のほか、便利屋のダニエル・コイト・ギルマンも含まれていた。

一八三二年にエールを卒業したチャールズ・トレーシーは、著書『Yale College, Sketches from Memory（エール大学の思い出）』中でこう書いている。

当時、フリーメーソン派と反フリーメーソン派が対立していた。ファイ・ベータ・カッパへの入会に必要な秘密の誓いをめぐって、〝配慮〟という重大な問題が生じたのだ。秘密の誓いの撤廃に賛成だったハーバード大は、これを主張するため、エール大での非公式集会にエドワード・エヴァレットを派遣した。彼は半分うつむいたように立ち、ハーバードの学生には、秘密の誓いをなくすだけの配慮があると静かに語った。実際、組織は存亡の危機にあった。彼の発言は聞く者の心を打ち、強い反対意見が出ることもなく、同調の雰囲気が会場を包んだ。こうして、エヴァレットはハーバード大生の厚意を見事に生かし、秘密の誓いは撤廃された。しかし、この場に居合わせたのは一部のメンバーで、数年後、ファイ・ベータ・カッパは再び秘密主義を取り戻し、支配力を復活させた。

ウルフス・ヘッドのクラブハウス

飾り物に仕立てられたウルフス・ヘッドのシンボルマーク

ほとんどの秘密結社はピラミッド型の構造を持ち、メンバーの大多数はその底辺を構成している。フリーメーソンの間で「窓際の仲間」と呼ばれる彼らは、世間体を保つための存在にすぎず、ふつう、組織の真の役割はまったく知らない。一方、中枢には、「秘密結社中の秘密結社」があり、その指導層は複数の秘密結社の幹部を兼任していることが多い。

エール大学の秘密結社ウルフス《狼》・《の》ヘッド《頭》のシンボルマークは、逆さまのアンク十字に狼《おおかみ》の頭を重ねたものだ。エジプトの秘教では、加盟者はオシリスのマントと狼の皮を身にまとったという。狼はフランス語でlouve、そしてlouveteauは「狼の子（フリーメーソンの団員）」を意味する。アンクは古代エジプトのシンボルで、一般に、生命と永遠を象徴する。ウルフス・ヘッドのシンボルマークが、神秘的な儀式的魔術を意味することは明らかだ。

これを学生たちの他愛ない〝戯《ざ》れごと〟だと片づける者がいるのも確かだ。また、こうした秘密結社を、エール大学の教育補助プログラムの一環であるとか、ふざけた「同好会」にすぎないなどと言う者もいる。しかし、謎の宗教や入会儀式と結びつきがあることは、多くの点で疑う余地がない。スカル&ボーンズのメンバーのなかに、死と復活の秘密の儀式を経験する者が実際にいるのか、また聖ヨハネの地下聖堂がそうした儀式の一部となっているのかどうかは、興味深いところではある。

❖スカル&ボーンズによってもたらされた多くの死とそれを物語る「結社」の歌

ニューヘヴンには、陰謀や儀式的魔術によって、人々を支配しようとするカルト集団が、本当に存在しているのであろうか。

ニューヘヴンの歴史や建築、家系といった要素、さらには原始的な土占いの影響などに目を向ければ、より広い視野が得られるだろう。あるいは、エール大学の秘密結社を、世代を超えたカルト教団と考えることもできる。死のパワーが変化をもたらすと信じる彼らは、目的のためには手段を選ばず、死によって魔力を増大させようとする時代思潮の信者かもしれない。

墓地からすこし行ったところに、ウィンチェスター連発銃の工場がある。そこでは、戦闘用の銃が大量に製造され、結果として、大量の骨を生み出してきた。その多くは、スカル&ボーンズが重大な政治的役割を果たした戦いで生み出されたものだ。

ロン・ローゼンバームは、二〇〇一年四月二十三日の『ニューヨーク・オブザーヴァー』で、スカル&ボーンズの入会儀式に用いられるという歌を紹介した。

絞首刑執行人は死に等しく、
悪魔は死に等しく、
死は死に等しい。

一方、アレクサンドラ・ロビンスの『Secrets of the Tomb（墓の秘密）』によれば、ボーンズメンたちは、この記事を単なる茶番と笑い飛ばしている。スクロール＆キーのメンバーであるロビンスは、「ローゼンバームが紹介した儀式は、スカル＆ボーンズにしては低俗すぎる」とし、ボーンズメンの一人が「大笑いしながら」「あいつは許せないね」と言っていたことに触れた。

テキサス州知事時代のジョージ・W・ブッシュは、死刑囚全員を〝絞首刑〟にした。唯一の例外は、謎のカルト集団の連続殺人犯であると自白したヘンリー・リー・ルーカスである。また、スカル＆ボーンズのメンバーである有力政治家ヘンリー・L・スティムソンは、広島と長崎への原爆投下に関してトルーマン大統領を説得している。このほか、スカル＆ボーンズの活動によって、多くの死がもたらされた事例はいくつもある。

スカル＆ボーンズの主要な一族はみな、ヨーロッパの王族と血縁関係、もしくは相互関係にある。メンバーどうしの個人的書簡を見ても、一方がもう一方を王族として扱っているのがわかる。ジョージ・W・ブッシュがほかのどのアメリカ大統領よりも多くの王族と関係があること、また、フリーメーソンをはじめとする西洋の儀式的魔術集団に王族が深く関与している事実を考えると、一つの思いを禁じることができない。それは、カルヴァン主義が信じる地獄の到来と救済という考え方に、強力なパワーを秘めた西洋儀式魔術の伝統が組み合わさったときに、はたしてどのような影響がもたらされるかということだ。我々の国家は、世代を超えた熱狂的なカルト集団――シナルキーによって新世界秩序をもたらそうとする死の魔術集団によって、転覆させられようとしているのだろうか。我々の犠牲を顧みずにそうした目的を達成しようとしている指導者集団は、本当に存在するのか。

だが、スカル＆ボーンズは秘密結社であり、自ら語ることはない。

モリーの店のテーブルに向かって
ルーイの住むところに向かって
大好きな古い聖堂の横木に向かって
ホイッフェンプーフの仲間が集まり
グラスを高く掲げて、歌を歌えば
彼らの歌の魔法がかかる

そう、「うなだれる私」や「いとしい人」など
我々が愛する歌の魔法が
我々は命と声の続く限り、ルーイにセレナーデを捧げよう
そして死にゆき、みなとともに忘れ去られよう

我々は道に迷った哀れな子羊
メー、メー、メー
我々は道に迷った除《の》け者の黒羊
メー、メー、メー

浮かれ騒ぎを離れた、紳士的な歌い手たちは
ここから永遠の罪に処される
神よ、我々のような者に慈悲を与えたまえ

メー、メー、メー

◉エール大学の秘密結社

❖——他大学と違う、メンバーが毎年入れ替わる特有の秘密結社

以下に紹介するものは、一八七四年二月七日付『ハーパーズ・ウィークリー』の記事である。そこからは、まだ比較的自由に取材や発表ができた時代に、スカル＆ボーンズが外部からどのように見られていたかを知ることができる。

エール大学には、特有の秘密結社体制があり、それは同大のカリキュラムと同じくらい、人々の関心を集めている。もちろん、これが有益なものかどうかについては、いずれの見方もできるだろう。エール大の秘密結社はほかの大学組織と異なり、四年間を通じた組織ではなく（科学学校のものを除いて）、メンバーは毎年入れ替わる。一年が過ぎると、上級生によって翌年の組織のメンバーが選ばれる。ただ、その数には制限があり、誰もがスカル＆ボーンズに入れるわけではない。この地域のどの大学にも秘密結社はあり、ハーバードも例外ではない。しかし、エール大以外の大学では、入学したての一年生がメンバーに選ばれ、四年間ずっと現役を通す。

現在、一年生の組織はエール大に三つある。二年生、三年生の組織と同じく、名前にギリシャ語のアルファベットが使われ、その組織の秘密の格言の頭文字を表わしている。一八四五年創立のデルタ・カッパ（ΔK）、同四〇年創立のカッパ・シグマ・イプシロン（KΣE）もしくはシグマ・イプス、五五年創立の半秘密結社ガンマ・ニュー（ΓN）で、大学の新入生はこの三つの組織のいずれかに入るチャンスがある（一八四九年に作られたシグマ・デルタ（ΣΔ）という組織もあるが六〇年に消滅している）。もちろん、上級生に友人がいる場合は、その推薦があれば確実にどこか一つの組織に入ることができる。組織どうしの競争は言うに及ばず、新入生の獲得をめぐっては愉快なエピソードが目白押しだ。

熱心な二年生は、お目当ての一年生のためにホテルの宿泊代を払い、ハイヤーで街を案内し、旅行かばんを持ち運び、タバコやワインや食事を好きなだけおごってやる。ところが、その一年生がすでにライバル組織への入会を約束していたり、新入生のふりをした留年生であったりすると、彼らは大いに悔やしがる。今年の組織の集会は毎週土曜日の晩から真夜中まで開かれ、文学的な語らいが中心であるが、ときには羽目をはずして盛り上がったりもする。ただ、一般的なイメージに反して、学内のどの組織会館でも、飲酒は一滴も許されておらず、信頼できる筋によれば、この規則はほとんど破られたことがない。

シグマ・イプスは、ダートマス大学に支部を持っており、デルタ・カッパはダートマス大とアマースト大に支部を持っている。ガンマ・ニューは支部を持たず、組織としての影響力は弱い。全体として、シグマ・イプスの会員は約一千六百名、デルタ・カッパの会員は約一千九百名、そしてガンマ・ニューの会員は四百名である。これらの組織について語るときには、その入会儀式に触れないわけにはいかない。国中で悪の巣窟《そうくつ》のように言われているその儀式は、一八六九年まではスポーツのように荒々しく、負傷者が出ることも多かった。しかし、六九年以降は儀式に教授が立ち会い、行きすぎた行為は止めることになっている。儀式では、入会志望者を毛布にくるんで放り投げたり、車輪に結びつけて転がしたり、棺《ひつぎ》に閉じ込めたり、氷風呂に入れたりするほか、志望者をギロチン台にかけ、刃部を鼻先数センチのところで止めたりもする。ほかのメンバーたちは歓声を上げたり、ラッパを鳴らしたり、燐《りん》を燃やしたり、あるいは骸骨や悪魔の仮面をかぶったりして、志望者がメンバーとなるための「洗礼」を見物する。

❖――二、三年生の組織はほとんど社交目的のものとしてあるが……

一方、二年生の組織は三年生の組織への踏み台にすぎず、ほとんど社交的な目的のものだ。現在、デルタ・ベータ・キー（ΔBX）とファイ・テータ・プサイ（ΦΘΨ）の二つの組織があり、どちらも三十名から三十五名のメンバーからなっている。通常の大きさのクラスでは、メンバーの約半分は除け者にされる。最初に結成された二年生組織はカッパ・シグマ・テータで、一八三八年から五八年まで盛んに活動していた。アルファ・シグマ・ファイは一八四六年に結成されたが、六四年に理事会によって解散され、その名残《なごり》から先の二つの組織が生まれた。

どの大学組織も専用の部屋を持っており、重々しい鉄の扉で守られている。報告によれば、内装は優雅で凝《こ》った作りになっているらしい。二年生の組織は、何よりも気楽で楽しいクラブである。もちろん、独特な握手の仕方や合言葉はあるものの、ときどき羽目をはずして騒ぐ程度で、一年生組織のような文学的性格は失われている。

三年生の組織は三つで、そのなかの二つは、挿絵《さしえ》にあるような立派な専用会館を持っている。一八三二年、ハミルトン大学に創設されたアルファ・デルタ・ファイは、三つのなかでも勢力の弱い組織で、三六年に結成されたエール大学の支部も、大学組織としては最も低い地位にある。アルファ・デルタ・ファイは、学生会を通じた二十二の大学支部を持っており、最新の要覧によれば、その総会員数は三千六百五十名に上る。著名なメンバーとしては、作家のD・G・ミッチェル（ペンネーム「アイク・マーヴェル」）、『ニューイングランダー』編集長のW・L・キングズリー、リチャード・テイラー将軍、カリフォルニア大学学長のD・C・ギルマン、G・W・スモーレット、オハイオ州知事のデニソン、ピュー上院議員、ホラス・メイナード、ストーズ博士、J・R・ローウェル、E・E・ヘール牧師、マントン・マーブルのほか、名誉会員にチェイス元連邦最高裁判所長官、H・W・ビーチャー牧師、カッシアス・M・クレーらがいる。ただし、エール大には専用会館はない。

プサイ・ユプシロンのロッジ

デルタ・カッパ・イプシロンのホール

　プサイ・ユプシロンは、最も有名な大学組織の一つで、一八三三年にユニオン大学に創設され、三八年にエール大学の支部が作られた。現在十五の支部があり、約三千五百名の会員を擁する。そのなかには、フェリー上院議員、ドワイト・フォスター、アンドルー・D・ホワイト、チョンシー・M・デピュー、F・W・スアード、ガリューシャ・A・グロー、エーモス・F・エーカマンなど、多くの著名人が含まれている。プサイ・ユプシロンはハイ通りに幅約八メートル、奥行き約二〇メートルの美しい会館を持っている。赤い押し型レンガ造りに黒い装飾が施された、マンサード屋根の建物だ。館内には立派な劇場兼展示ホールのほか、いくつかの部屋があり、その資産価格は約一万五〇〇〇ドルだった。

　三つ目の三年生組織はデルタ・カッパ・イプシロンで、一八四四年、エール大学に創設された。現在、三十八もの支部を持ち、約五千名の会員がいる。そのなかには、チャールトン・F・ルイス、スウェーン少将、ノースロップ教授、J・H・ドラモンド、F・A・ウォーカー将軍、J・Q・アダムズ・Jrのほか、名誉会員にバーンサイド将軍、スカイラー・コールファクス、ベアード・テイラーらがいる。ヨーク通りにある赤レンガの会館は、六一年に建てられたもので、幅約七メートル四五センチ、奥行き約一四メートルで、現在の資産価値は約一万ドルである。

❖──「深く、暗く、計り知れない」謎に包まれた二つの四年生組織

最後に最も重要なのが、二つの四年生組織である。これらは「深く、暗く、計り知れない」謎に包まれており、どちらかのメンバーに選ばれることは学生にとって大きな名誉の一つである。スカル＆ボーンズとスクロール＆キー――大学界にその名をとどろかせる二大組織だ。なかでも、スカル＆ボーンズは地位、名誉ともに最高の組織とされる。その起源については、一八三三年に創立されたと言われている以外、あまり明らかにされていない。毎年、十五名の新メンバーが受け入れられるが、同期生のなかでとりわけ知識や文芸、社交に秀でた人物であることが入会の条件とされる。スカル＆ボーンズの会館はハイ通りとチャペル通りの角にあり、厳格な雰囲気で、窓のない納骨堂のような建物だ。褐色砂岩で造られ、幅約一一メートル、奥行き約一三メートルのこの会館は、幅約一二メートル、奥行き約二一メートルの敷地に建ち、資産価値は三万ドルと推定される。

一方、スクロール＆キーは一八四一年に創立され、同じく、毎年十五名の新メンバーを受け入れる。その会館は、大学組織の建物としてはアメリカ最高のものに違いなく、カレッジ通りとウォール通りの角にある。幅約一一メートル、奥行き約一七メートルのその会館は、幅約一五メートル、奥行き約二八メートルの敷地に建ち、おもに淡い黄色のクリーヴランド石でできている。濃い青色の大理石が

スカル＆ボーンズ「墓」

スクロール＆キーの会館

薄い層を織りなし、アバディーン花崗岩の四本の柱が、大理石の笠石を載せ、正面に突き出た三つのアーチを支えている。その資産価値は全部で五万ドルを下らない。

スカル＆ボーンズの著名なメンバーには、W・M・エヴァーツ、H・C・デミング大佐、W・H・ラッセル将軍、サッチャー教授、シリマン教授、ホピン教授、ドクター・トンプソン牧師、フェリー上院議員、D・G・ミッチェル、H・B・ハリソン、アンドルー・D・ホワイト、チョンシー・M・デピュー、E・R・シル、クロクストン将軍などがいる。スクロール＆キーの著名なメンバーには、ラニョン将軍、S・F・モース、スウェイン少将、イートン教授、W・R・ベーコンらがいる。

以上のように、ここではいくつかの大学組織の歴史を概観してきたわけだが、まだ二つの組織が残っている。一つは「ファイ・ベータ・カッパ」で、この組織はどの大学にもあり、各クラスの優等生がメンバーとなる。もう一つは、復活した「キー・デルタ・テータ」で、以前は優秀な文学者を多数擁していたが、現在は『エール文学誌』の五人の編集者のみとなっている。また、シェフィールド科学学校にもいくつかの秘密結社があるが、学校そのものが比較的新しいため、組織にもこれといった歴史がない。

もちろん、エール大学の秘密結社というテーマを締めくくるにあたっては、紙面の関係もあってまだ語り切れていない部分が多い。ただ、大学政治は、こうした秘密結社の複雑な事情のうちに行なわれており、彼らは外部の党派も代表している。また、メンバーどうしの友情は生涯にわたって続く。

昔の卒業生が母校を訪れ、知らない顔や新しい建物ばかりが目に入っても、組織の会館には懐かしい場所が残っているのである。「大学生活を形成するのは秘密結社であり、その存在は保証されている」ようだ。そして彼らは、「一般の目からその活動を隠している」。

しかし、たとえ彼らの行為が公《おおやけ》にさらされても、すでに知られていることや推測されていること以外、少しも明らかにされないだろう。組織の存在について、彼らは、「知っていても、決してそれを口にしない」からだ。

◉スカル＆ボーンズの失墜

❖――「バビロンは倒れる」――やすりと釘抜きの会の〝聖堂〟侵入

最後に紹介するものは、やすりと釘抜きの会の第七回定例会議議事録（一八七六年九月二十九日）を編集したもので、他章でも何度か記したスカル＆ボーンズの〝聖堂〟へ侵入した際のものが報告されている。

一八七六年十月一日の日曜の朝、七七年度のボーンズメンバーを知っていた者たちは、彼らが重苦しい雰囲気に包まれていたことに気づいただろう。礼拝中、彼らは非ボーンズメンの顔を一人ひとり疑わしそうに見つめ、視線が合うと目を逸らした。その理由は明らかだ。スカル&ボーンズの会が存続する限り、九月二十九日の晩は、メンバーにとって重大な記念日になるだろう。その日、ボーンズの聖堂は非ボーンズメンに侵され、貴重な記念品の数々が奪われ、神聖な秘密が部外者の目に触れたのである。

この侵入作戦がどのように行なわれたかについて、大学関係者は興味があるはずだ。祝福聖堂の裏の地下室の窓は、次のように防御されていた。

まず、一番外側には厚さ約二・五センチの鉄格子があり、その奥に木枠にはめ込まれた頑丈な金網があった。そのまた奥に厚さ約三・二センチの鉄格子があり、さらにその奥に、重厚な木の鎧戸《よろいど》が付いていた。ファイル&クローの会は、この厳重な防御にもかかわらず、やすりや万能鍵などを用意し、聖堂への侵入を試みた。当然のことながら、作業には時間がかかった。何時間も粘り強く、慎重に取り組んだ結果、ようやく外側の格子の一つが半分に割れた。次に、強力な釘抜きを使って、木枠に金網を固定している長い釘を引き抜いた。そして少量のパテで格子を元の場所に軽く取りつけ、あとは作戦遂行に最適な晩を待つことにした。九月二十九日金曜日の夜八時、作戦は決行された。

まず、我らがメンバーの一人が鉄格子と金網をはずしにかかった。彼はさらにスペースを作るため、金網がはめ込まれていた頑丈な木枠もはずした。これはかなり骨の折れる作業だった。できあがった開口部に頭と肩を押し込むと、そこにはまだ厚さ約三・二センチの鉄格子があった。しかし幸運なことに、これをやすりで削る必要はなかった。鉄格子は、上部を分厚い根太《ねだ》に固定されていたが、下部はレンガの「湿った内壁」に続いており、その内壁と基礎の石壁の間には、約五センチの隙間があったからだ。釘抜きと手斧《ておの》を使ってその溝を五〇センチほど掘り下げると、格子の根元を貫く鉄板が見えた。この鉄板を緩め、内側へ力を加えると、格子がその重さに耐え切れず、すべて抜け落ちた。木の鎧戸は意外に薄っぺらで、簡単にねじ開けられた。

　こうして、夜の十時半ちょうどに、地下室への入り口が確保された。我々はその窓から侵入し、地下室の階段のてっぺんにある木の扉をこじ開けた。さらに、メインホールの奥の窓を覆う二つの鉄の鎧戸を開け、いよいよ、聖堂内の調査にかかった。ここで、今後、聖堂に侵入する者、また、新しくスカル＆ボーンズに入会する者のために、中のようすを簡単に説明しよう。

❖――墓から取ってきた頭蓋《ずがい》骨のあるスカル＆ボーンズ会館の内部

　地下室以外に、聖堂には二つの階がある。図１は、地下室のおよその見取り図である。便所では、明かりが常に灯されたままで、崩れかけた人間の頭蓋骨と、「新入生のための手引き」が額に入れて飾られている。手引きには、トマス・クラップという人物の署名と、「エール大学、一七五二年」という日付が入っている。また、スペリーと記された墓石もあり、これは先の頭蓋骨と同じ墓から取ってきたものだと思われる。炊事場にはありふれた台所用品が置かれ、その西側の壁には、ナポレオン・ボナパルトの絵がかかっている。食器庫にはたくさんの皿が並び、それぞれに、頭蓋骨と二本の交差した骨の図柄が描かれ、スプーンやフォークにもそれぞれＳ・Ｂ・Ｔの印が入っている。

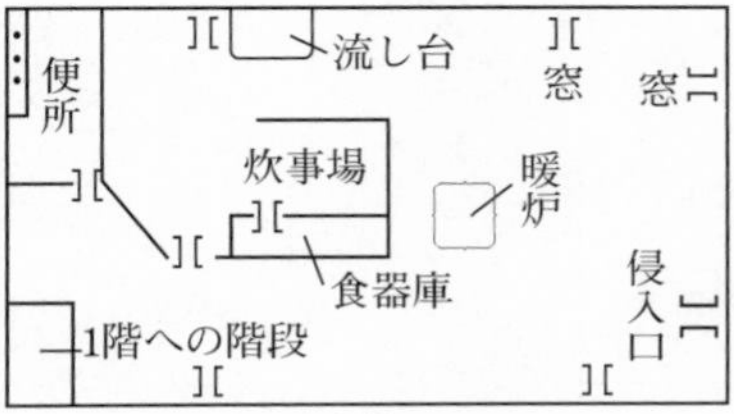

図１

　地下室の階段を上って、図２の内扉を押し開けると、入り口ロビーがある。そこの螺旋《らせん》階段は二階へと通じている。扉は木製で、鍵がかかっていたが、簡単にこじ開けることができた。外扉は鉄製で、その内側の左右には薄い木枠の扉が付いている。左は小さな洗面所である。左右の扉に鍵はなく、メンバーらが「３２４」と呼ぶメインホールへつながっている。

図2

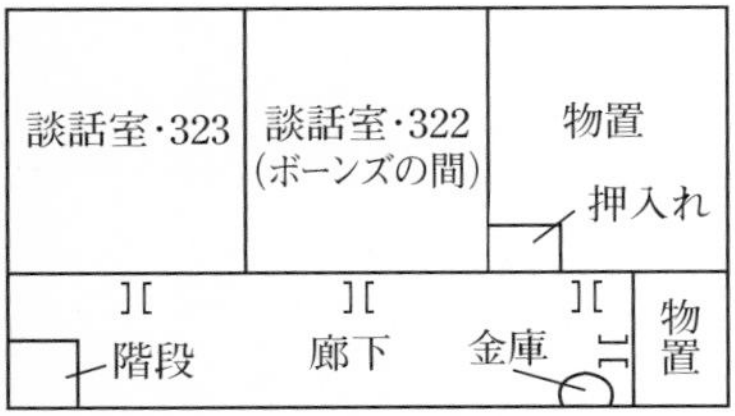

図3

ホールの床には色付きタイルが敷かれ、壁には赤と黒を基調とした少々けばけばしいフレスコ画が描かれている。これと似たような絵が、内と右側のロビーにも飾られている。メインホールに置かれた家具は、ライノニア館にあるような長椅子がいくつかとテーブルが一つだけだ。木製のその家具は白く塗られ、壁と同じようにあちこちに汚れや引っかき傷がついている。奥は二つの細い窓で、頑丈な鉄の鎧戸が付いている。鎧戸は、ウォールナットのような色に塗られた薄い木のブラインドで目隠しされている。この部屋で唯一関心を引いたのは、南東の角に置かれたガラスケースだ。そこには、大学の試合で使われたたくさんの野球ボールが入っていた。どれも金色に塗られ、それぞれに日付や得点などが記されている。また、手垢《てあか》のついた「物理」か「人智」の教科書もあった。その余白ページには「ボーンズの厄介者、七六年のアールジェイジェイ」と署名が入っていた。

ここまでは、我々の苦労に見合うものはほとんどなかった。しかし二階へ上がり、右手に小さな物置と、ハイ通りの正面玄関にかかる跳ね橋を見たとき、その苦労は報われた。

図3の左の部屋（323）に入ると、すぐ左手に書棚がある。そこには、エール文学全集や立派な装丁の大学要覧、メンバーによる出版物など、スカル＆ボーンズの蔵書がずらりと並んでいる。また、ファイ・ベータ・カッパの規約や、一八六八年以降のメンバーリストが載ったスクロール＆キーの会の要覧もあった。黒い装丁のその本は、表紙にC・S・P、裏にC・C・Jという文字

がオールドイングリッシュ体で書かれていた。

ＬＩという年は十一人の氏名が、ＸＬⅡの年は十二人の氏名が記されている。誤植もいくつかあり、たとえば、Ｄ・ケーディー・イートンのファーストネームが、サミュエルと印字されている。ＬＸⅡの年は冒頭二人のメンバーの氏名の反対側に、「Ａｓｓ」という謎の記号が太字で書かれている。また、ＬⅡの年のメンバーを記したページの最初には、「ボイズが集めた者たち」と書かれている。ボイズとは、その年のメンバーの名前である。この要覧からわかるのは、スクロール＆キーの会長や書記が、「内部」ではカイローやエウメネスと呼ばれていること、またスカル＆ボーンズの場合と同じく、メンバーにはそれぞれあだ名が付けられているということだ。なかには代々継承されるものもあり、グラウカスやプリサティカス、アルバケスなどが人気のようだ。

❖謎の「３２２」を明かす――スカル＆ボーンズは〝お遊びのクラブ〟にすぎない!?

ハイ通り側の壁には黒いビロードの立派な額付きクッションが飾られ、スペード＆グレーヴ、ブル＆ストーンズなどの大学組織のバッジが留めてある。部屋の南側には暖炉があり、上の壁には鏡がかけてある。マントルピースには、例の頭蓋骨と骨のシンボルマークの銀の置物があり、直径約五センチの頭蓋骨には、「３２２、一八五八年度Ｓ・Ｅ・Ｃ」と刻まれていた。そのほか、銀よりすこし大きなブロンズの置物や、スカル＆ボーンズにちなんだ記章なども置かれていた。西の壁には何枚かの絵が飾られ、その中に、納骨壇の古い彫刻がある。石版の上に四つの頭蓋骨が安置され、それとともに道化師の鈴付き帽、開いた本、数学に用いる道具、物乞いのずだ袋、などが載っているというものだ。

アーチ型になった上部の壁の部分には、ローマン体で「Wer war der Thor, wer Weiser, Wer Bettler oder, Kaiser?」という文章があり、下の部分にはドイツ文字で「Ob Arm, Ob Reich, im Tode gleich.」と刻まれている。

絵に添えられたプレートには「ドイツ支部、D50―長老D・C・ギルマン寄贈」と書かれている。この部屋の調度品は立派なもので、タバコやパイプもふんだんにある。使い古されたカードの束は、毎週木曜日の晩の時間をメンバーたちがいかに持て余しているかを物語るものだ。頭蓋骨に似せたパイプの火皿には「M・ガンビア、パリ」との刻印があり、赤インクで持ち主の祝福名とその入会年が記されている。たとえば「バスのメンバー」のパイプには、「トリム、D75」と書かれていた。

隣りの部屋は赤いビロードで覆われた〝ボーンズの間〟であり、「322」と呼ばれ、この館の聖なる場所である。最も目を引くのはスカル&ボーンズの実物大のバッジで、黒い大理石の炉床に堂々とはめ込まれている。マントルピースの下の大理石にも、「Rari Quippe Boni（善なるものはわずか）」という格言が、オールドイングリッシュ体で記されている。また、壁には五芒星《ペンタグラム》が飾られていた。この部屋は、「323」より贅沢《ぜいたく》な感じだが、書棚もなければ、特に意味のありそうな絵画もない。

長い廊下の壁には、縦横三〇センチ×五〇センチほどの写真が数十枚飾られている。どれも十五名のボーンズメンがテーブルを囲んだ写真で、テーブルの上には人間の頭蓋骨と二本の交差した骨が置かれている。仕上がりが悪く、古ぼけた感じがするのは、毎年、この会館に備えつけのカメラで撮影しているからだろう。また、簡単な鍵の付いた古めかしい金庫がある。サイズは縦横約五〇センチ×六六センチ、奥行き約三八センチで、壁に固定されている。おそらく、財布や貴重品を保管する場所だろうが、九月二十九日の晩にあったのは、鍵の束と、ブランデーが半分入った金の台座の小瓶だけだった。

奥の部屋の隅は小さな押し入れで、ボーンズの会の仮綴《かりと》じの要覧や、毎年の立派な記念本が置かれている。昔の記念本には非常に興味深いものもあり、近年の本はすべて揃《そろ》っている。ボーンズの要覧は、基本的に、『Four Years at Yale（エールでの四年間）』で説明したとおりである。

奥の部屋と廊下突き当たりの小部屋は通常の物置として使われており、その扉はブリキ板で保護されているが、錠前は、いわゆる万能鍵で開けられる。二つの部屋に置かれた記念品は、質というより量が目立っている。しかし、がらくたの山の中から、数枚のボートの旗と、古代ギリシャ語やラテン語、ドイツ語で書かれたたくさんの原稿が見つかった。どれもボーンズの記録ではなかったが、有名な作家の著作もあった。ただ、それが本当に年代物かどうかは、まだ確認できていない。

以上のように、聖堂内を徹底調査した我々は、この「最も有力な大学組織」が、単なる仲良しクラブにすぎないという結論に達した。炊事場には、メンバーに軽い食事を出すための調理器具があるが、館内には玉突き台もなければ、楽器もない。つまり、我々が期待させられていたような「道具」のたぐいはいっさいなかったのである。入会儀式の晩に聞こえる鐘も、「古くからある大学の鐘」ではない。スカル＆ボーンズの秘密というのはせいぜい、毎年口伝えで受け継がれる程度のものだったということになる。また、規則もデルタ・カッパの規約の付け足しのたぐいで、成文法のようなものはない。

建物を出るにあたって、我々は、自分たちの行為を他の学生に知らせるべきか、また、この聖堂のことを公《おおやけ》にするべきか考えた。もしそうすれば、スカル＆ボーンズの謎めいたイメージによる威光は永遠に失われ、彼らは大学中の笑い者になり、組織の将来の存続は非常に危うくなるだろう。しかし、スカル＆ボーンズのくだらない秘密はともかくとして、七七年のボーンズメンのなかには、我々の個人的な親友がいる。したがって、過激な行動は差し控えたい。スカル&ボーンズが仲良しクラブだったとしても、我々はいっこうに構わない。メンバーはこれまでどおり、楽しい食事や静かなブリッジを楽しめばいい。ただ、スカル&ボーンズの謎や秘密が存在しなかったことが明らかになった以上、彼らがばかげた自惚《うのぼ》れやたわ言とも決別することを期待したい。

侵入が発覚したのは、翌土曜日の夜八時ごろだった。いつもは誇り高いスカル&ボーンズが、その日は裏窓の発見者の証言に振り回されていた。

スカル&ボーンズがいかに大きな衝撃を受けたかは、彼らが侵入された窓を密閉し、その後地下室の残りの窓五つをすべて密閉してしまったことからもわかる。彼らが、侵入の事実を否定することはないだろう。なぜなら、我々の話が本当だという証拠があるからだ。先ほど、聖堂でたくさんの書類や調度品、記念品を見つけたと言ったが、実は「もうそこにはない」ものもある。我々は強盗をするつもりはなかったが、二度目の泥棒が最良の持ち主ということで、ボーンズの記念品や書類の一部を持ち出した。それは一般に公開することもできるので、この文書の内容については、いかなる権威による否定も認められない。いつものようにボーンズが沈黙を保っても、我々の話の信憑性が損なわれることはない。証拠品の一部は、すでに三年生の複数の非ボーンズメンが目にしている。残りの品も、理事会や法律に照らして我々の立場が保護されしだい、適切に処理されるだろう。

第6章 骸骨の集団

ここは〝恐怖の扉〟だ！
アメリカ社会機構のすべてを〝支配〟し、
さらに世界を我が手にしようとする
スカル＆ボーンズの全貌が白日下に明かされる。
禍々しきその結社員構成を目にする者は、
もはや日本のために立ち上がることを余儀なくされる。
戦おうとする〝勇者〟のみ、この扉を開けよ！

※以下は横組みのため、次は376ページに続く。

Emerson, Christy Payne	Business	Ptnr, The Bret Harte Retirement Ctr ; Dir Development 65-68, Philadelphia Housing Authority ; Lt jg 53-56, USNR
Lufkin, Dan Wende	Finance	Chmn, Exec Com, Donaldson, Lufkin & Jenrette, Inc (NYC) ; Chmn Bd, Dirs, AZ-CO Land & Cattle Co, Ontario Motor Speedway, Inc ; Overseas Ntl Airways, Inc, Pan Ocean Oil Corp, Harvard Bus Sch Club NY, Opportunity Funding Corp ; Gov, NY Stock Exchange ; Trustees, Hotchkiss School, Pine Manor Jr Col, Dansbury Hosp, Ntl Conference Christians & Jews, Inc ; 1st Lt, USMCR
Marshall, John Birnie	Industrial	
McLane, James Price	Business	Advertising Sales, Time, Inc ; Venture Mgr,General Mills (Minneapolis) ; Chmn 69, Lee Wards subsidiary Gen Mills ; Chmn 69, Bd Ed Minnetonka Schl Dist ; Pfc 53-55, US Army Counter Intelligence Corps
Menton, John Dennis	X	
Mitinger, Joseph Berry	Law	Ptnr Mitinger & Mitinger (Greensburg, PA) ; City Solicitor (Greensburg) ; 1st Lt 54-56, FA US Army
Noble, Lawrence Mason Jr.	Education	Assoc Sec 71-81, Yale U ; Dir 70-71, Undergraduate Financial Aid, Yale U ; Asst to Dir Admissions 62, Asst Dir 63-66, Admissions, Dir 66-70, Freshman Scholarships & Assoc Dir Admissions ; Trainee Hanover Bank ; w/Aluminum Co Canada ; w/Centre D'Etudes Industrielles ; Sales Rep 57-62, Aluminum Ltd ; 1st Lt 53-55, USMC
Novkov, David Arthur	Industrial	Pres, CEO, Crossville Rubber Products (TN) ; Factory mgr, General Tire & Rubber Co (Wabash, IN) ; Spec 3, 54-56 Army
Walker, George Herbert III	Finance	Chmn, Pres, CEO, Stifel, Nicolaus & Co, Inc (MO) ; Dirs, Mbr Exec Com, Securities Industry Assn ; Bd Gov 83, Midwest Stock Exchange ; Assoc Dir, A Gary Shilling & Co ; Dir, VChmn, Webster College (MO) ; Managing Ptnr, in charge Chicago office GH Walker & Co;Dirs, GH Walker & Co, Inc, Rixson, Inc, Marine Resources, Inc, Lafayette Federal Savings & Loan Assn, Laidlaw Corp
Weber, John William	Business	Management Consultant and Principal, Pres, Putnam, Hayes & Bartlett, Inc, MA, SR VP 79-82, Boston Gas, Principal, 74-79, Temple, Barker & Sloane ; Asst Administrator, 74, Federal Energy Admin ; Pres 72-73, Chayes Virginia Inc ; 60-71 w/McKinsey & Co, Inc, Chicago ; Prof Engineer (OH) ; Lt 55-58, USN
Woodsum, Harold Edward Jr.	Law	Attny, Ptnr Drummond, Woodsum, Plimpton & MacMahon (ME) ; Mbr 67, Cape Elizabeth Town Council ; Pvt 53-55, Inf US Army

1952 — PERIOD 2, DECADE 150

Name	Occupation	Notes
Aberg, Donlan Vincent Jr.	Business	VP Sales & Marketing Abbott Labs ; Pres Nutrition Products of Am (LA, CA)
Buckley, Fergus Reid	Writing	Novelist, Lecturer ; Lt 1952-54, USAF
Claude, Abram Jr.	Finance	Ptnr, Ray & Berndtson ; Exec VP, Security Pacific Financial Services,(NYC) ; Sr VP 72-80, Dillon, Read & Co ; VP 69-72, Bessemer Securities Corp ; VP 55-69, Morgan Guarangy Trust ; 55-69 Port Authority of NY ; Trustee, Lennox Hill Hosp ; Pres, Treas Ntl Industries for the Blind NYC ; Sgt 46-48, US Army
Connick, Andrew Jackson	Law	Ptnr, Milbank, Tweed, Hadley & McCloy ; Lt 1952-54, USAF
Cruikshank, Paul Fessenden Jr.	Industrial	VP Strategic Planing 74-76, USRA ; Pres 71-74, Fort Worth & Denver Ry Co ; Asst VP marketing planning 67-71, Burlington Northern ; Operating Dept 52-76, Great Northern ; VP Operations & Maintenance, The Milwaukee Road ; Alumni Fund Agent ; Lt jg 52-56, USN
Eisler, Colin Tobias	Education	Prof, NYU Institute of Fine Arts (NYC)
Finney, Graham Stanley	City Government	Sr Ptnr, The Conversation Co, PA ; Commissioner Addiction Services Agency NYC ; Dir of Planning 57-60, (Portland ME) ; Many Philadelphia gov and schools positions ; Spec 3 54-56, US Army
Haight, Charles Seymour Jr.	Law	US Dist Judge 76-, (Southern Dist of NY) ; Ptnr 57-76, Haight, Gardner, Poor & Havens (NYC) ; Trial Attny 55-57, US DOJ Admiralty & Shipping
Hincks, John Winslow	Law	Ptnr, Robinson, Robinson & Cole (CT) ; Lt 52-55, USNR ; Dir 58-61, RTA
Kittredge, Frank Dutton	Business	National Foreign Trade Council ; VP, Asia-Pacific Div, GE Co ; Mgr, Desk Side Time Sharing Operation, GE Co ; Dirs, Philippine Appliance Corp, Toshiba, Inc, Elpor Electric Co, Philippine Electric Co ; Lt 54-58, USN
Roberts, George Brooke Jr.	Government	St Joseph's U, PA ; Dir EA/TB 74-76, Dept of State ; Spec Asst to Deputy Sec 73-74, Dept of State ; Deputy Chief Mission, US Embassy, Kingston, Jamaica ; 3d Sec US Embassy, Bangkok, 2d Sec US Embassy Vientiane 60-62 ; Intrnl relations Officer, Dept State 62-66 ; 1st Sec US Embassy Dar es Salaam 67-70 ; Lt 53-57, USN
Senay, Edward Charles	Medicine	Prof Psychiatry, Chief of Drug Studies, U Chicago
Spears, Robert Samuel	Business	Asst VP, Asst Sales Mgr, Republic Steel Corp (IL)
Steadman, John Montague	Education	Assoc Dean, Prof Law, Georgetown U (DC) ; Spec Asst to 65-68, Sec Defense ; Deputy Under Sec 64-65, Army ; Attny 63-64, US DOJ (DC) ; Visiting Prof Law U PA Law School, Philadelphia ; Assoc 56-63, Pillsbury, Madison & Sutro (SF) ; Assoc Justice, D.C. Court of Appeals ; Gen Counsel 68-70, Air Force
Vorys, Martin West	X	

1955 — PERIOD 2, DECADE 153

Name	Occupation	Notes
Bryan, Lloyd Thomas Jr.,	Finance	First VP, First Ntnl Bank of Boston (London) ; Associate 61-66, Shearman & Sterling (NY) ; VP 66-70, First Ntnl Bank of Chicago (Frankfur) t ; Lt 59-61, US Army
DeForest, Stephen Elliott	Law	Ptnr, Riddell, Williams, Voorhees, Ivie & Bullitt, (Seattle) ; Lt 55-57, USN
Fehr, Gerald F.	Insurance	Dir, Sr VP Finance, Sec, Family Life Insurance Co, (WA) ; Lt 55-57, USNR
Gow, Richard Haigh	Industry	President, Zapata Oil ; Pres, CEO, Enterprise Oil & Gas (TX) ; Chmn Bd, CEO, Stratford of Texas, Inc ; 1st Lt 56-58 USAF
Green, Charles Grady	Finance	Exec VP, Channing Fund (NYC) ; Spec 3 55-57, US Army
Guidotti, Hugh George Jr.	Education	Teacher, Coach, Chmn Science Dept, Hudson High School (Hudson, MA)
Hansen, Roger Allen	Finance	Exec VP, The Chicago Corp, (IL) ; Gov, Midwest Stock Exchange ; VP, Dean Witter & Co ; Pres, Deer Island Club Corp ; Lt 55-57, USN
Hudson, Franklin Donald	Business	Exec VP, Founder, Integrated Genetics, Inc, (MA) ; Dir of Marketing, Latin America, Sylvania Intrnl Div GTE (NYC) ; Advisor Domestic Peace Corp (Puerto Rico) ; Capt 56-58, USAF
Johanson, Stanley Morris	Education	Prof, Law U TX School of Law ; Teaching Fellow 61-63, Harvard Law School ; Capt 58-61, USAF
Mathias, Philip Hoffman II	Business	Dist Mgr, Bell Telephone Co (PA) ; E-5 56-58, Army
McCullough, David Gaub	Literary	Editor, Am Heritage Pub Co, Inc (NYC)
Searles, Paul David	Business	VP, International Group, PET Inc, MO ; VP 80-82, WM Underwood Co ; Philippines Dir 71-74, Asia Regional Dir 74-75, Deputy Dir 75-76, US Peace Corps ; Deputy Chmn 76-80, Ntl Endowment for the Arts ; High School, History Teacher (Westport, CT) ; Brand Mgr 58-62, Proctor & Gamble ; VP Dir 62-67, Glendinning Assoc ; 1st Lt, USMC
Shugart, Thorne Martin	X	
Steadman, Richard Cooke	Business	Chmn National Convenience Stores ; Dir, Storage Technology, Inc ; Chmn, Childrens Computer Workshop ; Trustees, Children's Television Workshop, Brearly School ; Author 80, Pres Mandated Study National Military Command System ; Head, Defense Transition Team 76-77, Carter/Mondale ; Deputy Asst Sec Defense 66-69, East Asia ; Staff Office 57-59, Bd of Ntl Estimates, CIA
Walker, Ray Carter	Medicine	Psychiatrist ; 59-64, w/GH Walker & Co ; 1st Lt 57-59, AUS

1954 — PERIOD 2, DECADE 152

Name	Occupation	Notes
Benninghoff, Harry Bryner	Business	Dist Sales Mgr, Proctor & Gamble Co ; Lt 55-57, USAF
Evans, Tilgham Boyd	Finance	Ptnr, Shields & Co (NYC)
Fortunato, S. Joseph	Law	Ptnr, Pitney, Hardin, Kipp & Szuch (Newark NJ) ; Mbr 70, Alumni Bd
Giesen, Arthur Rossa, Jr	Industrial	Pres, Treas, Augusta Steel Corp (Vienna VA) ; Mbr 64-74, 76, VA House of Delegates
Gifford, Richard Cammann	Business	Sales, Dir Marketing, Distribution Sciences Inc (Oak Brook, IL)
Hiers, Richard Hyde	Education	Prof, Religion, U FL (Gainesville, FL) ; Faculty 58-61, Yale Div School ; Sec 56-61, RTA
Kilrea, Walter Charles	Industrial	
Meyer, Russell William Jr.	Business	Pres, Cessna Aircraft Co (KS) ; Pres, American Aviation Corp (Cleveland, OH) ; Dir 75-, Fourth Ntnl Bank ; Dir 82- KS Gas & Electric ; Attny, Arter & Hadden, Cleveland ; Capt 55-58, USAF
Morton, Thruston Ballard Jr.	Radio, TV	VChmn, Cosmos Broadcasting Corp (KY) ; Pres Orion Broadcasting, Inc (Louisville) ; 55-56, w/US Army
Polich, Richard Frank	Business	Pres, Tallix Inc
Price, Ross Edward	X	
Reponen, Robert Gordon	Finance	Gen Mgr, Bancode Jerez (London) ; Asst Mgr, First Ntl City Bank (Moorgate,
Ryan, Allan A. III	Finance	London) ; Capt 54-58, Army
Schnaitter, Spencer Jason	Law	Sr VP, Smith Barney Harris Upham & Co, Inc (NYC) ; Dir RTA
Thornton, Edmund Braxton	Business	City Attny (Madison, IN)
		Pres, CEO Ottawa Silica Co (Ottawa, IL) ; Chmn IL Nature Preserves Comm ; Chmn Historic Sites Adv Council ; 1st Lt 54-56, USMC

1953 — PERIOD 2, DECADE 151

Name	Occupation	Notes
Bulkey, Jonathan Duncan	X	
Bush, Jonathan James	Investments	Chmn Bd, J Bush & Co ; Gen Ptnr 60-70, GH Walker & Co ; Lt 53-55, US Army
Donaldson, William Henry	Finance	Chmn 2003-, Securities and Exchange Comm ; Chmn CEO Donaldson Enterprises, Inc, NYC ; Dean 75-80, Prof Management Studies, Yale ; Spec Advisor 75, US Pres ; Under Secretary 73-74, State US ; Founder, Chmn of Bd, CEO 59-73, Donaldson, Lufkin & Jenrette, Inc (NYC) ; Mbr 53-70, Alumni Fund ; Mbr, Yale Development ; Trustee 70- Ford Foundation, Beekman Downtown Hosp, Wesleyan U ; Mbr 71-7, Yale Corp ; Mbr 75-, Yale Investment Comm ; Dir, Deer Island Corp ; 53-55 Lt USMC
Durham Edwin A. II	Mineral Exploration	Managing General Ptnr, Everest Exploration (uranium and minerals) ; 59-69 Southern Petloleum Exploration, Inc ; Exec Asst 56-59, Frankfort Oil Co ; Dir 55-59, Petroleum Exploration, Wiser Oil Co, Southern Petroleum Exploration, Inc ; Dir 60-65, Thor-Jet Inc ; many others ; Lt 53-55, USMC

Van Antwerp, William Meadow Jr	Armed Services	Capt, USMC
Wheeler, Thomas Beardsley	Insurance	Exec VP, Asst Gen Mgr, MA Mutual Life Ins Co (Boston) ; Lt 58-60, USN

1957 — PERIOD 2, DECADE 155

NAME	OCCUPATION	NOTES
Ackerman, Stephen Harry	Transportation	VP, Finance & Admin, Caesars World Inc, CA ; VP, Treas, Transcon Lines ; Maj Gen 57-60, USMCR
Bowman, Ralph David	Business	Acct Supervisor, Rumril Hoyt, Inc ; 57-60 USMC
Carlsen, Ray Allen	Medicine	Physician, Instr Dept Medicine, Spec NIH Fellow 69-70, U of WA ; Res Assoc, Seattle VA Hosp ; 68-69, U of Copenhagen ; Capt 63-65, USAF
Clark, Russell Inslee Jr.	Education	Headmaster 1970-, Horace Mann School, Bronx ; Teacher, Admin 57-58, 60-61, Lawrenceville School ; Asst Master 62-65, Trumball College, Dean 63-65, Dean of Admissions Yale U ; Trustee, US Grant Foundation, Ford Foundation and many others ; Capt 58-60, USAF
Cushman, Charles W.	Education	Teacher, (Punahou, HI) ; Camp Zama, (Tokyo)
Dunn, George J	Law	VP, Gen Counsel, Sr Attorney, Standard Oil Co, (OH) ; Assoc 67-68, Squire, Sanders & Dempsey ; Assoc 60-67, McAfee, Hanning, Newcomer & Hazlett
Fritzche, Peter B.	Business	Chmn, Pres EAC Industries, Inc, (IL) ; Dir Bus Dev, Quaker Oats ; Dir 65-76, Elyria Co ; Dir 64-67, Neracher Investment Co ; Dir 64-68, Wells Aluminum, Accurate Products, Hauske Harlen Furniture Co
Loucks, Vernon Reece Jr.,	Business	Pres, CEO 76-, Baxter Travenol Laboratories, Inc, VP for Europe & Africa, Travenol Laboratories SA, Belgium, w/company since 63 ; Sr Management Consultant 63-65, George Fry & Associates (IL) ; Dirs, John L & Helen Kellogg Foundation, Northwest U, Kemper Educ & Charitable Fund, Continental IL Corp, Continental IL Ntnl Bank & Trust, Dun & Bradstreet Corp, Emerson Electric Co Inc, Quaker Oats ; 1st Lt, USMC
Loughran, Anthony Hookey	Engineer	Plant Construction Engineer, Pacific Telephone ; Mbr Bohemian Club ; Lt Col 50-55, USMCR
Lumpkin, Richard Anthony	Business	Pres, VP, Treas, IL Consolidated Telephone, Co ; Dir, 1st National Bank (IL) ; 1st Lt 57-59, Army
Oberlin (Owseichik), John P.	Business	
Palmer, Lindley Guy II	Finance	Sr VP, Ayco Corp (CT) ; Sr VP 78-82, Fiduciary Trust Co ; Managing Ptnr 66-78, Davis, Palmer & Biggs (NYC) ; VP 58-66, Bank of NY ; Capt 58, Army
Ritchie, Wallace Parks Jr.	Medicine	Gen Surgeon, U VA School of Medicine, VA ; Surgeon, Active Duty, Div Surgery Walter Reed Army Inst of Research (DC) ; Lt Cmndr 70
Somerville, John Wheeler	Finance	VP, Brown Management Co (HI)
Williams, William Bruce	Transportation	Chief Pilot 68-, Pan Am Business Jet Div (Teterboro, NJ) ; Brokerage Trainee 67-68, Merrill, Lynch, Pierce, Fenner & Smith ; Major 57-67, USMC ; Major 68, USMCR

1956 — PERIOD 2, DECADE 154

NAME	OCCUPATION	NOTES
Banks, Howard Daniel	Finance	1st VP, VP Corp Finanace, Blyth & Co ; 1st Lt 56-58, USMC
Boasberg III, James Emanuel	Law	Ptnr, Boasberg, Klores, Feldesman & Tucker (DC) ; Ptnr, Boasberg, Granat & Kass (DC) ; Spec 4, 59-60, Army
D'Avanzo, Louis A.	Medicine	Opthalmologist, (Kailua, HI)
Dempsey, Andrew Squire	Law	Attny, Squire, Sanders & Dempsey ; Lt 56-59, USAF
Durfee, Charles Gibson Jr.	Industrial	Dir, International Projects, Westinghouse Electric Corp;Mgr, Quality Assurance, Westinghouse Power Systems, (PA) ; 65, Westinghouse commercial and Naval Nuclear programs ; 60-65, General Dynamics/Electric Boat ; Lt jg 56-60, USN
Esselstyn, Caldwell Blakesman Jr.	Medicine	Surgeon, Cleveland Clinic (OH) ; Capt 66-68, US Army
Gaines, Milton John	Business	Dir, Marketing Winfield Design Associates Inc(SF, CA) ; Lt 56-60, USN Aviation
Ingalls, David Sinton Jr.	Business	Mayor 80-, Local Village, Lt 56-60, USNR
Jamieson, Thomas Crawford Jr.	Law	Ptnr, Jamieson, Walsh, McCardell, Moore & Peskin, Princeton ; Attny 66-68, 70-, (Lawrence Township, Mercer County) ; Adv Bd 67-, NJ Realty Title Insurance Co ; Dir 70-, 1st Ntnl Bank Princeton ; Bd Trustees 73-, RP Foundation (NJ) ; Sgt 59-60, Army Intelligence
Malloy, Terrence Reed	Medicine	Surgeon, Urologist ; Chief Urology PA Hosp (Philadelphia) ; 1st Lt 56-58, Army Airborne
McGregor, Jack Edwin	Law	Pres, Hampton-Douglas Corp (NY) ; Chmn 81, Hampton-Windsor Corp ; 81-Chmn International Water Resources, Ltd ; Lawyer, Reed, Smith, Shaw & McClay (DC) ; Gen Counsel 72-74, Potomac Electric Power Co ; 71, w/US Dept of State Trustees 65-, Point Park College (Pittsburgh), 64-70 Western PA School for the Deaf ; Mbr 62-70, PA State Senate ; Pres 66-70, Pitts Hockey Club ; Gov 67-69, Ntl Hockey League
Menton, James Paul	Business	VP, International Marketing, Owens Corning Fiberglass Corp (OH) ; Stewart & Co (Baltimore) ; Lt 56-59, USMC
Orr, Andrew Alexander	Business	Pres, Spray Products (Oaks, PA) ; S/Sgt 57-58 Army
Speed, James Breckinridge	Industrial	Pres Arkansas-Best Freight System, Inc (Fort Smith, AR) ; Dirs, Trucking Employers, Inc, Central & Southern Motor Freight Bureau, Southern Operators, Inc, Am Trucking Assn ; Dir, Transport Insurance Co (TX)
Traphagen, Peter Abraham	Business	VP, Operations, Custom Engineering Co (PA) Pres Hanley Corp ; Dir, School Bd ; E5 56-58, Army 56-58

1959 — PERIOD 2, DECADE 157

NAME	OCCUPATION	NOTES
Adams, Stephen	Finance	Pres, Assoc Bankers Corp ; Pres, Adams Communications Corp
Bodman, William Camp	Farming	Farmer & Business Consultant (former corporate businessman)
Connors, James Joseph III	Business	Pres Lowery Organ, IL;Consultant McKinsey and Co;Purchasing Mgr, Winchester, Div of Olin ; Management Consulting Associate, NYC ; Lt jg 59-62, USN
Cooke, John Patrick	Transportation	Corp Mgr Facilities, Exec offices Emery Air Freight ; Dir 69- International Construction, Inc, (DC) ; Capt 60-65, USMC
Ercklentz, Alexander Tonio	Finance	Mgr, Foreign Investment Dept, Brown Brothers Harriman & Co, (NYC) ; Dir 73, Wilmar Corp, 73-75, Massassoit Management Corp ; Treas, Dir 71-75, Travellers Aid ; Investment Comm 69, Atlantic Funds ; Treas, Dir 69, International Social Service American Branch Inc ; Treas, RTA
Esselstyn, Erik Canfield	Education	Gesell Institute for Human Development, Sgt E-5 60-63
Hemphill, James Tierney	Law	Lawyer, Corcoran, Hardesty, Whyte, Hemphill & Ligon, (DC) ; Asst General Counsel, Consolidation Coal Co, Pittsburgh PA
Holbrook, John Jr.	Architecture	Ptnr, International Consortium of Architects Icon Arc, Pres International Construction, Icon, Inc (DC) ;Chmn Bd, Dir 69-, ICON Inc;Dir 70-, Decisions Analysis Corp, (DC) ; VP, Trustee, Foundation for Studies of Modern Science (NJ, Princeton) 68- ; Capt 59-62, USMC ; Asst Sec 65-68, RTA
Kingsley, Charles Capen	Law	Ptnr 69-, Assoc 62-68, Wiggin & Dana (New Haven);Mbr 69-, Yale Alumni Bd
Lightfoot, Richard Bissett	Law	Pres, Lightfoot Broadcasting Group ; Chmn, Soundings Publications, Inc (CT) ; Attny, Winthrop, Stimson, Putnam & Roberts, NYC ; Sr Dir 67-68, Office U Development, Yale
Lord, Winston	Government	Co-Chairman of the International Rescue Committee ; 93-97 Assistant Secretary of State ; 85-89 Ambassador to China ; 83-88 Pres, Chairman of the Council on Foreign Relations ; 73-77 State Department Director of Policy Planning ; 70-73 Special Assistant to the National Security Advisor to Kissinger ; Mbr Planning Staff National Security Council ; 1960s Defense Dept Chairman of the National Endowment for Democracy ; Chairman of the Carnegie Endowment National Commission on America and the New World ;
Mayor, Michael Brook	Medicine	Orthopedic Surgeon, Mary Hitchcock Clinic (Hanover NH)
Sheffield, James Rockwell	Education	Pres, US Comm UNICEF ; Asst Prof, Dir, Center for Education in Africa, Teachers College Columbia U (NYC) ; Program Specialist 65-67, Ford Foundation (Nairobi, Kenya)
Thorson, Peter Andreas	Science	Pres, Thorson Brown (CT) ; Pres Optical Sciences Group, Inc (SF, CA) ; VP 68-70, Laird, Inc ; VP 59-68, Morgan Guaranty Trust Co ; Dir 82, Trade Finance Corp, Dir RTA
Tyler, Cheever	Law	Attny, w/Wiggin & Dana (New Haven)

1958 — PERIOD 2, DECADE 156

NAME	OCCUPATION	NOTES
Allen, Charles Edward	Law	Sr Ptrnr Hamel, Park, McCabe & Saunders, DC ; Ptrnr Hogan & Hartson, DC ; Chmn, 72-76 Gen Counsel, Federal Home Loan Bank Bd ; 1962-68 Sullivan & Cromwell
Blue, Linden Stanley	Business	Pres, CEO, Beech Aircraft Corp ; Managing Dir, CEO 80-82, Lear Fan, Ltd ; Asst to the Pres 75-80, Gates Learjet Corp ; Exec VP, Sec 64-74, Colorado & Western Properties Corp ; 71-75 Denver City Council ; Reg Chmn 67-70, Alumni Fund, Yale U ; Capt 61-64, USAF
Cassel, John A.	Business	Pres, Selfin Corp
Cheney, Ronald Lawton	Law	
Cushman, Robert Edgar Jr.	Finance	Mgr, Brussels Branch First National City Bank;Managing Dir, Asia Pacific Capital Corp, Ltd, (Hong Kong) ; VP Citibank, NYC ; E-2 58-59, Army
Embersits, John Frank	Business	Pres, CEO, Energy Resource Management Co, Operations Resource Management Co, Technical Resource Management Co, Thermtran, Ltd Exec VP, Co-Engineer Welsbach Corp, NY ; Dir 69, Union Trust Co ; Dir 68, NH Chamber of Commerce ; Dir 65-75, University Operations, Yale U ; Bus Mgr 66-69, Yale U ; Officer, Mbr 70-75, Yale Corp ; Asst Treas, Dir, RTA
Howe, Gary Woodson	Journalism	Bd Dir 75-, VP 74-, Exec Editor, 67- Editor, Omaha World-Herald (NE) ; Lt USN 58-61
Morey, Robert Willis Jr.	Finance	Pres, RW Morey, Inc (CA) ; William Hutchinson & Co (SF, CA) ; Chmn Bd Dir, Infia Red Circuits & Controls
Pendexter, John Fowler	Business	Management Consultant, Pres, Pendexter & Co (CT)
Phelan, Howard Taylor	Business	Pres, CEO, Welsbach Corp, CT ; Pres, CEO, Jamaica Water & Utilities, Inc (Greenwich CT) ; Dir 65-70, Operations & developments, Officer 67-70 Yale Corp, asst instr 59-60, Physics Yale U ; , Consultant 59-62, National Security Admin (NSA) ; Management Consultant 60-65, Arthur D Little, Inc ; Mbr 63-, Alumni Bd ; Dir 66-70, RTA
Post, Russell Lee Jr.	Law	Ptnr, Cummings & Lockwood, CT ; Mbr 79-82, CT State Senate ; Mbr 72-78, CT State Legislature ; Deputy Commissioner 71-72, Personnel, State of CT ; Ptnr, Post & Pratt ; Ptnr 65-70, Shipman & Goodwin (CT)
Preston, John Louis	Business	Pres, CEO, Action Industries, Inc (PA) ; Pres, Stiffler Stores, Inc (OH) ; Pres, Creative Service Div, Sigma Marketing Systems, Inc, (Rockville Centre, NY)
Shackelford, Robert Campbell	Education	Instr Economics Dept, U IL Urbana, IL

LeFevre, Ronald Eaton	Medicine	Physician, Urology Res Cleveland Clinic ; Lt Cmndr 68-70, USN
Ligon, Thomas B.	Theatre/TV	Actor, Producer, Director ; VP Openhand Corp
Peck, Arthur John Jr.	Law	Asst Sec, Corning Glass Works (NY) ; Lawyer 68-72, Shearman & Sterling, NYC ; Admissions Officer 62-65, The Lawrenceville NJ School
Spitz, Robert Wayne	Business	Marketing Rep, IBM Corp (IL)
Terry, Wyllys III	Education	Asst Superintendent of Schools ; Teacher, Varsity Hockey Coach Deerfield Academy (Deerfield MA) ; Forest Consultant, Real Estate Broker 67-70, James W Sewall, Co ; 1st Lt 62-65, USMC
Zucker, Bernard Benjamin	Literary	Author, Precious Stones Co (NYC)

1961 — PERIOD 2, DECADE 159

NAME	OCCUPATION	NOTES
Bissell, George Thomas	Finance	Treas, Low Cost Housing Corp ; Lt 61-65. USN
Bockrath, Richard Charles Jr.	Education	Research, Prof, Microbiology, Indiana U Medical School
Bowles, William Carter Jr.	Law	Lawyer, Covington & Burling;Assoc 65-68, Hawkins, Delafield & Wood;Asst Campaign Mgr 68, Charles Mathais ; Treas 66-68, Deer Island Fund Drive
Clark, Thomas Whitton	Industrial	Clark Paper Converting, Inc OH ; Sales Mgr, Paper Mill Div, Chase Bag Co, Chagrin Falls, OH
Cogswell, John Marshall	Law	Lawyer, Ptnr Cogswell & Wehrle ; Capt 1965-67, USMC
DeNeufville, John Phillip	Science	VP, Energy Conversion Devices ; Research Assoc, Exxon Corp Research Lab
Hamlin, Charles B.	Medicine	Orthopedic Surgeon, Hosp for Special Surgery (NYC)
Lindsay, Dale Alton Jr.	Finance	VP Investments, White, Weld (NYC) ; VP Laird Inc. investments (NYC) ; 61 -68, US Army
MacLean, Kenneth Jr.	Architecture	Ptnr, Amsler, Hagenah, MacLean Architects, Inc, McDesmond & Lord, Inc (Boston) ; S/Sgt E6 64-70, Army Ntnl Guard
Pyle, Michael Johnson	Finance	Mfg Rep, Mike Pyle Interests, sporting goods), Sports broadcaster, WGN ; Owner/Ptnr, St Bernard Inn Restaurant ; Rep White, Weld & Co (Chicago) ; Prof Football Player 61-69, Capt Bears 63-69, Chicago Bears ; Pres 67, NFL Players Assn ; Mbr 62, Ntl Guard
Seeley, George Wheeler	Education	Chmn History Dept, Belmont Hill School
Singleton, Thomas Hall	Business	Dir Marketing, Management Scope International ; Business Mgr, Wilson Sporting Goods Co (IL) ; Abbot Labs ; 62-65 w/USMC
Stewart, James Corb	Law	Asst VP, Trust Officer, Security Trust Co of Rochester (NY) ; Attny, Harris, Beach & Wilcox (NY) ; Lt 64-68, USNR
Waddel, Geoffrey Hamilton	Theater	Dir, Preforming Arts Programs, NY State Council on the Arts ; Actor ; Singer ; Lt 62-65, USNR
Walsh, John Joseph Jr.	Education	Governing Bd, 76- Yale U Art Gallery ; Assoc Curator, European Paintings, Metropolitan Museum of Art ; Adjunct Assoc Prof Art History, Columbia U NYC ; Lecturer, Research Asst 66-68, Frick Collection, NY ; Petty Officer 3/C 57-59, USNR

1960 — PERIOD 2, DECADE 158

NAME	OCCUPATION	NOTES
Ball, David George	Law	Sec, Sr VP Amax, Inc ; Attny Williams, Mullen, Christian & Dobbins ; Asst Sec Labor 1989-92, Bush Admin ; Legal Counsel,Babcokc & Wilcox, Co ; Treas 64-66, Pres 66-68, Deer island Club Corp ; Pres 65-, GD Miller, Corp
Beane, Frank Eastman Jr.	Finance	Pres, Owner, JCA Limited, CT ; VP United Bank of Denver ; Lt 60-65, USNR
Capron, Paul III	Business	Marketing Rep IBM ; Capt 61-63, US Army
Dominick, David DeWitt	Law	Ptnr, Dominick Law Offices, (CO) ; Asst Administrator 71-73, US EPA ; Lawyer, Commissioiner 69-71, Federal Water Quality Administration, Dept of Interior, (DC) ; Legislative Asst 66-67, Senator Milward Simpson, Senator C P Hansen 67-69, R WY ; Capt 60-63, USMC
Ernst, Frederick Vincent	Industrial	VP, Marketing & International Operations, Great Southern Paper;Co-Mgr ExporSales, Great Northern Paper Co (NYC)
Garnsey, William Herrick	Business	Pres, Sec, Garnesy & Wheeler, Ford Dealer(CO) ;Greely Leasing Co;Dir, Weld County Credit Bureau ; Bd Mbr, IntraWest Bank of Greely ; Lt 60-64, USN
Giegengack, Robert F. Jr.	Education	Asst Prof Geology U PA
Holbrook, David Doubleday	Insurance	Exec VP, Marsh & McLennan, Inc (NYC)
Lindgren, Richard Hugo	Finance	VP, Private Capital, Inc ; VP, White, Weld & Co (NYC) ; Pres, Treas, Deer Island Club Corp ; Lt 62-65, USN
Lusk, Peter Anthony	Finance	Gen Ptnr, Dir Marketing, Forstmann-Leff Associates (NYC) ; 72-74 x/EF Hutton & Co ; Co-Founder, Chmn Bd 74-76, Federal Loan Corp ; Mbr 62-72, Mgr 68-72 ; Lehman Bros (LA, CA)
McCarthy, Charles Edward	Education	Dean, Timothy Dwight College, Yale U
Meek, John Burgess	Engineer	VP, VA Chemicals, Inc ; Mgr, Organic Chemicals, Inc (Portsmouth, VA) ; Lt 61-65, USN
Northrop, Robert Smitter	Medicine	Physician, Research Ntl Institutes of Health, USPHS, Laboratory Clinical Investigation, National Inst Allergy & Infectious Diseases (Bethesda) ; Research Physician 66-69, Pakistan-SEATO Cholera Research Lab, Dacca ; House Physician 64-66, Buffalo Gen Hosp ; Lt Cmndr 66-, USPHS
Scott, Eugene Lytton	Publishing	Pres, Sports Investors, Inc (NYC) ; Author, Feature and Free-lance Writer 65-70, NY Times, Esquire, Sports Illustrated ; Dir National Leisure, Inc ; Trustee Kip's Bay Boys Club ; Counsel, w/Kelly, Grimes & Winston ; 60-61 w/USAR
Smith, Bruce Donald III	Art, Education	Commercial Investments, Development (CO) ; Sculptor, Teachert

Lynch, Dennis Patrick	Finance	Institutional Stock Broker 76-, Lynch & Mayer, Inc, NYC ; AP Sales 67-75, Smith, Barney & Co, Inc (NYC) ; Treas Deer Island Club ; QM/2 64-65 USCG
McBride, Jonathan Evans	Finance	Pres 79-, McBride Associates, Inc (DC) ; VP 76-79, Simmons Associates, Inc ; 72-76 Lionel D Edie & Co (NYC) ; 68-72 w/Merrill Lynch Pierce Fenner & Smith (DC) ; VP 68-70, Alumni Assn Sidwell Friends School;Lt 64-68, USNR
Prindle, Thomas Harrison	Education	Teaching Assoc 68-69, Acting Instr 69-70, German Yale U
Pulaski, Charles Alexander Jr.	Law	Prof Law, ASU (AZ) ; Attny, Tyler, Cooper, Grant, Bowerman & Keefe (New Haven, CT)
Rowe, Thomas D. Jr	Law	Assoc Dean, Prof Law, Duke U, School of Law ; Law Clerk 70-71, Assoc Justice Potter Stewart, Supreme Court US
Straw, Ralph Lynwood	Law	Attny, Wharton, Stewart & Davis (Somerville, NJ)
Van Loan, Eugene	Law	Capt 67-71, US Army JAGC
Wilbur, John Smith Jr.	Law Student	Attny, Ptnr, Caldwell Pacetti-Barrow & Salisbury (FL) ; Trial Attny, US DOJ. Asst US Attny, US Virgin Island ; Lt 64-68, USN Seal Team
Wolfe, Stephen H	Finance	Investment Planner, US Trust Co (NYC) ; Minister

1963 — PERIOD 2, DECADE 161

Name	Occupation	Notes
Ahlbrandt, Roger S. Jr.	Edication	Prof & Asst Dir Ctr for Social & Urban Research U Pittsburgh ; 81-82 H.U. D. ; Teaching Asst U WA
Becket, Peter Logan	Finance	Real Estate, Austin, TX ; Trust & Estate Administrator 72-77, US Trust Co of NY ; Capt 63-66, USMCR
Boren, David Lyle	Education, Law, Government	Pres 95-, U OK ; US Senator 79-94, Chmn Senate Select Comm on Intelligence ; Governor 75-79, OK ; Mbr 67-75, OK House of Representatives, Dist 28 ; Prof. Political Science, Chmn Div of Social Sciences 70-74, Baptist Univ, Shawnee OK ; Amer Assn Rhodes Scholars ; Lt 68, OK Army Ntl Guard, Co Commander
Clay, Jesse Loring	Social, Writing	Writer & Property Management ; Bushwick Social Service (NYC)
Frank, Charles Augustus III	Finance	Sr VP, The United States Trust Co of NY ; VP, Syndicate Dept, W E Hutton & Co, (NYC) ; Pvt 63-69, USAR
Gill, Michael Gates	Advertising	Sr VP, Creative Dir, Lansdowne Advertising ; Copywriter, J Walter Thompson
Gwin, Samuel Lawrence Jr.	Student	Writer 82 ; Asst Sec 76-82, MA Financial Services Co ; Assoc 71-76, Gaston Snow & Ely Bartlett ; Capt 63-68, Army
Hewitt, Henry Hollis	Law	Attny Stoel, Rives, Boley, Fraser & Wyse;Davies, Biggs, Strayer, Stoel & Boley (OR) ; adjunct Prof of Law, Lewis & Clark Law School ; Capt 63-65, Army
Jones, Theodore Stephen	Medicine	Medical Epidemiologist, International health program office, CDC, GA ; Epidemiologist 74-77, WHO Smallpox eradication;Physician, US Public Health service Anchorage, AK;Intern, Res 67-69, Stanford U Hosp;surgeon 69, US PHS
Marsh, William Lee	Law	Gen Counsel, Health & Tennis Corp of America (CA) ; Administrator 73-81, IL Appellate Court, 1st Dist ; Warrant Officer 63-66, Army Intelligence
Moser, Richard Eugene	Business	Pres, CEO Lefcourt Group, Inc (CA) ; Exec VP, CEO, Lefcourt, Golub, Baer & Moneypenny, Inc ; Pres, Lefcourt Investments, Inc ; Pres, Remcourt Corp ; Capt USMC 63-69 ; Presidential Helicopter Pilot 67-69
Nordhaus, William Dawbney	Education	Prof, Assoc, Asst Prof Economics 67-79, Yale U ; Mbr 77-79, Council of Economic Advisors, US
O'Connell, Timothy James	Finance	VP, Oyster Bay Management Co, American Life of NY ; Sgt 66-69, USAF
Rose, Jonathan Chapman	Government	Asst Attny Gen of US, in charge of Office of Legal Policy (DC) ; Ptnr 77-81, Jones, Day, Reavis & Pogue (DC) ; Deputy Asst Gen 75-77, Anti-trust ; Assoc Deputy Attny Gen 74-75, US ; General Counsel, Council on International Economic Policy, White House ; Spec Asst to Pres 71-72, White House, Law Clerk, 67-68, Justice Cutter, MA Supreme Judicial Court ; 1st Lt 69-71, Army
Rulon-Miller, Patrick	Finance	Investment Adviser, VP Inverness Counsel, Inc (NYC) ;66-68, w/Bank of NY;64, w/Farming in Israel at Kibutz-Galon ; 64-66 w/Empire Trust ; 66-68 w/Bank NY

1962 — PERIOD 2, DECADE 160

Name	Occupation	Notes
Back, Samuel Hutchins	Education	Assoc Dir of Development CT College ; Dir of Career Plans 73-76, State U NY ; Assoc Dir 1970-73, Office of Placement and Instruction in Edu, Univ of VA ; Instr 1962-68, History, The Lawerenceville School ; Assoc Dir of Development Mystic Seaport Museum
Brandt, John Henry	Medicine	Resident Psychiatrist, McLean Hosp (Belmont MA) ; Instr, Clinical Fellow in Psychiatry, Harvard Medical School
Brewster, James Henry IV	Transportation	Owner, The Formsman, (Miami) ; VP Marketing Sales, Out Island Airways, (Nassau Bahamas) ; Spec 4, 58-61, US Army
Brooks, Tristam Anthony	Finance	Managing Dir, Salomon Brothers, Inc ; Ptnr 73-77, Loeb, Rhoades & Co ; Asst VP 64-73, First Boston Corp, NY ; Lt 62-64, USN ; Officer 70-72, Deer Island Club Corp
Burr, Charles Bentley II	Law	Sr Ptnr, Griffith & Burr ; Asst US Attorney 69-71, (PA) ; Alumni Fund
Childs, Henry Clay	Writing	Writer (Japanologist) ; History Teacher 64-66, Gunnery School
Chimenti, Norman Victor	Law	Attorney, McBride, Baker & Schlosser (IL) ; Asst Dir Industrial Relations, Asst Corp Sec, Kroehler Mfg Co ; Sgt 63-64, USMC
Hamilton, William	Cartoonist	Cartoonist, Writer, New Yorker Magazine ; Pfc 64-65, Army
Holland, Henry Thompson	Business	Operations Mgr, Axles Europe, UK ; EDP-Mgr, Management Inf Services, JL Hudson Co Detroit

Dalby, Michael Thomas	Education	Asst Prof, Chinese History Dept, U Chicago
Howard, James Emest	Law	Ptnr, Kirkpatrick, Lockhart, Johnson & Hutchison, PA ; Assoc Montgomery, McCracken, Walker & Rhoades ; Assoc Gen Counsel, Staff Lawyer 71-80 Trustee of Penn Central Transportation Co ; Mbr 69-75, PA Ntl Guard
Kerry, John Forbes	Government/ Writing	US Senator MA ; Ptnr 79-83, Kerry & Sragow ; 1st Asst DA 76-79 (Middlesex County, MA) ; Co-ordinator, MA Vietnam Veterans Against the War ; Lt 66-70, USNR
Laidley, Forrest David	Law	Gen Counsel, Ptnr Wm Blair & Co
Pershing, Richard Warren	X	Lt, 101st Airborne Div
Rumsey, David Mclver	Art/Finance	Pres, General Atlantic Realty Group (CA) ; Research Assoc 68-71, Yale Art School Faculty
Singer, Ronald Leonard	Business	VP, James River Corp, CT; VP, Gen Mgr 80-82, VP 77-80, American Can Co; SR VP, CFO Welsbach Corp ; Operations Research Analyst 68-70, US DOD
Smith, Frederick Wallace	Business, Finance	Founder, CEO, Pres Federal Express ; Aviation Consultants, Investments, Little Rock ; Dir Business Roundtable, CATO Institute, Library of Congress James Madison Council, Mayo Foundation, VChmn U.S.-Cha-ina Business Council ; Capt 66-69, USMC
Stanberry, William Burks Jr.	Law	Pres, CEO Surgicare Corp (TX) ;Pres, CEO 74-81, VP Gen Counsel 71-73, Hycel, Inc ; VP. Corporate Attny, Spec Asst to Pres 69-71, Crutcher Resources Corp
Thorne, David Hoadley	Communications	Pres, Thorne & Co (MA) ; Ptnr, Martilla, Payne, Kiley & Thome ; Dir 80-, Turner Corp, North American Energy Systems ; Lt 66-70, USN
Vargish, Thomas	Medicine	Assoc Prof of Surgery, WV U Medical Ctr (WV) ; Physician, Intern Surgery Dept, NYU-Bellvue Med Ctr (NYC)

1965 — PERIOD 2, DECADE 163

NAME	OCCUPATION	NOTES
Ali, Mehdi Raza	Finance	VP 76-80, General Motors ; VP Pepsico, Inc ; VP 74-75, Asst VP 73, Asst Treas 70-72, Morgan Guaranty Trust
Benoit, Charles Edward Jr.	Student	Asst Program Officer, Ford Foundation ; Officer in Charge 73-75, Saigon, Ford Foundation ; Independent study of Chinese, Taiwan Normal U, Taipei ; Research Staff 68-69, Rand Corp, Saigon ; Staff 66-68, AID/Dept of State ;
Clark, Gerald Holland	Theatre	Actor
Clark, Stephen Edward	Law	Lawyer, Athearn, Chandler & Hoffman ; Coach 65-66, Peruvian Ntl Swim Team ; Lt 69-71, USA Signal Corps
Clay, Timothy J.	Law	Lawyer, Ptnr, Phillips & Giraud, Paris ; Convoy, Hewitt, O'Brien & Boardman, NYC
Coombs, Orde Musgrave	Literary & TV Work	Co-host, Conversations WPIX TV ; Contributing Editor, New Yorker Magazine
Corey, Alan Lyle III	Finance	Assoc Broker NYSE, Wertheim & Co ; Carlisle & DeCoppet
Desjardins, Peter Earl	Business	Managing Dir, Gulf Consulting Group, UAE ; FMC International' Austria ; Consultant 69-71, McKinsey & Co, (NY) ; Mbr 62, Certificat d'Etudes Politiques, U de Paris ; Export Sales Mgr 65-67, Societe UMG, Automation, Paris ; Lt 59-61, US Army
Fetner, Philip Jay	Law	Sr Ptnr, P Jay Fetner Associates, Managing Principal of African Development Group (DC) ; Cleary, Gottlieb, Steen & Hamilton (NYC) ; Teaching Fellow 69-70, Harvard
Lagercrantz, Bengt Magnus	Business	Planning Group asst, SKF Argentina 69 ; Trainee 67-69, Buenos Aires Branch, First Ntl City Bank of NY ; LM Ericsson 70
Pinney, John Mercer	Business	Pres, John Pinnet Associates, Inc ; Dir 78-81, Office on Smoking & Health, US Dept of Health & Human Services ; Lt USN, Bureau Naval Personnel (DC)
Pond, Jeffrey Craig	Law	Attny, Holland & Hart, Denver
Quarles, James Perrin III	Law	Legal Staff 72-75, Office of Enforcement, EPA (DC) ; Co Dir 76, Water Project, Natural Resources Defense Council ; 1st Lt 65-68, Army
Shattuck, HF John III	Law	Exec Dir, ACLU (DC) ; Visiting Lecturer, Columbia, NYU, Princeton, Harvard, VA ; Lawyer, Chambers of the Hon Edward Wienfield, US Courthouse (Foley Sq, NYC) ; Projects Dir 69-70, Yale Law Journal ; 68 w/McCarthy Press Campaign ; 69 w/Vietnam Moratorium Comm
Zallinger, Peter Franz	Art	Freelance Illustrator ; Lt 66-69, USNR

1964 — PERIOD 2, DECADE 162

NAME	OCCUPATION	NOTES
Best, Geoffry Donald Charles	Law	Assoc, Ptnr 1969-, LeBeouf, Lamb, Leiby & MacRae ; English Instr 64-66, American University (Beruit, Lebanon)
Cirie, John Arthur	Marine Corps	Spec Asst to Asst Sec of Navy ; Lt Col, Dir, Advertising, Marine Corps Recruiting ; Capt 64, USMC
Clay, Alexander Stephens	Law	Attny Associated Kilpatrick Cody Rogers McClatchey & Regenstein, Atlanta GA ; Spec Rep of Pres 77-79, Indian Land Claims Negotiations ; Dir, US-Rep of China Joint Economic Council ; Counsel 69-71, Metropolitan Atlanta Council on Crime ; Clerk 67-68, RC Body, US Court Eastern Dist of PA
Francis, Samuel Hopkins	Science	Research Physicist Bell Labs ; Lt 64-66, USN
Gillette, Howard Frank Jr.	Education	Asst Prof, American Civilization, American Studies, George Washington U (DC) ; Coordinator 70, Project Pursestrings, Citizens Lobby to End the War
Kaminsky, Robert Isadore	Medicine	Urologist, TX ; Physician 69-72, US Army, Beaumont Hosp (El Paso)

1968 — PERIOD 2, DECADE 166

NAME	OCCUPATION	NOTES
Austin, Roy Leslie	Education	Asst Prof Sociology, PA State U
Birge, Robert Richards	Education	Asst Prof Chemistry, U CA (Riverside, CA) ; 2nd Lt, 71 USAF
Brown, Christopher Walworth	Law	Admin Asst to Hon Sam Roberts, Chief Justice Supreme Court of PA ; Publishing Trainee 69-70, Time, Inc ; Lawyer
Bush, George Walker	Armed Services	Pres 2000-, US ; Governor 96-2000, TX ; Investor Texas Rangers ; Pres, Harken Energy ; CEO Bush Exploration Co ; Lt Pilot 68-74, Texas Air Ntl Guard
Cohen, Kenneth Saul	Business	Dentist, Private practice ; Faculty Emory U ; VP, US Dial Corp, PSA, Inc ; Mbr Bd Dir 78-, Alliance Theatre Co
Cowdry, Rex William	Student	76, US Public Health Service ; Assoc Clinical Dir, Intramural Research Program, NIMH, MD ; Assoc Clinical Prof Georgetown U
Etra, Donald.	Student	Lawyer 95, Donald Etra ; Assoc 81, Sidley & Austin ; Asst US Attny 78-81, DOJ (LA) ; Assoc 71-73, Ralph Nader (DC) ; U.S.Attorney 73-77, Dept of Justice ; Dir, RTA ; 72-75 Pres 70-72, Dear Island Club
Gallico, G.Gregory III	Medicine	Surgeon, MA General Hosp ; Asst Prof 80, Harvard Med Sch
Guthrie, Robert Karle III	Student	U of Regensberg, West Germany
Kolar, Bruton Ward (Britt)	Medicine	Family Physician ; Lt, USN, attached to US Embassy, Nicosia, Cyprus ; US Naval Intelligence
McCallum, Robert Davis Jr.	Law	Asst Attny Gen 2000 US ; Ptnr, Alston & Bird (GA)
Saleh, Muhammad Ahmed	Insurance	VP Timex Corporation, CT ; Group Pension Dept, CT General Life Ins Co, Hartford ; Adjunct Faculty, Poly Sci Dept U Hartford ;
Schmidt, Thomas Carl	Consulting	Owner, Management of Montana ; Spec 5 68-70, Army
Schollander, Donald Arthur	Finance	Pres North Shore Development Corp (OR) ; Dir, Student Employment, Financial Aids Lewis & Clark College (Portland) ; Institutional Sales, Eastman Dillon Securities ; 67-68 w/USMC ; Olympian
Thorne, Brinkley Stimson	Architecture	Ptnr, Metcalf & Thorne, Mgr Thorne Market (MA)

1967 — PERIOD 2, DECADE 165

NAME	OCCUPATION	NOTES
Afeoju, Bernard Ikecukwu	Engineering	Heat Transfer Engineer, The Ralph M Parsons, Co : Petroleum Engineer 68-73, Shell Oil
Ashe, Victor Henderson	Government	Mayor 75-, Knoxville, TN ; TN State Senate ; Mbr 68-72, TN House of Representatives ; Lance Corporal, USMC
Bush, Derek George	Student	MBA Harvard
Foster, David John	Finance	Mgr, VP Results Management, Accuracy Corp, OH ; Gen Mgr, VP Market Development 77-82, Accuracy Leasing, Inc ; Asst to Pres 69, Rockford Aeromatic Products ; Supply officer 69-72, USN
Garnsey, Walter W., Jr.	Law	Attny, Kelly, Haglund, Garnsey & Kahn (CO)
Lilley, Robert McGregor	Business	Managing Dir, Ehrmanns Wine Shippers Ltd, (UK, London) ; Dir, Environmental Resources, Inc (DC) ; Mgr 69-70, Gov Affairs Del Monte Corp ; Cord Found fellowship 68-69, Public Affairs ; Pfc 68-69, Army
Miller, James Whipple	Publishing	Publisher/Editor Digest of Financial Planning Ideas ; Asst Prof Oriental Languages, UC Berkeley
Mitchell, H. Coleman Jr.	Television	Producer 81-, Gimme A Break ; Sec, VP Uncle Toby Productions, CA ; Writer, Story Editor, Exec Script consultant 74-77, MTM Enterprises, The Bob Newhart Show, Rhoda, etc, ; Independent Producer 77-81, affiliated w/ Columbia Pictures TV
Neigher, Geoffrey Mark	Television	TV Writer/Producer 71-74, Writer MTM Enterprises ; Producer 74-77, Columbia Pics TV ; Producer 81-, NBC TV, Gimme A Break ; Law & Order ; Criminal Intent, Northern Exposure, Picket Fences, Rhoda, Bob Newhart Show and more
Preston, James Marshall	Law, Finance	Attny, Goodwin, Proctor & Hoar (MA) ; Assoc, Coudert Fretes (Paris) ; Corporate Finance, First Boston Corp (NYC)
Richards, David Alan	Law	Ptnr 83-, Sidley & Austin (NY) ; Assoc Ptnr 77-82, Coudert Brothers ; Assoc 72-77, Paul, Weiss, Rifkind, Wharton & Garrison ; Spec Asst 69-71, Fgn Visitors, Yale International Office
Saxon, James M	Finance	Pres, General Syndicators of America (NYC) ; Bond Salesman, Salomon Brothers ; Lawyer 70-72 w/Cadwalader, Wickersham & Taft
Snell, Bradford Curie	Law	Counsel, US Senate Antitrust Subcommittee ; 72 w/Brookings Institution ; 71-72 w/Assoc Pillsbury, Madison, (Sutro, CA)
Swil, Roy Anthony	Finance	Management Accountant ; Exec Asst to Managing Dir, First National City Bank Ltd (South Africa, Johannesburg)
Thompson, Stephen Eberly Jr.	Ecology	Dir, Klah Klahnee Wildlife Sanctuary, OR ; Pres 79-, Marmotological Society

1966 — PERIOD 2, DECADE 164

NAME	OCCUPATION	NOTES
Bockstorce, John R	Education	Curator of Ethnology, New Bedford Whaling Museum ; Asst to Dir 68-70, U Museum, U of PA ; Intern Asst 66, Sec Smithsonian
Bradford, Timothy McFall	Education	Ptnr Hewitt Associates ; 70 Dir, 71 Bd of Gov., Teacher of English, Greenwich Country Day Schools
Brown, George Clifford	Medicine	Orthopedic Surgeon ; Sugical Intern, Roosevelt Hospital ; Lt Army Reserve
Cross, Alan Whitmore	Medicine	Pediatrics, Strong Memorial Hosp, Rochester NY ; VP, GD Miller Corp

Feinerman, James Vincent	Law	Assoc, Davis, Polk & Wardwell ; Fullbright Lecturer in Law 82-83, Peking U ; Undergrad Admission Office 71-73, Mbr 74-75 Bd of Governors, Yale U ; Staff 71-73, Yale-in-China
Fortgang, Jeffrey	Psychology	Clinical Psychologist, Bay Colony Health Services
Galvin, Michael Gerard	Advertising	Head, Galvin Advertising
Halpin, Thomas Michael	X	
Hernandez, Carols Arturo	Medicine	Physician, Columbia
Inman, Robert Davies	Medicine	Physician, Ont, Canada ; Asst Prof Medicine Cornell U (NY)
Johnson, Wilbur John Jr.	Student	
Kosturko, William Theodore	Law	Sr VP, Counsel, Society for Savings, CT ; Assoc 74-79, Day, Berry & Howard
Levin, Charles Herbert	Theatre	Actor
Morgan, James Wallace	Education	Superintendent (Pocantico Hills, NY) ; Teacher (CT, NY)
Noyes, Edward MacArthur	Medicine	Physician (Sunrise Hosp, NV)
Taft, Thomas Prindle	Education	School Teacher, Carpenter

1970 PERIOD 2, DECADE 168

NAME	OCCUPATION	NOTES
Brown, William Scott	Writing	Publications Editor, U MT ; Copy Editor 71, New Haven Journal Courier ; Exec Dir 73-74, RTA, Resident Patriarch 77, RTA
Case, Philip Benham Jr.	Industrial	Pres, Southeast Ohio Oil & Gas Assn
Downing, Earl S. III	X	Pres, Downing & Associates (Solar Heating)
Eyre, Lawrence L.	Education	Dept of Religious Studies, U VA ; Dean of Faculty, Maharishi International U School, (IA) ; Teacher 76, Transcendental Meditation ; Yale Alumni Bd ; Editor, RTA Catalogue
Friedland, Johnathan David	Law	Attny, S Freidman & Co (Israel)
Greenberg, Stephen David	Law/Sports	Attny, Manatt, Phelps, Rothenberg & Tunney, CA ; Pro Baseball 70-74, Texas Rangers
Hodes, Douglas Michael	Insurance	VP, Actuarial Asst Met Life (NYC)
Jackson, Terrence John	Education	Coal Sales Mgr, Phillips coal Co, TX ; 75-81 w/Consolidation Coal Co ; History Teacher, Football coach, Woodmere Academy (Woodmere, NY)
Miller, Thomas Clairborne	Banking	Exec VP, Bankers Finance Investment Management Corp (VA) ; Trust Dept, Riggs Ntnl Bank (DC)
Morgan, Robert McNair	Law	Lawyer, Covington & Burling (DC) ; 1st Lt 70-72, AUS, Vietnam
Ohene-Frempong, Kwaku	Medicine	Pediatric Hematologist, Tulane U, School of Medicine
Peters, Daniel James	Writing	Mbr, 70-72 Vietnam Resistance Brigade
Scattergood, Thomas Bevan	Education	Germantown Friends School, PA ; English Teacher, Moses Brown School
Thompson, Jonathan Penfield	Engineering	Engineer, Sales Mgr, Fairchild Automated Parts, Inc, CT ; Pres, 80-83, Sec 78-80 Deer Island Club Corp ; Sec 80-83 GD Miller Corp
Trower, C. Christopher	Law	Ptnr, Brown, Todd & Heyburn (KY) ; Spec Asst to Dir 71-73, KY Crime Commission ; Rhodes Scholar, Oxford

1969 PERIOD 2, DECADE 167

NAME	OCCUPATION	NOTES
Arras, Robert Edward Jr.	Industrial	Gen Mgr, Far East Molasses Corp, Philippines
Bouscaren, Michael Frederic	Business	VP, Mngr, Putnam Management Co, (Boston) ; Dir 74-75, RTA ; Lt jg, USNR (Canal Zone)
Buck, Charles Henry III	Business	Business Dir ; Teaching Asst Music Dept UC Berkley ;
Cosgrove, Thomas Francis Jr.	Business	Exec Search consultant, The Cosgrove Co, (CT) ; Asst VP for Staffing 80-82, Hartford Insurance Group ; 73-78, Aetna Life & Casualty
Demaree, Frank Edward II	X	
Dowling, Brian J.	Sports	Quarterback, Boston Patriots
Fuller, Henry W.	Student	Boatyard Operator (Nova Scotia) ; Graduate work, London School of Economics
Livingston II, Richard H.B.	Business	VP, Treas, Admiral Shipping Services, Inc (FL) ; Treas 77-79, Lorentzen Shipping Agency (FL) ; Skaarup Shipping Corp (NYC)
Madden, Bernard Patrick	Finance	Marketing Dir, VP, First Bancorp, Inc (CT) ; Mbr 77-79, CT State Senate ; 71-72w/Woodbridge Bank & Trust Co ; 73-75 w/First New Haven Ntnl Bank ; High school teacher
Miller, Wentworth Earl	Law	Asst US Attny 80-82, Eastern Dist NY ; Asst DA 77-80, Kings Co, Brooklyn ; 70, Rhodes Scholar
O'Leary, John Joseph Jr.	Law	Ptnr, Pierce, Atwood, Scribner, Allen, Smith & Lancaster (ME) ; Mayor 80-81 (Portland, ME) ; Mellon Fellow literature, Clare College, Cambridge, England
Schwarzman, Stephen Allen	Finance	Managing Director, Lehman Brothers Kuhn Loeb, Inc (NYC) ; Financial Analyst 69-70, Donald, Lufkin & Jenrette, Inc (NYC) ; National Guard
Selander, Duane Arthur	Business	The Continental Insurance Co (NJ) ; Supervisor Southland Corp (Denver) ; Cprl 62-65, USMC
Thompson, William McIlwaine Jr.	Law	Lawyer (TX) ; VP, Founder, Dir 74-80, Guardian Oil Co ; 72-76 w/Christian, Barton, Epps, Brent & Chappell (VA)
Woodlock, Douglas Preston	Journalism	U.S. Federal District Judge 86- (MA) ; Asst US Attny, 79-83 (New England Organized Crime Strike Force, MA) ; Instr 81-82, Harvard Law School ; Lawyer 76-79, Goodwin, Procter & Hoar (MA) ; Staff 73-75, US SEC ; Newspaperman 69-73, Chicago Sun-Times (IL, DC)

Wald, Stephen George	Student	Talmudist/Theologian, Doctoral Candidate, Hebrew U of Jerusalem
Zorthian, Gregory Jannig	Publishing	New Business Mgr, Circulation, Fortune Magazine, Time Inc (NYC) ; Legislative Aide, US Rep Jonathan Bingham ; Dir, Deer Island Corp

1974 — PERIOD 2, DECADE 172

NAME	OCCUPATION	NOTES
Ayeroff, Frederick Charles	Writing	
Barge, Richard Mason	Law	Attny, Fisher & Phillips ; Sgt E-5 67-70, Army Intelligence
Bellis, Jon Michael	Education	79-81 Y Psychiatric Inst ; Spec Educ, 75-78 Hopkins Grammar School
Bisaro, Larry R.	Accounting	Chartered Accounting
Cohen, Robert Lewis	Films	Owner, Wingstar Film Productions, Inc;writer, producer 75-76, Tele-Tactics, Inc
Connors, David Michael	Law	Attny LeBouef, Lamb, Leiby & MacRae, (UT) ; Missionary 74-76, LDS Italy
Diamond, Peter C.	Television	Dir, Olympic Planning, ABC ; Assoc Producer 77-80, Olympics Research NBC ; Olympics Researcher 74-76, ABC
Doyle, Thomas James Jr.	Finance	Asst VP, International Bond Ratings, Standard & Poor's
Eisenberg, Bruce Alan	Law	Attny, Cohen, Snyder, McCellan, Eisenberg & Katzenberg
Gonzalez, Timoteo F.	Law	Attny
Kelly, Brian Christopher	Law	Of Counsel, Ptnr 53-82, Brooks, Kelly & Barron (NV)
Lewis, George Emanuel	Music	Anthony Braxton Quartert ; Count Basie Orchestra
Murchison, Brian Cameron	Law	95 w/ACUS-USIA Rule of Law in Africa Program, Ghana ; Prof 90, Law, Washington and Lee U ; Prof Law, Director 91-94, Frances Lewis Law Center ; Assistant Prof 82-86, Assoc Prof 86-90, Prof 90-91, Law ; Assoc, Hamel, Park, McCabe and Saunders (Washington, DC) ; Peace Corps 74-76 (Benin, West Africa)
Spear, Wesley John	Art	Painter
Thorne, Charles Hedges McKinstry	Medicine	Chief 92, Plastic Surgery Service, Bellevue Hospital ; Director 89-98, Plastic Surgery Residency Program, N.Y.U. Medical Center ; Program Director 98-, Aesthetic Surgery Fellowship, Manhattan Eye, Ear and Throat Hospital

1973 — PERIOD 2, DECADE 171

NAME	OCCUPATION	NOTES
Barasch, Alan Sidney	Psychiatry	80-83, w/Payne Whitney Clinic
Bellis, Tedric Lawrence	Business	Pres, Sea Hawk Transfer, Inc ; Ptnr, Sierra Associates, NY
Finney, C. Roger	Architecture	
Green, Benjamin P.	Medicine	
Highfill, Philip Henry III	Music	Free-Lance Pianist ; Mbr, 74 Santa Fe Opera
Huey, Mark Christopher	Education	Instructor English, Monroe Community College, (NY)
Karageorge, James Louis	Business	Freelance Commercial Photographer
Liles, Coit Redfeam	Government	Legislative Asst 75-80, Hon WG Hefner ; Staff Aide 73-74, Hon Sam J Ervin ; Dir, Deer Island Club Corp
Lonsdorf, David B.	X	
MacDonald, Stephen Joseph	Law	Lawyer, Assoc, Smith Lyons, Torrance, Stevenson & Mayer
Mattlin, Fred Walter	Law	Ptnr, Ross & Hardies (FL)
McPhee, Stephen Joseph	Medicine	Asst Prof, Medicine, U CA (SF, CA)
Moore, David Clement	Finance	Mgr, Schumberger Investment Service BV, Netherlands
Scott, William Ian	Law	Lawyer, w/Tilley, Carson & Findlay, Canada, Toronto ; Caretaker, 75-76, Treas, RTA, Inc
Sulzer, James Sothern	Writing/ Education	Writer/Teacher, Nantucket Chamber Music Center (MA) ; Project Mgr 77-82, WGBH-TV (MA)

1972 — PERIOD 2, DECADE 170

NAME	OCCUPATION	NOTES
Cangelosi, Russell Joseph	Student	Consulting Engineer 82-, Principal Engineer 80-82, Digital Equipment Corp ;
Clark, Douglas Wells	Science	Mbr 76-80, Research Staff, Xerox, Palo Alto
		Attny, Wilson & McIlvaine, (IL)
Csar, Michael F.	Law	
Evans, Peter Seelye	Drama	Gen Mgr, Employee Relations, Petroleum Information Corp, (CO)
Fisher, Scott B.	Business	Ptnr, Island Technologies
Lewis, Mark Sanders	Education	Ptnr, Kirkland & Ellis (IL)
Lutz, Karl Evan	Law	
MacDonald, Richard Joseph II	Student	Ptnr, Thomason, Hendrix & Harvey (TN) ; Pres, Treas, Sec, Deer Island Club
McLaren, Michael Glenn	Law	Builder/woodworker ; Ptnr Mendocino Recording Co (CA)
Moyer, Douglas Richard	Business	
Ritterbush, Stephen Grover Jr.	Student	Attny, Chief, Defense Procurement Fraud Unit, DOJ (DC)
Sauber, Richard Alan	Law	
Walden, Robert Stewart	X	Sr Dir 79-83, Independent Educational Services ; Principal 77-79, Teacher 74-79, The Lovett School
Wilson, Zebuon Vance	Writing	
Ziegler, Stan Warren	Psychology	Clinical Psychologists

1971 — PERIOD 2, DECADE 169

NAME	OCCUPATION	NOTES
Babst, James Anthony	Student	Ptnr, Chaffe, McCall, Phillips, Toler & Sarpy, LA
Bryan, James Taylor	Law	Attny, Cooper, Williams & Bryan
Ekfelt, Richard (Dick) Henry	Law	Investment Advisor (Oil & Gas) ; Private Practice 76-82, (DC) ; Law Clerk 74-76, WV Supreme Court of Appeals

1978		PERIOD 2, DECADE 176
NAME	OCCUPATION	NOTES
Albritton, Paul Berem	Law	Assoc Graham & James (CA)
Baran, Mark R.	Finance	Financial Planner, Executive Planning Associates
Bassi, Keith Alan	Law	Attny, Bassi & Rega, PA
Clark, J. Bruce	X	
Gile, Lawrence Maclester	Student	Columbia, Grad School of Business;Insurance Broker, Alexander & Alexander, Inc (NY) ; Dir, RTA
Holmes, Peter Samuel	Student	Law Student
Hook, Noble	X	
Karp, Benjamin C	X	
Marinelli, David Leonard	Medicine	Radiology
Owens, Samuel L.	X	
Piel, Geoffrey D.	X	
Rizzo, Robert John	Medicine	Surgeon, Brigham & Women's Hosp (MA) ; Dir, RTA
Roy, John Marcus	Theatre	Admin Dir, The International Chamber Arts Series, Inc, PR
Sullivan, Charles S.	X	
Turner, Elvin D.	X	

1977		PERIOD 2, DECADE 175
NAME	OCCUPATION	NOTES
Blakely, Marvin	Law	Law Clerk, Contra Costa Cnty, DA Office ; Bd Gov, Hasting College of Law
Brubaker, James Robert	Finance	Asst VP, Citicorp ; Club Agent 77-, RTA
Cooper, Carnell	Medicine	Surgery, U MN
Fredericks, Joel Richard	X	
Goldberg, Richard Julius	Consultant	Sales Consultant, Elcomp Systems (PA)
Grayson, William Cabell, Jr.	Finance	Sales Mgr, Asst VP, Coldwell Banker Real Estate Services
Kee, Christopher Andrew	X	
Lalley, Patrick William	Student	
Lawler, Quentin John	Finance	Account Exec, Paine, Webber Mitchell & Hutchins (CT)
Newman, Thomas M.	Student	
Perry, David Bulkey	Education	Writing
Rimar, Stephen III	Medicine	Pediatrics, Yale-New Haven Hosp
Schlesinger, Daniel Adam	Student	Harvard Law
Scott, Larry Glenn	Student	
Tom Chan Bruce III	Business	VP, Chinese Trading, Chinese Noodle Co, Man Chena Corp (IL)

1976		PERIOD 2, DECADE 174
NAME	OCCUPATION	NOTES
Blattner, Robert William	X	
Brubaker, John Kim	Business	Mngr, Southern New England Southwestern Co
Capozzalo, Douglas Daniel	Theatre	
Casscells, Christopher Dyson	Medicine	Resident Physician, Yale-New Haven Hosp
Childs, Starling Winston	Forestry	Asst Prof 81-82, Biology, U Hartford ; 81- CT Forest & Parks Assn ; 76-77, New Zealand Forest Service ; Dir 79-82, RTA
Davies, Philip Turner	Law	Attorney
Fort, Donald Kenneth	Student	
Gates, Edward Raymond	Student	
Gibson, Richard Channing Jr.	Literary	Screenwriter
Hart, Dennis Charles	Law	Lawyer, Testa, Hurwitz & Thibeault (MA)
Leverett, Miles Watson	X	Songwriter/Singer, On Company (NYC)
Mehta,Arjay Singh	Transportation	Indian Railway Traffic Services
Morgenstern, Marc Jaime	Journalism	Exec Producer, KNXT News (LA, CA)
Oler, Clark Kimberly Jr.	Music	Musician/Composer
Williams, Darryl L.	X	

1975		PERIOD 2, DECADE 173
NAME	OCCUPATION	NOTES ONLY 14 MEMBERS
Ashenfelter, Alan Thompson	Medicine	Physician, Bascom Palmer Eye Institute, FL
Bender, Kenneth Artbur	Banking	Marketing Mgr, Mexico, Central Am, Caribbean, RBC Trade Finance, Inc, NYC
Buckley, Christopher Taylor	Writing	Managing Editor, Roving Editor, Esquire Magazine ; Chief Speechwriter 81-83, VP of US ;
Burke, James Eugene III	Law	Attorney, Keating, Muething & Klekamp, OH ; 78-81, Taft, Stettinius & Hollister
English, William Deshay Jr.	Industrial	1st Lt 69-72, AUS Intelligence, Vietnam
Gaines, Edwin Frank	Entertainment	Lyricist/Playwright
Green, Rudolph	X	
Kanehl, Phillip Edwin	Farming	
MacKenzie, Kenneth M.	Accounting	Price-Waterhouse
Reigeluth, Douglas Scott	Finance	Deputy Mgr, Brown Brothers Harriman & Co (NY)
Saffen, David	X	
Struzzi, Thomas Allen	Aviation	Marketing Mgr, TWA (NY) ; International Marketing Mgr 81-82, TWA (London)

Leone, Frederick Anthony	X	
McAfee, William Andrew	Publishing	City Editor, Black River Tribune (VT) ; Features Editor, North Country News
Meyers, Bryan Fitch	Student	Medical Student, USN
Murchison, Robert W	X	
Rachlin, David Isaiah		
Reid, Jasper	Business	VP, Transeastern, Inc ; VP, Plenux International Corp ; Consulting Editor, Global Digest, Inc (NY)
Salzman, Mark Joseph	Education	Teacher English, Yale-in-China, Hunan, PRC
Sanhago, Eddie	X	
Towers, Jonathan David	Television	Writer, Editor, Copy, Satellite News, Group W Satellite Communications (CT)
Wright, William Henry II	Finance	Mergers & Acquisitions, Morgan & Stanley & Co, Inc (NYC) ; Head Page 77 -78, Republican Cloakroom, US House of Rep
Yang, James Ting-Yeh	Student	Yale Law School

1981 — PERIOD 2, DECADE 179

Name	Occupation	Notes
Campbell, Kimberly C	Government	East Hampton Town Councilman
DeVore, Mark Samuel		
Carlsson, Mats Erik	Business	Travel Guide, Italy
Choa, Christopher James	Architecture	Architect 82-, David Paul Helpern & Associates, NYC ; Designer 81-82, Leigh & Orange, Hong Kong ; Designer 82-, Contractor Russell Restoration Corp
Conway, Joseph Leo Jr.	Finance	Securities Option Arbitrageur, Mabon, Nugent & Co, NYC
Grandine, Thomas Allan	Student	
Novosel, David Gerard	X	
O'Keefe, Regis James	X	
Peters, Kenneth Graham	X	
Peterson, Paul Clifford	Accounting	
Russell, Richard George	X	
Staven, Karl Eric	Psychology	Psychodrama Intern, ST Elizabeths (DC)
Stratton, Daniel James	X	
Tingey, Douglas Stuart	Business	Sales Rep, Xerox
Troy, Alexander	Student	Harvard Law School

1980 — PERIOD 2, DECADE 178

Name	Occupation	Notes
Austin, Samuel Monroe	Music	Composer
Chibundu, Maxwell O.	X	
Davenport, George Leovy	Geology	Petroleum Geologist, Bolyard Oil & Gas, (CO)
DeVore, Mark Samuel	Student	MD, U of Cincinnati Med School
Dilworth, George Toby	Government	Spec Asst, US Senator Paul Tsongas
Fleming, Andrew T.	X	
Hatem, John J.	X	
Kagan, Robert William	Student	Asst editor 80-81, The Public Interest
Lawrence, Gary Martin	X	
Mulhern, Daniel Kevin	Social work	Pres, Coalition on Human Dignity ; Dir 81-83, The Center (New Orleans)
Peters, Elliot Remsen	Student	Law
Stevens, Eric Eugene	Student	Washington U Medical School (MO)
Teig, Joseph Benjamin	Theatre	Singer, Actor ; Rooms Controller 81, Marriot Corp
Tumpane, Timothy Michael	Industry	Production Planner, Quaker Oats Co (IA)
Zigerelli, Lawrence John	Industry	Asst Brand Mgr, Marketing, Procter & Gamble (OH)

1979 — PERIOD 2, DECADE 177

Name	Occupation	Notes
Brown, Robert Nelson	Theatre	Actor, Monty Silver Agency
Edozien, Anthony O.	X	
Fore, John Arthur	Law	Dir 77-79, Yale Co-op Corp
Holmbee, Jeffrey Arthur	Student	Medical School
Lorenson, David Harold	Business/Artist	Engineer, Cumming North Atlantic, Inc (MA)
McNally, Edward E	Law, Government	Gen Counsel of the Office on Homeland Security, Senior Associate Counsel on National Security, George W Bush Admin ; Spec Asst to the Asst Attny Gen, US Dept of Justice, (DC) ; Dir 83-, Governors Project on Organized Crime & Narcotics Trafficking ; Press Aide 81-, Office of VP, US
Moses, Jack Thomas	Student	Stanford Grad School ; Assoc Consultant 80-82, Data Resources, Inc
Nondorf, Kurt D.	X	
O'Brien, Donald Patrick	Law	Lawyer, Wood, Campbell, Moody & Gibbs (TX)
Peters, Eric Brooks	Writing	
Skrovan, Stephen Thomas	Theatre	Stand-up Comedian
Stevenson, Charles P.	Television	TV News, KGTV (CA)
Westerfield, Richard H.	X	
Wilson, Daniel Richard	Medicine	Psychiatry Resident, McLean Hosp (MA)
Yent, James B.Jr.	X	

1997 PERIODE DECADE 195 — unknown

1996 — **PERIOD 2, DECADE 194**

Name	Occupation	Notes
Oppenheimer, Mark	Writer	writer w/ Hartford Courant, NY Times BookReview, The New Yorker, Slate, Playboy Magazine

1995～1987 PERIODE DECADE 193～195 — unknown

1986 — **PERIOD 2, DECADE 184**

Name	Occupation	Notes
Walton, Keith	Law	Sec 1896- Columbia U ; Sr Advisor to Undersecretary of US Dept of Treas for Enforcement

1985 — **PERIOD 2, DECADE 183**

Name	Occupation	Notes
Boasberg, James Emanuel		
Carlin, William John Carr Jr		
Chandrasekhar,Ashok Jai		
Frankel, Scott David		
Grossman, Jay Alan		
Kwok, Wei-Tai		
Lindy, Peter Barnes		
Misner, Timothy Charles		
Mnu Chin Steven Terner		
Petela, James Gerard		
Powers, Richard Hart		
Smock, Morgan Robert		
Taft, Horace Dutton		
Thomson, Gregory Allan		
Walsh, Kevin Sanchez		

1984 — **PERIOD 2, DECADE 182**

Name	Occupation	Notes
Andrie, Paul James		
Coggins, Daniel Seton		
Crawley, Brian Scott		
Davison, Henry Pomeroy		
Graves, Earl Gilbert Jr.		
Henston, Douglas Robert		
Herskovits, David Nathaniel		
Jung, Michael David		
Kahle, Jeffrey Lewis		
Lampert, Edward Scott		
Litt, David Geoffrey		
Skibell, Steven Alan		
Urquijo, Conzalo		
Weinstein, Adam		
Wiseman, David Batshaw		

1983 — **PERIOD 2, DECADE 181**

Name	Occupation	Notes
Abrams, Peter Mark		
Brooks, Peter Moody	Student	
Cerveris, Michael Ernest	Student	
Franklin, Richard David	Finance	
Gale, Frederick Scott		
Kafoglis, Christian Nicholas		
Kaushal, Shalesh		
Montesano, Michael John III		
Nichols, William Allen		
Noel, Christopher		
Pinela, Carlos		
Sharp, Jonathan Douglas		
Sheffield, John Van Loon		
Wagner, Victor Edmond		

1982 — **PERIOD 2, DECADE 180**

Name	Occupation	Notes
Bass, James Edward	X	
Breslau, Jonathan	Student	
Burkus, Gregory James	X	
Campbell, Gavin Elliott	Government	Analyst, International Trade section Div, IL Dept of Agriculture
Devlin, Michael William	Education	English Lecturer, Chinese U, (Hong Kong)

2004		PERIOD 2, DECADE 202
NAME	OCCUPATION	NOTES
*Almy, Chad	*	
*Ashraf, Sumeyya	*	
*Burke, James	*	
*Melniker, Sophie	*	
*So, Perry	*	
*Viteli, Paul	*	

2003		PERIOD 2, DECADE 201
NAME	OCCUPATION	NOTES
*Archibong, Ime		
*Cobbett, Ashley		
*Feins, Eric		
*Kelly, EB		
*Lange, Jason		
*Norris, Graham		
*Pearce, James		
*Schraufnagel, Billy		

2002		PERIOD 2, DECADE 200
NAME	OCCUPATION	NOTES
*Banerjee, Bidisha		
*Bazzle, John Bradley		
*Gaughen, Patrick Robert		
*Goldsmith, William Dixon		
*Herlwig, Paige Lynn		
*Hudson, Jared McCabe		
*Im, Jaisohn		
*Jiminez, Carlos		
*Montgomery, Kenita Trenae		
*Montoya, Maceo		
*Penna, Timothy Rick		
*Premejee, Sharmeen Malik		
*Ruiz, Sara Elizabeth		

2001
PERIODE DECADE 199 unknown（年代の新しさから調査未了）――この形、以下同

2000		PERIOD 2, DECADE 198
NAME	OCCUPATION	NOTES
*Anderson, Dargie		
*Berrelez, Manuel		
*Blake, Benjamin		
*Borghese, Luca		
*Charles, Anana		
*Denit, Kelly		
*Heikkila, Jennifer		
*Hirway, Hrishikesh		
*Hongo, Andrew		
*Johnson, Ayanna		
*Kirowski, John		
*Lester, Sara		
*Mizrahi, Celine		
*Renan, Daphna		
*Walker, Christopher		

1999
PERIODE DECADE 197 unknown

1998		PERIOD 2, DECADE 196
NAME	OCCUPATION	NOTES
*Abbot, Frankie		
*Auh, Eugene		
*Benton, Scott		
*Eisenstadt, Leora		
*Falcon, Angel		
*Fromm, Julie		
*Gonzalez, Julio		
*Lee, Earl		
*McBride, Webster		
*Medard, Wilodene		
*Murphy, Maiya		
*Petit, Charlie		
*Raborar, Farrah		
*Rashid, Tauheedah		
Scott, Shannon		

☞横組みのため、第6章の本文は次の375ページから始まります。

ボーンズメン・リストは、日本のために立ち上がり戦おうとする〝勇者〟のために、現存結社員を中心にすべく、一九五二年度より二〇〇四年度までを掲載した。

〝一九五二年〟（昭和二十七年）は、講和条約の締結のもと、再び世界に窓を開けた年である。そして、ブッシュ（ジュニア）現アメリカ大統領やJ・F・ケリー民主党上院議員をはじめ、今日に活躍しているメンバーおよび将来のスカル＆ボーンズのリーダーたちはみな、この年以降に加盟している。

なお、リストはアントニー・サットンが入手したものに加えて、それ以後のものをクリス・ミレガンなどが集めている。このため、二〇〇四年度の加盟者など近年のものについては（〝彼ら〟の年齢が若く主要ポストにまだ就いていないということもあるが）、名のみとなっている年度もある。

リストの形式はまず、年度・各十年紀・各期が記され、次に名前・職業・付記の順に表化されて掲げられている。

「十年紀」や「期」というのは、スカル＆ボーンズ独特の区分であり、〝一〇〇〇年主義〟に基づいている。

たとえば、アルフォンソ・タフトの場合では「一八三三年、第33十年紀、第一期」となり、名前・職業・付記は「タフト、アルフォンソ／法律家／駐オーストリア大使（一八八二〜八四年）、駐ロシア大使（八四〜八五年）、戦争長官（七六年）、司法長官（七六〜七七年）、エールコーポレーション会員（七二年〜八二年）、スカル＆ボーンズ創設メンバー」となっている。

【解説】「秘密結社」を知ることで上がる米国と世界情勢の認識水準

石神 龍

スカル＆ボーンズの結社員どうしで争われる二〇〇四年のアメリカ大統領選挙

〈二〇〇四年のアメリカ大統領選挙は、ボーンズメンのブッシュ対ボーンズメンのケリーで争われる。いったい、我々は〝どちらを選ぶ〟ということになるのか？〉――本書の原書カバーには、ジョン・F・ケリーの写真とともにこう問いかける一文が掲げられている。

突如、彗星《すいせい》のごとく大統領候補に躍り出た民主党J・F・ケリーは、スカル＆ボーンズに一九六六年度加盟。対する共和党の現大統領ブッシュは、同じく六八年度加盟。つまり、ここにおいてアメリカ民主・共和両党の対決などといったことは無に帰し、どちらの候補もスカル＆ボーンズ結社員＝ボーンズメンどうしの選挙戦という選択のしようもない〝八百長仕合い〟の構図が、いつの間にか仕組まれたのだ！

「私が、米国市民諸君に理解してもらいたい最も重要なことは、これら（スカル＆ボーンズなど）の組織の秘密性は我が共和国（アメリカ合衆国）にとって、ためにならないということである」と本書の編者クリス・ミレガンは、まず冒頭に述べる。「これらの秘密結社は、歴史的に外国由来のものであり、この国（米国）のことなど、眼中にない」とも言う。

「二十五年かかって私は、十六冊の著作を公刊した。……そしてその結果、世界は混乱の極にあり、おそらくは理解を絶しており、救いようもない。そして、私にできることはほとんどない、と考えるに至った」と本書の主著者アントニー・サットンは当初の状況を語る。

「一九六八年、私はスタンフォード大学フーヴァー研究所から『西側の技術とソ連の経済発展』という三冊の大部な著作を出版して、西側がソ連を建設していた事実を詳細に証明した。しかしながら、これらの私の著作は、次から次へと、解決不能な問題を生み出した。我々はなぜそんなことをしたのか？　なぜ我々はソ連を建設したのか、そして同時に我々はヒトラーのドイツに技術を移転した。それはなぜだ？　ワシントンがそれらの事実を隠蔽《いんぺい》してきたのはなぜだ？　なぜ我々はソ連の軍事力を膨大《ぼうだい》な規模に肥大させたのか？　そして同時に我々自身の軍事力をも？」

アントニー・サットンは、ウォール街がボルシェビキ革命を育成し、ウォール街がヒトラーのナチス・ドイツをも育成したことを見事に論証した。だが、それはなぜなのだ。答えることができない。

そうした一九八二年ごろ、サットンのところに未知の人物からある荷物が届けられた。それはなんと、極秘のスカル&ボーンズの結社員名簿であった。ここから、サットンのスカル&ボーンズの正体を暴露する著述が始められる。その結果が、本書の前段となった『America's Secret Establishment: An Introduction to the Order of Skull & Bones（アメリカの秘密体制――スカル&ボーンズという結社を知る）』である。この執筆は一九八三年に始まり、八六年に公刊された。といっても、同書はある種の自主出版であり、もっぱら通信販売によって流通していた。しかし、毎年数千部が頒布《はんぷ》されその後二十年、着実に米国のみならず全世界的（ただし、日本は除く）に読まれ続けている。

なぜ、西側はソ連とヒトラーを育成したか。なぜ、我々は戦争を始め、そして敗戦したか。なぜ、ウォール街はマルクス主義者とナチスを愛するのか。なぜ、米国の子供たちは読み書きすらできないのか。なぜ、キリスト教会はプロパガンダ機関に成り下がったのか。なぜ、政治家は嘘《うそ》をつくのか。……そしてそれから、何百もの〝なぜ〟に対する答えをアントニー・サットンが見出したからだ。そして、本書はクリス・ミレガンという善《よ》き後継者に恵まれ、サットンの死後一年を経て今、世に出た。つまり、本書はサットンの古典的名著の業績を踏まえ、それを発展させるべくミレガンがさまざまな研究者の協力を得て完成させたものと言える。

日本への〝通常〟米国情報はゴミに等しく、日本人は無知なままに置かれている！

本書《第6章・骸骨の集団》では、スカル＆ボーンズ結社員名簿が掲げられ、ついに日本において初めてその闇《やみ》の中に包まれていた構成内容が白日下にさらけ出されたわけだが、具眼《ぐがん》の士にとってこれは、愕然《がくぜん》とするまでの衝撃となることだろう。多くの日本人は、米国の〝本物〟の歴史について、驚くべき無知の状態に置かれている。ペリーの来航以降、今に至るまで日本人は米国についての膨大な量の情報を注入され刷り込まれているが、わずかな例外を除き、そのすべてがゴミに等しい。たとえば、ヘンリー・L・スティムソンは、一八八八年にエール大学を卒業すると、一九一一～一三年に若くして米国戦争長官（Secretary of War。かつての〝国防〟長官で、陸軍長官との兼任が普通であった）を務め、二七～二九年にはフィリピン総督、二九～三三年に国務長官と歴任。四〇～四五年は再び戦争長官として大東亜戦争期、日本の主要敵国たる米国の最高軍事指導者であった。この間、米国は日露戦争終結後ただちに、いわゆるオレンジ計画という名の対日戦争および日本占領作戦策定を開始しており、スティムソンは実にこの三十数年間、継続して米国の日本侵攻・占領計画とその実施の中核にいたことになる。しかし日本人は、今日に至るまで、このH・L・スティムソンがスカル＆ボーンズの有力結社員であったことを知らず、さらにはスカル＆ボーンズそのものの存在すら知らされないままにきているのである。

スカル＆ボーンズの結社員名簿をアルファベット順にひもとくと、タフト家（十名）、ラッセル家（五名）、ブッシュ家（六名）、バンディ家（四名）など特定の有力家系が明示され、米国の闇の蠢《うごめ》きがどのようなものであったかが浮かび上がってくる。

ブッシュ現大統領がスカル＆ボーンズ結社員であるのみではなく、一九八九年に大統領に就任した父親のジョージ・Ｈ・Ｗ・ブッシュもまたボーンズメン（一九四八年度加盟）であり、その父親のＪ・プレスコット・Ｓ・ブッシュもまたボーンズメン（一九一七年度加盟）であった。

ここに、先のサットンの歴史的・古典的著作が公刊されていたこと、とりわけこの〝パパ〟ブッシュが第一次ペルシャ湾岸戦争を仕掛け、そしてその前後に「新世界秩序《ニュー・ワールドオーダー》（ＮＷＯ）」の実現を連呼したことによって、米国人のかなりの層がブッシュ家の背後のスカル＆ボーンズについて興味を持ち始めた。

また、二〇〇〇年十一月の大統領選挙では、マイケル・ムーアが言うところの「金持ちの道楽息子にすぎない負けていたはずの単なる阿呆《あほう》」の〝ジュニア〟ブッシュが、三重四重五重のペテンにより無理無体に祭り上げられて当選させられる。

そして、このブッシュは事実上、大統領就任後に、二〇〇一年九月十一日のあと、米国はアフガニスタンを皮切りに、数十年にわたるＮＷＯ完成のための世界戦争を開始すると言い放つ。

加えて、前述したように二〇〇四年度大統領選挙では民主党候補もスカル＆ボーンズのＪ・Ｆ・ケリーだということになってくると、「いったい、このおどろしい結社は何なのか」と当然、誰もが思うようになるだろう。

かくして昨年秋ごろから、日本人にはまったく知られていないけれど、米国内ではスカル＆ボーンズについての関心が爆発的に生じたようだ。試みにヤフー・アメリカでスカル＆ボーンズを検索するなら、二〇〇四年八月二十八日現在で九十二万五千件ヒットする。ちなみに、ヤフー・ジャパンでのこの項は千五百件にも満たない（グーグル日本語版では、千六百四十件）。この驚くべき落差は、何を意味するのであろうか。

米国とスカル＆ボーンズを知るための八つの前提的な基礎知識

それを適切に理解するためには、最小限、次の八つの前提的な基礎知識が要求されよう。

(1)　米国建国前後のカルヴィン派キリスト教の役割。

(2)　エール大学のあるアメリカ東部コネチカット州ニューヘヴン（新しい天国）は、最初からカルヴィン派色が濃厚な土地であったこと。

(3)　米国憲法制定時にカルヴィン派代表者は、そのキリスト教を米国の唯一独占的国家宗教たらしめようとしたか、またはそうした影響が与えられたこと。

(4)　カルヴィン派は、限りなくキリスト教をユダヤ化する宗派であったこと。

(5)　一七七六年三月一日、ヴァイスハウプトによって設立された秘密結社イルミナティは、その後間もなく米国にも進出していること。

(6)　一八三三年、W・H・ラッセルとアルフォンソ・タフトを中核としてエール大学に設立されたスカル＆ボーンズは、ドイツのイルミナティの米国支部のごときものであったこと。したがって、それはヴァイスハウプトのイルミナティの延長であったこと。

(7)　タフトやラッセルらは、米国スカル＆ボーンズの公式理論・世界観として、ヘーゲル哲学を採用したこと。

(8) ラッセル家はその後ラッセル財団を設立し、スカル＆ボーンズはその管轄下に置かれていること。そして、このラッセル家はF・スプリングマイヤーが言う「イルミナティ頂点の十三血流の一つ」（大田龍監訳『イルミナティ悪魔の13血流』KKベストセラーズ刊）とされていること。なお、スカル＆ボーンズの二人の創立者のうち、アルフォンソ・タフトの息子のウィリアム・H・タフトは、一八七八年にスカル＆ボーンズに加盟し、エール大学法学教授を経て一九〇四〜〇八年に米国戦争長官、〇八〜一二年に大統領。二一〜三〇年に最高裁判所長官となる。米国史上、大統領と最高裁長官の職務に就いた唯一人の人物である。

しかし、W・H・タフトやH・L・スティムソンのように、米国政治の正面で華々しく活躍するボーンズメンはもちろん重要だが、〝彼ら〟の支配する領域は、こうした表面に見えるもの以上に、きわめて深く、広く、包括的にある。スカル＆ボーンズ結社員は、エール大学卒業後、主として法律・教育・ビジネス・金融・インダストリーの五つの分野に行くよう指導されるとアントニー・サットンは言う。そして、彼はスカル＆ボーンズとその他の組織との関係を三重の円の図の形で示す。

(1) インナー・コア（最奥部の核。ここにスカル＆ボーンズの中核部分も含まれる）

(2) インナー・サークル（(1)の外側の円の中で、スカル＆ボーンズほかの重要秘密結社がある）

(3) アウター・サークル（一番外側の円。ここにはCFR〔外交問題評議会〕、ビルダーバーグ、TC〔日米欧三極委員会〕、ボヘミアン・クラブなどが含まれる）

全世界に結社員数が六百万人ともいわれるフリーメーソンは、普通の日本人が多少なりとも目にすることもある唯一の「西洋秘密結社」であろう。しかし、同結社はサットンの三重の円によれば、今日ではアウターサークルにも入らない、さらにそのずっと外側に広がる程度のものにすぎない。

スカル＆ボーンズ結社員は、百七十年間（一八三三〜二〇〇二年）で合計、二千五百五十人となる計算であるが、現在生存していてしかも現役で活動中のものは数百名であろう。このうち、いまだ若くて幹部見習い中を別とすれば、およそ三百～四百名。彼らは、インナー・コアつまりごく少数の政策決定者グループと、その外側のインナー・サークルとに分かれて行く。

それにしても、こんなわずかな数の人間が、米国と世界を動かしていけるものであろうか。そこにサットンは先の三重の円という、陰の力の波紋――いわば、影響力のドミノ現象を置いたわけである。

さらに彼は、スカル&ボーンズがどのようにして米国の教育界を完全支配するに至ったか、その歴史を詳細に分析・解明している。ここにも影響力のドミノがあるからだ。

悪魔主義《サタニズム》のヘーゲル哲学とその派生

G・W・F・ヘーゲルが、イルミナティ系列の近代哲学を完成した人物であることは、欧米の有志知識人にとっては今や常識だが、日本ではそのように正しく評定する風潮はまったく見られない。

そもそも、アリストテレスから始まる西洋哲学史の根幹は、西洋風に言えばれっきとした悪魔主義《サタニズム》でありルシファー崇拝に帰着する。そしてヘーゲルがこのサタニズムの全過程を完結させたこともまた、今や学問以前のありふれた知識にすぎなくなっている。

この前提を理解しなければ、イルミナティとその米国における直系としてのスカル&ボーンズが、ヘーゲル哲学に基づいているというあまりにも自明の事実さえ日本人にはわからないことになる。

ここで、ヘーゲル哲学のその特徴点を三点のみあげておこう。

(1)　ヘーゲル全体系の終結点は、「国家」こそ絶対理性であり、国家の絶対性の前には、個人はないという命題を持つ。言うまでもなくこのテーゼが、世界人間牧場の完成を目指すイルミナティにとって、きわめて有効であることは明白だ。

(2) ヘーゲル体系の始発は精神現象学であるが、その現象学の精華は〝主人と奴隷〟の弁証法である。この点はアントニー・サットンも論じているが、第二次世界大戦後にフランスに発した、いわゆるポストモダン思潮の関係、アレクサンドル・コシューブが一九三〇年代のパリにおいてヘーゲル精神現象学を講義したこと、そしてそこから戦後のポストモダン派が派生したことをここに言及しておく。

(3) ヘーゲル論理学の公式が、正・反・合（テーゼ／アンチテーゼ／シンテーゼ）の弁証法であることは、多少は日本人も知ってはいる。しかし、実はこの正・反・合の弁証法は、イルミナティが、人類を、絶対的奴隷制国家またはそこで世界人間牧場へと狩り立てていくための基本戦略であること。そのことは欧米の自覚した有志にとっては〝イロハのイ〟でしかないが、日本人でこの構造を見抜くものはほとんど存在しない。

ヘーゲルは一八三一年に死去したが、その後もその思想は多岐にわたって継承され、発展させられた。このうちの主要な三つの潮流は次のようになる。①ニーチェやハイデッガーへと続く右翼全体主義（ヘーゲル右派）、②カール・マルクスを始祖とする左翼全体主義（ヘーゲル左派）、③ライプチッヒ大学の実験心理学教室を、一八七五〜一九二〇年まで主宰したウィルヘルム・ヴントの学派。これらは、いずれもイルミナティの御用イデオロギーであるが、①・②については日本人もある程度は知っている。しかし、より決定的に重要な③については、今のところ完全に何も知らない。

ヴントの実験心理学教室は「科学的に」人間の心を操作し〝家畜人間〟にしていく「学問」

ヘーゲルおよびJ・ヘルベルトの思想的・哲学的な影響下で、ヴントはまずベルリン大学、次にライプチッヒ大学で史上最初の自然科学的方法論による実験心理学教室を開設した。これは要するに、人間の心を「科学的に」操作して、そこから人類を家畜人間に飼育していく「学問」である。

そして、ベルリンやライプチッヒでヴントに教育され、博士の学位を得たアメリカの学者が続々と帰国して、イルミナティ（スカル&ボーンズ）結社の操作のもとでアメリカの教育界を制圧していく。

その先頭がG・スタンレー・ホールであり、その次にダニエル・コイト・ギルマン（一八五二年度スカル&ボーンズに加盟、ラッセル信託の共同創立者の一人）という大物がくる。彼は、ジョンズ・ホプキンズ大学の初代学長ともなった。さらにギルマンは、ジョン・デューイを訓練してシカゴ大学教育学部やコロンビア大学教育学部に配置し、かくしてイルミナティは、米国人を羊のように柔順で権力に忠実な家畜人間に仕上げる教育システムを完成させたのである。

これを「民主主義的」と称するのは、ブラックユーモア以外のなにものでもないだろう。

こうして少数の人間による支配体制が作り上げられたわけだが、前記したように教育のほかにも、金融・法律・行政・ホワイトハウス・宗教・文芸・医学・科学、そして何よりも歴史学、こうした米国の国家社会体制の中核は、スカル&ボーンズを通じてイルミナティにより制圧される。

その結果、スカル&ボーンズは二十世紀初頭から、米国を使って、三つの世界戦争と大革命を演出するという大仕事を演じえた。

三つの世界戦争とは、第一次・第二次世界大戦とその後の米ソ（東西）の「冷たい戦争」を指す。

三つの大革命とは、ロシア革命・ドイツのナチス革命・中国革命を意味する。さらに言えば、四番目の革命は二十一世紀に現実的本番を迎える「アメリカ革命」となろう。

この大問題は、サットン（『アメリカの秘密体制』中「結社は、いかにして戦争と革命を作り出したか」）によって詳細に展開されているが、その根本的方法は、ヘーゲル哲学の正・反・合の弁証法である。

その一例が、次のアジェンダ（長期作戦計画）となる。
●正（テーゼ）↓ロシア革命によってソ連共産政権をでっち上げる。
●反（アンチテーゼ）↓共産革命の脅威に対抗せよ、との口実で全ヨーロッパにファシズム革命を作り出し、ナチス・ドイツを実現する。
●合（シンテーゼ）↓ソ連共産政権とナチス・ドイツを争闘させ、世界人間牧場への一歩前進として、国際連合創立に持っていく。
かくして、世界共産革命遂行の本当の本部、その本物の奥の院、最高司令部は、実は「米国ニューヨーク市ブロードウェイ一二〇番地にあった」となるという。

これではまるで手品だが、問題のブロードウェイ一二〇番地については本書にも詳しく、熟読していただければと思う。

いずれにしろ同地および周辺、特にギャランティ信託はまさにスカル&ボーンズの巣窟《そうくつ》だったのだ。

ここには、ハロルド・スタンレイ（一九〇八年度加盟）、W・エイブレル・ハリマン（一九一三年度加盟）、パーシー・ロックフェラー（一九〇〇年度加盟）など十六名のボーンズメンが幹部社員として名を連ねている。ほか、ブラウン-ブラザース・ハリマン（W・エイブレル・ハリマンなど十四名のボーンズメン）もギャランティ信託と同じ役割を果たしたという。

ここに集結した国際金融資本の総本山が、レーニンやトロッキーらに巨額の革命準備資金を供与したことは、これももはや、多少でも国際政治の消息を知る者にとっては〝イロハのイ〟だ。すなわち、エール大学のスカル&ボーンズは、ちょっと風変わりな学生友愛会などといったしろものではまったくないのである。

絶対的エリート独裁で個人は無とする超国家主義の「シナルキー」

これを端的に物語るものは、アントニー・サットンの次の言葉だろう。「エールとハーバードはカルヴィン派聖職者によって創立され、多年にわたって運営された。この二つの大学は間もなく、秘密結社と魔術的儀式の温床となった」

そして、カルヴィン派の教義を煮詰めていくと、ユダヤの『タルムード』の論理に収斂《しゅうれん》する。これこそイルミナティの本音であり、スカル&ボーンズを含むイルミナティ秘密結社の隠された目標であると見ることができる。

クリス・ミレガンは本書中で、ピックネットとプリンスの共著『スターゲートの陰謀』から「シナルキー（cynarchy）」についての関連箇所を引用する。

「シナルキー」は日本の各種学術書にも、およそ出てくることはない用語であろう。前出引用によれば、シナルキーの創設者はジョゼフ・アレクサンドレ・サン-イーブ・ド-アルヴィドレというフランス人で、シナルキーとはアナーキー（無政府）の反対語となるとする。

語意は、アナーキーが〝国家は個人に対しいかなる統制も行使すべきでなく、個人の権利と自由がすべて〟とするのに対し、シナーキーは〝国家が個人を完璧に支配統制する体制〟である。つまり、国家がすべてで個人は無とする体制だ。したがって、このシナーキーの訳語としては「超全体主義」「超国家主義」「絶対的エリート独裁国家主義」「国家がすべてで個人は無の国家体制」などが考えられるが、いずれもぴったりはこない。

しかし、いずれにしてもこれは、ヴァイスハウプトが理想とした「蜜蜂《みつばち》の秩序」の実現、つまり人類社会を蜜蜂社会のごときものに変造することに行き着くであろう。そしてまさにそれこそ、ヴァイスハウプト以来イルミナティが掲げるもの――米国の国璽《こくじ》やF・D・ルーズヴェルト大統領によって一ドル紙幣に公然と表示されるところとなった「新世界秩序《ニュー・ワールドオーダー》（NWO）」なるものの正体にほかならない。

そして、その新世界秩序：NWOをボーンズメン〝パパ〟ブッシュ大統領は、一九九〇年から九一年にかけて連呼したのである。

秘密裏に進められているNWOのための半永久的世界戦争

最晩年のサットンは、ジョン・テーラー・ガトー（優れた教員でもあった）とその著作『アメリカ教育のアングラ史』を見出し注目した。これは、スカル&ボーンズ（イルミナティ）が米国教育界を支配・制圧した結果、どうなったかが著わされたものである。

百五十年前の米国（つまり、スカル&ボーンズの米国教育支配が未完成だった時代）では、市民はほとんど読み書き能力を持っていた。それでは今日の米国で、識字率は一〇〇%か？　おそらく、今日で読み書きのできる米国人は六〇%足らずであろう。「我々が教育に莫大《ばくだい》な支出をしてきたにもかかわらず、人々の四〇%は文字を読み書きできない」と言う。

しかし、実はこれこそ、スカル&ボーンズが目的としたところのものだったのだ。すなわち、「子供を国家の道具として飼育し、子供を国家にとってどうにでも形成できるゾンビ人間に作り上げるのである」とサットンは述べる。

このようなものとしての教育の根本特徴は、(1)ごく少数の支配者＝エリートを育てるコースと、(2)国家と会社の命令にハイハイとひたすら柔順に従い動くだけのロボット人間・ゾンビ人間を育成飼育するコースと、この二つに画然《かくぜん》と分けられているということである。

しかし、学校教育は彼らのこの目的達成のために不充分である。「大衆」は学校を出てからも、ますます有用なロボット人間たるべく、一生、イルミナティによって「教育」されなければならない。そのためにイルミナティは、スカル＆ボーンズをして米国のマスコミ界・出版業界・娯楽業界・商業スポーツ界・宣伝広告業界などを支配せしめた。

しかも、このようなシステムの正体は、米国庶民・米国一般大衆に知られてはならない。つまり、「秘密」が絶対必要なのである。ここに、「秘密結社」の存在理由がある。

しかし日本人は、米国のこの二重構造を知らされていない。このことも欧米では、多少とも教養のある人たちにはあまりにも自明で、〝イロハのイ〟にすぎないものなのだが、日本では知る人はほとんどいないのではなかろうか。

そうしたなかに二〇〇四年十一月二日、米国大統領選挙が予定どおり実施されるが、ブッシュとケリーのどちらが当選してもスカル＆ボーンズである。つまり、二人はまったくの同類であって寸分の変わりもない。結局、ブッシュ大統領もケリー大統領も、イルミナティの既定方針どおりに米国を利用するであろう。その方針とは概略、以下のとおりだ。

(1)　次期アメリカ大統領の任期は、二〇〇五年一月から二〇〇九年一月まで。この四年間に、人類史上かつてない重大な事件がイルミナティによって続発させられるはずである。

(2)　まず、次期大統領は、準備万端完了している、新徴兵法案が議会を通過したあとに署名する。この法律では、十八歳から二十六歳までの米国人ばかりでなく、米国居住の男女外国人も選抜徴兵の対象とされる。これによって米国は、これから数十年――いや半永久的世界戦争に突入するための兵力を確保する。

(3)　次に、次期大統領は、イランに対する戦争を開始する。

(4)　世界的石油ピークが迫ってくるなか、少なくなる石油その他の戦略的資源を武力によって独占することと。まず中東・中央アジアの油田の占領。それがイルミナティによって米国に与えられた作戦任務である。

(5)　すでに成立しているテロ阻止法を実施して、米国をイルミナティの新世界秩序：ＮＷＯの基地としてふさわしい警察国家体制に移行させる。

(6)　イスラエル・米国・英国完全同盟と、イスラム世界の全面対決をエスカレートさせて、これを計画どおりに第三次世界大戦の序幕たらしめる。

これだけの大仕事を四年間でメドをつけることは、容易な仕事ではないだろう。だからこそ、イルミナティ（スカル＆ボーンズ）は、今回の大統領選挙をあえて、スカル＆ボーンズの結社員どうしの間で戦わせるという、〝彼ら〟にとって絶対安全な形に設定しなければならなかったのだ。

もちろん、こうしたことのすべてが日本の近未来の運命に密接にかかわっており、緊急に対応しなければならないことは言うまでもない。

そのためにも本書が、日本人有志の、米国および世界情勢認識の水準向上に寄与することを切に期待したい。

アントニー・サットン　Antony Sutton
1925年2月14日、イギリス生まれ。カナダを経て1957年にアメリカに渡り、のちに帰化する。
イギリス・サウサンプトン大学、アメリカ・UCLA（カリフォルニア州立大学ロサンゼルス校）大学院ほかに学んで理学博士となり、UCLAやカリフォルニア州立大学（カルステイト）などで教鞭をふるう。また、1968〜74年にスタンフォード大学フーヴァー研究所の研究員を務めたあと著述に専念。技術分野の専門研究からアメリカの闇の権力体制の暴露まで、幅広く著作を行なう。
主な著書に『Western Technology and Soviet Economic Development』『Wall Street and FDR』『National Suicide; Military Aid to the Soviet Union』（現在は『Best Enemy Money Can Buy』に改題）、そして『America's Secret Establishment; An Introduction to of the Order of Skull & Bones』がある。
2002年6月17日に死去。

クリス・ミレガン　Robert A Kris Millegan
編集者。その傍ら著述にも活躍。著書に『The Order of Skull and Bones;Everything You Ever Wanted to know』『But Were Afraid to Ask』などがある。www.parascope.com を主宰。

北田浩一　きただ こういち
1958年、東京生まれ。編集者勤務を経て翻訳家。

石神 龍　いしがみ りゅう
国際政治・経済やその精神世界の裏面を追求・研究するジャーナリスト・グループの代表ペンネーム。不定期開催の会合において、それらに徹底的に迫っている。

カバーデザイン――櫻井 浩（⑥Design）
カバーフォト―― gettyimages（撮影：David Hume Kennerly）
本文写真―― WWP／毎日情報センター／共同フォト／国際フォト／かな事務所

本書は2004年に徳間書店より刊行された『闇の超世界権力スカル&ボーンズ』の新装版です。

カバールのトップ
ブッシュ家暗黒の系譜

第一刷 2021年1月31日

著者 クリス・ミレガン＋アントニー・サットン 他
訳者 北田浩一

発行人 石井健資
発行所 株式会社ヒカルランド
〒162-0821 東京都新宿区津久戸町3-11 TH1ビル6F
電話 03-6265-0852 ファックス 03-6265-0853
http://www.hikaruland.co.jp info@hikaruland.co.jp
振替 00180-8-496587
本文・カバー・製本 中央精版印刷株式会社
DTP 株式会社キャップス
編集担当 小暮周吾

ISBN978-4-86471-919-3

ヒカルランド　好評既刊！

地上の星☆ヒカルランド　銀河より届く愛と叡智の宅配便

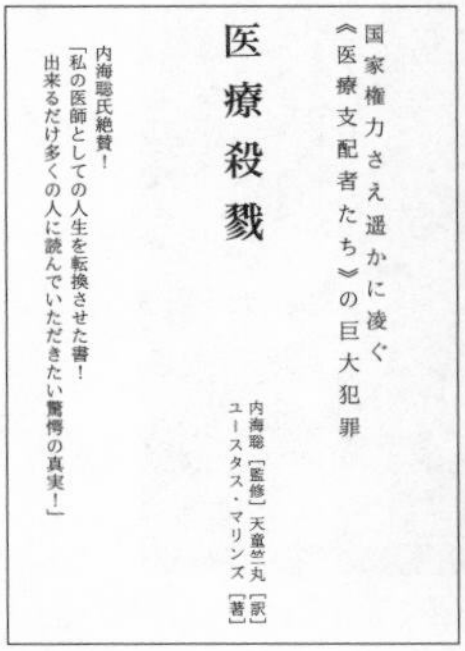

医療殺戮
著者：ユースタス・マリンズ
監修：内海 聡
訳者：天童竺丸
本体 3,333円＋税（ともはつよし社）

新型コロナウィルスは細菌兵器である！
著者：泉パウロ
四六ソフト　本体 2,400円+税

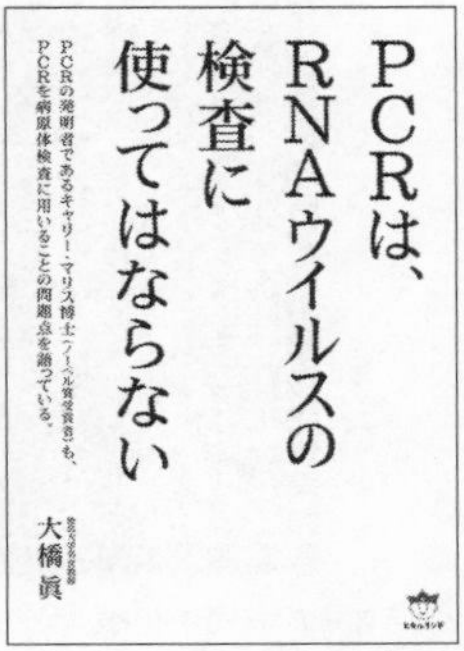

PCRは、RNAウイルスの検査に使ってはならない
著者：大橋 眞
四六ソフト　本体 1,300円+税

コロナ・終末・分岐点
魂のゆく道は 3 つある！
著者：浅川嘉富／岡 靖洋
四六ソフト　本体 2,000円+税

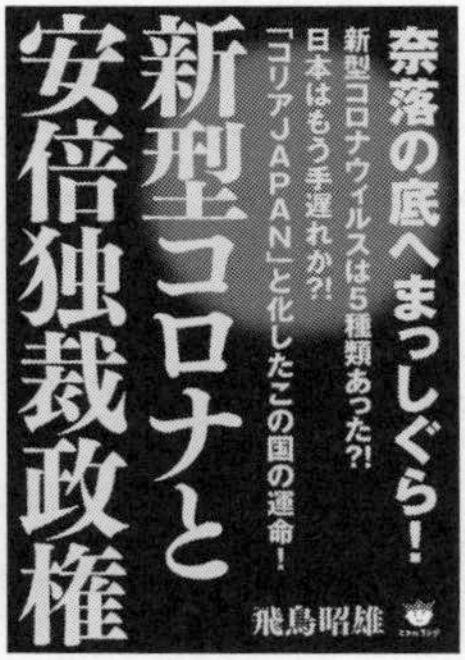

奈落の底へまっしぐら！
新型コロナと安倍独裁政権
著者：飛鳥昭雄
四六ソフト　本体 2,000円+税

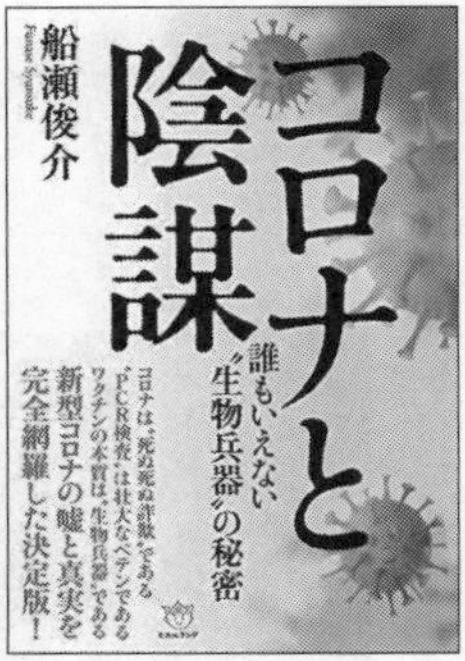

コロナと陰謀
誰もいえない"生物兵器"の秘密
著者：船瀬俊介
四六ソフト　本体 2,500円+税

を理想的に向上させます。体内の環境を整えて、本来の生命力の働きを高めます。疲れ、むくみ、おなか、お肌が気になる方にご活用ください。

●含有マグネシウムが電解質のバランスをとってエネルギー代謝を調整し、疲労回復の手助けとなります。
●精神的な安定を促します。
●骨格と歯の健康を維持させる働きを発揮します。

【ハイパートニックとアイソトニックの違い】

ハイパートニックは、海水と同じ濃度（3.3%）で、主にミネラルの栄養補給として使われてきました。アイソトニックは、海水を珪素がふんだんに含まれた湧き水で生理食塩水と同じ濃度（0.9%）で希釈したものです。（木村一相歯学博士談）

【キントン水ご利用方法】

キントン水は、アイソトニック、ハイパートニックともに、１箱に容器（10mℓ / 本）が30本入っています。ご利用の際は、以下の指示に従ってください。

①ガラス製容器の両先端を、付属の円形のリムーバーではさみ、ひねるようにして折り、本体から外します。
②両端の一方を外し終えたら、本体をカップなどの上に持ってきた上で、逆さにして、もう一方の先端を外し中身が流れ出るようにしてご利用ください。

※開封後は速やかにご利用ください。容器の先端でケガをしないよう必ずリムーバーを使用して外すようにお願いいたします。
※30本入り１箱は基本的にお一人様１か月分となりますが、用途などに応じてご利用ください。ご利用の目安としては１～４本程度／日となります。
※当製品は栄養補助食品であり、医薬品ではありませんので、適用量は明確に定められているものではありません。
※ミネラル成分のため、塩分摂取制限されている方でも安心してお飲みいただけます。禁忌項目はありません。

商品のお求めはヒカルランドパークまで。
キントン製品の詳しい内容に関してのお問い合わせは
日本総輸入販売元：株式会社サンシナジー
http://www.originalquinton.co.jp まで。

＊ご案内の価格、その他情報は発行日時点のものとなります。

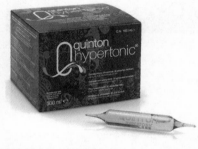

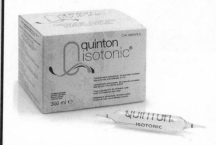

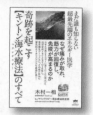